Jürgen Werbick

Soteriologie

W0190940

Patmos Verlag
Düsseldorf

CIP-Kurztitelaufnahme der Deutschen Bibliothek
Werbick, Jürgen:
Soteriologie / Jürgen Werbick.
– 1. Aufl. – Düsseldorf : Patmos-Verlag, 1990
(Leitfaden Theologie ; 16)
ISBN 3-491-77924-3
NE: GT

© 1990 Patmos Verlag Düsseldorf
Alle Rechte vorbehalten
1. Auflage 1990
Umschlaggestaltung: Ralf Rudolph
Gesamtherstellung: Clausen & Bosse, Leck
3-491-77924-3

Inhalt

Einführung

Die neuzeitliche Krise des christlich geprägten Gottesglaubens ist eng verbunden mit der Erfahrung, daß Gott ja doch nicht hilft; daß es nicht nur nichts hilft, sondern alles nur noch schlimmer macht, wenn die Menschen sich auf Gott verlassen. »Aber ich« – sagt Lenz in *Georg Büchners* Erzählung – »wär ich allmächtig, sehen Sie, wenn ich so wäre, ich könnte das Leiden nicht ertragen, ich würde retten, retten.«[1] Und Gott? Da er *nicht* rettet – weshalb sollte man ihm Aufmerksamkeit schenken? Weshalb sollte man überhaupt mit seinem Dasein rechnen?

Daß Gott rettet, das ist die Grundvoraussetzung der Soteriologie. An ihr hängt offenkundig nicht nur der Sinn allen Redens von Erlösung, sondern – heute deutlicher wahrnehmbar als je zuvor – die »Relevanz« des christlich geprägten Gottesglaubens. Wie Gott rettet, wenn er überhaupt rettet – die Antwort auf diese Frage bestimmt nicht nur die christologisch-soteriologischen Theoriezusammenhänge; sie steht im Mittelpunkt jener »Arbeit am Gottesbegriff«[2], die mit je eigenem Akzent Religionsphilosophie und Dogmatik zu leisten haben. Die christliche Antwort auf diese Frage nennt Jesus Christus den »Retter«, den »Heiland«. Er ist für die Christen Gottes Rettungs- und Heilshandeln in Person. Bringt nicht gerade diese Behauptung – so unplausibel sie für die meisten Zeitgenossen und auch für viele Christen geworden sein mag – eine unerfreuliche Polarisierung in das interreligiöse Gespräch der Gegenwart, dem wir schon jetzt so viele befreiende Einsichten verdanken?

Gerade der eben erst beginnende Dialog mit den jüdischen Glaubensbrüdern und -schwestern bringt den christlichen Gesprächspartnern zu Bewußtsein, daß sich am »Erlöser-Christus« die Gei-

---

[1] Lenz. Der hessische Landbote, Stuttgart 1957 (Reclams Universal-Bibliothek Nr. 7955), 33.
[2] Vgl. *H. Jonas*, Der Gottesbegriff nach Auschwitz. Eine jüdische Stimme, Frankfurt/M. 1987 (st 1516), 9.

ster scheiden; und er läßt die eigene Tradition daraufhin befragen, ob denn der exklusive Heilsglaube – der Glaube an den einzigen Heilbringer – nicht mehr Schaden als Gewinn eingetragen habe, ob er nicht zumindest indirekt mitverantwortlich ist für die schrecklichen Gewalttaten gegen Juden und die jeweiligen Andersgläubigen, die die Geschichte des Mittelalters, der Neuzeit und der jüngsten Vergangenheit wie eine Blutspur durchziehen. Schließlich: Hat der exklusive christliche Heils- und Heilandsglaube denn nicht die radikal »anti-ökumenische«, für viele zunehmend unerträgliche Konsequenz, daß alle anderen religiösen Wege für die Christen im Grunde doch wertlos sind, so daß die Nichtchristen von den Christen als die im Unheil Lebenden angesehen werden müssen? Scheint es deshalb nicht auch für die Christen endlich angezeigt, diese »Exklusivität« fahren zu lassen und »eine weltumspannende religiöse Vision zu entwerfen, die sich der Einheit der gesamten Menschheit vor Gott bewußt ist, und gleichzeitig die Verschiedenartigkeit der Wege Gottes in den vielfältigen Strömungen menschlichen Lebens ernst nimmt«[3]? Die Begegnung des Christentums mit den anderen – insbesondere mit den indoasiatischen – religiösen Traditionen, das Aufmerksamwerden auf ihre religiösen Wege dürfte zur dominierenden religiös-weltanschaulichen Entwicklung des ausgehenden 20. Jahrhunderts werden, die hellsichtige Kritiker des Christentums – wie etwa Schopenhauer – freilich schon vor mehr als einem Jahrhundert kommen sahen und tatkräftig einzuleiten versuchten. Kann es zu einer positiven Würdigung dieser anderen religiösen Wege und damit zu einem »Bündnis der Religionen« gegen die hoffnungslose Affirmation einer perspektivlosen, auf Konsum fixierten Diesseitigkeit, gegen die Ausbeutung und Zugrunderichtung unseres Planeten kommen, wenn die Christen an der Notwendigkeit einer Erlösung durch Jesus Christus für alle Menschen und Kulturen festhalten? Ähnlich wie das Papsttum der innerchristlichen Ökumene, so scheint der Erlöser Jesus Christus der »größeren Ökumene« der Weltreligionen im Wege zu stehen.

---

[3] So *J. Hick* in seinem Beitrag: Jesus und die Weltreligionen, in: J. Hick (Hrsg.), Wurde Gott Mensch? Der Mythos vom fleischgewordenen Gott, dt. Gütersloh 1979, 175–194, hier 190.

Oder kann vom Erlöser Jesus Christus gänzlich unpolemisch die Rede sein, ohne Abwertung anderer religiöser Wege? Kann christliche Soteriologie sich verstehen als um Verstehen werbende Rechenschaft darüber, warum Christen von Jesus Christus sprechen, wenn es ihnen darum geht, den »letzten Ursprung« des »Ja- und Neinsagens zu mir selbst« zu nennen, »den Bürgen der Unbedingtheit, die ich in diesem Ja- und Neinsagen zwar nicht besitze, aber doch intendiere«, das »Ursprechen«, den »Ursprecher von Ja und Nein«, der ich eben nicht selbst bin?[4] Kann sie Jesus Christus als das Gesprochensein des »Ja« zum Sünder und des »Nein« über die Sünde auslegen, ohne immer schon »Nein« sagen zu müssen zu anderen religiösen Wegen, die dieses absolut verbindliche »Ja« und »Nein« aus anderen Geschehnissen und Erfahrungen heraushören?

Die Herausforderungen, denen die Soteriologie sich heute ausgesetzt sieht, mögen mit diesen einführenden Bemerkungen nur umrißhaft deutlich geworden sein. Der nächste Schritt unserer Überlegungen soll dazu dienen, sie beim Blick auf die »Zerfallsgeschichte« der traditionellen Soteriologie seit dem ausgehenden 18. Jahrhundert deutlicher wahrzunehmen.*

[4] Vgl. *M. Buber*, Gottesfinsternis, in: ders., Werke, Bd. 1: Schriften zur Philosophie, München–Heidelberg 1962, 503–603, hier 515.

* Die Erarbeitung dieses Buches haben gefördert: mein Mitarbeiter Michael Dinkel, meine Kollegen Ingo Broer und Hans Reinhard Seeliger mit ihrem fachlichen Rat, Frau Ruth Schumacher mit ihrer Sorgfalt bei der Herstellung des Manuskripts, Frau Anna Maria Viehöfer und Herr Christoph Göttert durch ihre Hilfe bei den Korrekturen und der Erstellung des Registers. Ihnen sei herzlich gedankt.

1 Die Krise der Soteriologie

1.1 Erlösung wovon? Die selbstverschuldete Unmündigkeit und der selbst zu leistende Exodus

1.1.1 Wie frei ist Gott? – Wie frei ist der Mensch?

Erlösung und Befreiung gehören zusammen; das gilt nicht erst für die lateinamerikanische Befreiungstheologie unserer Tage. Und die Grunderfahrung »Christus ist unsere Freiheit« bestimmt das christliche Glaubensbewußtsein gewiß nicht erst seit der Reformation. Aber *Martin Luther* hatte die Situation der Unfreiheit des Menschen ohne Christus entschiedener und radikaler als je zuvor theologisch geltend gemacht: Nur für den mit Christus Verbundenen und in ihm dem offenbaren Gott Begegnenden ist Freiheit mehr als das rein formale Vermögen, zwischen an sich gleichgültigen Alternativen zu wählen; nur für ihn wird die Freiheit verheißungsvoll – als Befreitsein von der unabweisbaren, weil in allen Lebenserfahrungen greifbaren Anklage des in sich selbst verstrickten Sünders durch den heiligen und gerechten Gott. Wer nicht Christus angehört, der ist unfähig zu jener heilsamen »Ordnung« und Ausrichtung seines Willens, die ihn an Gottes Heilswerk teilhaben läßt; sein liberum arbitrium ist in Wahrheit *servum arbitrium*. Und er erfährt Gottes Willen nicht als Heilswillen, sondern als den seiner Verstocktheit geltenden Vernichtungswillen – er erfährt nicht den offenbaren, sondern den *verborgenen Gott*.[1]

Daß Gott sich in seiner Schöpfung, in der Geschichte verbirgt und entzieht, daß er frei ist, geradezu bedrängend frei in Zuwendung und Verweigerung, so daß der Mensch seines Heilsschicksals niemals gewiß sein kann, diese Erfahrung bestimmt vor, neben und nach Luther auch die spätscholastischen Denktraditionen. War

---

[1] Vgl. *Martin Luther*, De servo arbitrio (1526), Bonner Ausgabe, Bd. 3, 94–293; als unerläßliches »Gegengewicht« vgl. Von der Freiheit eines Christenmenschen, Bonner Ausgabe, Bd. 2, 1–27.

denn nicht auch das klassische, an *Anselm von Canterbury* anknüpfende Verständnis der Erlösung in Jesus Christus schon geprägt von der Vorstellung eines Willkürgottes, vor dem niemand sicher sein konnte? Gewiß: Anselm selbst hatte versucht, einen vernünftig begreifbaren Ordo der Erlösung darzustellen – Gott selbst hält sich an das von der Gerechtigkeit Gebotene und sucht auf den Wegen der Gerechtigkeit die Menschen aus Liebe zu retten, indem er ihnen die allein hinreichende Sühneleistung seines Sohnes zugute kommen läßt. Aber war dieser Gott nicht doch auch ein grausamer Gott, dessen Schwert – wie gelegentlich im Bild dargestellt – vom Gekreuzigten gerade noch aufgehalten wird, ehe es die sündige Menschheit trifft? Und konnte man denn sicher sein, daß dieses Schwert nicht doch noch treffen würde, wenn man sich der Erlösung nicht würdig erwiese? Gottes Wille war zum dunklen Geheimnis geworden, soweit er den Einzelnen betraf, sosehr er – im allgemeinen – als Heilswille in Jesus Christus anschaubar geworden war; freilich auch hier mit dunklem, furchterregendem Hintergrund.

Der dunkle, furchterregende Hintergrund wurde zum Vordergrund, da man sich während des Spätmittelalters einer unabsehbaren Folge von Katastrophen und darin einem gewalttätigen Gott ausgeliefert sah, der in diesen Katastrophen offenkundig die Endzeit anbrechen ließ. Dieses endzeitliche Strafgericht, die Erfahrung, einem übermächtigen, unberechenbaren Gegenüber ausgeliefert zu sein, zerrüttete offenbar nachhaltig das Vertrauen darauf, daß Gottes Allmacht und Allwissenheit den Menschen Grund zur Hoffnung sein darf. Der Psychoanalytiker *Horst-Eberhard Richter* und der Philosoph *Hans Blumenberg* haben die moderne Zivilisation mit ihren unübersehbaren Merkmalen krampfhafter Selbstüberforderung als Reaktion auf diese Erfahrung, als Überkompensation des in ihr erfahrenen Ausgeliefertseins gedeutet. Theologischer Absolutismus – die theologische »Ablösung« Gottes von einer vernünftig einsehbaren Ordnung der Wirklichkeit wie von vernünftig nachvollziehbaren Handlungsmotiven – habe den Prozeß humaner *Selbstbehauptung* hervorgetrieben. Gegen den Willkürgott – so die These – besann und berief sich der Mensch auf die Vernunft, auf die vernünftige Einsicht in die Gesetze der Wirklichkeit, auf die Notwendigkeit, den Willen durch Vernunft bestimmen zu lassen.[2]

Diese Deutung mag verkürzend sein. Aber sie macht doch eine nicht zu leugnende Tendenz namhaft. Gottes Wille wird im Spätmittelalter zum Unberechenbaren, zur Gefahr. Allein die *Erlösten* entgehen dieser Gefahr; sie sind »gerettet«, ihnen gilt Gottes Wille als Heilswille. Aber niemand kann sich dessen sicher sein, zu den Erlösten zu gehören und dem gefährlich unberechenbaren Gotteswillen nicht auch in letzter Instanz ausgeliefert zu sein. So wird das Erlöstsein selbst zum Unberechenbaren, zum Privileg (zur »Gnade«); und das Verlangen erscheint verständlich, demgegenüber auf einer vernünftigen, nachvollziehbaren »Geschäftsgrundlage« zu bestehen. Gott sollte nicht länger Willkürgott, der Mensch ihm nicht länger als der auf »Gnade« Angewiesene restlos ausgeliefert sein. Was für den Menschen gilt und gelten soll – die Vernunft –, das gilt auch und soll gelten für den Schöpfer- und Erlösergott. Aber bleibt überhaupt noch »Raum« für Erlösung, wenn Gott das Recht auf den absolutistisch-souveränen Gnadenerweis bestritten, wenn sein Wille auf Vernunft festgelegt werden soll (und kann)?

1.1.2 Jesus Christus: der Lehrer des Gott Wohlgefälligen und die personifizierte Idee einer Gott wohlgefälligen Menschheit

Die Religion Jesu Christi ist für die Philosophie der Aufklärung – im Unterschied zur (dogmatischen) christlichen Religion – nicht ein übervernünftiges Sonderwissen über Gottes Maßnahmen zum Heil der Menschen und über spezielle religiös-kultische Wege, dieses Heils teilhaftig zu werden.[3] Zwar ist sie – so *G. E. Lessing* (1729–1781) – Gottesoffenbarung; aber sie gibt »dem Menschengeschlecht nichts, worauf die menschliche Vernunft, sich selbst

---

[2] Vgl. *H. E. Richter*, Der Gotteskomplex. Die Geburt und die Krise des Glaubens an die Allmacht des Menschen, Reinbek 1979, 21–30; *H. Blumenberg*, Die Legitimität der Neuzeit, Frankfurt/M. 1966, 75 ff.

[3] Vgl. *G. E. Lessing*, Die Religion Christi, in: Werke, hrsg. von H. G. Göpfert, Bd. 7, Darmstadt 1976, 711 f.

überlassen, nicht auch kommen würde: sondern sie gab und gibt ihnen die wichtigsten dieser Dinge nur früher« (§ 4).[4] Jesus Christus ist der göttliche Lehrer, der »beßre Pädagog« Gottes (§ 53), der die göttliche Erziehungsgeschichte mit dem Menschengeschlecht einen entscheidenden Schritt voranbringt, da er den Menschen das Ergebnis, das sie aus eigener Anstrengung der Vernunft einzuholen haben, schon vorweg mitteilt, »damit sie sich im Rechnen« – in der Ausbildung ihrer Vernunft – »einigermaßen danach richten können« (§ 76). Dieser göttliche Lehrer macht sich überflüssig – und muß sich, wie jeder gute Pädagoge, überflüssig machen –, indem er die Menschen zum Selberdenken heranzieht, zur Vernunft bringt. Man nimmt ihn als Lehrer ernst, wenn man sich von ihm als dem Mitteilenden emanzipiert und *selbst denkt*, was er einem Menschengeschlecht gesagt hat, das noch nicht selbst denken konnte. So ist die Ausbildung der von ihm mitgeteilten Religionswahrheiten – der Mysterien – »in Vernunftwahrheiten ... schlechterdings notwendig, wenn dem menschlichen Geschlecht damit geholfen sein soll. Als sie geoffenbart wurden, waren sie freilich noch keine Vernunftwahrheiten; aber sie wurden geoffenbart, um es zu werden« (§ 76). Jesus Christus ist der Lehrer, der anleitet, vernünftig von Gott zu reden und ihm – seinem Willen – zu entsprechen, indem man den eigenen Willen allein durch Vernunft bestimmt sein läßt: *Immanuel Kant* (1724–1804) formuliert diese Konsequenz und spitzt sie soteriologiekritisch zu. Die kirchlich überlieferte Offenbarung muß nach dem Grundsatz ausgelegt werden, daß sie nicht von einem Handeln Gottes für die Menschen spricht, sondern von dem, was die Menschen in Übereinstimmung mit ihrer Vernunft und dem Willen Gottes, der sich ja in ihr ausspricht, zu tun haben. Durchzusetzen ist eine »Auslegung der uns zu Händen gekommenen Offenbarung«, eine »durchgängige Deutung derselben zu einem Sinn, der mit den allgemeinen praktischen Regeln einer reinen Vernunftreligion zusammenstimmt. Denn das Theoretische des Kirchenglaubens kann uns moralisch nicht interessieren, wenn es nicht zur Erfüllung aller Menschenpflichten als

---

[4] Vgl. *ders.*, Die Erziehung des Menschengeschlechts, in: Werke, Bd. 8, Darmstadt 1979, 489–510; zitiert wird nach der Paragraphenzählung.

göttlicher Gebote (was das Wesentliche aller Religionen ausmacht) hinwirkt« (110).[5]

Kann dann aber noch ernsthaft von einer Heilsbedeutung Jesu Christi, des *in der Geschichte* handelnden und leidenden Sohnes Gottes, die Rede sein? Gewiß nicht in dem Sinne, daß der Mensch, der sich an Jesus Christus anschließt, damit seiner sittlichen Pflicht ausweichen und gleichsam auf »direktem Weg« – nicht als »guter Diener«, sondern als Günstling (vgl. 200) – Gottes Zuneigung erlangen könnte. Denn für Kant steht unverrückbar fest, »daß es schlechthin kein Heil für die Menschen gebe, als in innigster Annehmung ächter sittlicher Grundsätze in ihre Gesinnung« (83). Der vernünftige Glaube an Jesus Christus kann und will den Gläubigen nicht ersparen, bessere Menschen zu werden; er schaut vielmehr in Jesus Christus das »Ideal der moralischen Vollkommenheit«, das »Ideal der Gott wohlgefälligen Menschheit«, die »personifizierte Idee des guten Prinzips« an (60f.), um sich in dieser Anschauung über die Menschenpflichten als göttliche Gebote *belehren*, auf die im Menschen selbst liegende Idee moralischer Vollkommenheit hinweisen und sich durch die in Jesus Christus geschehene vollkommene Verwirklichung dieser Idee das ermutigende *Beispiel* eines Gott wohlgefälligen Menschen geben zu lassen (vgl. 63, 128f., 134, 158, 162).

An Jesus wird sichtbar, wie der Mensch – die Menschheit – das »neue Leben« im Gehorsam gegen Gottes Gebote und die Stimme der eigenen Vernunft je neu beginnen kann, indem er dem alten, allein der Sinnlichkeit gehorchenden Menschen abstirbt. Jesus, der Leidende, ist auch hier nicht der Stellvertreter, der leistet, was die Menschen zu leisten hätten. Die klassische Versöhnungslehre ist für Kant nur eine vergegenständlichte Vorstellung, in der »jenes Leiden, was der *neue* Mensch, indem er dem *alten* abstirbt, im Leben fortwährend übernehmen muß, an dem Repräsentanten der Menschheit als ein für allemal erlittener Tod vorgestellt wird« (74f.).

[5] Die Religion innerhalb der Grenzen der bloßen Vernunft, Akademie-Textausgabe, Bd. 6, Neuausgabe Berlin 1968, 1–202; die Seitenangaben im Text beziehen sich auf diesen Text und diese Ausgabe.

Religion darf den Menschen nicht auf das ein für allemal Geschehene fixieren, weil es ihn sonst in der Illusion wiegt, es sei für ihn getan, was er selbst zu tun hat; weil er sonst dazu verführt wird, sich als »Favorit« – als Günstling – der Gottheit »Gnaden« zu erschleichen, statt sich der Mühe zu unterziehen, »ein guter Diener zu sein« und zu tun, was Gott ihm als seine Pflicht in der Vernunft verkündigt (vgl. 200). Kant kann den Glauben an ein göttliches Erlösungshandeln für die und an den Menschen nur als die unmoralische wie unvernünftige Alternative zur Anstrengung des *Selberhandelns* aus reiner Vernunft verstehen; darin ist er der Vorläufer aller Kritiker der christlichen Soteriologie im 19. Jahrhundert. Nicht darauf darf es ankommen, auf eine übervernünftige und der Vernunft nicht zugängliche Heilsinitiative Gottes sich zu verlassen, sondern allein darauf, das nicht zu versäumen, was der Mensch tun kann und tun soll – den Auszug aus der *selbst*verschuldeten Unmündigkeit und Unfreiheit *selbst* zu wagen, zu *diesem* Exodus unverzüglich aufzubrechen, um das gelobte Land des »Reiches der Freiheit« aus eigener Kraft zu erobern. Wenn Gott so weit »rationalisiert« ist, daß ihm nur noch bleibt, in der Vernunft des Menschen zu sprechen, wenn sein »Heilshandeln« eingegrenzt wird auf die »innere göttliche Offenbarung... durch unsere eigene Vernunft«[6], so scheint es sich noch »kritischeren« Geistern geradezu aufzudrängen, diese Behauptung eines Handelns Gottes im Menschen als Mystifizierung jener »Selbstbestimmung« zu durchschauen, in welcher die Menschheit sich über den an sich unnötigen Umweg der Gottes-Vorstellung ihr eigenes Wesen vor Augen stellt.[7]

---

[6] Vgl. *I. Kant*, Vorlesungen über die philosophische Religionslehre, hrsg. von K. H. L. Pölitz, Neuausgabe Darmstadt 1982, 220.
[7] Vgl. *L. Feuerbach*, Das Wesen des Christentums, Theorie-Werkausgabe, Bd. 5, Frankfurt/M. 1976, 246f.

1.2 Jesus Christus und der Prozeß der Versöhnung

1.2.1 Der Mensch gewordene Logos und Gottes Selbstrealisierung

Gott will, was der Mensch als seine Pflicht vor sich sieht, wenn er seinen Willen allein durch Vernunft bestimmen läßt; Gottes Wille geschieht, wenn der Mensch will und tut, was er seiner Vernunft folgend soll. Und es widerspräche der Vernunft, ein anderes Geschehen des Gotteswillens – etwa das Geschehen seines »Heilswillens« im stellvertretenden Sühneleiden seines Sohnes Jesus Christus – vorauszusetzen. Kants Prämisse macht es ihm unmöglich, das religiöse Sich-Verlassen auf Gottes Heilshandeln zugunsten der Menschen als für die Selbstrealisierung menschlicher Freiheit konstitutiv anzusehen. Dieses Vertrauen korrumpiere vielmehr die Freiheit, weil es einen direkten Weg zum Heil – an der moralischen Besserung der Menschen vorbei – vorzugaukeln scheint. Kants Prämisse ist sowohl von *G. W. F. Hegel* (1770–1831), *F. W. J. Schelling* (1775–1854) und *S. Kierkegaard* (1813–1855) als auch von der (evangelischen) Theologie des 19. Jahrhunderts vehement bestritten worden. Für Hegel bezeugt sich Gottes Wille nicht zuerst im Sollen, sondern – als realisierter – im Sein, im Geschehen, in der »Erlösungsgeschichte Christi«. Diese Erlösungsgeschichte wird aber erst richtig verstanden – begriffen –, wenn sie als geschichtlich-innerweltliche Realisierung jener »absoluten Geschichte« gesehen wird, in der Gott selbst sich ewig setzt und sich selbst vollzieht. Gott ist in sich Geist, Versöhnung, modern gesprochen: liebende Kommunikation; er ist bei sich selbst, indem er sich mitteilt (als der Vater); indem er im anderen seiner selbst, dem er sich mitteilt bzw. der – in der ewigen Geschichte Gottes – aus dieser Mitteilung selbst erst ewig wird (im Sohn), ganz bei sich selbst und so der mit sich selbst versöhnte absolute Geist ist. Geist – liebende Kommunikation – will sich dem anderen mitteilen; und so entspricht es Gott zutiefst, das, was er in sich ewig ist, für den anderen – den endlichen Menschen – zu *werden*, sich ihm so mitzuteilen, daß dieser an Gottes Selbstmitteilung sein eigenes Geist-Wesen entdecken und ergreifen, zur Versöhnung gelangen kann. Die Selbstmitteilung Gottes geschieht nicht durch bloße Belehrung über das Wesen des Geistes, sondern indem dieses Wesen für die Menschen *geschieht* und sie in dieses Geschehen einbezieht: »Dieser Prozeß des Geistes ist, an und für sich genommen, das Wesen, der Begriff des Geistes überhaupt und enthält deshalb die Bestimmung, für das Bewußtsein die *allgemeine Geschichte* zu sein, welche sich in jedem individuellen Bewußtsein wiederholen soll.«[8] Der Prozeß der Versöhnung erscheint und vollzieht sich für die Menschen in und durch Jesus Christus, in dem Gott Mensch wird. Er ist gleichsam »Kommunikationsmedium« Gottes, in welchem Gott freilich nicht nur »etwas«, sondern *sich selbst* kommuniziert und mitteilt; von dem her er im Geist der Gemeinde zur Wirklichkeit der Versöhnung für die Menschen werden will.

Gott erlöst, indem er sich mitteilt; seine Selbstmitteilung ist die Rettung der Menschen, die sich von ihr ergreifen, die die in der Geschichte sich realisierende und auslegende göttliche Liebe – den geschichtlichen Prozeß der von Jesus Christus ausgehenden und im Geist sich vollendenden Versöhnung – glaubend-begreifend die Grundwirklichkeit ihres Lebens sein und so Gottes Willen geschehen lassen. Versöhnung geschieht konkret, da Gott sich in Jesus Christus, dem menschgewordenen Logos, dem äußersten Widerspruch gegen den Geist und die Liebe, die er ist, aussetzt und auch diesen äußersten Widerspruch – die Sünde und ihre Konsequenz, den Tod – noch umgreift. Die »fürchterliche Vorstellung«: »Gott ist gestorben, Gott selbst ist tot«[9], bezeugt die radikalste Selbstentäußerung und zugleich die höchste Macht der göttlichen Liebe, die den Tod entmächtigt, ihn ein »Moment Gottes«, des absoluten Geistes sein läßt: »Der Tod ist die Liebe selbst; es wird darin die absolute Liebe angeschaut. Es ist die Identität des Göttlichen und Menschlichen, daß Gott im Menschlichen, im Endlichen bei sich selbst ist und dies Endliche im Tode selbst Bestimmung Gottes ist. Durch den Tod hat Gott die Welt versöhnt und versöhnt sich ewig mit sich selbst«; also ist dieser Tod – der Tod Jesu Christi – »genugtuend für uns, indem er die absolute Geschichte der göttlichen Idee

---

[8] Vorlesungen über die Ästhetik, Theorie-Werkausgabe, Frankfurt/M. 1971, Bd. 14, 152.

[9] Vorlesungen über die Philosophie der Religion. Die absolute Religion, hrsg. von G. Lasson, Hamburg 1929, 157f.

darstellt, das, was an sich geschehen ist und ewig geschieht«.[10] Der Mensch ergreift diese Genugtuung, wenn er sich einbeziehen läßt in den geschichtlichen Selbstvollzug des göttlichen Wesens; indem er begreift, wie göttlicher und menschlicher Selbstvollzug als Geist gleichsam ineinandergreifen und so ineinandergreifen sollen, daß der Selbstvollzug des endlich-menschlichen Geistes Moment des geschichtlichen Selbstvollzugs der göttlichen Liebe wird.

1.2.2   Die Offenbarung des guten Gotteswillens

Schelling setzt sich – je länger, desto deutlicher – von Hegel ab, da dieser das Geschehen des Gotteswillens einseitig als den ewigen Selbstvollzug seines Geistwesens denkt, so daß alles geschichtliche Geschehen immer schon spekulativ überholt und zum Epiphänomen herabgesetzt sei. In seinen früheren Schriften denkt auch Schelling Gott noch als den in der (Erlösungs-)Geschichte sich setzenden und realisierenden, als den seinen vorpersonalen (Ur-)-Grund in personales Dasein aufhebenden. Der göttliche (Ur-)-Grund ist »die Sehnsucht, die das ewige Eine empfindet, sich selbst zu gebären«.[11] Diese »Sehnsucht« realisiert sich in dem personalen Willen, sich selbst mitzuteilen, sich zu kommunizieren. Gott muß also gedacht werden als der (ewige) Entschluß, nicht nur in sich zu bleiben, sondern aus sich »herauszugehen«. So hat man auch »eine dem Willen zur Offenbarung entgegenwirkende Tendenz in Gott« anzunehmen, der gegenüber jedoch »Liebe und Güte oder das *Communicativum sui* überwiegen, damit eine Offenbarung sey; und dieses, die Entscheidung, vollendet erst eigentlich den Begriff derselben, als einer bewußten und sittlich-freien That« (341). Gottes erlösende Selbstoffenbarung als die Liebe in Person vollendet sich, wo sie ihre schöpferisch-versöhnende und verwandelnde Kraft im Abgrund des Hasses als schlechthin unüberwindlich, als letztgültig offenbart. Wie »jedes Wesen«, so kann auch die Liebe

---

[10]   Ebd. 166 bzw. 159.
[11]   *F. W. J. Schelling*, Philosophische Untersuchungen über das Wesen der menschlichen Freiheit und die damit zusammenhängenden Gegenstände (1809), in: Schriften von 1806–1813, Darmstadt 1976, 275–360, hier 303; die Seitenangaben im Text beziehen sich auf diese Schrift und diese Ausgabe.

nur in ihrem »Gegentheil offenbar werden« – »Liebe nur in Haß, Einheit in Streit« (317).

Der späte Schelling akzentuiert zusätzlich Gottes freie Willensentscheidung, sich den Menschen versöhnend zuzuwenden; und er widerspricht von dieser Voraussetzung her der Vorbild- und Lehrersoteriologie der Aufklärung: Offenbarung und Erlösung sind das unableitbare Ereignis der Zuwendung Gottes, das sich nicht aus reiner Vernunft deduzieren läßt. In der Offenbarung geschieht das Neue, nicht Antizipierbare, dessen die Vernunft sich eben nicht vor aller Erfahrung durch Selbstreflexion vergewissern kann. »Wozu gäbe es eine Offenbarung« – so hinterfragt Schelling Lessings Erziehungskonzept – »wenn wir durch eine solche am Ende nichts weiter erführen oder inne würden, als was wir auch ohne sie und von selbst wissen oder doch wissen könnten?«[12] Für Schelling ist es deshalb der Sache des Christentums nicht gemäß, »wenn nur von der *Lehre* Christi gesprochen wird. Der Hauptinhalt des Christentums ist eben Christus selbst, nicht was er gethan hat« – Christus als die Manifestation des göttlichen Liebeswillens. »Das Christentum ist unmittelbar nicht eine *Lehre*, es ist eine Sache, eine Objektivität, die Lehre ist immer nur Ausdruck dieser Sache« (I, 196 f.).

Die Vernunft kann das in der Geschichte (des Heils) Geschehende nicht durch reine Selbstreflexion einholen, weil das in dieser Geschichte Geschehende die unableitbar freie Willensentscheidung der Menschen – ihre Rebellion gegen Gott – voraussetzt und auf Gottes unbegründbar gnädigen Willen – auf seinen Willen, die gefallene Menschheit zu retten – zurückgeht. Dieser gnädige göttliche Wille nun »ist im eminentesten Sinn das – *ohne* Offenbarung – schlechterdings nicht zu Wissende, dieser Wille ist das Geheimnis kat' exochén, und die Offenbarung im höchsten Sinn... ist die Offenbarung dieses Willens. Kein Wille aber offenbart sich anders als durch die *That*, durch die Ausführung. Die höchste Offenbarung besteht also nur eben in der *Ausführung* jenes zugleich mit der Katastrophe des Menschen gefaßten Willens oder göttlichen Ent-

---

[12] Philosophie der Offenbarung, 2 Bde., Darmstadt 1974, II, 4; die folgenden Seitenangaben im Text beziehen sich auf diese Schrift und diese Ausgabe.

schlusses« (II, 10). Die Realisierung des göttlichen Heilswillens in der Geschichte – die »That, welche Inhalt der Offenbarung ist« (Bd. 2, 26) – wird von menschlicher Vernunft wahrgenommen als jenes Geschehen, »quo majus nil fieri potest, worüber schlechterdings nichts Größeres geschehen kann« (II, 27).[13] Die Vernunft nimmt es *staunend* wahr als das absolut Erstaunenswerte, worin das Weiterfragen der Vernunft zur Ruhe kommen darf, weil es nichts mehr weiterzufragen, nichts mehr aus allgemeinen Voraussetzungen abzuleiten gibt, da der Mensch der Äußerung des göttlichen Herzens begegnet, Gott ihm »wahrhaft persönlich geworden ist« und sich durch die Heilsoffenbarung »in seiner Schwäche für den Menschen erkennen ließ« (vgl. II, 26).

Die Philosophie der Offenbarung (und der Erlösung) hat den – in Jesus Christus – geschehenen göttlich-guten Willen in seiner inneren Konsequenz als Selbstrealisierung der göttlichen Liebe zu begreifen. Und sie hat diesen göttlich-guten Willen als das Grundgeschehen der in der Erfahrung wahrgenommenen Wirklichkeit zu begreifen. Aber ist wirklich der gute, liebende, Beziehung schaffende Gotteswille das Grundgeschehen der Wirklichkeit, so daß man auf diesen Willen sich verlassen – sich einlassen – dürfte? Oder durchwaltet nicht vielmehr ein zerstörerischer Wille unsere Lebenswelt; ein Wille, der nicht zu bejahen, sondern zu verneinen wäre; ein Wille, von dem sich abzulösen Erlösung bedeutete? Ist also *Arthur Schopenhauers* (1788–1860) Erlösungsmetaphysik angesichts einer zutiefst heillosen Wirklichkeit nicht die realistischere Sicht?

---

[13] So formuliert Schelling in Anknüpfung und Absetzung von Anselms Begriff des seinem Wesen nach – notwendig – Seienden als dem, über das hinaus nichts Größeres gedacht werden könne (vgl. Proslogion 2).

1.3 Erlösung ohne Erlöser

1.3.1 Jesus Christus und die Verneinung des Willens zum Leben

Schopenhauer steht durchaus noch in der Tradition aufgeklärter Vernunftkritik, wenn er die für sich genommenen abstrusen Lehren des Christentums – statt sie »sensu proprio« zu nehmen – auf die in ihnen verzerrend ausgedrückten Grunderfahrungen hin zu entziffern, sie also »sensu allegorico« aufzunehmen versucht. Sensu proprio genommen wird das christliche Dogma »empörend. Denn nicht nur läßt es vermöge seiner ewigen Höllenstrafen die Fehltritte oder sogar den Unglauben eines oft kaum zwanzigjährigen Lebens durch endlose Qualen büßen, sondern es kommt hinzu, daß diese fast allgemeine Verdammnis eigentlich Wirkung der Erbsünde und also notwendige Folge des ersten Sündenfalles ist«, vor dem der Schöpfer die Menschen nicht bewahrt hatte, obwohl er dies doch eigentlich hätte wollen und können müssen. »Demnach hätte er ein schwaches, der Sünde unterworfenes Geschlecht aus dem Nichts ins Dasein gerufen, um es sodann endloser Qual zu übergeben«; und es kommt so »heraus, als hätte der liebe Gott die Menschen geschaffen, damit der Teufel sie holen solle; wonach er denn viel besser getan haben würde, es zu unterlassen«. Obwohl er den Menschen »Nachsicht und Vergebung jeder Schuld bis zur Feindesliebe vorschreibt«, übt er sie selbst nicht und verfällt ins Gegenteil, in die bloße Rache, vor der nur die Wenigen gerettet werden, die er in ewigem Ratschluß dazu bestimmt hat.[14] Dieser offenkundigen Absurdität entgehe man nur, wenn man aus der Schale dieses Ursprungsmythos den Kern der ewigen Wahrheit herausschäle: die ursprüngliche und umfassende Schuldverfallenheit des Menschengeschlechts und jedes einzelnen Menschen und sein Angewiesensein auf Erlösung. Diese Wahrheit aber entspreche voll und ganz der Grundeinsicht einer realistischen Philosophie.

Die Grundeinsicht universaler Schuldverfallenheit wird nachvoll-

---

[14] Vgl. Parerga und Paralipomena II, § 177; Sämtliche Werke, hrsg. von W. Freiherr von Löhneysen, Taschenbuchausgabe, Frankfurt/M. 1986, Bd. 5, 431.

ziehbar auf dem Hintergrund der Schopenhauerschen *Willensmetaphysik*. Der Wille – nicht der einzelne Willensimpuls, sondern der in allem Wollen wollende, ja in jeder Naturkraft wirksame, jeden Instinkt antreibende Wille – ist für Schopenhauer das Ansich der Wirklichkeit, die sich dem Erkennen als Welt der Vorstellungen (Phänomene) darstellt.[15] Der Wille objektiviert sich, er spiegelt sich, er *erscheint* in allen Erscheinungen, ist aber als er selbst – als »Ding an sich« – jenseits der Anschauungsformen von Raum und Zeit, nicht dem principium individuationis, nicht dem Kausalschema der kategorialen Erkenntnis unterworfen (ebd. 174). Er ist grund- und ziellos, »rein an sich betrachtet, erkenntnislos und nur ein blinder, unaufhaltsamer Drang« (ebd. 380), Wille zum Leben. Er ist wesentlich »Entzweiung mit sich selbst«, da jede Stufe der Objektivation des Willens, »der andern die Materie, den Raum, die Zeit streitig« macht; und diese Selbstentzweiung offenbart sich beim Menschengeschlecht in »furchtbarer Deutlichkeit« als Kampf aller gegen alle (ebd. 218f.). Was sich beim Menschen unübersehbar zeigt, ist das Grundgesetz aller Wirklichkeit, der stete Verdrängungskampf auf Leben und Tod, »aus welchem eben hauptsächlich der Widerstand hervorgeht, durch welchen jenes, das innerste Wesen jedes Dinges ausmachende Streben überall gehemmt wird, vergeblich drängt, doch von seinem Wesen nicht lassen kann, sich durchquält, bis diese Erscheinung untergeht, wo dann andere ihren Platz und ihre Materie gierig ergreifen« (ebd. 424). Der Wille ist *ziellos*: keine Befriedigung befriedigt ihn, keine Objektivation ist von Dauer; er opfert sich all seine Gestalten auf; er ist das Verdrängen, das die weniger mächtigen Selbstobjektivationen untergehen und die mächtigen siegen läßt, nur um selbst wieder mächtigeren zu unterliegen.

Der Mensch kann diese blinde Dynamik als solche durchschauen und sich ihr – durch Erkenntnis des Rades, an das er geflochten ist – entziehen, indem er, erkennend oder vom Leiden dazu getrieben, den Willen zum Leben resignierend verneint. Den Resignierenden hat sich »das letzte Geheimnis des Lebens offenbart, daß nämlich

---

[15] Vgl. Die Welt als Wille und Vorstellung, Bd. 1, Sämtliche Werke, Bd. 1, 169f.; die Band- und Seitenangaben im Text beziehen sich auf diese Ausgabe.

das Übel und das Böse, das Leiden und der Haß, der Gequälte und der Quäler... an sich *eines* sind, Erscheinungen jenen einen Willens zum Leben, welcher seinen Widerstreit mit sich selbst mittels des principui individuationis objektiviert: sie haben beide Seiten, das Böse und das Übel, in vollem Maße kennengelernt, und indem sie zuletzt die Identität beider einsehen, weisen sie jetzt beide zugleich von sich, verneinen den Willen zum Leben« (ebd. 535). Aus der Einsicht in die Einheit des Entgegengesetzten, miteinander Kämpfenden gehen Mitleid und Nächstenliebe hervor, geht wahres Heil hervor, da diese Einsicht nur als Verneinung des so Gesehenen vollziehbar ist: »Wahres Heil, Erlösung vom Leben und Leiden ist ohne gänzliche Verneinung des Willens nicht zu denken« (ebd. 540); Erlösung ist die Lossagung von jener blinden Dynamik, die alles in Leiden und Kampf hineinzieht; bewußte Lossagung vom Wollen, mit der »alle die tausend Fäden des Wollens, welche uns an die Welt gebunden halten und als Begierde, Furcht, Neid, Zorn uns hin und her reißen, unter beständigem Schmerz«, abgeschnitten werden und der Wille »auf immer beschwichtigt ist, ja gänzlich erloschen bis auf jenen letzten glimmenden Funken, der den Leib erhält und mit diesem erlöschen wird«, so daß der sich Lossagende eingehen kann in jenen »unerschütterliche(n) Frieden«, jene »tiefe Ruhe und innige Heiterkeit«, wie sie nur dem Resignierenden zu eigen sind (ebd. 530). Mit der Verneinung des Willens zum Leben verschwindet schließlich auch die »Sucht nach individuellem Dasein« (II, 780), wird *das Nichts* zum Sinn und »Zweck« des Daseins. Aber dieses Nichts ängstigt den Verneinenden nicht mehr, denn: »Was sich gegen dieses Zerfließen ins Nichts sträubt, unsere Natur, ist ja eben nur der Wille zum Leben, der wir selbst sind, wie er unsere Welt ist. Daß wir so sehr das Nichts verabscheuen, ist nichts weiter als ein anderer Ausdruck davon, daß wir so sehr das Leiden wollen und nichts sind als dieser Wille und nichts kennen als eben ihn« (I, 557).

So stellt sich als rationaler Kern des sensu proprio genommen absurden christlichen Dogmas heraus, daß die Erbsünde gleichbedeutend ist mit der Bejahung des Willens zum Leben, mit der sich der Bejahende in die unheilvolle und leidschaffende Dynamik des Willens hineinziehen läßt; »die Verneinung desselben hingegen infolge aufgegangener besserer Erkenntnis ist die Erlösung« (II, 779), die Wiedergeburt. Die christliche Glaubenslehre »symbolisiert« die Idee des Menschen, »die *Bejahung des Willens zum Leben, in Adam*, dessen auf uns vererbte Sünde, d. h. unsere Einheit mit ihm in der Idee, welche in der Zeit durch das Band der Zeugung sich darstellt, uns alle des Leidens und des ewigen Todes teilhaftig macht: dagegen symbolisiert sie die *Gnade*, die *Verneinung des Willens*, die *Erlösung* im menschgewordenen Gotte«, der eben deshalb – so Schopenhauer – nur übernatürlich geboren und nur eines Scheinleibes teilhaftig sein konnte, da in ihm die Wirklichkeit des Willens, dessen erste Objektivation der Leib ist, als völlig aufgehoben vorgestellt wird (I, 549 f.). Und Schopenhauer fügt zur Erläuterung seines Begriffes der Symbolisierung hinzu, man solle »Jesum Christum stets im allgemeinen auffassen als das Symbol oder die Personifikation der Verneinung des Willens zum Leben; nicht aber individuell, sei es nach seiner mythischen Geschichte in den Evangelien oder nach der ihr zum Grunde liegenden mutmaßlichen, wahren. Denn weder das eine noch das andere wird leicht ganz befriedigen. Es ist bloß das Vehikel jener ersten Auffassung für das Volk, als welches stets etwas Faktisches verlangt« (ebd. 550 f.). Wer also die Glaubenslehre nach ihrem wahren Kern interpretiert, der sieht jedes Individuum als identisch mit Adam, dem durch Bejahung des Willens zum Leben dem Tod Anheimgefallenen; jedes erkennende Individuum aber »als identisch mit dem Erlöser, dem Repräsentanten der Verneinung des Willens zum Leben, und insofern seiner Selbstaufopferung teilhaft, durch sein Verdienst erlöst und gerettet aus den Banden der Sünde und des Todes, d. i. der Welt« (ebd. 450 f.) – durch sein Verdienst freilich allegorisch oder auch mystisch verstanden: als Symbolisierung jener Selbstaufopferung, die das erkennende Individuum an sich selbst vollzieht.

In der *Mystik* liegt überhaupt die Wahrheit des Christentums, die es mit Hinduismus und Buddhismus und eben auch mit Schopenhauers Philosophie gemeinsam hat.[16] Die Mystik sieht – so Scho-

---

[16] Vgl. Schopenhauers Äußerung: »Buddha, Eckhard und ich lehren im wesentlichen das Selbe, Eckhard in den Fesseln seiner christlichen Mythologie. Im *Buddhaismus*

penhauer – jeden mit der Verneinung des Lebenswillens, mit der Bejahung des Nichts zum Erlöser seiner selbst werden, wobei sie mit dieser Bejahung freilich über das dem Philosophen Mögliche hinausgeht. Das »Bewußtsein der Identität seines eigenen Wesens mit dem aller Dinge oder dem Kern der Welt« (II, 785) ist dem Philosophen nur als Negativum zugänglich: als Identität mit dem zu verneinenden Lebenswillen; er kann das Andere, welches hinter unserem Dasein »steckt« und »uns erst dadurch zugänglich wird, daß wir die Welt abschütteln« (I, 549), nur als *Nichts* auffassen, freilich als ein *relatives* Nichts, von dem nicht gesagt werden darf, »daß es absolut nichts sei, daß es nämlich auch von jedem möglichen Standpunkt aus und in jedem möglichen Sinne nichts sein müsse; sondern nur, daß wir auf eine völlig negative Erkenntnis desselben beschränkt sind; welches sehr wohl an der Beschränkung unseres Standpunkts liegen kann. – Hier nun gerade ist es, wo der Mystiker positiv verfährt und wovon daher nichts als Mystik übrig bleibt« (II, 784); wo der Mystiker von seiner »nicht weiter mitteilbaren Erfahrung« der »Ekstase, Entrückung, Erleuchtung, Vereinigung mit Gott« spricht (I, 557). Der Philosoph muß sich »mit der negativen Erkenntnis begnügen, zufrieden, den letzten Grenzstein der positiven erreicht zu haben« (ebd.), und kann gleichwohl an der Identität seines Wissens mit der Erfahrung der Mystik festhalten.

Schopenhauer läßt freilich keinen Zweifel daran, daß die asiatische Mystik des Hinduismus und des Buddhismus seinem philosophischen Wissen eher entspricht, als die in der Mythologie des Christentums befangene Mystik eines Eckhart oder der »Theologia deutsch«. Christliche Mystik muß an dieser Mythologie vor allem zweierlei überwinden: den – wie Schopenhauer meint – typisch jüdischen Optimismus des Schöpferglaubens und die Fixierung auf einen Erlöser, der die Erlösung ein für allemal vollbracht habe: »Eine Religion, die zu ihrem Fundament eine *einzelne Begebenheit* hat, ja aus dieser, die sich da und da, dann und dann zugetragen,

liegen die selben Gedanken, unverkümmert, durch solche Mythologie, daher einfach und klar, soweit eine Religion klar sehen kann. Bei mir ist die volle Klarheit« (Der handschriftliche Nachlaß, 5 Bde., hrsg. von A. Hübscher, Frankfurt/M. 1966ff., Bd. 4, Zweiter Teil, 29).

den Wendepunkt der Welt und alles Daseins machen will, hat ein so schwaches Fundament, daß sie unmöglich bestehen kann, sobald einiges Nachdenken unter die Leute gekommen. Wie weise ist dagegen im *Buddhismus* die Annahme der tausend Buddhas, damit es nicht sich ausnehme wie im Christentum, wo *Jesus Christus* die Welt erlöst hat und außer ihm kein Heil möglich ist.«[17]
Das eben erst in Gang gekommene Gespräch der Christen mit den großen ostasiatischen religiösen Traditionen läßt Schopenhauers soteriologisches Konzept überaus aktuell erscheinen. Eine Anknüpfung an Schopenhauer wie an die von ihm in Europa wieder geltend gemachten religiösen Grunderfahrungen des Hinduismus und des Buddhismus sieht sich freilich der schneidenden, oft genug maßlosen Polemik *Friedrich Nietzsches* (1844–1900) gegen Schopenhauers Willensmetaphysik ausgesetzt; einer Polemik, die in Schopenhauer – trotz seiner Option für die fernöstlichen Traditionen – den Vollender des lebensverneinenden christlichen Erlösungsglaubens sah.

1.3.2 Dionysos gegen den Gekreuzigten – der Wille zum Leben gegen seine Verneinung

Nietzsches Stellung zu Jesus von Nazaret und dem paulinischen Christentum ist bei aller Polemik durchaus differenziert. In der Spätschrift »Der Antichrist« versucht er sogar, Jesus von Nazaret gegen das abgrundtiefe Mißverständnis durch den christlichen Erlösungsglauben in Schutz zu nehmen – ohne sich freilich mit seiner Botschaft zu identifizieren. Im soteriologischen Mißverständnis Jesu setzte sich – so Nietzsche – das Judentum mit seinem »Priesterinstinkt« – der Knechtung der Menschen durch eine moralische Weltordnung, durch Sünden- und Strafangst – gegen das Evangelium Jesu durch; Nietzsche sieht das Christentum nicht als eine Gegenbewegung gegen den jüdischen Instinkt, es ist dessen Folgerichtigkeit selbst, »ein Schluss weiter in dessen furchteinflössender Logik«.[18] Was läßt sich für das psychologisch geschulte Auge vom

---

[17] Parerga und Paralipomena, Bd. 2, § 182, Sämtliche Werke, Bd. 5, 465.
[18] Vgl. Der Antichrist, Aphorismus 24, in: Sämtliche Werke, Kritische Studienaus-

Evangelium Jesu noch erkennen; in welchem Sinne wollte er »Erlöser« sein? Nietzsche versteht ihn als *heiligen Anarchisten*, »der das niedere Volk, die Ausgestossenen und ›Sünder‹, die *Tschandala* innerhalb des Judenthums zum Widerspruch gegen die herrschende Ordnung aufrief – mit einer Sprache, falls den Evangelien zu trauen wäre, die auch heute noch nach Sibirien« führte; genau dies »brachte ihn an's Kreuz: der Beweis dafür ist die Anschrift des Kreuzes. Er starb für *seine* Schuld, – es fehlt jeder Grund dafür, so oft es auch behauptet worden ist, dass er für die Schuld Andrer starb« (Aph. 27, 198). Dieser Widerspruch gegen das Herrschende scheint ihm – so Nietzsche – kaum bewußt gewesen zu sein; ihm ging es nicht im geringsten um Auseinandersetzung und Kampf, ja er predigt den Verzicht auf allen Widerstand um des wahren Lebens willen, das nicht im Kampf, sondern allein im inneren Frieden, im »Nicht-Feind-sein-*Können*« gefunden wird. Dieses wahre Leben ist – so formuliert Nietzsche den Kern der Predigt Jesu – »*in euch*: als Leben in der Liebe, in der Liebe ohne Abzug und Ausschluß, ohne Distanz. Jeder ist das Kind Gottes« (Aph. 29, 200). Jesus »redet bloss vom Innersten«, davon, daß das Himmelreich »in euch« ist, daß es den *Kindern* gehört, denen, die nicht kämpfen und nicht widerstehen, die in der naiv-vorurteilslosen Liebe über alle Feindschaft hinaus sind. Und er lebt dieses Kind-Sein; in allem, was er tut und erleidet, folgt er dem »tiefe(n) Instinkt dafür, wie man *leben* müsse, um sich ›im Himmel‹ zu fühlen, um sich ›ewig‹ zu fühlen«. So hat er mit der ganzen jüdischen Buß- und Versöhnungslehre abgerechnet; er weiß, »wie es allein die *Praktik* des Lebens ist, mit der man sich ›göttlich‹, ›selig‹, ›evangelisch‹, jeder Zeit ein ›Kind Gottes‹ fühlt«. Diese »*evangelische Praktik allein* führt zu Gott, sie eben *ist* Gott«. Und das »Leben des Erlösers war nichts andres als *diese* Praktik, – sein Tod war auch nichts andres...« (Aph. 33, 205 f.). Der »fromme Botschafter‹ starb, wie er lebte, wie er *lehrte – nicht* um ›die Menschen zu erlösen‹, sondern um zu zeigen, wie man zu leben hat«: ohne Ressentiment und Ra-

gabe (KSA), München 1980, Bd. 6, 191; vgl. ebd. Aph. 27 (197). Die folgende Darstellung orientiert sich an dieser Schrift; im Text selbst werden jeweils der Aphorismus und die Seitenzahl der KSA angeführt.

chebedürfnis; ja »er bittet, er leidet, er liebt *mit* denen, *in* denen, die ihm Böses thun« (Aph. 35, 207).

Von Schuld, Sünde, Strafe und Erlösung, von der Erlösung der Sünder spricht Jesus nicht und kann er gar nicht sprechen, denn er »hatte ja den Begriff ›Schuld‹ selbst abgeschafft, – er hat jede Kluft zwischen Gott und Mensch geleugnet, er *lebte* diese Einheit von Gott und Mensch als *seine* ›frohe Botschaft‹... und *nicht* als Vorrecht« (Aph. 41, 215). Wer diese Einheit mit ihm und in seiner Nachfolge lebt, für den ist die Moral abgetan; und so sagte er »zu seinen Juden: ›das Gesetz war für Knechte, – liebt Gott, wie ich ihn liebe, als sein Sohn! Was geht uns Söhne Gottes die Moral an!‹«[19] So ist Jesus jede moralische Entrüstung fremd; er »liebte die Bösen, aber nicht die Guten: der Anblick von deren moralischer Entrüstung brachte selbst ihn zum Fluchen. Überall wo gerichtet wurde, nahm er Partei gegen die Richtenden: er wollte der Vernichter der Moral sein.«[20] Aber wie kam es dann doch zur evangeliumswidrigen *Vorstellung eines Erlösers von den Sünden des Menschengeschlechts* und damit zur Wiederherstellung jener – nach Nietzsche – ursprünglich jüdischen moralischen Weltsicht? »Das Verhängniss des Evangeliums entschied sich mit dem Tode, – es hieng am ›Kreuz‹« (Aph. 40, 213); denn das Kreuz verlangte nach einer Deutung, die es nicht als Widerlegung dessen erscheinen ließ, was die ersten Jünger an ihrem Meister hatten bzw. besser: haben wollten. So wird sein Tod ein Schuldopfer, »und zwar in seiner widerlichsten, barbarischsten Form, das Opfer des *Unschuldigen* für die Sünden der Schuldigen!« Und er wird relativiert zum Weggang dessen, der wiederkommen wird, Rache zu nehmen, der an seinem endzeitlichen Reich denen Anteil gibt, die Gottes Willen tun, und das heißt eben: *moralisch* sind. Es tritt nun »schrittweise in den Typus des Erlösers hinein: die Lehre vom Gericht und von der Wiederkunft, die Lehre vom Tod als einem Opfertode, die Lehre von der *Auferstehung*, mit der der ganze Begriff ›Seligkeit‹, die ganze und einzige Realität des Evangeliums, eskamotirt ist – zu Gunsten eines Zustandes *nach* dem Tod!« (Aph. 41, 215). Mit

---

[19] Jenseits von Gut und Böse. Viertes Hauptstück, Aph. 164, KSA 5, 101.

[20] Nachgelassene Fragmente Sommer – Herbst 1882, KSA 10, 61.

dem Jenseits- und Unsterblichkeitsglauben aber tötete man das Leben, entwertete man die Welt (vgl. Aph. 58, 247); der Jenseitsglaube setzt die *moralische Weltanschauung* wieder voll in Kraft, die der Größe und Tragik *dieser* Welt ihre Unschuld nimmt, die alles Handeln in ihr nur Mittel zum allein gerechtfertigten Zweck – der Vermeidung jenseitiger Strafen und der Erlangung jenseitiger Seligkeit – sein läßt.

Nietzsche hat Entstehung und Funktionsweise dieser moralischen Weltanschauung und damit den Hintergrund des Erlöserglaubens in immer neuen Anläufen zu rekonstruieren versucht, wohl wissend, daß es sich dabei um ein vielfach determiniertes Phänomen handelt. Eine gleichsam psychologisch-religionsgeschichtliche Ableitung skizziert er in der »Genealogie der Moral«: Die Primitiven verstehen ihr eigenes Leben als Ablösung und damit als Verdrängung der Vorfahren; sie kommen zu Lebenskraft, indem sie sich die Lebenskraft der Vorfahren aneignen. So stehen sie ihnen gegenüber in Schuld: Sie haben zurückzuerstatten, was sie raubten. Diese Konstellation ist in der religiösen Einstellung aufs Metaphysische projiziert und radikalisiert. Das ganze Leben des Religiösen droht von einer untilgbaren Schuldverpflichtung Gott gegenüber erdrückt zu werden; alles, was er hier tun kann, vermindert diese Schuld nur unzureichend. Dieser unendliche Schulddruck erzwang schließlich jenen Ausweg, »an dem die gemarterte Menschheit eine zeitweilige Erleichterung gefunden hat, jenen Geniestreich des *Christentums*: Gott selbst sich für die Schuld des Menschen opfernd, Gott selbst sich an sich selbst bezahlt machend, Gott als der Einzige, der vom Menschen ablösen kann, was für den Menschen selbst unablösbar geworden ist – der Gläubiger sich für den Schuldner opfernd, aus *Liebe*«.[21] Aber diese Erleichterung ist nur zeitweilig, weil sie von der Forderung überschattet wird, sich der Erlösung würdig zu erweisen, wenn man sie auch im letzten Gericht noch angerechnet erhalten will. Würdig ist ihrer nur, wer das jüdisch-christliche Ressentiment gegen alles Starke und Edle teilt, wem das gelungene kraftvolle Leben nichts gilt, ja *verhaßt* ist. Das Christentum schürt den Haß gegen das Große und Starke, gegen

---

[21] Zur Genealogie der Moral, Zweite Abhandlung, Aph. 21, KSA 5, 331.

das Leben selbst; der christliche Gott ist für Nietzsche ein »Verbrechen am Leben« (Aph. 47, 225). Der Glaube an ihn vergiftet die Kleinen und Zu-kurz-Gekommenen mit dem Instinkt der Rache gegen die Edlen und Starken (vgl. Aph. 62, 253), und genau darin liegt auch – sozialpsychologisch gesehen – sein Sinn: Der Glaube an den Gott der Kleinen und Zu-kurz-Gekommenen rächt sich an den Starken, indem er die aristokratischen Werte der Lebenssteigerung, denen sie folgen, diskreditiert und zu Unwerten verkehrt, indem er die Selbstbehauptung der Starken als Ursünde herabwürdigt und eine Moral der Leidenden und Benachteiligten in Geltung setzt.[22] Diese Moral läßt aber auch die Glaubenden selbst leiden. Auch sie sehen sich der fortwährenden Herausforderung ihres »Ideals« – der *Selbstverachtung*, der Verachtung des Lebens – ausgesetzt; auch sie sehen sich unausweichlich als Sünder, wo immer sie ihren natürlichen Impulsen nachgeben. Alles, was ihnen an Leiden zustößt, nehmen sie als verdiente Strafe für ihre Sünde wahr; in allem, was sie tun, versuchen sie der ewigen Strafe zu entgehen – um den Preis der Negierung, des Widerwillens gegen das Leben.[23] Ihr Bedürfnis nach Erlösung[24] – hervorgerufen von jenem zutiefst verderblichen Ideal der Selbstverachtung, das sie notwendig zu Sündern werden läßt – produziert sich ein Erlösungssymbol, das diesen Widerwillen gegen das Leben noch einmal abbildet und bestätigt. Das Kreuz heiligt die Selbstverleugnung; »eine Gottheit, welche sich selbst opfert, was das stärkste und wirkungsvollste Symbol dieser Art von Größe ist.«[25] Und dieses Opfer führt den Glaubenden noch einmal ihre eigene Verwerflichkeit vor Augen: »das ist die Gegenrechnung bei diesem moralischen Hyperidealismus: die absolute Verdammung des Menschen, das odium generis humani. Um die Menschheit eines solchen Opfers eines Gottes werth zu fühlen, mußte man sie in's Tiefste verachten und vor sich herabwürdigen.«[26] Die Mißratenen und Schwachen, das Gift der

---

[22] Vgl. ebd. Dritte Abhandlung, Aph. 11 ff., KSA 5, 361 ff.

[23] So schon: Die Geburt der Tragödie. Versuch einer Selbstkritik, Abschnitt 5, KSA 1, 18.

[24] Vgl. dazu: Menschliches, Allzumenschliches I, Aph. 141, KSA 2, 134 ff.

[25] Ebd. Aph. 138, KSA 2, 132.

[26] Nachgelassene Fragmente Herbst 1880, KSA 9, 233.

Selbstverachtung Ausspritzenden und ihm selbst zum Opfer Gefallenen – sie brauchen »ein *Symbol*, welches den Fluch auf die Wohlgeratenen und Herrschenden darstellt«; ihr »›Gott‹ ist ein Fluch auf Leben«, ein dieses Leben verderbender »Einwand gegen dieses Leben«, die »Formel seiner Verurtheilung«.[27] Im Kreuz konzentriert sich das verhängnisvolle Vorurteil der Christen: »›Was *schwach* ist vor der Welt, was *thöricht* ist vor der Welt, das *Unedle* und *Verachtete* vor der Welt hat Gott erwählet‹: *das* war die Formel, in *hoc* signo siegte die décadence. – *Gott am Kreuze* – versteht man immer noch die furchtbare Hintergedanklichkeit dieses Symbols nicht? – Alles, was leidet, Alles, was am Kreuze hängt, ist göttlich ... Wir alle hängen am Kreuz, folglich sind *wir* göttlich ...« (Aph. 51, 232). Das Kreuz ist »Erkennungszeichen für die unterirdischste Verschwörung, die es je gegeben hat, – gegen Gesundheit, Schönheit, Wohlgerathenheit, Tapferkeit, Geist, *Güte* der Seele, *gegen das Leben selbst* ...« (Aph. 62, 253), damit aber auch »ein Fingerzeig, sich von ihm zu erlösen«.[28]

Nietzsche sieht den *erlösenden Menschen* heraufkommen, der »die *Erlösung* dieser Wirklichkeit« heimbringen wird: »ihre Erlösung von dem Fluche, den das bisherige Ideal auf sie gelegt hat. Dieser Mensch der Zukunft, der uns ebenso vom bisherigen Ideal erlösen wird, als von dem, *was aus ihm wachsen musste*, von dem großen Ekel, vom Willen zum Nichts, vom Nihilismus, dieser Glockenschlag des Mittags und der grossen Entscheidung, der den Willen wieder frei macht, der der Erde ihr Ziel und dem Menschen seine Hoffnung zurückgibt, dieser Antichrist und Antinihilist, dieser Besieger Gottes und des Nichts – *er muß einst kommen* ...«[29] Symbol dieses Menschen ist Zarathustra, Symbol *dieser* Erlösung ist für den späten Nietzsche Dionysos: »Dionysos gegen den ›Gekreuzigten‹: da habt ihr den Gegensatz. Es ist *nicht* die Differenz hinsichtlich des Martyriums, – nur hat dasselbe einen anderen Sinn. Das Leben selbst, seine ewige Fruchtbarkeit und Wiederkehr bedingt die Qual, die Zerstörung, den Willen zur Vernichtung.« Im Symbol

---

[27] Nachgelassene Fragmente Frühjahr 1888, KSA 13, 266–268.
[28] Ebd. 267.
[29] Zur Genealogie der Moral, Zweite Abhandlung, Aph. 24, KSA 5, 336.

des Dionysos vergegenständlichen sich Danksagung und Bejahung des Lebens mit all seinen Widersprüchen; er ist »Typus eines die Widersprüche und Fragwürdigkeiten des Daseins in sich hineinnehmenden und erlösenden Typus«, er repräsentiert »die religiöse Bejahung des Lebens, des ganzen, nicht verleugneten und halbirten Lebens«.[30] Zarathustra, der exemplarische Diener des Dionysos, bereitet sich, die »Vergangenen zu erlösen und alles ›Es war‹ umzuschaffen in ein ›So wollte ich es!‹«, die Welt »von der Knechtschaft unter dem Zwecke« (der überkommen Moral) zu erlösen und sie freizugeben für ihr Ziel: den Übermenschen hervorzubringen, der das Vergangene rechtfertigen wird als den unvermeidlich schmerzlichen, opfervollen Weg auf sich hin.[31]

Wenn Erlösung einen positiven Sinn haben soll, dann nur als »*Erlösung von Erlösern*«[32]: als Erlösung zunächst von der in jeder Soteriologie vorausgesetzten moralischen Weltsicht, die die Wirklichkeit auf die von Grund auf falsche Kausalität von Sünde und Strafe festlegt und die Menschen – insbesondere die Leidenden, die sich ja als zu Recht Bestrafte verstehen müssen – zu Verächtern ihrer selbst macht. Die christliche Erlösungsbotschaft überwindet die moralische Weltsicht nicht gründlich genug, da sie die Schuld der Menschen bestätigt – sie machte ja das Opfer des Gottessohnes nötig – und die Furcht vor Strafe durch die Vorstellung des letzten Gerichts neu entfachte. Deshalb gilt: »Um von den Sünden zu erlösen, empfahl man früher den Glauben an Jesus Christus. Jetzt aber sage ich: das Mittel ist: glaubt nicht an die Sünde! Diese Kur ist radikaler. Die frühere wollte einen Wahn durch einen anderen erträglich machen.«[33] Erlösung von der Sünde heißt Zurückgewinnung der Selbstachtung und Selbstliebe. Wer sich selbst liebt, der ist auf den aus Gnade liebenden Gott – auf Erlösung – nicht mehr angewiesen: »liebt euch selber aus Gnade, – dann habt ihr euren Gott gar nicht mehr nöthig, und das ganze Drama von Sündenfall und Erlösung spielt sich in euch selber zu Ende!«[34] Erlösung vom

---

[30] Nachgelassene Fragmente Frühjahr 1888, KSA 13, 266.
[31] Also sprach Zarathustra, Zweiter Teil, KSA 4, 179 bzw. Dritter Teil, KSA 4, 209.
[32] Nachgelassene Fragmente Mai – Juni 1883, KSA 10, 356.
[33] Nachgelassene Fragmente Sommer 1880, KSA 9, 188.
[34] Morgenröthe, Aph. 79, KSA 3, 78.

Erlöser bedeutet Ablösung von Gott, der »Zweck- und Sittlichkeitsspinne hinter dem großen Fangnetz der Ursächlichkeit«,[35] in dem der Religiöse mit seiner moralischen Weltsicht gefangen ist; Ablösung von Gott, dem »grösste(n) *Einwand* gegen das Dasein… Wir leugnen Gott, wir leugnen die Verantwortlichkeit in Gott: *damit* erst erlösen wir die Welt«[36], damit gewinnt sie ihren Eigenwert zurück.

Nietzsches Widerspruch gegen den »Nihilismus« des christlichen Erlösungsgedankens – gegen »die fromme« Verneinung der Welt, ihre Herabsetzung zum bloßen »Diesseits« eines zu erstrebenden »Jenseits« – richtet sich mit voller Schärfe auch gegen Schopenhauers »Nihilismus«: gegen seine philosophische Rechtfertigung der Verneinung des Willens zum Leben, zur Bemächtigung und Übermächtigung. Gegen ihn will Nietzsche dem Willen zum Leben und zur Macht seine wahre Göttlichkeit – die einzige wahre Göttlichkeit – zurückgeben; auf diese Göttlichkeit – zur Göttlichkeit des Übermenschen – will er die Menschen hinführen, damit sie sich zu ihr erlösen. Von der Hypostase eines lebensfeindlichen, das Leben durchkreuzenden und negierenden Willens gilt es, sich zu befreien. Die Wirklichkeit dieser Welt – auch des Leidens in und an ihr – ist nicht bestimmt von dem in allem waltenden, belohnenden und bestrafenden, gegen den Eigenwillen des Menschen sich durchsetzenden Gotteswillen; sie ist die einzige und letzte Wirklichkeit: eine Herausforderung, sie anzunehmen und ihrer gewachsen zu sein, sie dem ungezähmten, wilden und grausam-schöpferischen Willen des Übermenschen zu unterwerfen und zugleich sich ihr dienend hinzugeben. Der Wille zur Macht, der sich an der Herausforderung durch *diese* Welt selbst entdeckt, er muß zu seiner Unschuld und Rücksichtslosigkeit gegen alles Schwache und »Degenerierte« befreit werden, damit der Mensch sich nicht von dem zum Absterben Bestimmten anstecken und vergiften läßt. So ist der christliche Erlösungsglaube Nietzsche nicht zuletzt darin verhaßt, daß er die Partei der Opfer, der Schwachen und Mißratenen ergreift, daß er – recht verstanden, und Nietzsche erkennt diese

---

[35] Zur Genealogie der Moral, Dritte Abhandlung, Aph. 9, KSA 5, 357.
[36] Götzen-Dämmerung, Die vier grossen Irrthümer, Aph. 8, KSA 6, 97.

Pointe – das Opfersystem in all seinen Dimensionen und Rechtfertigungen außer Kraft setzt, da er an den menschenfreundlichen Gott glaubt, der die Geopferten ins Recht und die Opferer ins Unrecht setzt. Nietzsche hat recht: »Der Einzelne wurde durch das Christenthum so wichtig genommen, so absolut gesetzt, daß man ihn nicht mehr *opfern* konnte.« So ist das Christentum »das Gegenprincip *gegen die Selektion*«; seine »allgemeine Menschenliebe ist in praxi die *Bevorzugung* alles Leidenden, Schlechtweggekommenen, Degenerierten: sie hat thatsächlich die Kraft, die Verantwortlichkeit, die hohe Pflicht, Menschen zu opfern, heruntergebracht und abgeschwächt.«[37] Demgegenüber will Nietzsche »den Gedanken lehren, welcher Vielen das Recht giebt, sich durchzustreichen – den großen *züchtenden* Gedanken«[38]. Den Gedanken, welcher vielen selbsternannten Wegbereitern des Übermenschen und Vollstreckern des Willens zum Leben, des Willens zur Macht, das Recht gibt – um der Züchtung des Übermenschen willen –, Millionen Mißratener durchzustreichen.[39]

Darf, ja muß sich das Christentum nicht als »Gegenprinzip« gegen den so verstandenen Willen zur Macht (zum Leben) verstehen? Lehrt es nicht die Erwählung des Schwachen und vor der Welt Verachteten, die dem Willen zur Macht zum Opfer fallen, von den selbsternannten Herren über Leben und Tod hingeopfert werden? Redet christliche Soteriologie nicht gerade deshalb von Sünde und Erlösung, weil es ihr um die Achtung und Bejahung des Lebens all derer geht, die unter der Sünde zu leiden haben – um die Rettung der »Opfer«, aber auch um die Befreiung der »Opferer« aus ihrem menschen- und lebensverachtenden Lebensentwurf; um die angefochtene und dennoch lebendige Hoffnung darauf, daß das Hingeopfertwerden durch die selbsternannten Herren über Leben und Tod für die Opfer nicht das Letzte ist; um die Herausforderung, Gottes Solidarität mit den Opfern hier und jetzt zu bezeugen?

---

[37] Nachgelassene Fragmente Frühjahr 1888, KSA 13, 470.
[38] Nachgelassene Fragmente Frühjahr 1884, KSA 11, 73.
[39] Vgl. ebd. 98.

1.4 Der erlösungsbedürftige und der erlöste Wille – Soteriologie als Gegenentwurf zur Aufklärung

1.4.1 Jesus Christus: Evangelium für die Sünder

Die von der Aufklärung versuchte »Rationalisierung« des Gotteswillens ließ Erlösung als Belehrung verstehen: als Belehrung über die Gott und Menschen verbindende Vernünftigkeit des Wollens, die den Menschen von dem Zwang befreite, sich vor Gottes unberechenbarer Herrscherwillkür durch den »Afterdienst« einer kultischen Religion (Kant) abzusichern. Gottes vernünftiger Wille wird von den großen Philosophen des Deutschen Idealismus als *geschehender* verstanden, als das Grundgeschehen des Welthaftwerdens Gottes (Hegel), der Selbst-Kommunikation Gottes (Schelling): Gottes heilsamer Wille bestimmt – versöhnt – die Wirklichkeit in ihrer Tiefe. Aber ist sie denn nicht – für jedermann sichtbar, von jedem zu ertragen – die zutiefst unversöhnte und widersprüchliche? Gilt es nicht eher, den die Wirklichkeit beherrschenden bösen Konkurrenzwillen durch die revolutionäre Brechung der Logik der Kapitalverwertung außer Kraft zu setzen (so Karl Marx)? Gilt es nicht, sich – noch weit radikaler – jedem Wollen, jedem »Anhaften« und Begehren zu entziehen, den Willen zum Leben zu verneinen – sich vom Wollen zu erlösen (Schopenhauer)? Oder gilt es, sich vom schlechten Gewissen zu erlösen, von der moralischen Weltanschauung, die den Starken, den Herrenmenschen von vornherein ins Unrecht setzt und so das in ihm zur Blüte kommende Leben vergiftet (Nietzsche)? Der herkömmliche christliche Erlösungsglaube schien in jedem Falle überholt: als symbolische Darstellung des Ideals einer Gott wohlgefälligen Menschheit; als in den Begriff aufzuhebende religiöse Vorstellung; als der seiner selbst nicht bewußte Reflex einer zutiefst widersprüchlichen Wirklichkeit; als im Buddhismus erst zu ihrer Wahrheit findende Sehnsucht nach Befreiung aus den Wirrnissen einer vom bösen Ur-Willen bestimmten Wirklichkeit; als das Verhängnis einer bis ins Extrem forcierten moralischen Weltsicht. Gleichwohl beriefen sich fast alle diese »Überholungen« auf Jesus Christus, den »wahren« (historischen) Jesus von Nazaret, der von der kirchlichen Soteriologie nur übermalt worden sei: auf das Vorbild und den Lehrer wahrer

Sittlichkeit (Lessing, Kant); auf Jesus als Personalisierung des »Neins« zum Willen (Schopenhauer); auf Jesus, den naiv-sensiblen Anarchisten und Idioten (Nietzsche). Jesus war ganz anders, Erlösung ist ganz anders, als die kirchliche Soteriologie es vorstellt – so lautet die einhellige, wenn auch in sich äußerst widersprüchliche Botschaft des Jahrhunderts der Nachaufklärung.

Wie konnte die Theologie diese Herausforderung aufnehmen? Sofern sie sie überhaupt vernahm – und das geschah vor allem im Raum der evangelischen Theologie –, versuchte man ihr zu begegnen, indem man die Grundvoraussetzungen der Aufklärung als zutiefst unrealistisch darstellte.[40] Grunddatum der Aufklärung ist die Selbstgewißheit der sittlichen (praktischen) Vernunft, allenfalls der Belehrung, keinesfalls aber eines göttlich-gnadenhaften Beistands zu bedürfen, um sich gegen das Böse durchsetzen und den Menschen zum Guten bestimmen zu können. Kant spricht zwar vom »radikal« Bösen und vom »Kampf des guten Princips mit dem bösen um die Herrschaft im Menschen«[41]; er sieht das radikal Böse als »natürlichen Hang«, von dem gleichwohl gilt, er müsse »zu überwiegen möglich sein«. Die Stimme des Gewissens verstummt nie völlig; ungeachtet jeden Abfalls vom sittlich Guten »erschallt doch das Gebot: wir sollen bessere Menschen werden, unvermindert in unserer Seele«; und – so ergibt sich für Kant ganz selbstverständlich – »folglich müssen wir es auch können«[42]. Nach Kant ist der Mensch weder prinzipiell noch mit faktischer, geschichtlich kontingenter Unausweichlichkeit daran gehindert, die Stimme der praktischen Vernunft zu vernehmen und ihr auch zu folgen. Die Selbstreflexion führt den Menschen auf dieses unmittelbare Bewußtsein, auf das *Faktum der reinen Vernunft*, des Gesollten auch fähig zu sein.[43] Im Hinblick auf den Ursprung dieser unmittelbaren, der Selbstbeobachtung gegebenen Grundgewiß-

[40] Vgl. zum Überblick: *G. Wenz*, Geschichte der Versöhnungslehre in der evangelischen Theologie der Neuzeit, 2 Bde., München 1984/86.

[41] Vgl. Die Religion innerhalb der Grenzen der bloßen Vernunft, a. a. O., 17 ff. bzw. 55 ff.

[42] Vgl. ebd 37 bzw. 45.

[43] Vgl. Kritik der praktischen Vernunft (1788), 97 Anm., in: Akademie-Textausgabe, Bd. 5, Neuausgabe Berlin 1968, 1–164, hier 31.

heit spricht *Johann Gottlieb Fichte* (1762–1814) von einem *Gefühl*: »Ich soll schlechthin den sittlichen Zweck mir setzen, und ihn schlechthin für ausführbar halten: ich soll ihn für ausführbar halten und darum ihn setzen. Keines ist in Wahrheit die Folge vom anderen, sondern beides ist Eins; es ist Ein Gedanke, nicht zwei; und es ist wahr und gewiss, nicht zufolge jenes erschliessenden Denkens, sondern einer Nothwendigkeit, die ich nur fühle.«[44] Im Gefühl wird der Mensch grundlegender Daten (Fakten) seines »geistigen Lebens« (seines Selbstvollzugs als eines Vernunftwesens) unmittelbar inne – die Theorie der »intellektuellen Anschauung« arbeitet diesen Ansatz mit höchster Differenziertheit aus. Man kann freilich fragen, ob diesem ursprünglichen Fühlen nicht noch mehr gegeben ist als die Notwendigkeit, den sittlichen Zweck »mir zu setzen« und für ausführbar zu halten; ob in ihm etwa auch jene Urbezogenheit auf den gesetzt ist, von dem als meinem Schöpfer ich mich *schlechthin abhängig fühle*, so daß diese »schlechthinnige Abhängigkeit die Grundbeziehung« wäre, »welche alle anderen in sich schließen muß« (F. Schleiermacher, 1768–1834)[45]; ob in ihm womöglich sogar die Unmöglichkeit gefühlt wird, aus eigener Kraft dem Sittengesetz zu genügen. *August Tholuck* (1799–1877), der bedeutendste Vertreter der Erweckungstheologie im 19. Jahrhundert, rechnet die Erkenntnis der *Heilsbedürftigkeit* des Menschen, das »Bewußtsein der innern Armuth, welches eins ist mit dem Verlangen nach Erlösung«, zu den unmittelbar gefühlten »Tatsachen unseres Selbstbewußtseins«[46], welche freilich in einem der Sinnlichkeit verhafteten Leben weitgehend verschüttet sein können. So ist es auch das »Bestreben des Erlösers«, diese Tatsache aufzudecken, »das Schuldbewußtsein und die Anerkennung der Erlösungsbedürftigkeit zu erwecken«; ja man kann sogar feststellen, daß all seine *Lehren* und Anweisungen den Zweck haben, »den Menschen durch die Höllenfahrt der

---

[44] Rückerinnerungen, Antworten, Fragen (1799), in: Fichtes Werke, hrsg. von I. H. Fichte, Neuausgabe Berlin 1971, Bd. 5, 335–373, hier 358.
[45] Vgl. Der Christliche Glaube (2. Aufl. 1830), § 5, Neuausgabe hrsg. von M. Redeker, Berlin 1960, Bd. 1, 30.
[46] A. *Tholuck*, Die Lehre von der Sünde und vom Versöhner, oder: Die wahre Weihe des Zweiflers, Gotha [8]1862, 165; vgl. 155 bzw. 111.

Selbsterkenntnis zur Himmelfahrt der Gotteserkenntnis zu führen«[47].

Die Erlösungsbedürftigkeit – die Unfähigkeit, das Gesollte zu tun – ist für den Erweckungstheologen im Widerspruch zu Kant das unmittelbar Gewisse, innerlich Gefühlte. Der Erlöserheiland ist Lehrer insofern, als er mich zur Selbsterkenntnis führt, zur Erkenntnis meiner schlechthinnigen Unfähigkeit zum Guten. In der ausgehaltenen Selbsterkenntnis kann mir der Erlöser zum Evangelium werden, zur frohen Botschaft der Versöhnung, die mir in Jesus Christus begegnet und zuteil wird – Tholucks Schüler *Wilhelm Herrmann* (1846–1922) arbeitet diesen Gedanken aus. Er versucht zunächst gegen Kant aufzuzeigen, daß der dem radikal Bösen verhaftete Mensch von sich aus nicht über das Böse hinausgelangen kann. Das versteht sich für Herrmann geradezu von selbst, denn »der Mensch, der eine neue Gesinnung sich aneignen soll, ist eben der alte Mensch, der überwunden werden soll«. Dem menschlichen Willen wird eine Leistung abgefordert, vor der er als immer schon verwundeter und im Bewußtsein dieser Verwundung versagen muß; das macht die »*Not des sittlichen Bewußtseins*« aus, die die Selbsterfahrung gerade des sittlich denkenden Menschen bestimmt.

Wer sich dieser Not des sittlichen Bewußtseins ausgeliefert erfährt, der wird nach Rettung suchen, nach dem Grund einer Zuversicht, die ihn glauben ließe, nicht in letzter Instanz verurteilt, nicht endgültig dem in sich selbst verstrickten bösen Willen – dem »radikal Bösen« – ausgeliefert zu sein. Diese »innere Befreiung des Menschen ist die Religion«[48]; sie ist für den Christen durch die geschichtliche Gestalt Jesu Christi vermittelt. In ihm und von ihm her wird die Not des sittlichen Bewußtseins auch zu Bewußtsein und als »Furcht vor Gott« zu Bewußtsein gebracht (Predigt des Gesetzes); in ihm und von ihm her wird sie freilich auch überwunden (Evangelium)[49]. Er ist das »Wort Gottes, das uns wirklich als solches gewiß wird, weil es uns völlig niederwirft und uns aus dem

[47] Ebd. 166f.
[48] *W. Herrmann*, Ethik, Tübingen [5]1913, 93.
[49] Vgl. ebd. 133.

40

Nichts zu einem neuen Leben ruft«[50]. In ihm begegnet dem Glaubenden die Realität des Sittlichen als Überforderung, so daß er – der Sünder – sich *verloren fühlt*, und zugleich als die im Leben Jesu erfüllte Forderung. Indem Jesus das Gesetz erfüllt, wird er dem Sünder zur Offenbarung der allmächtigen göttlichen Liebe, die uns dessen gewiß macht, »daß Gott lebt und sich unser annimmt«[51]; die uns Gott in der Macht des guten Willens über alles erfahren und die »fromme« Überzeugung gewinnen läßt, »die überweltliche Macht Gottes trage und leite unser Leben durch diese Welt hindurch zu einer unvergänglichen Vollendung«[52]. In Jesus Christus haben die beiden Erfahrungen der uns richtenden Gewalt des Guten und der uns suchenden Liebe ihren »Ursprung«; er ist die Offenbarung des verurteilenden und versöhnenden Gottes, da er in dieser doppelten Weise auf uns wirkt; er ist die große innere Befreiung, da wir an ihm – an seinem »inneren Leben« – die verurteilende Macht des Guten als mit der versöhnenden Macht der Liebe *eins* erleben können.[53]

Herrmanns Soteriologie scheint Nietzsches Soteriologiekritik geradewegs zu bestätigen: Die Eigenmächtigkeit des Menschen soll durch die »Predigt des Gesetzes« gebrochen, die »moralische Weltsicht« soll bis zu dem Punkt verschärft werden, wo man eben nur noch auf Erlösung – auf die unverdiente Amnestie des Verworfenen – hoffen kann. Der Unmittelbarkeit des Sich-schuldig-Fühlens aber entspricht die Unmittelbarkeit der Gnadenerfahrung, die den vom Wort des Gesetzes Niedergeworfenen von Jesus – von der Wahrnehmung seines inneren Lebens – her ergreift: als die Wirklichkeit »einer Macht..., deren wir uns nicht mehr erwehren können, sondern der wir uns frei ergeben«. Jesus, der Erlöser – sein »inneres Leben« – wird uns nicht als »mitteilbarer Gedanke« oder als Lehre gegenwärtig, sondern als gegenwärtig erlebte, »von uns selbst erfaßte«, ja: uns selbst erfassende »Tatsache«[54]; als die Tat-

---

[50] *W. Herrmann*, Schriften zur Grundlegung der Theologie, hrsg. von P. Fischer-Appelt, 2 Bde., München 1966–1967, hier Bd. 2, 194.
[51] Ebd. Bd. 1, 169.
[52] Ethik, 107.
[53] Vgl. ebd. 130.
[54] Vgl. ebd. 100.

sache des unsere sittliche Not wendenden göttlichen Erbarmens. Wie »ist« Jesus von Nazaret diese Tatsache? – so wird man fragen müssen. Wie »offenbart« sie sich in ihm? Sie offenbart sich in ihm so, daß sie die Glaubenden ergreift; mehr wird Herrmann dazu nicht sagen können. Er wendet sich jedenfalls ausdrücklich gegen den Versuch, dem Offenbarungsereignis durch historisch-kritische Forschung nahekommen zu wollen: »Die historische Forschung kann uns nicht vor den Erlöser Jesus Christus stellen. Sie kann uns nicht helfen, den geschichtlichen Christus zu finden, von dem die Christen behaupten, daß er ihre Rettung sei.«[55]

Die Aufklärung hatte im Bunde mit der historischen Kritik die Frage nach dem »wirklichen« Jesus hinter den soteriologischen Inanspruchnahmen auf die Tagesordnung gesetzt. Ihr begegnet Herrmann mit der Beschwörung des »wirkenden«, des den Verzweifelten durch den Eindruck seines inneren Lebens rettenden Jesus. Der »wirkende« Jesus ist der Erlöser, den der Verzweifelte braucht. Sucht sich der auf sein Schuldbewußtsein Festgenagelte an Jesus von Nazaret nicht das, was er braucht: den um seiner Schuld willen am Kreuz Festgenagelten und Sühnenden?

Diese zu Nietzsche gleichzeitige Soteriologie kommt gegenüber Nietzsche zu spät. Sie gibt ihm gerade dort recht, wo sie mit größter Emphase redet: von dem durch historische Forschung unerreichbaren Jesus, dessen Wort den Sünder zu Boden wirft – der Hölle der Selbsterkenntnis anheimgibt – und ihn in den Himmel der Gotteserkenntnis erhebt; der Erkenntnis eines Gottes, der die Vernichteten und Zunichtegewordenen, aber auch nur sie, aus Gnade rettet.

1.4.2   Das Christusereignis: Existenzmitteilung

Herrmanns Inanspruchnahme der unmittelbar gefühlten, in der Begegnung mit dem »inneren Leben« Jesu bis zur Unerträglichkeit geltend gemachten und zugleich aufgehobenen Schuldverfallenheit bleibt *unvermittelt*, pathetisch behauptend: Das Unmittelbare drängt sich mit Macht auf – contra auctoritatem non valet argu-

---

[55] Ebd. 99.

mentum. Dieses Pathos der Unmittelbarkeit fordert zu ideologie-
kritischer Entlarvung geradezu heraus: Ist das unmittelbar sich
Aufdrängende nicht das – mit gewissen Interessen – dem Menschen Aufgedrängte? Wird den Menschen ihre Erlösungsbedürftigkeit nicht nur eingeredet, damit sie vom »religiösen Angebot«
des christlichen Erlösungsglaubens abhängig bleiben? Die Erlösungsbedürftigkeit darf nicht forcierte Behauptung bleiben; wer
sich theologisch-soteriologisch auf sie bezieht, der muß sich legitimieren, indem er mit dieser Bezugnahme eine überzeugende Deutung und hilfreiche Erschließung der menschlichen Situation – der
conditio humana – gewinnt.

Søren Kierkegaard (1813–1855) hat sich eine Generation vor Wilhelm Herrmann dieser Herausforderung gestellt. Auch für ihn gilt,
daß die Erfahrung, Sünder zu sein und sich nicht selbst aus der
Sünde befreien zu können, die Menschen auf den Erlöser und Versöhner – auf das Christentum – angewiesen sein läßt; »falls nicht
das Sündenbewußtsein einen Menschen treibt, so muß ein Mensch
verrückt sein, um sich mit dem Christentum einzulassen.«[56]
Aber Kierkegaard setzt das Sündenbewußtsein nicht einfach voraus; er versucht, es von einer Ursituation des Sündigens her zu
rekonstruieren. Sünde wird erfahren als die Unmöglichkeit, die
Synthese zu setzen, die der Mensch ist, die sein *Existieren* ausmacht: die Synthese von Ewigem und Zeitlichem, Unendlichkeit
und Endlichkeit (von Idealität und Faktizität), von Denken und
Sein.[57] So ist der Mensch ein »Zwischenwesen«, der – aus Endlichkeit und Unendlichkeit zusammengesetzt – seine Ewigkeit und
Unendlichkeit in der Endlichkeit, in seinem faktisch-kontingenten
Dasein zu leben hat. Die Ursituation des Sündigens ist die der Abwendung von Gott, des Unglaubens[58]: Der Mensch will ohne Gott
– für und durch sich selbst – die Synthese leisten, in ursprünglichem
Freiheitsvollzug sich als Vereinzelt-Kontingenten auf seine ewige,
ideale Bestimmung hin verwirklichen. Aber in der Abwendung

---

[56] S. *Kierkegaard*, Die Tagebücher, ausgewählt, neu geordnet und übersetzt von
H. Gerdes, Bd. 3, Düsseldorf–Köln 1968, 191; vgl. ebd. 77.
[57] Vgl. Philosophische Brosamen und Unwissenschaftliche Nachschrift, dt. Übersetzung hrsg. von H. Diem und W. Rest, Köln 1959, 460ff. bzw. 493f.
[58] Vgl. Die Tagebücher, Bd. 3, 234: »Sünde ist, daß man nicht glaubt.«

von Gott wird ihm das Unendlich-Ewige zur »leeren Unendlichkeit« (Hegel), zum Abgrund des Nichts, angesichts dessen er der Bodenlosigkeit und Zufälligkeit – der Kontingenz seines eigenen Daseins – inne wird. Die ewige Unendlichkeit wendet sich gleichsam gegen die Zeitlichkeit und Endlichkeit des menschlichen Daseins und macht sie zum bloß Zufälligen, völlig Bedeutungslosen. Um dieser Bedeutungslosigkeit zu entrinnen, phantasiert sich der Mensch in eine unendliche leere Bedeutsamkeit (er will verzweifelt nicht er selbst sein), oder er sucht sich im Endlichen selbst zu behaupten und sich so eine ewige Bedeutung zu geben, er will verzweifelt er selbst sein.[59] Diese Ursituation des Sündigens beschreibt Kierkegaard in »psychologischer« Annäherung so: Die Unendlichkeit des leeren »Möglichkeitsraumes« ängstigt das Individuum; die Angst aber »kann man vergleichen mit Schwindel. Wessen Auge in eine gähnende Tiefe hinunterschaut, der wird schwindlig. Der Grund seines Schwindels aber ist ebensosehr sein Auge, wie der Abgrund; denn gesetzt, er hätte nicht hinuntergestarrt! So ist die Angst der Schwindel der Freiheit, der aufsteigt, wenn der Geist die Synthese setzen will und die Freiheit nun hinunterschaut in ihre eigene Möglichkeit und dabei die Endlichkeit ergreift, um sich daran zu halten. In diesem Schwindel sinkt die Freiheit um«[60]; greift sie nach dem Endlichen, um sich daran zu halten – so der »Begriff der Angst« –, oder macht sie sich zum Opfer ihrer eigenen Unendlichkeitsphantasien. In beiden Fällen – dem der Selbstbehauptung wie dem der Phantasieexistenz – ist die Synthese, die das Existieren ausmacht, zur Unmöglichkeit geworden; der Mensch scheitert an der Freiheit, weil er nicht glaubt: weil er die Unendlichkeit, die Ewigkeit, das All der Möglichkeit für sich haben will, statt es von Gott zu empfangen und in ihm zu erlangen. Wer nicht glaubt, der fällt der Leere anheim, zu der die Ewigkeit und die Unendlichkeit für ihn geworden sind; der sündigt, weil er

---

[59] Vgl. Die Krankheit zum Tode und Anderes, hrsg. von H. Diem und W. Rest, Köln 1956, 73 ff. (Die Krankheit zum Tode). Ich orientiere mich hier an *Eugen Drewermanns* Auslegung in: Strukturen des Bösen. Die jahwistische Urgeschichte in exegetischer, psychoanalytischer und philosophischer Sicht, Bd. 3, Paderborn ³1982, 436 ff.

[60] Vgl. Die Krankheit zum Tode und Anderes, 512 (Der Begriff der Angst).

verzweifelt er selbst sein – sich als endlich-Einzelner gegen die als Bedrohung erfahrene Unendlichkeit behaupten – will, oder weil er verzweifelt nicht er selbst sein will und sich in der Phantasie, in der »Zerstreuung« verliert. Die menschliche Freiheit ist zur in sich und durch sich selbst gefesselten Freiheit, die Subjektivität des Menschen ist zur Unwahrheit, zur Sünde geworden.[61] Der Mensch kann nicht mehr durch sich selbst, durch Vertiefung in sich selbst (»Erinnerung«) zur Wahrheit gelangen.

Die Wahrheit *muß zu ihm kommen*; er muß ihr außerhalb seiner selbst begegnen. Das ist aber – gemessen an den Voraussetzungen der Aufklärung – das schlechthin Paradoxe: daß der Mensch die Wahrheit nicht in sich selbst, sondern jenseits seiner selbst finden soll, da er selbst – als der Sünder – von sich aus nicht mehr wahrheitsfähig ist. Damit sind dann auch die »christologischen« Leitkategorien der Aufklärung »Lehrer« und »Vorbild« obsolet geworden. Ein Lehrer bringt ja nur zum Vorschein, was in den Schülern ist. Wenn die Wahrheit aber nicht *im* Schüler ist, so müßte ein Lehrer ihn »umschaffen, ehe er anfängt, ihn zu lehren. Dies aber vermag kein Mensch; soll es dennoch geschehen, dann muß es durch Gott selbst geschehen.«[62] Gott selbst macht den Menschen zur Wahrheit durch den Erlöser Jesus Christus, durch die Mitteilung einer neuen Existenz. So ist auch das Christentum »keine Lehre..., sondern eine Existenzmitteilung«[63].

Entsprechendes gilt für die Kategorie »Vorbild« und »Beispiel«: Jesus Christus ist nicht gekommen, »allein um uns ein Beispiel zu hinterlassen«, ein Beispiel, dem wir von uns aus nacheifern könnten, um so zur Wahrheit zu kommen. »Er kommt, um uns zu retten, und stellt das Beispiel dar. Eben dies Beispiel soll uns demütigen, uns lehren, wie unendlich weit wir davon entfernt sind, dem Ideal zu gleichen. Wenn wir uns dann demütigen, so ist Christus eitel Erbarmung«[64]; so begegnet uns in ihm die Wahrheit, die uns

---

[61] Vgl. ebd. 497 bzw. Philosophische Brosamen und Unwissenschaftliche Nachschrift, 350 f.

[62] Vgl. Philosophische Brosamen und Unwissenschaftliche Nachschrift, 21, 23 und 26.

[63] Die Tagebücher, Bd. 3, 50.

[64] Vgl. ebd. 191 bzw. 213. Daraus ergibt sich freilich auch, daß die Vorbildfunktion Christi durchaus ihren theologischen Wert haben muß (vgl. 191 f.).

wahr macht. In dieser wahrmachenden Begegnung wird sich der Mensch selbst paradox – gegen die »Meinung« der Aufklärung weiß er sich als den nicht aus sich selbst Wahrheitsfähigen – und begegnet er der Wahrheit als dem Paradox, dem – gegen das Vorurteil der Aufklärung – in der Zeit, im Augenblick sich ereignenden, so aber dem Vergänglichen die neue Existenz mitteilenden Ewigen.

Auf diesen Augenblick – darauf, daß Jesus Christus die Fülle der Zeit ist – kommt im Christentum alles an. Und deshalb ist im Hinblick auf den Gottmenschen Jesus Christus »das Historische in konkretem Verstand gleichgültig«, so daß wir die historisch-kritische Forschung »historisch das Historische zunichte machen lassen« können; »wenn bloß der Augenblick noch übrig bleibt, als Ausgangspunkt für das Ewige, ist das Paradox zur Stelle.« Auf geschichtliche Daten ist – wie Kierkegaard mit Lessing feststellt – der Glaube nicht zu gründen; »aus dem allerfeinsten Detail kann man... nicht den Glauben herausdestillieren.«[65] Die »Inkommensurabilität einer geschichtlichen Wahrheit mit einer ewigen Entscheidung«[66] ist nur im Paradox des Augenblicks aufgehoben; aufgehoben durch den, der paradoxerweise dem Gottmenschen in Jesus Christus geschichtlich begegnet. So ist auch nur dies, daß der Ewige als der Gottmensch Jesus Christus in die Zeit eintritt, von schlechthin entscheidender Bedeutung; »und das übrige historische Detail ist noch nicht einmal so wichtig wie wenn, anstatt von dem Gott, von einem Menschen die Rede wäre.«[67] Mit dem Augenblick muß der Mensch *gleichzeitig* werden, um seine neue Existenz in ihm zu empfangen; jede historische Einstellung zum Augenblick zerstört die Gleichzeitigkeit: »Weg mit der Geschichte! Die Lage der Gleichzeitigkeit wird zuwegegebracht. Das ist der Maßstab.«[68]

Rudolf Bultmann (1884–1976) reformuliert Kierkegaards Entwurf in den Kategorien der Daseinsanalytik *Martin Heideggers*. Die Ursituation des Sündigens – die Illusion der Unendlichkeit im Verfal-

[65] Philosophische Brosamen und Unwissenschaftliche Nachschrift, 72 f. bzw. 122.
[66] Vgl. ebd. 229.
[67] Ebd. 122.
[68] Die Tagebücher, Bd. 3, 21.

len an das Endliche – beschreibt er vom Existential der *Sorge* her: Der Mensch, der sich darum sorgt und ängstigt, wie er als unaufhebbar Endlicher leben kann, lebt die Sorge immer schon so, daß er der Welt verfällt, daß er sich der Illusion anheim gibt, im »Besorgen« der Weltdinge seiner Endlichkeit standhalten zu können. Paulus beschreibt dieses der Welt Verfallen (vgl. 1 Kor 7,32ff.): »Der natürliche Mensch sorgt, sich das Leben zu sichern, und entsprechend seinen Möglichkeiten und Erfolgen im Sichtbaren ›vertraut er auf das Fleisch‹ (Phil 3,3f.).« Mit dieser Haltung täuscht sich der Mensch über seine Situation, »denn er ist ungesichert. Er verliert so gerade sein ›Leben‹, seine eigentliche Existenz, und verfällt der Sphäre, über die er zu verfügen und aus der er seine Sicherheit zu gewinnen meint. Gerade diese Haltung gibt der Welt, die für ihn Schöpfung sein könnte, den Charakter ›dieser Welt‹, der widergöttlichen Welt«, den Charakter einer Macht, die den Menschen erst recht ins Vergehen, in das Sterben hineinreißt: »Das Sichtbare, Verfügbare ist vergänglich, und deshalb ist, wer von ihnen her lebt, der Vergänglichkeit, dem Tode, verfallen. Wer aus dem Verfügbaren lebt, der begibt sich in Abhängigkeit von ihm.«[69] Dieses Verfallen an das Sichtbare und Verfügbare, das Sich-einrichten-Wollen im und das Bleiben-Wollen durch das Endliche, Innerweltliche ist für Bultmann *das Wesen der Sünde*, in der der Mensch sich die Möglichkeit zu existieren nicht von Gott, dem Schöpfer, schenken lassen, sondern selbst begründen will, dadurch aber der Uneigentlichkeit verfällt.

Echtes, eigentliches Existieren wäre demgegenüber »dasjenige, das aus dem Unsichtbaren, Unverfügbaren lebt, das also alle selbstgeschaffene Sicherheit preisgibt. Das eben ist das Leben ›nach dem Geist‹, das Leben ›im Glauben‹. Ein solches Leben wird Möglichkeit für den Menschen aus dem Glauben an Gottes ›Gnade‹, d. h. aus dem Vertrauen, daß gerade das Unsichtbare, Unbekannte, Unverfügbare dem Menschen als Liebe begegnet, ihm seine Zukunft entgegenbringt, nicht Tod, sondern Leben für

---

[69] R. *Bultmann*, Neues Testament und Mythologie, in: H.-W. Bartsch (Hrsg.), Kerygma und Mythos (Bd. 1), Hamburg ³1954, 15–48, hier 28; die Seitenangaben im Text beziehen sich auf diesen Aufsatz.

ihn bedeutet« (29). Wer sich der Gnade öffnet, der kann sich lösen vom Verfügenwollen; sein Leben ist nunmehr bestimmt vom »Entschluß, nur auf Gott zu vertrauen, der die Toten erweckt (2 Kor 1,9), der das Nichtseiende ins Sein ruft (Röm 4,17)«, von der radikalen »Hingabe an Gott, die alles von Gott, nichts von sich erwartet« und der damit gegebenen »*Gelöstheit von allem weltlich Verfügbaren*«, von der »Haltung der Entweltlichung, der *Freiheit*« (ebd.). Zu dieser Gelöstheit und Entweltlichung aber kann der Mensch sich nicht selbst bestimmen; er hat sich ja – als der Sünder – ganz aufs Verfügenwollen festgelegt. Gott selbst muß ihn er-lösen, indem er am Sünder handelt, sich ihm als der Halt erfahrbar macht, den der Sünder sich vergeblich selbst zu schaffen sucht. Gott muß am Sünder handeln und ihn öffnen für das, was ihm nur geschenkt werden kann: für das »neue Selbstverständnis«[70], in dem er – gelöst von der Welt – Gottes Liebe als die alles bestimmende Wirklichkeit anerkennt und auf sie hin lebt. Gott handelt im *Kerygma*, in der Verkündigung des Heilstodes Jesu Christi, im hier und jetzt ausgerichteten Wort Gottes, das mich in Jesu Tod und Auferweckung hineinnehmen will. Und der Mensch läßt Gott an sich handeln, wenn er Jesu Kreuzigung an sich selbst geschehen läßt. Dieser Tod ist Gericht über die Welt und Befreiung von ihr zu neuem Leben; wer das Gericht über die Welt – die Verurteilung des Existierens aus der Welt – annimmt und sein bisheriges Selbstverständnis preisgibt im Vertrauen darauf, daß der Richter sein Retter ist, der wird zu neuem Leben – zu eigentlicher Existenz – auferweckt. So kommt es für den Sünder darauf an, »das Kreuz Christi als das eigene (zu) übernehmen, ... sich mit Christus kreuzigen (zu) lassen.« Für den, der sich mit Jesus kreuzigen (richten) läßt, wird Jesu Kreuz zum Heilsgeschehen: »Das Kreuz ist als Heilsgeschehen nicht ein isoliertes Ereignis, das an Christus als mythischer Person passiert ist«, sondern das »eschatologische Ereignis«, das am Hörer des Kerygmas geschieht und ihm zum Heil wird, indem es ihn in eine neue Existenz versetzt (richtet und auferweckt). Das Kreuz ist dieses eschatologische Ereignis, da in ihm Gott han-

---

[70] Vgl. *ders.*, Zum Problem der Entmythologisierung, in: H.-W. Bartsch (Hrsg.), Kerygma und Mythos, Bd. 2, Hamburg [2]1965, 179–208; hier 200.

delt. So ist der Christus überhaupt nur das erlösende Eschaton, da Gott in ihm handelt; und Gottes Handeln in (an) ihm wird im Kerygma zu Gottes Handeln an mir, dem Sünder. Jesus Christus selbst ist theologisch – für den Glauben – nur bedeutsam, insofern er Ursprung des Kerygmas ist. Nur das Daß seiner Geschichte, nicht ein bestimmtes Wie, nicht ein bestimmter geschichtlicher Ablauf interessieren den Glaubenden.[71]

Kierkegaard und Bultmann stellen sich der historisch-kritischen Verfremdung des »historischen« Jesus, indem sie deren Ergebnisse theologisch neutralisieren und so den Grund der Erlösung vom historischen Befund unabhängig halten. Gott handelt in Jesus Christus, vor allem in seinem Todesgeschick; dieses Handeln Gottes ereignet sich an mir, wenn ich mich vom Kerygma in das Christusereignis hineinnehmen lasse. Wie Gott in Jesus Christus (und an mir) handelt, das ist nicht ablesbar an dem, was durch und mit Jesus von Nazaret historisch geschah. Ist dann aber nicht jede – religiöse wie nichtreligiöse – Bezugnahme auf diesen Jesus von Nazaret prinzipiell ebenso legitim wie die soteriologische? Muß, was dem Glaubenden »Erlösung« bedeutet, nicht doch – zumindest auch – an dem abgelesen werden, was sich historisch über Jesus von Nazareth sagen läßt? Wobei unbestritten bleibt, daß Jesu Erlösersein nicht einfach aus dem historischen Befund ableitbar ist.

Bedenken richten sich heute auch gegen Kierkegaards und Bultmanns *Erlösungsverständnis* selbst: Ist Erlösung hier nicht welt- und geschichtslos gedacht, ganz und gar »verinnerlicht«: als die Wende vom uneigentlichen zum eigentlichen Existieren? Ist das erlösende Geschehen des Gotteswillens denn indifferent gegen all das Widergöttliche, das in Welt und Geschichte zur Herrschaft kam – eben nur bezogen auf die Existenzwende des Einzelnen, die ihn zu all dem in ein anderes Verhältnis setzt? Hat die christliche Erlösungsbotschaft hier noch Anhalt an der Botschaft Jesu, an der Botschaft von der *nahegekommenen Gottesherrschaft*?

Gerade dieser Frage muß sich die Soteriologie heute mit besonderer Sorgfalt zuwenden: Was hat die christliche Erlösungsbotschaft

---

[71] Vgl. *ders.*, Das Verhältnis der urchristlichen Christusbotschaft zum historischen Jesus, Heidelberg [2]1961, 9.

mit der Botschaft Jesu selbst zu tun? Nur eine tragfähige Antwort auf diese Frage wehrt jener »postmodernen« Beliebigkeit, mit der Jesus von Nazaret für alle möglichen Erlösungskonzepte in Anspruch genommen wird. In der aktuellen New-Age-Literatur etwa findet sich solche Inanspruchnahme vielfach und mit den verschiedensten Akzentuierungen.

1.4.3   »Unternehmen Erlösung«

Für die New-Age-Autoren gilt Jesus zunächst als spiritueller Führer und Lehrer, der die Adepten nicht etwa von ihrer Sündenverfallenheit erlöst, sondern sie zur Erfahrung der alles durchdringenden und tragenden Ganzheit führt. Die Religion des New Age ist – nach *Ken Wilber* – »etwas völlig anderes als das Verlangen nach Erlösung. Da sie das Absolute als integrale Ganzheit beschreibt, ist es nicht das Ziel dieser Religion, erlöst zu werden, sondern *jene Ganzheit zu entdecken* und sie dadurch als Ganzes zu erfahren.«[72] So läßt sich auch – nach Ausweis der von Wilber den Evangelien vorgezogenen gnostischen Nag-Hammadi-Texte – deutlich ausmachen, »daß die primäre religiöse Tätigkeit Jesu nicht darin bestand, sich in seinen und als seine Jünger zu verkörpern – und zwar als der *einzige* Sohn Gottes (eine monströse Vorstellung) –, sondern sich als wahrer spiritueller Führer zu zeigen, der allen Menschen hilft, Söhne und Töchter Gottes zu werden«, gemäß dem in diesen Texten überlieferten Jesus-Wort: »Wer... von meinem Munde trinken wird, wird werden, wie Ich bin.« Wenn also sinnvoll von Erlösung die Rede sein soll, so nur im Sinne einer *Erlösung durch Identifikation*: durch Identifikation mit Christus und mit dem, was Jesu Lehre und Lebenspraxis ausmachte: mit seinem Sich-Identifizieren mit der Quelle wahren, ganzheitlichen Lebens.[73]

Jesus lehrt uns, dem »Unternehmen Erlösung« zu dienen, eins zu sein »mit der Einheit allen Lebens«, uns an die erlösenden »göttlichen Energien zu halten, um wiederherzustellen oder neu zu beleben, was durch Mißbrauch oder Unwissenheit abgestumpft ist

---

[72]   *K. Wilber*, Halbzeit der Evolution, dt. München 1988, 20.
[73]   Vgl. ebd. 283 f.

oder beschädigt wurde«.[74] *G. Trevelyan*, der die Tradition der Anthroposophie Rudolf Steiners in das New-Age-Denken einbringen will, bestimmt die erlösende Funktion Jesu nicht nur meditativ-spirituell, sondern auch »energetisch«: »Christus ist weit mehr als ein Lehrer. Er bringt eine göttliche Kraft in die Welt zur Erlösung des gefallenen Menschen. Sein Hinabsteigen in den Strom der menschlichen Evolution war unerläßlich, wenn die Menschheit überleben sollte. Sein Eintritt in das Reich der Materie und sein Durchgang durch Tod und Auferstehung waren wie eine Injektion ewigen Lebens in den menschlichen Organismus. Seitdem ist es jedem Menschen möglich, in den lebendigen Kräften der Erde den Christus zu finden und Seine Liebe in seinem Herzen als verwandelnde Kraft zu erwecken... Mit dem Verströmen des göttlichen Blutes auf Golgatha hat der Impuls der Erneuerung und Neuschaffung die Lebenskräfte der ganzen Erde durchdrungen. Die erlösende Tat Christi ist durch den Tod gegangen und damit in den Strom der irdischen Evolution gelangt; sie macht den Sündenfall (der egoistischen Vereinzelung; J. W.) rückgängig und leitet den Aufstieg des Menschen ein.«[75]

Hat man in dieser »Auslegung« eine schöpferische, durch die Tradition der Gnosis vermittelte und das Evolutionsdenken ernst nehmende Aneignung des soteriologischen Denkens christlicher Theologie zu sehen? Oder kommt man hier auf Jesus Christus nur zu sprechen, weil auch er irgendwie zum »Neuen Denken«, zur »philosophia perennis« (K. Wilber) paßt, als eine »unverzichtbare Facette« im Kosmos spiritueller Traditionen, aus dem man sich nach Belieben bedient? Christliche Soteriologie wird nicht umhinkommen, die Unbeliebigkeit *ihrer* Bezugnahme auf Jesus von Nazaret nachvollziehbar herauszuarbeiten. Aber ist die historische Sicht Jesu und seiner Botschaft nicht selbst weithin beliebig bzw. durch und durch bestimmt von den Vorurteilen der verschiedenen Forscher(-generationen)?[76] Wie also ist die Unbeliebigkeit der soteriologischen Bezugnahme auf Jesus von Nazareth legitimierbar? Diese

---

[74] Vgl. *G. Trevelyan*, Unternehmen Erlösung, dt. Kimratshofen 1989, 26 f.

[75] Ebd. 88 f.

[76] So das Fazit bei *A. Schweitzer*, Geschichte der Leben-Jesu-Forschung (1906), Neuausgabe Gütersloh ³1977, 620 ff.

Frage wird die Ausarbeitung der folgenden Kapitel unvermeidlich bestimmen.

Ebenso unvermeidlich wird es immer wieder neu um die Frage gehen, ob die Grundannahmen der Soteriologie – so auch die im 19. Jahrhundert durchgreifend problematisierte Grundannahme der Erlösungsbedürftigkeit des Menschen – die menschliche Situation überzeugend deuten und hilfreich erschließen können. Kann das Geschehen des Gotteswillens dem Menschen, der sich der tiefreichenden Ambivalenz seines eigenen Wollens inne wird – des Unvermögens der Vernunft, den Willen zum gemeinsamen Guten zu bestimmen und die Menschen am Guten teilhaben zu lassen – als das Urereignis der Versöhnung und der Rettung verkündigt und bezeugt werden? Kann Jesus Christus als die *end-gültige* Willensoffenbarung des Heil schaffen wollenden Gottes verstanden, kann er selbst – kann seine Sendung, sein Geschick – als das Geschehen dieses göttlichen Willens gedeutet werden?

2 Jesus Christus – Prophet und Ereignis der Gottesherrschaft

2.1 Die Gottesherrschaft: das umstrittene Grundthema der Soteriologie

Wer das christliche Reden von Erlösung und vom Erlöser im Blick auf Jesu Verkündigung und Lebenspraxis verantworten will, der muß sich auf Jesu Reich-Gottes-Verkündigung und Reich-Gottes-Praxis beziehen, denn nur hier erschließt sich – nach dem übereinstimmenden Urteil aller exegetischen Fachleute – die »ipsissima intentio« Jesu Christi. Damit ist aber ein Thema angesprochen, das in der Christentumsgeschichte die unterschiedlichsten Auslegungen und Aktualisierungen gefunden hat; Auslegungen und Aktualisierungen, die die »Grundlinie« christlichen Glaubens und Lebens wie auch das Verständnis Jesu Christi und seines Werkes jeweils entscheidend bestimmten. Ihre Spannweite reicht über viele vermittelnde Positionen vom »innerlich-mystischen« bis hin zu einem sozialrevolutionär akzentuierten Verständnis der Gottesherrschaft.

So ist etwa nach *Maximus Confessor* (um 580–662) das Reich Gottes »in denen, die durch ihre ganze geistige Haltung alles naturhafte Leben der Seele und des Leibes ablegen und allein das Leben des Geistes besitzen und sagen können: ›Ich lebe, aber nicht mehr ich, sondern Christus lebt in mir‹«.[1] Jesus Christus ist der, der den Willen Gottes, der geschehen soll, verkündigte, der herrscht und lebt in denen, die ihn geschehen lassen, der mit seinem Sterben Gerechtigkeit für die Menschen wirkt und den Glaubenden ein Leben des inneren Friedens und der Freude eröffnet. Die eschatologische Dimension des Reiches Gottes kommt vor allem in der dringlichen Mahnung zum Tragen, im Gehorsam gegen den gött-

---

[1] Zweihundert Sätze über Gotteserkenntnis und die im Fleische sich vollziehende Heilsveranstaltung des Sohnes Gottes, Satz 192 (zitiert nach: *E. Staehelin*, Die Verkündigung des Reiches Gottes in der Kirche Jesu Christi, Bd. II, Basel 1953, 118).

lichen Herrscher und Richter der Bestrafung im kommenden Gericht zu entgehen.

Nach *Thomas von Aquin* (1225/26–1274) meint Reich Gottes »etwas Doppeltes: Es bedeutet zuweilen die Gemeinschaft derer, die ›im Glauben wandeln‹. Und es heißt die kämpferische Kirche Reich Gottes. Zuweilen aber bedeutet Reich Gottes die Genossenschaft derer, die schon ins Ziel versetzt sind. Und so heißt die triumphierende Kirche Reich Gottes.«[2] Diese mehr oder weniger ekklesiozentrische Sicht des Reiches Gottes läßt den Erlöser Jesus Christus in Sicht kommen als den Gründer und Herrn seiner Kirche, der sie mit den sakramentalen Gnadenmitteln ausstattet, sie durch die rechtmäßigen Verwalter der Geheimnisse zum Gehorsam ruft, in ihnen über sie herrscht, der sie schließlich als Gerichtsherr des letzten Gerichts zur ecclesia triumphans vollenden wird, indem er die Gehorsamen von den Ungehorsamen scheidet und sie zur ewigen Lebensgemeinschaft mit sich heimführt.

Diese ekklesiozentrische Sicht findet ihre Korrektur u. a. in der deutschen Mystik. Der Mystiker hat erfahren, daß Gottes Reich »Gott selber (ist) mit allem seinem Reichtum« (*Meister Eckhart*[3], um 1260–1327), wie er im Seelengrund des Glaubenden erscheint und ihn gnadenhaft überformt:»Dieses Reich, das ist eigentlich in dem Allerinnersten des Grundes, wenn der Mensch mit allen Übungen den äußeren Menschen in den inwendigen, vernünftigen Menschen zieht und wenn dann... die sinnlichen und die vernünftigen Kräfte sich ganz und gar hinauf in den allerinwendigsten Menschen tragen« (*Johannes Tauler*[4], um 1309–1361). Dort nimmt Gott den Menschen in den Frieden und die Freude seines göttlichen Lebens auf. Im Anschluß an die gängige Übersetzung von Lk 17,21 will die Mystik radikal ernst nehmen, daß Gottes Reich »inwendig« in den Glaubenden ist. Und so mahnt sie: »Wende dich von ganzem Herzen zu Gott und hänge dich nicht mehr an die Dinge dieser Welt... Lerne das Aeussere gering schätzen und dich ganz dem Innerlichen hingeben, so wirst du fühlen,

---

[2] Sentenzenkommentar, 4. Buch, d 49, q 1 a 2 q'uncula 5,1.
[3] Predigt über Lk 21,31 (Staehelin II, 392).
[4] Predigt über Mt 6,33 (Staehelin II, 398).

wie das Reich Gottes in dich einkehrt; denn das Reich Gottes, welches den Gottlosen nicht gegeben wird, ist Friede und Freude im heiligen Geist« (*Thomas von Kempen*, 1379/80–1471; der Text bezieht sich auf Röm 14,17).[5] Christus ist der Erlöser, da er im Innersten – dem Seelengrund – des Gläubigen »geboren« wird, in ihm lebt und ihn mit sich vereint zur unio mystica.

Mit der Aufklärung gerät die Reich-Gottes-Vorstellung in den Horizont innergeschichtlicher Entwicklungsvorstellungen. *Johann Gottfried Herder* (1744–1803) bemerkt zur zweiten Vaterunser-Bitte: »Wir hoffen alle auf eine Verbesserung der Welt und beten im Vater-Unser, daß Gottes Reich zu uns kommen möge.« Und *Friedrich Schlegel* (1772–1829) sieht in dem »revolutionäre(n) Wunsch, das Reich Gottes zu realisieren«, den entscheidenden Punkt »der progressiven Bildung« und den »Anfang der modernen Geschichte«.[6] Geradezu naiv fortschrittsgläubig formuliert der evangelische Theologe *Richard Rothe* (1799–1867): »Ich lebe allerdings der festen Überzeugung, daß dem Reiche Christi die Erfindung der Dampfwagen und Schienenbahnen eine weit bedeutendere positive Förderung gebracht hat als die Ausklügelung der Dogmen von Nicäa und Chalcedon.«[7]

Dieser Vereinnahmung der Reich-Gottes-Botschaft durch das sittliche Selbstbewußtsein bzw. durch ein naives Fortschrittsdenken widersprach mit zunehmender Entschiedenheit die historisch-kritische Erforschung der Geschichte Jesu. Sie entdeckte die eschatologisch-apokalyptische Grundstimmung der Reich-Gottes-Predigt Jesu. Jesus war nicht der Verkündiger einer »höheren« Moralität und Bildung, sondern der Prophet eines nahe bevorstehenden Abbruchs der Geschichte durch Gottes machtvolle Tat, einer ausschließlich von Gott ins Werk gesetzten, radikalen Umgestaltung aller Wirklichkeit. Das Reich Gottes ist – nach *Johannes Weiss*

---

[5] Die Nachfolge Christi, 2. Buch, Kap. I, bearbeitet und hrsg. von E. A. Kernwart, München 1986, 67.

[6] *J. G. Herder*, Christliche Schriften; *Fr. Schlegel*, Athenaeum-Fragment 222 (beides zitiert nach: Die Bedeutung der Reich-Gottes-Erwartung für das Zeugnis der christlichen Gemeinde – Votum des Theologischen Ausschusses der Evangelischen Kirche der Union, Neukirchen-Vluyn 1986, 172 bzw. 177).

[7] *R. Rothe*, Stille Stunden, Bremen ²1888, 344.

(1863–1914) – »eine schlechthin überweltliche Größe..., die zu dieser Welt in ausschließendem Gegensatze steht. Damit ist aber gesagt, daß von einer innerweltlichen Entwicklung des Reiches Gottes im Gedankenkreis Jesu die Rede nicht sein kann.«[8] Dieser Äon mit all seinen politischen und religiösen Gestaltungen soll vielmehr im Feuer des Gerichts zugrunde gehen; Gott selbst wird den neuen Äon – seine uneingeschränkte *Herrschaft* – heraufführen. Jesus hat sich selbst danach nur als Verkünder der Gottesherrschaft, womöglich als ihren Wegbereiter, nicht jedoch als Anbruch oder als Vermittler des neuen Äons verstanden.

Rudolf Bultmann unterstreicht mit Weiß den eschatologisch-apokalyptischen Charakter der Predigt Jesu von der Gottesherrschaft. Jesus verkündigt ihr »unmittelbar bevorstehendes Hereinbrechen«, den Anbruch des göttlichen Regiments, »das alles Widergöttliche, Satanische, unter dem die Welt jetzt seufzt, vernichtet und damit alle Not und alles Leid beendend, das Heil heraufführt für das Volk Gottes, das auf die Erfüllung der prophetischen Verheißungen wartet. Das Kommen der Gottesherrschaft ist ein wunderbares Geschehen, das sich ohne Zutun der Menschen allein von Gott her ereignet.« Jesus ist nicht nur Lehrer des Gesetzes oder Prophet künftiger Ereignisse; er versteht sich selbst – seine Verkündigung, sein Handeln – als Anbruch der Gottesherrschaft, als Zeichen dafür, daß die Zeit des Satans und seiner Dämonen abgelaufen ist, als Aufruf zur Entscheidung für oder gegen Gottes Herrwerden: »Im Grunde ist also er selbst in seiner Person das ›Zeichen der Zeit‹... Er in seiner Person bedeutet die Forderung der Entscheidung, insofern sein Ruf letztes Wort vor dem Ende ist und als solches in die Entscheidung ruft. Jetzt ist die letzte Stunde; jetzt gilt es: entweder – oder! Jetzt fragt es sich, ob einer wirklich Gott und seine Herrschaft will oder die Welt und ihre Güter; und die Entscheidung muß radikal getroffen werden.« Wie aber Jesus seine Zuhörer vor die Entscheidung stellt, »woran sie ihr Herz hängen wollen: an Gott oder an die Güter der Welt«, wie die kommende Gottesherrschaft in seinen Worten und Taten »die Ent-

[8] *J. Weiss*, Die Predigt Jesu vom Reiche Gottes, Göttingen 1892, 49f.; vgl. *A. Schweitzer*, Geschichte der Leben-Jesu-Forschung, 255f.

scheidung des Menschen für Gott und gegen alle weltliche Bindungen« – die »Entweltlichung« – fordert, so ist jeder Mensch, den das von Jesus ausgehende Kerygma trifft, gefragt, ob er sich aus der Welt und aus ihren Möglichkeiten heraus oder von Gottes Zukunft her verstehen will: als wahrhaft geschichtlich Existierender, der sein Lebenkönnen und seine Zukunft als Gottes Geschenk annimmt und so – von der Sorge um sich selbst befreit – sich selbst neu geschenkt wird.[9]

Bultmanns Deutung der Reich-Gottes-Ankündigung und Reich-Gottes-Praxis Jesu hat die Diskussion bis in die Gegenwart hinein bestimmt. Ihrer Ausblendung aller innergeschichtlichen und gesellschaftlich-politischen Bezüge wird heute – besonders in der *Theologie der Befreiung* – heftig widersprochen. Man versteht Jesu Reich-Gottes-Botschaft nur richtig – so wird hier geltend gemacht –, wenn man berücksichtigt, welche Hoffnungen und welche Sehnsucht das Wort »Reich Gottes« in Jesu Zeitgenossen wachrief. Auf diese Hoffnungen, auf diese Sehnsucht beziehen sich Jesu Predigt und Reich-Gottes-Praxis. Deshalb meint »Reich Gottes« auch bei ihm »die Verwirklichung der Grundutopie des menschlichen Herzens, daß diese Welt ganz und gar verändert und von allem Entfremdenden befreit wird«. Wie seine jüdischen Brüder und Schwestern spricht Jesus vom Reich Gottes als dem »Offenbarwerden der Souveränität und der Herrschaft Gottes über diese unheilvolle Welt, die sich in den Klauen satanischer Mächte im Kampf gegen die Kräfte des Guten« befindet; so ist Reich Gottes für ihn »die Revolutionierung und völlige Umgestaltung dieser Realitäten, des Menschen wie des Kosmos, die von allem Bösen geläutert und mit der Wirklichkeit Gottes erfüllt werden. Reich Gottes will keine andere Welt, wohl aber die alte, zu einem neuen Kosmos umgestaltete Welt sein«; die neue Erde und der neue Himmel, in dem »Schmerz, Blindheit, Hunger, Sünde und Tod keine Chance mehr haben«.[10]

Aber ist »Reich Gottes« dann nicht nur der Endzustand einer

---

[9] Belegstellen: *R. Bultmann*, Theologie des Neuen Testaments, Tübingen [9]1984, 3; 8–10; 20.

[10] *L. Boff*, Jesus Christus, der Befreier, dt. Freiburg/Br. 1986, 43 und 45.

durch menschlich-revolutionäre Befreiungspraxis zu erkämpfenden Umgestaltung dieser Welt, eine Gesellschaft ohne Unterdrückung und Ausbeutung – also doch (gegen Joh 18,36) ein Reich von dieser Welt? Die Theologie der Befreiung besteht darauf, daß eine wahrhaft erlösende Revolutionierung und Umgestaltung dieser Welt – eine Revolutionierung, die auch die Entmächtigung von Sünde und Tod noch einschließt –, daß die wirklich umfassende Befreiung der Menschen und aller Kreatur nicht das Werk des Menschen und die Errungenschaft seiner Gattungsgeschichte sein könne, daß von Gottes Geist getragenes menschliches Befreiungshandeln jedoch Gottes Herrschaft in gewissem Sinne antizipieren und der Geschichte eine Dynamik auf Gottes Reich hin einstiften könne.

Gleichwohl ist das Reich Gottes »nicht bloß Zukunft und Utopie, sondern auch Gegenwart und wird in geschichtlichen Konkretionen präsent«[11]. Jesus Christus, der Ankündiger der nahe gekommenen Gottesherrschaft, weiß sich selbst als den, der Gottes Reich »vergegenwärtigt und auch bereits eröffnet«. Er ist »die realisierte Eschatologie«; mit ihm hat das Ende des alten Äons schon begonnen. »Er selbst gehört schon zum Reich. Die Teilhabe an der neuen Ordnung hängt davon ab, ob man Person und Botschaft Jesu bejaht.«[12] In seinem Predigen, in seiner Zuwendung zu Armen und Verachteten, in seinen Machttaten bricht Gottes Herrschaft an, beansprucht sie den Menschen und stellt ihn vor die Frage, ob er sich von ihrer neuen Ordnung – von ihrer neuen Gerechtigkeit – ergreifen lassen, ob er selbst Gottes Herrschaft in seinem Leben und Handeln anbrechen lassen will. Jesus Christus ist der *Befreier*, weil er in seinem Predigen und Handeln jene Freiheit zuwendet und konkret macht, die von Gott ausgehen und die Menschen ergreifen, in ihrer Geschichte zur revolutionierenden Macht werden will.

Die Theologie der Befreiung versucht, (Befreiungs-)Geschichte und Ankunft des Reiches Gottes aufeinander zu beziehen, ohne das Reich Gottes auf ein innergeschichtliches Projekt mensch-

---

[11] Ebd. 33.
[12] Ebd. 45–48.

lichen Handelns zu reduzieren; in diesem Sinne stellt *G. Gutiérrez* klar: »Das Reich (Gottes; J. W.) nimmt Gestalt an in geschichtlichen Befreiungsversuchen, weist auf ihre Grenzen und Doppeldeutigkeiten hin, kündigt letztgültige Vollendung an und treibt sie wirksam bis zur Schaffung der vollen Gemeinschaft. Wir identifizieren nichts. Dennoch wird ohne geschichtliche Befreiungsinitiativen das Gottesreich nicht wachsen können, und der Befreiungsversuch wird die Wurzeln der Unterdrückung und Ausbeutung des Menschen durch den Menschen erst mit dem Advent des Reiches Gottes besiegen, das aber vor allem ein Geschenk bleibt... Man kann sagen, das politische und geschichtliche Befreiungsgeschehen *sei* Wachstum des Reiches, *sei* Heilsereignis. Jedoch ist es weder das Kommen des Reiches selbst noch die *ganze* Erlösung. In ihm realisiert sich historisch das Reich und, weil das so ist, kündigt es auch die Vollendung an.«[13]

Das Reich Gottes in uns, als die Kirche, als das Jenseitige, als das plötzlich Einbrechende und die Geschichte Abbrechende, als das in menschlicher Befreiungspraxis Ankommende – beweist diese Vielfalt der Deutungen die Unmöglichkeit, einigermaßen zuverlässig herauszuarbeiten, worum es Jesus im Letzten ging? Oder spricht sie für einen Beziehungsreichtum der Reich-Gottes-Botschaft Jesu, der es jeder Zeit erlaubt, ihr weitestgehendes Anliegen mit dieser Botschaft in Verbindung zu bringen? Die historisch-kritische Arbeit ist für die Soteriologie gerade auch deshalb wichtig, weil sie die Selbstverständlichkeit in Frage stellt, mit der man jeweils die eigenen Ideale und Wertsetzungen in Jesu Reich-Gottes-Predigt und seiner Reich-Gottes-Praxis wiederzuerkennen meint. Nur wenn man diese »Verfremdung« aushält, kann es zu einer immer noch zeittypischen, aber einigermaßen »sachgerechten« Korrelation unserer Hoffnungen und unserer Sehnsucht mit der Rede Jesu von Gottes nahegerückter Herrschaft kommen. Wie also stellt sich Jesu Reich-Gottes-Botschaft und seine Reich-Gottes-Praxis der historisch-kritischen Forschung heute dar?

---

[13] *G. Gutiérrez*, Theologie der Befreiung, dt. München–Mainz [8]1985, 171.

2.2   Die Reich-Gottes-Erwartung Israels

2.2.1   Jahwe ist König

Die historische Kritik fragt zunächst nach dem Zusammenhang der Reich-Gottes-Botschaft Jesu mit den Glaubenstraditionen Israels. Der alttestamentliche Ursprung der Reich-Gottes-Vorstellung ist in dem wohl schon zur Richterzeit lautwerdenden Bekenntnis zu Jahwe, »unserem König« (vgl. Ex 15,18; Ps 93,1; 97,1; 99,1) zu suchen.[14] Das Königtum Jahwes garantiert Recht und Freiheit für die Seinen (Jes 33,22); wie es zum gemein-orientalischen Bild des Königs gehört, so greift auch Jahwe, der König, zugunsten der Hungernden, Gefangenen, Unterdrückten, Blinden, Fremden, Witwen und Waisen ein (Ps 146,7–10). Für die Prophetie des Exils wird Jahwes Königtum sich als Realität erweisen, wenn er das Volk aus der Gefangenschaft herausführt und in der Wüste denen zum Richter wird, die von ihm abgefallen sind (vgl. Ez 20,33). Für Deutero-Jesaja ist Jahwe der *König und Erlöser*, der Herr der Heerscharen, neben dem sich keine Herrschaft behaupten kann (Jes 44,6); den Exilierten wird die Freudenbotschaft verkündet, ihr Gott sei König und werde sein Königtum beweisen, indem er »seinen heiligen Arm vor den Augen aller Völker entblößt«, sein Volk heimführt und Jerusalem erlöst (Jes 52,7–10). Der Herr, der Israel schuf, ist ein König, der ihm jetzt einen Weg bahnt durch die Fluten der Feinde (Jes 43,15f.), den Weg zurück nach dem Berg Zion. So ist das Bekenntnis zu Jahwe, dem König Israels, und die damit verbundene Hoffnung darauf, daß er sein Königtum durchsetzen wird, »der Motor und der Grund der deutero-jesajanischen Vision«[15]. Diese Vision hat gewiß zunächst die Heimkehr der Exilierten und

---

[14] Zur Königsherrschaft Gottes im Alten Testament und im Frühjudentum vgl. *W. H. Schmidt*, Königtum Gottes in Ugarit und Israel. Zur Herkunft der Königsprädikation Jahwes, Berlin [2]1966; *M. Lattke*, Zur jüdischen Vorgeschichte des synoptischen Begriffs der »Königsherrschaft Gottes«, in: P. Fiedler/D. Zeller (Hrsg.), Gegenwart und kommendes Reich (FS. A. Vögtle), Stuttgart 1975, 9–25; *W. Dietrich*, Gott als König. Zur Frage nach der theologischen und politischen Legitimität religiöser Begriffsbildung, in: ZThK 77, 251–268; *H. Merklein*, Jesu Botschaft on der Gottesherrschaft (SBS 111), Stuttgart 1983, 39ff.; *O. Camponovo*, Königtum, Königsherrschaft und Reich Gottes in frühjüdischen Schriften, Freiburg (Schweiz)–Göttingen 1984.

[15] Vgl. *H. Merklein*, Jesu Botschaft von der Gottesherrschaft, 40.

den heilvollen, im vollkommenen Gehorsam gegen Jahwe zu wagenden Neubeginn im Land der Väter zum Inhalt. Aber das Bekenntnis zu Jahwe, dem König, greift dann auch über den Horizont Israels hinaus, so etwa im überschwenglichen Lobpreis 1 Chr 29,11: »Dein, Jahwe, ist die Größe und die Macht und die Herrlichkeit und der Glanz und die Hoheit, denn dein ist alles im Himmel und auf Erden; dein, Jahwe, ist die Königsherrschaft, und du bist erhaben, als Haupt für alle.« Die *Überweltlichkeit* und Universalität der Jahwe-Herrschaft scheint die Grenzen und den Umfang eines konkreten welthaften Dominiums zu sprengen. Jahwe ist der »große König«, dessen »Name gefürchtet ist unter den Völkern« (Mal 1,14; vgl. Ps 47,8–10). Sein Königtum realisiert sich nicht mehr einfachhin in der konkreten Staatlichkeit Israels; aber es schließt »die Vorstellung der (heidnischen) Fremdherrschaft über Israel aus... Die Hoffnung auf die (eschatologische) Herrschaft Gottes fordert vielmehr geradezu die Erwartung, daß die Götter der Heiden entmachtet sein werden (vgl. Jes 42,8) und Israel selbst aus der Knechtschaft der Völker befreit sein wird (vgl. Dt- und Tr-Jes; Zef 3,14f.; Sach 14,16f.; Jes 24,21–23; Ps 22,28–30; Dan 2,34f. 44; 7,14.22.26f.; u. ö.).«[16] So evoziert die Hoffnung auf Gottes universale Herrschaft die Vorstellung eines die ganze Erde umfassenden Friedensreiches mit Jerusalem als kultischem und königlichem Mittelpunkt, eines Friedensreiches, in dem es keinen Krieg mehr geben wird und die Schwerter zu Pflugscharen umgeschmiedet werden (Mi 4,3; Jes 2,4), in dem mit Israel alle Völker wahrer Gerechtigkeit teilhaftig werden (vgl. Jes 9,6). Dann – so Sacharja 14,9 – »wird Jahwe König sein über die ganze Erde. An jenem Tag wird Jahwe der einzige und sein Name der einzige« sein; denn wo sein Name »geheiligt« wird, da herrscht er als König, da geschieht sein Wille.[17] Gottes Herrschaft und Gerechtigkeit wird – am »Tag Jahwes« – *diese* Welt zurechtbringen; ihr Herrschaftsge-

---

[16] H. *Merklein*, Jesu Botschaft von der Gottesherrschaft, 41.
[17] Der Name Gottes (Jahwe: Der »ich bin für euch da«) hat im Alten Testament eine zentrale theologische Bedeutung. In Ablösung orientalischer Namensmagie gewinnt die Anrufung Jahwes bei seinem Namen den Charakter der Erinnerung an die mit der Namensoffenbarung (Ex 3,14) verbundene Zusage und wird Ausdruck der Hoffnung, daß Jahwe seinen Namen (unter den Völkern) nicht entweihen lassen, daß er für sein Volk dasein wird (vgl. etwa Dtn 28,10; 1 Sam 12,22; 1 Chr

biet ist das Zusammenleben der Menschen auf *dieser* Erde. Diese »Diesseitsbezogenheit« verliert die Reich-Gottes-Erwartung niemals vollständig, auch wenn dann in der Apokalyptik ab dem zweiten vorchristlichen Jahrhundert der Tag Jahwes, an dem sein Königtum vor aller Welt offenbar sein wird, immer mehr die Züge eines den alten Äon in einer kosmischen Katastrophe beendenden und den neuen Äon herbeiführenden Gerichtstages annimmt.

2.2.2 Apokalyptische Vorstellungen

Die politische und schließlich auch die religiöse Situation war im 2. Jahrhundert unter der »heidnischen« Fremdherrschaft so ausweglos geworden, daß von Jahwes Königtum nurmehr als *verborgenem* gesprochen werden konnte. Der Raum der Geschichte erscheint hier beherrscht von einem Unheilsgeschick, das als Strafe Gottes für die Sünde der Menschen auch über Israel verhängt ist. In der auf Adams Sünde zurückgehenden (4 Esra 7,10–14) Unheilsgeschichte dieses Äons sollen sich die Auserwählten durch beständige Treue zum Gesetz bewähren, damit sie im endzeitlichen Gericht bestehen und in den kommenden neuen Äon eingehen können. Der »Zwischenfall der Sünde Adams, der das Elend dieses Äons verschuldet, stellt die Heilsabsicht des Schöpfers nicht von Grund auf in Frage«. Aber diese Geschichte kann nicht mehr der Raum sein, in welchem sie sich erfüllt, in welchem Jahwe sein Königtum durchsetzt.[18] Erst im katastrophalen Abbruch der Geschichte wird Jahwe sein Königtum über das All aufrichten.

Das Buch Daniel war bereits so weit gegangen, Israels »heilsgeschichtliches Credo« (Dtn 2,6–10), wonach Jahwe in der Geschichte seinem erwählten Volk machtvoll beigestanden sei, seinen Namen durch geschichtliches Handeln (Exodus; bei Dt-Jes der

---

17,24; Ps 31,4; 79,9; 115,1; Sir 39,15). Jahwe selbst tritt für die Achtung – Heiligung – seines Namens ein, indem er seinen Heilswillen gegen die Mächte dieser Welt durchsetzt (vgl. Jes 48,11; Jer 14,7; Ez 20,44). Alle Welt und schließlich auch sein Volk wird dann erkennen, daß der Name Jahwe wahr ist und gilt, da Jahwe für sein Volk da ist (Jes 52,6). Vgl. auch die Verbindung der Namensheiligung mit dem Anbruch der Gottesherrschaft im Vaterunser.

[18] Vgl. *W. Harnisch*, Das Geschichtsverständnis der Apokalyptik, in: Bibel und Kirche 29 (1974), 121–125.

zweite Exodus der Rückkehr aus dem Exil) geheiligt habe und immer wieder neu heiligen werde, zu dementieren. Sein Verfasser hat den Glauben daran »aufgegeben, daß Gott schon jemals und irgendwann in der Geschichte Israels rettend und erlösend tätig geworden war«; Zug um Zug schaltet er »in seinem Buch die Erinnerungen Israels an eine vom Heil schon betroffene Vergangenheit des Volkes aus«.[19] Der Glaube an Jahwes Königsein konzentriert sich ganz auf das Ende, da er im katastrophalen Zusammenbruch dieses Äons und all seiner Reiche ein endzeitliches Reich errichten wird, »das in Ewigkeit nicht zugrunde geht. Dieses Reich wird keinem anderen Volk überlassen. Es zermalmt und beseitigt all jene Reiche, selbst aber steht es in Ewigkeit fest« (Dan 2,44).

Gott allein führt dieses Reich herbei: die *Theozentrik* dieses Endzeitglaubens verlangt den entschiedenen Verzicht auf alle Versuche von seiten der Menschen, das Reich herbeizuzwingen. Auch ein endzeitlich Gesalbter (Messias) aus dem Hause Davids und seine messianische Herrschaft, wie sie im Anschluß an die Nathanverheißung (2 Sam 7,13 ff.) vielfach erwartet wurden, passen nicht recht in dieses theozentrisch-apokalyptische Konzept.

Wo der Messias dann doch in die apokalyptische Konzeption einbezogen wird, kommt man zu einem dreigliedrigen Phasenmodell (vgl. den äthiopischen Henoch; 4 Esra 7,28 f.; 2 Bar 29,3; 40,1–3; 73): Auf *diese* Zeit wird die messianische Zeit folgen, in der der Messias den Endkampf gegen das Böse und die Israel feindlichen Mächte führt und dann selbst übergangsweise herrscht. Gelegentlich nimmt man einen Messias ben Josef an, der in den endzeitlichen Wirren zugrunde geht und von dem Messias ben David, dem endzeitlichen Davididen, abgelöst wird.[20] Die Herrschaft des Messias ist aber – so etwa 4 Esra und 2 Baruch – nur die Vorstufe der eigentlichen Heilszeit. Der Messias wird mit allen Menschen sterben und mit allen Menschen in den *neuen Äon* hinein auferweckt werden, der mit dem göttlichen Gericht anhebt. »Dann erst kommt das endzeitliche Heil der Geretteten, das Paradies der kommenden Welt,

[19] *K. Müller*, Erlösung im Judentum, in: I. Broer/J. Werbick (Hrsg.), »Auf Hoffnung hin sind wir erlöst« (Röm 8,24) (SBS 128), Stuttgart 1987, hier 17 f.
[20] Vgl. *S. Hurwitz*, Die Gestalt des sterbenden Messias, Zürich 1958.

die himmlische Stadt und die Heimat, in der es keine Krankheit, keinen Tod und keine Vergänglichkeit gibt und wo gute Werke und Weisheit herrschen (4 Esra 8,52–54).«[21] So ist die Apokalyptik zwar eine Deutung der gegenwärtigen Geschichte – sie versteht die Verschärfung der politischen und religiösen Situation als jenen Endkampf, der schließlich Gottes endgültiges Eingreifen heraufbeschwören wird (äthiopischer Henoch 90,13.16); und sie greift auch durchaus – bei ihrer Vorstellung von der Messiasherrschaft – auf die Hoffnung eines universalen, von Jerusalem ausgehenden und vom wahren Davidssohn beherrschten endzeitlichen Friedensreiches zurück. Aber ihr Horizont ist schließlich doch noch weiter gespannt: auf den im Durchgang durch das Endgericht herabkommenden neuen Äon, die endgültige Herrschaft Gottes, an der auch die ermordeten Gerechten, die »getöteten Schafe« Jerusalems teilhaben werden (äthiopischer Henoch 90,33) bzw. auf den hin – nach 4 Esra – alle auferweckt werden, zur Strafe im Gericht oder zur Vollendung in der endgültigen Heilszeit.

2.2.3   Restaurative Reich-Gottes-Vorstellungen

Während sich der »Entwurf einer erneuerten Menschheit und des erneuerten Reiches Davids oder des Davidsohnes... bei Apokalyptikern... oft genug mit dem eines erneuerten Standes der Natur, ja des Kosmos überhaupt« verbindet,[22] orientieren sich die Vorstellungen restaurativer Kreise, wie sie etwa in den Psalmen Salomos (um 60 v. Chr.) greifbar werden, »an dem Vergangenen, wie es das Gedächtnis der Nation, die Überlieferung also, als eine ideale Vergangenheit aufbewahrt hat. Erlösung ist hier ein restaurativer Vorgang, dem es um die Wiederbringung des Uralten geht.«[23] Erlösung ist hier durch das Vergangene verbürgt und in

---

[21] G. Stemberger, Heilsvorstellungen im nachbiblischen Judentum, in: Bibel und Kirche 33 (1978), 115–121, hier 117.

[22] Vgl. G. Scholem, Zum Verständnis der messianischen Idee im Judentum, in: ders., Über einige Grundbegriffe des Judentums, Frankfurt/M. 1970, 121–170, hier 137.

[23] Vgl. K. Müller, a.a.O. 24.

ihren Umrissen vorgezeichnet. »Die Heils*geschichte* behält ihre Würde: die Erlösungshoffnung der Psalmen Salomos rechnet mit einem in der Vergangenheit Israels schon einmal realisierten und von Israel bereits damals als segensreich erfahrenen Heil Gottes.«[24] Die Davidsherrschaft wird glanzvoll restituiert, und es wird der wahre Davidssohn, der Messias, von Jerusalem aus über den Erdkreis herrschen; in diesem Kontext haben sich die Konturen der Messiasgestalt ursprünglich profiliert. Von einer Auferwekkung der schon Gestorbenen ist nicht die Rede. Wohl aber von der Nähe der messianischen Ereignisse. So teilt diese Konzeption die Naheerwartung der Apokalyptik, und sie hat sich mit apokalyptischen Vorstellungen vielfach verwoben: In die »restaurativ ausgerichtete Utopie schleichen sich bewußt oder unbewußt Elemente ein, die gar nichts Restauratives an sich haben, und die sich aus der Vision eines ganz neuen, messianisch zu verwirklichenden Standes der Welt her schreiben. Das ganz Neue hat Elemente des ganz Alten, aber auch dieses Alte selber ist gar nicht das realiter Vergangene, sondern ein vom Traum Verklärtes und Verwandeltes, auf das der Strahl der Utopie gefallen ist.«[25]

Eine spezifische Art der Verschmelzung von restaurativ-messianischen und apokalyptischen Vorstellungen kennzeichnet die Schriften des Wüstenklosters von *Qumran* am Toten Meer (seit ca. 130 v. Chr.). In ihnen geht es um die Wiederherstellung eines wahrhaft sühnenden Tempelkultes, der nicht mehr gewährleistet sei, seit die Hasmonäer den Tempel durch die Usurpation des Hohepriesteramtes entweiht hätten. Anstelle des nutzlos gewordenen Tempels weiß sich die Gemeinde als »lebendiges, von Gott erbautes Heiligtum, in dem man das Gebet als ein Lobopfer der Lippen und Werke des Toragehorsams als Weihrauch darbrachte«, als Ort der Sühne für das Land.[26] Erst Gottes Ankunft, die unmittelbar bevorsteht, wird dieses Provisorium beenden, die auserwählten Reinen von allem Unreinen endgültig scheiden und den wirksamen Tempelkult wiederherstellen. In der Zwischenzeit ist die Gemeinde

---

[24] *K. Müller*, a. a. O. 26.

[25] *G. Scholem*, a. a. O. 125.

[26] Vgl. *O. Betz*, Die Bedeutung der Qumranschriften für die Evangelien des Neuen Testaments, in: Bibel und Kirche 40 (1985), 54–64, hier 55.

selbst der Ort der Reinheit, des wahren Kultes, die unüberwindliche Festung gegen den Ansturm des Bösen.[27]

Der Ankunft Gottes wird ein endzeitlicher Krieg unter der Oberleitung des davidischen Messias vorangehen, in dem die endgültige Entscheidung zwischen den »Söhnen des Lichts« und den »Söhnen der Finsternis« fallen wird.[28] Bei dem dann abgehaltenen letzten Gericht, in dem alles Unreine in der Feuertaufe – dem Feuerglanz der Gottesherrlichkeit – verzehrt wird,[29] kann nur der bestehen, der sich durch Umkehr und Wassertaufe den Reihen der Reinen eingegliedert hat.

2.2.4   Gottes Reich herbeidrängen?

Apokalyptische wie restaurativ-messianische Reich-Gottes-Erwartungen sind durchweg theozentrisch geprägt: Gott allein wird sein Königtum durchsetzen; der Mensch kann sich nur dafür bereithalten. Abgelehnt wird der Versuch der »Eiferer«, unter Berufung auf einzelne Traditionen der Frühzeit (etwa Gen 34; Ex 20,3; 32,26–29; Num 25,6–18; Kön 18–19; 2 Kön 9) dem Willen Gottes mit Waffengewalt Geltung zu verschaffen und das Reich Davids durch militärische Aktionen gegen die Besatzungsmacht wiederherzustellen. Der militärische Erfolg der Makkabäer und die Erneuerung des Königtums durch die Hasmonäer-Dynastie konnte die Frommen Israels nicht auf Dauer davon überzeugen, daß Gottes Herrschaft militärisch und politisch herbeizuführen ist; die Wirklichkeit des Hasmonäerregimes war allzuweit von den Erwartungen an den wahren Davididen und seine endzeitliche Herrschaft entfernt.

Der Zusammenbruch des Hasmonäerregimes beim Einmarsch der Römer drängte die »Eiferer« (Zeloten) in den Untergrund und radikalisierte zugleich ihre Hoffnungen. Sie versuchten, das Wunder

---

[27] Loblieder 6,25–28.
[28] Vgl. IQM (Kampf der Söhne des Lichts gegen die Söhne der Finsternis). Neben dem davidischen Königsmessias kennen die Schriften von Qumran einen priesterlichen Messias, der dem erneuerten Tempelkult vorstehen wird.
[29] Vgl. Habakukkommentar 2,6–10.

des makkabäischen Aufstandes im Kampf gegen die Römer zu wiederholen und Jahwe geradezu zum Eingreifen an der Seite der für ihn und sein Reich eifernden Kämpfer zu zwingen; damit provozierten sie letztlich den Untergang Jerusalems 70 n. Chr. und das Ende der Zelotenbewegung in der Festung Masada im Jahre 73.[30]

Nicht auf der Linie der Zeloten, sondern eher in der Tradition der Apokalyptik liegen spätere Vorstellungen, die die Umkehr des Volkes und die Verwirklichung wahrer Gesetzestreue als Voraussetzung des Anbruchs der Gottesherrschaft betrachten: Wenn das Volk zwei Sabbate wirklich einhielte, wenn es nur einen Tag Buße täte, so würde das Reich Gottes anbrechen, der Davidsohn sofort kommen.[31] In solchen Worten spiegelt sich »die Idee, die in vielen moralischen Sentenzen der talmudischen Literatur ihren Ausdruck findet, daß es Taten gibt, die gleichsam die Erlösung herbeibringen helfen, die ihr sozusagen Geburtshilfe leisten«[32].

Jahwe allein soll König sein. Sein Wille soll geschehen. Durch die, die sein Reich gewaltsam herbeidrängen? Durch das Tun der Frommen, die »das Joch der Königsherrschaft des Himmels auf sich nehmen«[33] und ihm so den Weg bereiten? Im endzeitlichen Sieg des von Jahwe gesandten Messias? Durch die von den Wüstenasketen stellvertretend vorweggenommene Wiederherstellung des wahren Kultes? Viele gespannte Hoffnungen; aber sie gelten alle dem endzeitlichen Handeln Gottes zum Heil seiner Erwählten. Und die Hoffenden bedrängen Jahwe, er möge seinen Namen endlich heiligen; so im Schlußgebet des Synagogengottesdienstes, dem Qaddisch: »Verherrlicht und geheiligt werde sein großer Name in der Welt, die er nach seinem Willen schuf. Er lasse herrschen seine Königsherrschaft zu euren Lebzeiten und zu euren Tagen und zu Lebzeiten des ganzes Hauses Israel in Eile und Bälde.«[34] Wie versteht Jesus von Nazaret auf diesem Hintergrund das Geschehen des Gotteswillens, Gottes Herrschaft?

---

[30] Zur Zelotenbewegung vgl. *M. Hengel*, Die Zeloten, Leiden [2]1976.
[31] So Rabbi Schim'on ben Jochai (um 150; vgl. ThWNT VII, 8) bzw. Sanhedrin, 97a.
[32] *G. Scholem*, a. a. O. 134.
[33] Belege bei *H. L. Strack / P. Billerbeck*, Kommentar zum Neuen Testament aus Talmud und Midrasch, Bd. 1, München [9]1986, 173 ff.
[34] Vgl. auch die Belege bei Strack/Billerbeck, Bd. 1, 179.

2.3 Jesu Verkündigung der nahegekommenen Gottesherrschaft

2.3.1 Die Freudenbotschaft von Gottes basileia [35]

Jesus teilt die zeitgenössisch-jüdische Vorstellung von der Gottesherrschaft als dem endzeitlichen Geschehen des Gotteswillens. Aber er verkündet die Gottesherrschaft als »nahe herbeigekommen« (Mk 1,15; Mt 3,2; 4,17; 10,7; Lk 10,9.11), als mit ihm zu den Menschen gelangt (Mt 12,28); und dieses Kommen – das Geschehen des Gotteswillens – ist für die Menschen die Freudenbotschaft schlechthin. Das »euangelizesthai« des Freudenboten Jesus bezeugt die herbeigekommene Gottesherrschaft (Lk 4,17–19.43; 8,1; 16,16). Jetzt ist die Zeit des Feierns, des Essens und Trinkens, der Freude, nicht die Zeit des Fastens und Trauerns (vgl. Mk 2,19 bzw. Mt 11,16–19).

Diese Grundstimmung der Verkündigung und des Auftretens Jesu steht in bezeichnendem Kontrast zur *Botschaft Johannes des Täufers*. Der Täufer kündigt das nahe Zorngericht Gottes an, dem niemand entgehen kann, der nicht radikal umkehrt und zum Zeichen eines vollkommen Neubeginns »in letzter Minute« die Wassertaufe empfängt (vgl. Mt 3,7–11 par). Die Abrahamskindschaft gilt nichts mehr; in apokalyptischer Denkweise erschüttert Johannes die Heilssicherheit seiner Zuhörer, denn: »Israel hat die Heilsgarantien aufgebraucht und nur noch eine Chance: in letzter totaler Nullpunktsituation vor Gott umzukehren, sich entschlossen dem Richter auszuliefern, seinem Gericht recht zu geben, um so vielleicht doch noch Leben angesichts des lebensbedrohlichen Gerichts zu gewinnen.«[36]

Die Umkehrforderung des Täufers gewinnt ihre Dringlichkeit aus der Bedrohung durch den »kommenden Zorn« (Mt 3,7). Radikale Umkehr ist unabdingbare Voraussetzung einer vielleicht doch noch möglichen Rettung. Jesu Mahnung zur Umkehr (Mt 1,15 par) setzt demgegenüber die Rettung voraus: Gottes Wille geschieht nicht zum Gericht, sondern zur Rettung der Sünder, die von sich aus keine Rettung zu erwarten hätten. Wer sich diesem endzeit-

[35] So eine gut bezeugte Textfassung von Mk 1,14.
[36] *J. Becker*, Jesu Frohbotschaft und Freudenmahl für die Armen, in: Bibel und Kirche 33 (1978), 43–47, hier 44. Vgl. *ders.*, Johannes der Täufer und Jesus von Nazareth, Neukirchen 1972.

lichen Gnadenangebot öffnet, wer sich retten läßt, der wird dann freilich auch sein Leben von Grund auf ändern. Nicht die Umkehr geht dem Heil voraus; es ist vielmehr *Gottes* »Entgegenkommen«, das den von ihm Erreichten umkehren läßt. Jesus behauptet also, »daß Gott hier und jetzt von sich aus zum Sünder durchgestoßen ist, ohne zu warten, bis dieser die nach damals üblichem Denken nötige Disposition dafür geschaffen hat... Ob der Sünder auf diesen Vorstoß Gottes eingeht, ob er nun ›Umkehr‹ im Sinne eines annehmenden Eingehens auf das vorgängige Heil Gottes vollzieht, ist eine andere Frage«[37]; eben jene Frage, die in den Umkehrworten Jesu (vgl. außer Mk 1,15 par vor allem Lk 10,15; 11,32; 13,3.5) angesprochen wird.

2.3.2 Gottes nahegekommene Herrschaft

Das Geschehen des Gotteswillens ist Heil für die Menschen – das ist die Grundüberzeugung Jesu. Das endzeitliche Geschehen des Gotteswillens, das die Gottesherrschaft ausmacht, beginnt *jetzt schon* die Wirklichkeit dieser Welt zu bestimmen. Die Reflexion der hinter Q stehenden Gemeinde(n) formuliert unter Rückgriff auf Jes 35,45f.; 29,18f.; 61,1, wie Gottes Heilswille die beschädigte, lieblose Wirklichkeit dieser Welt zu bestimmen anfängt: »Blinde sehen und Lahme gehen, Aussätzige werden rein und Taubstumme hören und Tote stehen auf und Arme empfangen die Freudenbotschaft« (Mt 11,5; vgl. Lk 7,22). Wo Gottes Wille geschieht, da wird menschliches Leben heil, da haben die Armen, Ausgestoßenen und Alleingelassenen Grund zur Freude. Im Vertrauen auf das Geschehen des Gotteswillens können die Armen und Benachteiligten hier und jetzt schon von Jesus »selig« (glücklich) genannt werden, wie dies in den »Seligpreisungen« der Bergpredigt geschieht (Lk 6,20ff. bzw. Mt 5,3ff.). Die Seligpreisungen sind ursprünglich keine Belehrung darüber, was die Glaubenden tun müssen, um das endzeitliche Heil zu erlangen. Sie stellen keine Bedingungen auf, sondern stellen fest, daß den Armen, Hungern-

---

[37] *H. Merklein*, Die Umkehrpredigt bei Johannes dem Täufer und Jesus von Nazaret, in: ders., Studien zu Jesus und Paulus, Tübingen 1987, 109–126, hier 123.

den und Weinenden Heil zuteil wird – weil Gott es so will und weil sein Wille geschehen wird.

Jesus wendet sich mit seiner Heilszusage an die Armen, »Kleinen« und die Sünder; die Zöllner und Dirnen haben eher teil an Gottes Herrschaft als das »religiöse Establishment« (Mt 21,31); die Armen und Krüppel, die Blinden und Lahmen nehmen am eschatologischen Hochzeitsmahl teil, denn sie kommen und entschuldigen sich nicht, wie die zuerst Eingeladenen (vgl. Lk 14,15 ff.). In Jesu Zuwendung zu den Benachteiligten und – gerade auch als Sünder – Ausgestoßenen wird die zum alttestamentlichen Idealbild des Königs gehörende Sorge des *Königs* Jahwe für die greifbar, die nur auf den König hoffen können, weil sich ihnen jede andere Hoffnung zerschlagen hat; weil sie von allen anderen Mächten nur Unheil zu erwarten haben. Aber diese vorrangige Option Jesu für die Armen sieht zugleich in ihrem Arm- und Sündersein die wahre Situation ganz Israels aufscheinen: Ganz Israel ist arm und sündig; aufgrund seiner Situation kann es eigentlich nur Unheil erwarten. Die »Reichen« und Meinungsführer des Volkes verdrängen diese Realität; nur die Armen und Ausgestoßenen nehmen sie wahr, weil sie sich bei ihnen gar nicht mehr verdrängen läßt. Sie können – stellvertretend für das Volk – hören und verstehen, was Jesus auszurichten hat: Gott schafft Heil für alle, die »kommen«, die sich öffnen für seinen Willen, sein *Vorhaben* – für seine Herrschaft. Und nur der öffnet sich seinem Vorhaben, der sich zuvor als arm und als Sünder wahrnimmt, als einer, der alles Heil von Gott und nichts wirklich Heilvolles von anderen Mächten oder von der eigenen Leistung zu erwarten hat. Israels Erwählung kann keine Heilszuversicht mehr begründen: alle Hoffnung auf Rettung, die sich auf die bisherige Heilsgeschichte, auf die Erwählung des Volkes Israel und »seinen« Gott Jahwe gründet, ist haltlos geworden, denn Israel ist dieser Erwählung nicht gerecht geworden. So desavouiert Jesus jedes »Vorsprungsdenken«, jede Berufung auf die Privilegien eines auserwählten Volkes (vgl. wieder Lk 14,15 ff.); darin teilt er das apokalyptische Geschichtsverständnis. Vor Gott hat niemand einen Vorsprung – aber auch niemand einen Nachteil. Gerade diejenigen, die vor Gott im Nachteil zu sein scheinen – die Armen und Notleidenden, die man als Benachteiligte, aufgrund des Tun-Ergehens-Zusammenhangs als von Gott Bestrafte ansah – gerade ihnen gilt die Heilszusage Jesu zuerst.

Gottes Wille ist es, fernab aller Bevorzugung seiner vermeintlich Auserwählten und ohne Rücksicht auf gewachsene Privilegien oder menschliche Heilsveranstaltungen *allen* hier und jetzt einen Zugang zur Gottesherrschaft zu eröffnen. Er erwählt alle, die sich erwählen lassen; und die Vorbehaltlosigkeit seiner Erwählung wird gerade dadurch offenkundig, daß sie auch denen gilt, die sich dieser Erwählung nicht würdig erwiesen, die noch nichts für sie getan haben, ja bisher noch nicht einmal irgendwelche Zeichen der Umkehr gesetzt haben. *Gottes Entgegenkommen* ist vorbehaltlos; es offenbart sich in Jesus und ermöglicht erst die Umkehr derer, die sich von ihm treffen lassen (vgl. etwa Lk 19,1–10). Er kommt den Menschen – seinem Volk – entgegen, weil sie von sich aus nicht (mehr) zu ihm gelangen können. Aber sie müssen sich dieses Entgegenkommen auch gefallen und sich von ihm ergreifen lassen, statt auf das ererbte Recht eines besonderen Zugangs zu Gott zu pochen.

Was bedeutet dieses Heil, das die Seligpreisungen den Armen und Hoffnungslosen zusagt und das all denen gilt, die sich in ihnen wiedererkennen? Es bedeutet: Gottes Herrschaft anstelle der Herrschaft des Satans, des Fürsten »dieser Welt«. Die Wirklichkeit dieser Welt ist nicht mehr der Macht Satans unterworfen; Jesus sah ihn »wie einen Blitz vom Himmel fallen« (Lk 10,18). Damit ist er gleichsam vom Thron gestürzt, seiner Macht über die Welt beraubt, und Gottes Herrschaft kann sich jetzt unter den Menschen ausbreiten. Was das apokalyptische Denken für die Zukunft der Endzeit erwartet, ist für Jesus bereits geschehen. »Der himmlische Entscheidungskampf ist entschieden, Satan ist entmachtet.«[38] Was sich auf der Erde abspielt, sind gleichsam nur noch »Nachhutgefechte«. Gleichwohl ist der Gotteswille in dieser Welt offensichtlich noch nicht die alles bestimmende Wirklichkeit; Satans Herrschaft ist zwar gebrochen, aber noch nicht einfachhin beseitigt: Über das Entscheidende hinaus, das *schon geschehen ist* – das Herrwerden Gottes über Satan –, steht unendlich Wichtiges *noch aus*: das endgültige, alles Unheil zurechtbringende Herrwerden Gottes über die Menschen. Läßt sich noch ausmachen, wie Jesus das Verhältnis zwischen »schon Geschehenem« und »noch Ausstehendem« gesehen hat?

Die Gottesherrschaft ist für Jesus nicht einfachhin schon da. Sie ist nahe herbeigekommen (Mk 1,15); aber hier und jetzt ist die Zeit des Säens; und die Ernte wird kommen, sobald »die Frucht es zu-

---

[38] *H. Merklein*, Jesu Botschaft von der Gottesherrschaft, 61.

läßt« (Mk 4,29). Den Tag der Ernte »weiß niemand, auch nicht die Engel im Himmel, sondern nur der Vater« (Mk 13,32). Einige Logien scheinen dafür zu sprechen, daß Jesus selbst den »Tag der Ernte« als nahe bevorstehend erwartet hat; so etwa Mk 9,1: »Amen, ich sage euch: Es sind einige von den hier Stehenden, die den Tod nicht kosten werden, bis sie die Gottesherrschaft in Macht gekommen sehen« (vgl. auch Mt 10,23). Aber Jesus ist mit seinem Reich-Gottes-Zeugnis gerade nicht auf die »letzten Dinge« fixiert. Er teilt nicht das Vorurteil der Apokalyptiker, dieser Äon sei unentrinnbar von einer Dämonenherrschaft überzogen, die erst in der endzeitlichen Rettungstat Jahwes und dann auch nur für den erwählten »heiligen Rest« ihr Ende finden könne. Jesus ist von der Überzeugung getragen, daß Gottes gute Schöpfung jetzt schon – und entscheidend durch ihn selbst – ihrer Entdämonisierung entgegengeht. Er »setzt den Glauben voraus, daß Gott in diesem die Schöpfung pervertierenden bösen Äon heilschaffend am Werke ist, indem er den durch die Mächte des Bösen deformierten, um sein Leben betrogenen Menschen wieder er selbst, nämlich *Geschöpf* werden läßt«. Unter den noch bestehenden schlimmen, dämonisch pervertierten Verhältnissen und gegen sie beginnt Gott jetzt schon, seinen Willen durchzusetzen; ist für den Glaubenden Gottes verborgenes Handeln wahrnehmbar, »das ›neues‹, anderes, befreites Leben in dieser dem Bösen verfallenen Welt möglich macht«.

So ist für Jesu Reich-Gottes-Zeugnis gerade die eschatologische Aktualisierung weisheitlich-schöpfungstheologischer Aussagen kennzeichnend. Die Vorstellung der Herrschaft Gottes wird »*schöpfungstheologisch* unterfangen... Die ferne Zukunft wird in die Gegenwart hineingeholt; die dem Bösen verfallene Welt wird – in Überwindung apokalyptischer Resignation und spätweisheitlicher Skepsis – als der Ort entdeckt, wo Gott jetzt schon in seinem eschatologischen Heilshandeln Neues schafft.« Er ist dabei, sein Herrsein über die Welt neu zur Geltung zu bringen; sein Herrsein aber wird für alle – nicht nur für den »heiligen Rest« – Heil bedeuten, denn er ist ja der Schöpfer, der seiner guten Schöpfung die Treue hält. So wird in »einer radikalisierten Theozentrik... Gott als der Herr der Geschichte und Schöpfer der Welt, der das Wohl des Menschen will, zum Grund und Inhalt des Wirkens Jesu«[39]. Gottes Herrschaft ergreift hier und jetzt die Glaubenden – allen voran die Armen und Leidenden –, so daß sie *jetzt schon* selig genannt werden können. Jetzt schon ist die Satansherrschaft gebrochen und der Sinn der Schöpfung wiederhergestellt, wo immer die Menschen sich von Gottes Herrschaft ergreifen lassen. Und Jesu Machttaten beweisen, daß Satans Herrschaft am Ende ist; er handelt in Gottes Namen und Geist, das Ende der entfremdenden Satansherrschaft vor aller Augen zu dokumentieren (vgl. Mt 12,28f.). Der Fürst dieser Welt ist gefesselt und unschädlich gemacht; so können alle, die von ihm unterdrückt waren, seinem Machtbereich entkommen und dem Machtbereich dessen angehören, der ihr Heil will und es auch durchsetzt.

Aber ist die Gottesherrschaft – trotz ihres »Aufblitzens« in einigen wenigen Machttaten Jesu – nicht doch ärgerlich ohnmächtig gegen die Mächte, die diese Welt immer noch fest im Griff zu haben scheinen? Dieses Skandalon der »Ohnmacht Gottes« will Jesus nicht überspielen. Er spricht es offen an und fordert den *Glauben* der Zuhörer für das im Kleinen Verborgene und *auf seine Weise* Mächtige. Das Gleichnis vom Senfkorn (Mk 4,30–32) macht den überraschenden Größenunterschied zwischen Samen und Senfbaum zum Bild für die im Kleinen – im Samen – jetzt schon gegenwärtige Gottesherrschaft: Einmal ausgesät, geht das Samenkorn auf, »wird größer als alle übrigen Kräuter und treibt Zweige, so groß, daß unter seinem Schatten die Vögel des Himmels nisten können«. Einmal ausgesät, wird der Same – das Evangelium, in dem die Gottesherrschaft schon da ist – trotz aller Widrigkeiten vielfältige, überreiche Frucht bringen (Mk 4,3–8 parr.). Und trotz des unscheinbaren Anfangs hat das Evangelium von der Gottesherrschaft die Macht, die Welt zu durchdringen und zu durchsäuern; für diese Gewißheit Jesu steht das Q-Gleichnis vom Sauerteig Mt 13,33; Lk 13,20f. Eigengut des Mt-Evangeliums sind die Gleichnisse vom im Acker verborgenen Schatz (13,44) und von der entdeckten kostbaren Perle (13,45f.). Der Akzent liegt hier darauf, daß man nach dem Wertvollen – der Gottesherrschaft – erst suchen muß, daß es nicht immer schon zutage liegt; daß aber der, der es gefunden hat, alles andere läßt und nur noch »auf diese Karte setzt«. Wer sein ganzes Leben auf diesen Schatz ausrichtet, der ist das alles durchdringende und ansteckende »Salz der Erde« (Mt 5,13; Lk 14,34f.). Selig ist, wer sich an dem kleinen Anfang, an dem, der ihn setzt, nicht ärgert (Mt 11,6; Lk 7,23).

---

[39] *P. Hoffmann*, Zukunftserwartung und Schöpfungsglaube in der Basileia-Verkündigung Jesu, in: Religionsunterricht an höheren Schulen 31 (1988), 374–384, hier 377; die vorhergehenden Zitate ebd. 379f.

Nicht jeder sieht diesen unscheinbaren kleinen Anfang. Und es sind nicht die Weisen und Klugen, die ihn sehen, sondern »die Einfältigen« (Mt 11,25; Lk 10,21). Sie haben die Augen zu sehen, was in ihrer Mitte geschieht, wie Gottes Herrschaft schon in ihrer Mitte ist. Der Anbruch der Gottesherrschaft ist nicht – so korrigiert Lk die Apokalyptik seiner Zeit – das große spektakuläre Ereignis; er ist nicht an spektakulären Vorzeichen festzumachen: »Denn siehe, das Reich Gottes ist mitten unter euch« (Lk 17,21). Das heißt sicher nicht, daß Gottes Herrschaft nur die »Innerlichkeit« des Glaubenden bestimmt. Es soll vielmehr auf das Kleine und Unscheinbare hingewiesen werden, das sich jetzt schon unter den Menschen ereignet; darauf, daß sich Gottes Herrschaft heute schon dort verwirklicht, »wo im Kleinen Unheil aufgehoben und Notleidenden Gutes getan wird«. Glücklich (selig), wer an diesem kleinen Anfang nicht irre wird, »wer glauben kann, daß Gottes Herrschaft dort beginnt, wo im Kleinen und Unscheinbaren *geholfen* wird«.[40]

Die *Nähe* der Gottesherrschaft muß also nicht zunächst als das nahe Bevorstehen apokalyptischer Umwälzungen verstanden werden, sosehr Jesus auch damit gerechnet haben mag. In Jesus selbst ist die Gottesherrschaft nahe gekommen, so nahe, daß sie sich von den Glaubenden, die Augen haben zu sehen, was wirklich in ihrer Mitte vorgeht, ergreifen läßt. Und es sind die Mühseligen und Beladenen, die es ergreifen. Jesus lädt ihnen nicht, wie es die Gesetzeslehrer meinen tun zu müssen (vgl. Lk 11,46), zusätzliche Lasten auf. Vielmehr: das Joch der Gottesherrschaft, sein Joch ist »gelind« und seine Last »leicht« (Mt 11,30) – ein bezeichnender Kontrast zur pharisäisch-rabbinischen Redeweise vom Aufsichnehmen des Jochs der Gottesherrschaft, mit der letzlich doch die Übernahme der Verpflichtungen des Gesetzes angesprochen war. Jesus sieht im peinlichen Gesetzesgehorsam offenbar nicht die Voraussetzung des Anbruchs der Gottesherrschaft, wie er ja auch – anders als die Essener-Bewegung – in der klösterlichen Askese nicht die angemessene Vorbereitung auf sein Kommen erblicken kann – er, der als Fresser und Weinsäufer Verschrieene. Wenn Gottes Herrschaft schon im Anbrechen ist – überall da, wo der Herrschaft des Bösen, die von Gott her bereits am Ende ist, auch tatsächlich ihr wohlverdientes Ende bereitet wird –, dann kann dieser Anbruch auch nicht gleichbedeutend sein mit der Restauration der

---

[40] *M. Limbeck*, Was Christsein ausmacht, Stuttgart 1976, 31.

Davidsherrschaft und eines wirklich sühnenden Tempelkults. Am allerwenigsten aber mit einer endzeitlich-messianischen Theokratie, wie sie in den apokalyptischen Szenarien der Zeit entworfen wurde. Gottes Herrschaft ist für Jesus, und damit steht er in der Tradition der großen alttestamentlichen Prophetie, die Durchsetzung des gerechten Willens Gottes, der zurechtbringen wird, was das gottwidrige, ungerechte Handeln der Menschen umgestürzt und verdorben hat; der denen Zukunft geben wird, die sich nach den Maßstäben dieser verdorbenen Welt keine Zukunft mehr ausrechnen können; der für all jene ein königliches Gastmahl bereiten wird, die das sanfte Joch der Gottesherrschaft auf sich nehmen. Weil in der Gottesherrschaft alle Ungerechtigkeit beseitigt, alles Leiden, aller Mangel und Schmerz überwunden sind, deshalb kommt sie an, wo hier und jetzt konkret Leiden und Unterdrückung überwunden, das Lebensnotwendige gewährt (vgl. die Brotbitte des Vaterunser) und die Liebe nicht einmal dem Feind verweigert wird (vgl. Mt 5,43–45; Lk 6,27–36). Nicht das zelotische Herbeidrängen des Gottesreiches mit dem Schwert ist das Gebot der Stunde, sondern das Ankommenlassen der Gottesherrschaft in den konkret hilfreichen Werken der Nächstenliebe (Lk 10,29–37), in denen die Glaubenden von der Befreiung aus dem Herrschaftsbereich des Satans, von der Befreiung zur Liebe Gebrauch machen.

Die Herbeiführung der Gottesherrschaft ist Gottes Sache; deshalb kennt auch nur der Vater im Himmel den Tag und die Stunde. Hier teilt Jesus die theozentrische Sicht der Apokalyptiker. Gleichwohl ist die Geschichte für ihn nicht einfach nur Raum des Ausharrens auf das individuelle letzte Gericht hin. Da die Gottesherrschaft mit der Aufrichtung wahrer Gerechtigkeit, mit der Befreiung der Armen von Krankheit, Unterdrückung und Mangel, mit der Befreiung aus dem Machtbereich des Bösen schon angebrochen ist, will sie die Menschen ergreifen, und *unter ihnen* Gestalt gewinnen. So ist alles Tun, mit dem die Menschen sich als die zur Gottesherrschaft Befreiten erweisen, Ankunft und Anbruch jener Herrschaft, in der Gottes Wille gilt und geschieht; in der Gott seinem Willen im Tun derer, die sich seinem Geist öffnen, Geltung verschafft.

Was hier und jetzt – in der Befreiung der von Satans Macht Unterjochten, in ihrer Befreiung zur Liebe – anhebt, das wird sich auch über den Tod des Einzelnen hinaus noch als mächtig erweisen: Jesus teilt die Hoffnung der Apokalyptiker, die sich ihrerseits an späte prophetische Visionen (vgl. etwa Jes 25–27) oder auch an Ps 22,28–30 anschließt. Wie für diese prophetisch-apokalyptische Tradition, so ist auch für ihn »der Sieg über den Tod bzw. die Rettung auch der Toten... Implikat, genauer: Bedingung und zugleich Wirkung grenzenloser Herrschaft und Herrlichkeit Jahwes«[41]. Für Jesus steht fest, daß Gottes Herrschaft sich mit dem Gericht des Menschensohnes endgültig gegen die Herrschaft der Ungerechtigkeit durchsetzen wird; daß auch die Toten zu diesem Gericht auferstehen und die Auserwählten als Vollendete mit Gott leben werden. Aber er warnt davor – so im Streitgespräch mit den Sadduzäern Mk 12,18–27 –, dieses Leben in der Vollendung als einfache Verlängerung des Lebens in dieser Weltzeit zu verstehen: Wenn die Toten auferstehen, werden sie weder heiraten noch geheiratet werden; sie werden wie die Engel im Himmel sein. Wer kleiner – in den Maßstäben dieser Welt – von der Auferstehung denkt, der kennt nicht die »Macht Gottes« (V. 24), der nicht ein Gott der Toten ist, sondern von Lebenden (V. 27), und auch die Gestorbenen nicht vergangen sein läßt, sie vielmehr von neuem zu Lebendigen machen wird.

2.3.3 Gottes Wille geschieht, und er soll geschehen

Gottes Herrschaft ist angebrochen, wo sein Wille geschieht – in der Verkündigung und in der Lebenspraxis Jesu, bei denen, die sich von Jesu Verkündigung zum Glauben an die im Kleinen verborgene Gottesherrschaft bewegen lassen. Und das Reich soll kommen, Gottes Wille soll geschehen, »wie im Himmel, so auch auf Erden« (Mt 6,10). Warum geschieht er nicht immer schon »im Himmel und auf Erden«; warum geschieht er hier und jetzt nur verborgen, nur für die Glaubenden wahrnehmbar? Wie geschieht

---

[41] *H. Kessler*, Sucht den Lebenden nicht bei den Toten. Die Auferstehung Jesu Christi, Düsseldorf [2]1987, 58.

er denn, hier und jetzt, in Jesus Christus? Er geschieht im *Dienst* Jesu für die Menschen. Er ist nicht gekommen, der Erste zu sein; seine Sendung ist es, nicht sich dienen zu lassen, sondern zu dienen (Mk 10,45). Gottes Wille geschieht im Dienen, in dem sich Gottes Entgegenkommen ereignet, verleiblicht. Die Macht, die seinem Willen Geltung verschafft, ist die Macht des machtlosen Dienens. So entspricht es einem Gott, der – wie es in der späten Reflexion des 1. Johannesbriefs (4,8) erstmals ausgesprochen wird – die Liebe ist und unter uns in der Liebe zum Ziel kommen (1 Joh 4,12), mächtig werden will.

Ist die Gottesherrschaft so verborgen, weil die Liebe, in der sie geschieht, so machtlos ist? Will die Gottesherrschaft aber nicht das »Angesicht dieser Welt« radikal verändern, die Welt »richten« – von Grund auf zurechtbringen? Wie ist die Verborgenheit der Gottesherrschaft vereinbar mit ihrer die Welt – Himmel und Erde – umgestaltenden Macht, die in den apokalyptischen Visionen beschworen und deren endgültiges Mächtigwerden wohl auch Jesus als nahe bevorstehend erwartet hat? Das Skandalon des unbegreiflichen Kontrastes zwischen winzigem Samen und mächtigem Baum – wie ist es im Glauben auszuhalten? Es ist nur auszuhalten in der Zuversicht, daß Gottes Wille endgültig und umfassend geschehen wird, so wahr er – in seinem eschatologischen Freudenboten, in der Liebe unter den ihm Glaubenden – *jetzt schon* geschieht.

Jesus weiß sich als den »Ort«, an dem der Wille des Vaters geschieht; seine Speise ist es, den Willen dessen zu tun, der ihn gesandt hat, und sein Werk zu vollenden (Joh 4,34). Bruder, Schwester, Mutter sind ihm alle, die den Willen Gottes tun (Mk 3,35); und er selbst läßt Gottes Willen auch da noch geschehen, wo sein eigener Lebenswille dagegensteht (Mk 14,36; Mt 26,39.42; Lk 22,42); Gottes Wille geschieht, wo die Dämonenherrschaft gebrochen ist.

Das Geschehen des Gotteswillens in Jesus (und den Glaubenden) aber bedarf der Bestätigung durch den Vater, der Verifikation durch eine Tat, die den Willen, den Jesus offenbarte und geschehen ließ, als die alles bestimmende Wirklichkeit manifestiert. Der Vater selbst muß dafür einstehen, daß die eschatologischen Zeichen, die Jesus wirkt, die Gottesherrschaft gegenwärtig setzen.

Der Vater selbst muß dafür einstehen, daß die selbstlose göttliche Liebe, der Jesus mit seiner Lebenspraxis die Herrschaft über Sünde und Tod zuspricht, in der »Endzeit« über Sünde und Tod triumphieren wird. Jesus lebt und handelt in der Gewißheit, vom Vater schließlich ins Recht gesetzt zu werden.[42] Er selbst und alle, die ihm nachfolgen, haben sich bereitzuhalten für die Bestätigung durch den Vater, in der Gott und – um seinetwillen – die Liebe das letzte Wort behalten werden gegen die Mächte dieser Welt. Diese endzeitliche Bestätigung wird von Jesus zweifellos in Kategorien und Bildern apokalyptischer Endzeiterwartung vorgestellt. Aber sie ist doch die Bestätigung des in Jesus bereits verborgen Gegenwärtigen und von ihm Ausgehenden.

2.3.4 Jesu Vergegenwärtigung der Gottesherrschaft – seine Machttaten und Zeichenhandlungen

Der historische Befund macht deutlich, wie unangemessen es wäre, Jesus nur als einen *Lehrer* zu verstehen, der das Volk über Gottes und der Gottesherrschaft Wesen aufklärte. Seine Verkündigung teilt nicht einfach ewige Wahrheiten mit; sie weist vielmehr auf einen *Vorgang* hin, der die Situation der Menschen grundlegend verändert. »Jesus verkündet nicht eine neue Lehre, sondern ein neues Geschehen. Aus diesem neuen Geschehen, aus dem Anbruch des Reiches Gottes heraus, lädt er Menschen ein, sich dem Neuen mit allen seinen Konsequenzen zu öffnen.«[43] Jesus versteht sich selbst als der diesem neuen Geschehen zugehörige Bote und *Zeuge*; seine Botschaft und seine Lebenspraxis sollen bezeugen, sollen entdecken und konkret gegenwärtig werden lassen, was Gott im Begriff ist, zum Heil der Menschen zu vollbringen. Christologie und Soteriologie haben Jesu Zeugnis für die angebrochene Gottesherrschaft als das christologische »Urdatum« vorauszusetzen und seine Lebenspraxis wie seine Verkündigung als Konkretio-

---

[42] Diese Bestätigungsbedürftigkeit der Lebenspraxis Jesu stellt etwa *Wolfhart Pannenberg* heraus; so in: Das Glaubensbekenntnis ausgelegt und verantwortet vor den Fragen der Gegenwart, Hamburg 1972, 73.

[43] Die Bedeutung der Reich-Gottes-Erwartung für das Zeugnis der christlichen Gemeinde, 66.

nen dieses Zeugnisses zu begreifen. Die Zeugenfunktion Jesu mag auch die Deutung seiner Sendung als die des vielfach erwarteten *eschatologischen Propheten*, der unmittelbar vor dem Anbruch der messianischen Heilszeit oder als ihr Herold auftritt, begünstigt haben.[44]

Zweifellos hat Jesus gerade seine Machttaten als Zeichen für die Nähe bzw. den Anbruch der Gottesherrschaft verstanden: »Wenn ich… mit dem Finger Gottes die Teufel austreibe, dann ist damit das Reich Gottes schon zu euch gekommen« (Lk 11,20; vgl. Mt 12,28). Die Dämonenaustreibungen *bezeugen*, daß die Herrschaft des Satans bereits gebrochen (vgl. Lk 10,18), daß das Eschaton, in dem Gottes Wille sich gegen die satanischen Mächte endgültig durchgesetzt haben wird, hier und jetzt schon die Gegenwart bestimmt. Den, der sich auf ihre »Signalfunktion« einläßt, lassen Jesu Machttaten entdecken, daß die Mächte des Bösen, die ihre Macht in Besessenheit und Krankheit am Menschen demonstrieren, die Leidenden nicht mehr unentrinnbar umklammern, daß ihnen von Gott jetzt schon Grenzen gesetzt sind. Jesu Machttaten zeigen dem, der in ihnen Gott am Werk sieht, wie die heilende und zurechtbringende Liebe Gottes, die in der endzeitlichen Gottesherrschaft uneingeschränkt herrschen wird, jetzt schon mächtig ist und »Shalom« – Wohlsein – wirkt. Jesus ist der Zeuge der Gottesherrschaft, *die sich in seinen Machttaten bezeugt*, so daß sie als »Geschehensereignisse« der Gottesherrschaft bezeichnet werden können,[45] in denen die Gottesherrschaft wie eine »Heilsphäre« die Unheilsphäre dieses Äons durchbricht und die Geheilten ergreift.[46] Nicht unerheblich scheint, daß offenbar auch die ausgesandten Jünger die Gottesherrschaft in diesem Sinne vergegenwärtigen konnten (vgl. Lk 10,17 ff.) und daß Lk in diesem Zusammenhang die Seligpreisung der Unmündigen und derer bringt, die sehen dürfen, was

---

[44] Zur Gestalt des endzeitlichen Propheten vgl. *F. Hahn*, Christologische Hoheitstitel. Ihre Geschichte im frühen Christentum, Göttingen [3]1966, 351–404; *E. Schillebeeckx*, Jesus. Die Geschichte von einem Lebenden, dt. Freiburg/Br. [3]1975, 390–398.

[45] So *H. Merklein*, Jesu Botschaft von der Gottesherrschaft, 65.

[46] Vgl. *J. Becker*, Das Heil Gottes. Heils- und Sündenbegriffe in den Qumrantexten und im Neuen Testament, Göttingen 1964, 207.

die Jünger hier und jetzt sehen dürfen (10,21 und 24), eben: das Mächtigwerden der Gottesherrschaft in den Shalom-vermittelnden Machttaten Jesu und seiner Jünger.

Die historisch-kritische Forschung zweifelt nicht daran, daß Jesus tatsächlich Kranke und Besessene geheilt, »Dämonen ausgetrieben« hat. Sie rechnet allerdings damit, daß die Erzähltradition vom »Wundertäter« Jesus stereotype Wundermotive an sich gezogen hat. So ist schon für die Quelle Q anzunehmen, daß die historisch zuverlässige Erinnerung an Jesu Machttaten zusammengeflossen ist mit zeitgenössischen jüdischen Vorstellungen, nach denen der eschatologische Prophet (oder auch der Messias) an bestimmten Wundertaten zu erkennen sein sollte. Die frühen »vorevangelischen« Überlieferungen deuten Jesus in diesem Erwartungshorizont und »übermalen« die Erinnerung an ihn deshalb auch ohne weiteres mit Zügen und Motiven, die in diesem Erwartungshorizont nahelagen. So wird man in den Wunderberichten der Quelle Q wie des Markus-Evangeliums »nicht in allen Fällen eine Erinnerung an bestimmte historische Wunder Jesu sehen« dürfen, »wohl an sehr bestimmte Handlungen und Wunder, die begründeterweise Anlaß dazu gegeben haben, Jesus tatsächlich mit dem eschatologischen Propheten zu identifizieren«. War Jesus erst einmal – nicht nur, aber auch – aufgrund seiner Machttaten als eschatologischer Prophet (oder Messias) identifiziert, so »konnte man ihm auch, ›unhistorisch‹, eine Anzahl Wunder zuschreiben, die er in Wirklichkeit (historisch) nie gewirkt hat«, die aber unlöslich mit dem Vorstellungskomplex des eschatologischen Propheten oder des Messias verbunden waren.[47] Ähnliches gilt für das Johannes-Evangelium, das – auf eine »Semeia-Quelle« zurückgreifend – solche Machttaten überliefert, die geeignet schienen, Jesus als theios anér (als göttlichen Menschen) auszuzeichnen.

Für Jesu Zeitgenossen war das Erstaunliche, wenn auch keineswegs Widernatürliche seiner Machttaten Hinweis darauf, daß Jesu Zeugnis von der nahegekommenen Gottesherrschaft von der Wirklichkeit der Gottesherrschaft selbst gedeckt schien, da man sie in seinen Machttaten schon ankommen sah. Eine Zeit aber, die historische Ereignisse nach Analogie einer

---

[47] Vgl. *E. Schillebeeckx*, Jesus, 166f.

Erfahrung beurteilt, die von naturgesetzlich-konstanten Ereignisverknüpfungen bestimmt ist, wird die Zuverlässigkeiten von Traditionen, in denen Wundertaten überliefert werden, skeptisch einschätzen und die berichteten Wunder keineswegs – wie die Apologetik will – als Beweis für die göttliche Sendung des Wundertäters werten.[48] Die apologetische »Auswertung« der neutestamentlichen Wundergeschichten erscheint überdies unsachgemäß, da bei Jesu Zeitgenossen ja nicht die Durchbrechung von Naturgesetzen Erstaunen hervorrief, sondern seine Fähigkeit, die Ankunft der Gottesherrschaft auch durch machtvolle Taten – und nicht nur im Wort der Predigt – zu bezeugen. Wunder erschienen nicht als Beweis für die göttliche Legitimation Jesu, zumal nicht ausgeschlossen schien, daß Dämonenaustreibungen auch im Namen und der Kraft des Satans gewirkt sein konnten; freilich: vom endzeitlichen Propheten (vom Messias) erwartete man geradezu Wundertaten, so daß ihr Ausbleiben die Legitimation Jesu als des Boten der ankommenden Gottesherrschaft gewiß als zweifelhaft hätte erscheinen lassen. So sind die Wundertaten im zeitgeschichtlichen Kontext eher negatives als positives Kriterium für die Wahrheit der Reich-Gottes-Verkündigung Jesu: Ohne Machttaten wäre Jesus für seine Zeitgenossen kaum als eschatologischer Prophet in Frage gekommen; aber das Vorkommen solcher Wundertaten wurde allenfalls als unterstützender Hinweis, nicht als zweifelsfreie Legitimation des Wundertäters als des von Gott Gesandten wahrgenommen. Jesus selbst hat offensichtlich reine Legitimationswunder abgelehnt (vgl. Mt 12,39); seine Machttaten können eben nur von denen recht verstanden werden, die sie nicht einfach als Beweis göttlicher Fähigkeiten, sondern als Tatzeugnis für die nahegekommene Gottesherrschaft sehen.

Die »Auswertung« der neutestamentlichen Wundergeschichten als Beweis für die Göttlichkeit Jesu erscheint aber auch aus heutiger Perspektive unsachgemäß. Es kann nicht mehr darum gehen, Jesus das für Menschen Unmögliche zuzuschreiben; die historisch-kritische Annäherung an die Texte macht es uns ja wahrscheinlich, daß gerade die für uns unerklärlichsten Machttaten – wie etwa die sog. Naturwunder, aber auch die Totenerweckungen – als »sekundärer Zuwachs zur ursprünglichen Tradition« zu betrachten sind.[49] Angemessener scheint es zu fragen, welche Kräfte Jesus, der Zeuge der nahegekommenen Gottesherrschaft, in den Dienst seines Zeugnisses stellen konnte, ohne daß man gleich zu beweisen versucht, daß er »übernatürliche« Fähigkeiten besessen haben muß. Dabei wird man gar nicht auf okkulte Kräfte zurückgreifen müssen, sondern davon ausgehen dürfen, daß Jesus die heilende und aufrichtende Macht der Liebe, die in der Gottesherrschaft die alles bestimmende Wirklichkeit sein wird, jetzt schon

---

[48] Die klassische Argumentation gegen die Stichhaltigkeit des Wunderarguments für die Göttlichkeit Jesu Christi findet sich bei *D. Hume*, Untersuchung über den menschlichen Verstand, dt. Hamburg 1964, 132–136.

[49] So *W. Kasper*, Jesus der Christus, Mainz [10]1986, 106 (allerdings spricht Kasper hier nur von den Naturwundern).

erfahrbar machte und damit Heilungsverläufe hat möglich werden lassen, die uns heute unerklärlich scheinen. Es ist freilich eine auch uns durchaus zugängliche Erfahrung, daß Zuneigung, Liebe und Solidarität die Entfaltungsmöglichkeiten und Selbstheilungskräfte der Natur freisetzen, da sie den Menschen davon befreien, sich selbst – seinem natürlich-kreatürlichen Dasein – Gewalt antun zu müssen. Krankheit beeinträchtigt die Zentriertheit des Menschen in all ihren Dimensionen; sie wirkt sich in der pathologischen Abspaltung der erkrankten körperlichen oder seelischen Funktionen aus und kann deshalb nur wirklich überwunden werden durch »Wiederherstellung der Integriertheit und Zentriertheit des Selbst« in all ihren Dimensionen.[50] Die Liebe versöhnt den Menschen mit sich selbst, sie heilt seine *Beziehungslosigkeit* zu sich selbst und zu seinen Mitmenschen in einer Tiefe, die von Heilmitteln und Therapien allein kaum erreicht und nur selten substituiert werden kann. Wie weit die Heilkraft der Liebe hier und jetzt schon reicht, das läßt sich von den medizinischen Wissenschaften noch nicht absehen; es beginnt sich ja – in der Psychosomatik – gerade erst abzuzeichnen, wie die Macht der Liebe auf psychische und somatische Prozesse einzuwirken vermag. Auch Heilungsprozesse, die sich nach bisherigen naturwissenschaftlichen Erklärungsmodellen nicht rekonstruieren lassen, könnten sich deshalb auf die Erfahrung des Ergriffenseins von der Macht der Liebe zurückführen lassen, zumal wenn man annehmen darf, daß Gottes Macht der Liebe in Jesu Machttaten die Leidenden mit überwältigender, unvergleichlicher Intensität ergriffen hat. In den Wundertaten Jesu scheinen Möglichkeiten der Liebe auf, die sich vom natur-(und human-)wissenschaftlichen Forschungsstand her weder schlüssig erklären und verfügbar machen noch mit letzter Sicherheit bestreiten lassen.

In Jesu Machttaten bezeugt sich die anbrechende Gottesherrschaft. Aber Jesu Lebenspraxis und Verkündigung will im Ganzen als Zeugnis der die Gegenwart jetzt schon bestimmenden Gottesherrschaft verstanden werden. So dürfen Jesu Machttaten nicht aus dem Gesamtzusammenhang seiner Lebenspraxis, aus dem Kontext seiner prophetischen Zeichenhandlungen herausgelöst werden. An seiner demonstrativen Zuwendung zu den Sündern, Ausgestoßenen und Verachteten – er ist »auf du und du« mit Zöllnern und Sündern (Lk 7,34–50) –, an Jesu Gemeinschaft mit denen, die nur noch von der Liebe etwas zu erwarten haben, wie sie in Sündenvergebung, gemeinsamen Mählern und nicht zuletzt in der Auswahl seiner engsten Begleiter ihren Ausdruck findet, erweist sich die Macht der Liebe als rettende und aufrichtende Solidarität,

---

[50] Vgl. *P. Tillich*, Systematische Theologie, Bd. 3, dt. Stuttgart 1966, 315 ff., hier 318.

die gegen die Beziehungsfeindlichkeit der Sünde, des Vorurteils und der sozialen Diskriminierung die heilende Macht lebensspendender Beziehung bezeugt und so Gottes Herrschaft vergegenwärtigt. In der vorbehaltlosen Gemeinschaft Jesu mit denen, die sich nicht auf»religiöse Leistungen«, ja nicht einmal mehr auf ihre Mitgliedschaft im auserwählten Volk berufen können, wird Gottes gerechtwerdende Liebe aber auch gegenwärtig als Gericht über die herrschende Gerechtigkeit, über ihre Maßstäbe des Gott Wohlgefälligen oder über ihre Beurteilung des Heilsstatus der scheinbar Erwählten oder Verworfenen. Jesus macht eine Gerechtigkeit geltend,»die weit größer ist als die der Schriftgelehrten und Pharisäer« (Mt 5,20), jene Gerechtigkeit, die vor Gott»im Gericht« gelten wird, weil sie Gottes Gerechtwerden in den konkreten mitmenschlichen Beziehungen abbildet (vgl. Mt 18,23–35; Mt 25,31–46) und damit hier und jetzt schon in Geltung setzt.

Machtvolle Gegenwart der Gottesherrschaft in den Wundertaten, *mitleidende Solidarität* mit denen, die nur noch auf Gottes Gerechtwerden hoffen können, wie Jesus es ihnen bezeugt, und vollmächtige *Vorwegnahme des endzeitlichen Gerichts* der gerechtwerdenden Liebe interpretieren sich in Jesu Lebenspraxis wechselseitig. Und in dieser wechselseitigen Erschließung offenbart die Lebens-(bzw. Reich-Gottes-)Praxis Jesu Gottes gerechtwerdende Liebe als das Wesen der kommenden Gottesherrschaft. Die Wundererzählungen selbst machen immer wieder auf diesen Zusammenhang aufmerksam: Die Heilung einer gelähmten Hand am Sabbat wird zum Gericht über pharisäische Gesetzlichkeit (Mk 3,1–6); die Speisungswunder sind zugleich»eschatologische Freudenmähler« in der Erwartung der kommenden Gottesherrschaft; bei der Heilung des Gelähmten ist das Heilungswunder nur die»Außenseite« des Zuspruchs endzeitlicher Sündenvergebung (Mk 2,3–12).

Läßt sich Jesu Reich-Gottes-Praxis nicht insgesamt als *therapeutisches Handeln* beschreiben und verstehen; vergegenwärtigt er das endzeitliche Heil der Gottesherrschaft nicht durch die Heilung beschädigten Lebens in all seinen Dimensionen? *Eugen Drewermann* hat aus der psychoanalytischen Praxis Kategorien und Analogien für das Verständnis der Reich-Gottes-Praxis Jesu zu gewinnen versucht. Sein Versuch ist es wert, in der Soteriologie aufgegriffen und kritisch mit- bzw. weitergedacht zu werden. Nach

Drewermann war es das Ziel der Predigt und der Lebenspraxis Jesu, so wie das Markus-Evangelium sie darstellt, die Menschen vom »allmächtigen Diktat der Angst« zu erlösen[51] durch Erschließung einer Gottesbeziehung, in der sich der Mensch als erwünscht und vorbehaltlos bejaht erfahren, in der er die Angst, nichtig, wertlos und verächtlich zu sein, verlieren und ein grundlegendes Urvertrauen »gegenüber *dem Hintergrund seines Daseins* insgesamt« entwickeln kann (77). In der Person Jesu – seinem Auftreten, seiner Lebenspraxis – schildert Markus, »wie die *Angst* im Hintergrund aller menschlichen Krankheit, ›Besessenheit‹ und Selbstverfehlung durch einen Glauben überwunden wird, innerhalb dessen der Mensch Gott allererst als seinen Vater wiederzuerkennen vermag und in dem Gefühl einer an sich völlig unverdienten neu geschenkten Berechtigung und Erlaubnis zum Dasein wieder mit sich selbst zusammenwachsen kann« (36). Die Angst bestimmt – nach Drewermann – die menschliche Selbsterfahrung von Grund auf; in ihr wird der Mensch der abgründigen Möglichkeit inne, »im Grunde überflüssig auf der Welt zu sein«, »nur lästig, störend, unerwünscht, ja, hinderlich und schädlich zu sein«[52]. Die Kontingenz-(Gleichgültigkeits-)Angst treibt dazu, die eigene Notwendigkeit und Nichtgleichgültigkeit selbst begründen, sich selbst rechtfertigen zu wollen; sie treibt dazu, selbst ein Absolutes zu erschaffen, worin das eigene Dasein gerechtfertigt sein könnte. Wer dies – von der Angst angetrieben und um sie zu verdrängen – versucht, der wird »sich selbst oder den anderen in Liebe und Haß zu einem Absolutum hochstilisieren, das ihm eine Berechtigung zum Sein verschaffen könnte; das gesamte menschliche Dasein verformt sich daher im Zirkel der Selbstheit zu einer vergeblichen Kraftanstrengung, zu einer endlosen Qual, die den Wert einer Krankheit, den Charakter einer Neurose besitzt«; eines neurotischen Lebensentwurfs, der mich »dem anderen nur in der Weise tödlicher Konkurrenz, Feindschaft und sadomasochistischer Herrschaft oder Unterwerfung begegnen« läßt, ihn oder mich selbst zum Gott macht.[53] Solche neurotischen Lebensentwürfe sind zuletzt *Angstabwehrsysteme*, »eine *Panzerung* gegenüber der Angst, die es kostet, ein Mensch zu sein« (39). Auch der Gottesbeziehung kommt eine Funktion im System der Angstverdrängung zu: Gott kann gleichsam Angst auf sich ziehen – als der »Herr über Leben und Tod«, als der im Wechselspiel des Schicksals Mächtige, von dem man für jeden Ungehorsam schreckliche Strafe zu gewärtigen hat, für Gehorsam und Unterwerfung aber reichen Lohn erwarten darf. In der Beziehung zu diesem Gott wird die Angst »be-

[51] Vgl. *E. Drewermann*, Das Markusevangelium. Erster Teil: Bilder von Erlösung, Olten–Freiburg/Br. ²1988, 34 (die Seitenhinweise im Text beziehen sich auf diesen Band).

[52] *Ders.*, Der verborgene Schatz, in: Publik-Forum Nr. 25 vom 19. Dezember 1986, 20–22, hier 21.

[53] Vgl. *ders.*, Strukturen des Bösen. Teil III: Die jahwistische Urgeschichte in philosophischer Sicht, Paderborn ³1982, 571 f.

herrschbar«; da alles Angsteinflößende letztlich mit Gott und seiner Straf-
gewalt zu tun hat, kann man die Daseinsangst gleichsam in der Gottesbeziehung vergegenständlichen und sich den bedrohlichen Gott durch Wohlverhalten geneigt machen. Die Angstabwehr ist hier an einem als zutiefst ambivalent gedachten Gott festgemacht; und das ambivalente Gottesbild
stützt ein Angstabwehrsystem, in dem peinlicher Gesetzesgehorsam alle
Lebensverhältnisse dominiert und die »Gehorsamen« die »Gesetzlosen«
aggressiv diskriminieren.

Man könnte die apokalyptischen Entwürfe in diesem Sinne als Ausdruck
einer bis zum Letzten gesteigerten Angst vor der Endkatastrophe und einer
Angstabwehr verstehen, die alles auf eine Karte setzt: auf die durch peinlichen Gehorsam zu sichernde Zugehörigkeit zu den Auserwählten, die den
eschatologischen Drangsalen entgehen; man könnte auch die pharisäische
Gesetzlichkeit, wie sie von den Synoptikern – sicher sehr zugespitzt – dargestellt wird und den Widerspruch Jesu herausfordert, als Angstabwehrstrate-
gie deuten und mit einem zutiefst ambivalenten Gottesbild in Zusammenhang bringen. Die Predigt von der in vorbehaltloser Liebe nahekommenden
Gottesherrschaft, von einem Gott, der »nicht als ängstigend, ablehnend,
feindselig, rachebedürftig und eifersüchtig vorgestellt werden muß« (77),
sondern als zutiefst wohlwollend und der deshalb auch die Herrschaft der
Liebe unter den Menschen will, diese Predigt und die ihr entsprechende
Reich-Gottes-Praxis müssen – damit ihre Botschaft ankommen kann – die
Angstabwehrsysteme erschüttern, in denen der Gottesbeziehung gerade
aufgrund ihrer tiefen Ambivalenz eine zentrale Bedeutung zukommt. Die
Angstabwehrsysteme, die ein bestimmtes Gottesbild projizieren und eine
bestimmte Gottesbeziehung präformieren – eine Gottesbeziehung, die von
latentem Mißtrauen und eben von der Angst vor Gott geprägt ist –, sie
müssen ihre Herrschaft über die Menschen verlieren, damit Gottes Herrschaft, wie Jesus sie verkündigt und darstellt, bei ihnen ankommen kann.
Jesu Wirken ist – nach Drewermann – weithin der Versuch, die Herrschaft
der Angst und zuvor die der psychisch-religiösen Angstabwehrsysteme zu
brechen: indem er die Selbstgewißheit derer erschüttert, die sich in ihren
Angstabwehrsystemen verschanzen; indem er den Menschen zum Spiegel
wird, in dem sie ihre tiefsten Beweggründe, die wahre Gestalt ihres Lebensentwurfs erkennen können; da er Gottes Herrschaft als die heilvolle Alternative zur Herrschaft der Angst bezeugt und Gott als den verkündigt, bei
dem alle Ängste zur Ruhe kommen dürfen; indem er bei seinen Zuhörern
das Vertrauen provoziert, in der Armseligkeit ihrer »Staubgeburt einem
unsichtbaren Königreich anzugehören«, in dem sie »vor Gott sind wie Gela-
dene und Fürsten am Thron der Ewigkeit. Mit diesem Bild des Menschen«
wollte Jesus sie »befreien von der Macht des Bösen«, die in den Projektionen
der Angst und den von ihr erzwungenen Vernichtungsstrategien die Menschen beherrscht. »Des Menschen Sohn sollte Vertrauen finden in der Vision
Gottes vom Menschen« (44).
Drewermanns Entwurf läßt nicht nur die Machttaten und prophetischen

Zeichenhandlungen Jesu, in denen er die Gottesherrschaft als Herrschaft der Liebe vergegenwärtigt, sondern auch die Konfliktgeschichte zwischen Jesus und den religiösen Autoritäten Israels als zum Ankommen der Gottesherrschaft gehörende, ihr den Weg bereitende, weil zur Umkehr provozierende therapeutische Praxis verstehen. Er läßt die Schärfe des Konfliktes verstehen, die schließlich zu Jesu Hinrichtung führte, da er einen Eindruck davon vermittelt, wie sich Jesu Gegner mit dem Mut der Verzweiflung dem Zusammenbruch ihrer gesamten Lebenseinstellung (vgl. 55) widersetzen»mußten«, solange sie die Botschaft von der ankommenden Gottesherrschaft nicht als Verheißung »neuen Lebens« begreifen konnten. Es ist aber auch deutlich geworden, daß dieses Verständnis des therapeutischen Handelns Jesu und der Konfliktdynamik, die dann auch seinen Tod auslöste, sich nicht einfach aus dem historischen Befund von selbst ergibt, sondern Gestalt und Lebenspraxis Jesu im Licht gegenwärtiger therapeutischer Erfahrung plausibel zu interpretieren versucht. Dagegen ist so lange nichts einzuwenden, als sich diese Interpretation am historischen Befund kontrollieren läßt – hier scheint Drewermanns Hypothese noch nicht entscheidend widerlegt – und sie sich selbst nicht absolut setzt.

2.3.5 Jesu Vergegenwärtigung der Gottesherrschaft – die Gleichnisse

Es sind die Gleichnisse und Parabeln, in denen Jesus ausspricht, »*wie* es mit der Gottesherrschaft ist« (vgl. etwa Mk 4,26). Die Gleichnisse sollen die Gottesherrschaft also nicht einfach abbilden, so daß ihre Bildsprache Zug um Zug in die Sache selbst übersetzt werden könnte. Vielmehr geht es bei den Gleichnissen darum, *wie* Gottes Herrschaft geschieht, wie sie die Zuhörer angeht und herausfordert; wegen ihres spezifischen Anrede- und Herausforderungscharakters vermögen sie »mehr als jede lehrsatzhafte Aussage *über* die Gottesherrschaft den Hörer in das Geschehen der Gottesherrschaft zu verwickeln«[54]. Gleichnisse reden an, indem sie den Zuhörer eine folgenreiche Entdeckung machen lassen[55]: Sie erzählen jedermann bekannte Abläufe (Gleichnisse im

---

[54] H. *Merklein*, Jesu Botschaft von der Gottesherrschaft, 73; vgl. E. *Jüngel*, Gott als Geheimnis der Welt, Tübingen [5]1986, 396 ff.

[55] Das hat vor allem die »Metaphern-Theorie« der Gleichnisse herausgearbeitet; vgl. E. *Jüngel*, Metaphorische Wahrheit. Erwägungen zur theologischen Relevanz der Metapher als Beitrag zur Hermeneutik einer narrativen Theologie, in: P. Ricoeur/ E. Jüngel, Metapher. Zur Hermeneutik religiöser Sprache (Sonderheft der »Evangelischen Theologie«). München 1974, 71–121, hier 104.

engeren Sinn; vgl. etwa die verschiedenen Gleichnisse aus dem Bereich des Ackerbaus) oder fiktive Beispielgeschichten (Parabeln) so, daß jeder Zuhörer, der sich auf die Erzähldynamik einläßt, seine Wirklichkeit und Gottes Wirklichkeit neu sehen lernt; daß jeder Zuhörer sich die Frage stellen muß, wie er sich auf diese erzählte Wirklichkeit einstellen will und kann. Die Gleichnisse und Parabeln *verfremden*, sie erschüttern das bisher in der Welt und im Verhältnis zu Gott Selbstverständliche, auch wenn sie nur Selbstverständliches erzählen, dieses Selbstverständliche (etwa selbstverständliche Naturabläufe) dann aber als »Modell« beanspruchen, um Gott und sein Handeln zu verstehen, was bisher niemand in den Sinn gekommen wäre. Die Gleichnisse sprechen gegen die Selbstverständlichkeiten, die jedermann teilt und die auch die Zuhörer zunächst plausibel finden werden, das *Selbstverständlichere* aus, das, was sich von selbst versteht, wenn man der Erzählung folgt und sich von ihr zu einer »Umkehr der Einbildungskraft« (P. Ricoeur[56]) provozieren läßt, wenn man soviel Phantasie aufbringt, das allzu Selbstverständliche mit dem »fremden Blick« dessen zu sehen, der es zum erstenmal wirklich unvoreingenommen wahrnimmt und es deshalb ganz und gar nicht mehr für selbstverständlich hält.

So erweisen sich die Vorzugsstellung Israels, die Prioritäten des Priesters und des Leviten, die den Ausgeraubten und Niedergeschlagenen liegenlassen, die herkömmlich messende Lohngerechtigkeit, die apokalyptische Vorstellung von der Ankunft der Gottesherrschaft, die religiöse Grundeinstellung des Für-Gott-allein-etwas-tun-und-leisten-Wollens, das herkömmliche religiöse Sicherheitsdenken, das Kalkül dessen, der wegen eines verlorenen Schafs nicht die ganze Herde allein läßt, die Vorsicht dessen, der nicht alles auf eine Karte setzen will, die Vorsorge dessen, der sich für seine reiche Ernte neue Scheunen baut, als ganz und gar nicht mehr selbstverständlich angesichts der anbrechenden Gottesherrschaft: angesichts der Einladung des von Israel zurückgewiesenen Gottes an die Bettler und Nichtseßhaften (Mt 22,1–10; Lk 14,15–24); angesichts der im Gesetz durchaus erkennbaren Priorität der Nächstenliebe (Lk 10,25–37); angesichts der Mächtigkeit der Gottesherrschaft im Kleinen und Unscheinbaren, die jeder wahrnehmen kann, der Augen hat zu sehen (Mk 4,30–32

[56] Stellung und Funktion der Metapher in der biblischen Sprache, in: P. Ricoeur/ E. Jüngel, Metapher, 45–70, hier 70.

87

parr.); angesichts eines endzeitlichen Richters, der die Erfüllung des göttlichen Willens ganz und gar an dem festmacht, was um der Not der Mitmenschen willen zu tun ist (Mt 25,31–46); angesichts des hier und jetzt – im Augenblick des Anbruchs der Gottesherrschaft – geforderten Einsatzes aller Kräfte und »Talente« (Lk 19,11–27); angesichts des göttlichen Vaters, der sich über das eine wiedergefundene Schaf mehr freut als über die neunundneunzig, die sich nicht verirrt haben (Mt 18,10–14; Lk 15,1–7); angesichts des unermeßlichen Wertes, den der Schatz im Acker – der »Fund« der Gottesherrschaft – für jeden haben muß, der gefunden hat (Mt 13,44–46); angesichts der Tatsache, daß nicht die in Scheunen zu lagernde, sondern allein Gottes Ernte Zukunft verspricht (Lk 12,15–21).

Wenn aber die alten Selbstverständlichkeiten nicht mehr gelten, weil das umstürzend Neue – das Zur-Herrschaft-Kommen Gottes – geschieht, dann muß sich der Zuhörer fragen, ob und wo er selbst noch den alten Plausibilitäten verhaftet ist, ob er immer noch die in den Gleichnissen gelegentlich breit ausgestaltete (vgl. etwa der zu Hause gebliebene Bruder: Lk 15,25–32) Rolle dessen spielt, der sich auf das bisher Selbstverständliche zurückzieht und sich gegen das aufgrund der angebrochenen Gottesherrschaft Selbstverständlichere sperrt. Die Gleichnisse muten eine Umkehr der Einbildungskraft zu; sie muten den Hörern zu, sich *vorzustellen*, was mit dem Anbruch der Gottesherrschaft von Grund auf anders wird. Wer die Umkehr seiner Einbildungskraft sich hat zumuten lassen, wem die Pointe der Gleichnisse aufgegangen ist und das *nun* Selbstverständliche aufleuchten ließ, den hat die neue Wirklichkeit der Gottesherrschaft ergriffen, der kann umkehren und die Rolle dessen einnehmen, der im Gleichnis die neue Selbstverständlichkeit verkörpert, bzw. der kann sie in seiner konkreten Lebenssituation kreativ neu gestalten.

Jesus von Nazaret ist der, der die neue Selbstverständlichkeit in den Gleichnissen geltend und sie erzählend *vorstellbar* macht; seine Gleichnisse verkörpern die neue Selbstverständlichkeit der Gottesherrschaft, die nun gilt, weil Gott will, daß sein Wille geschieht und er ihn auch geschehen lassen wird. So machen die Gleichnisse letztlich Gottes Willen und Vorhaben für die Menschen vorstellbar, so vorstellbar, daß sie sich für oder gegen diesen Willen und dieses Vorhaben entscheiden können. Dann kann man aber auch sagen, daß Jesus selbst das *Urgleichnis*, das »Gleichnis

Gottes« in Person ist,[57] da seine Lebenspraxis und seine Verkündigung insgesamt Gottes Wille und Vorhaben als das eben jetzt sich Durchsetzende vorstellbar machen und zum Eingehen auf dieses Vorhaben herausfordern wollten; da Jesu Lebenspraxis und Verkündigung nach allem, was man historisch erkennen kann, ganz darin aufging, die anbrechende Gottesherrschaft und den Gott zu bezeugen, der in ihr seinen Willen und sein Vorhaben mit den und für die Menschen durchsetzen will.

2.3.6 Jesu Vergegenwärtigung der Gottesherrschaft – die neue Lebensordnung im Anbruch der Gottesherrschaft

Jesus proklamiert *Gottes Willen*; er proklamiert ihn zuerst als den zum Heil der Menschen – zum Heil Israels – geschehenden, als *Gottes Vorhaben* mit den und für die Menschen, soweit sie sich diesem Vorhaben öffnen: der eschatologischen, allein in Gottes freier, nicht in irgendeiner Heilsgarantie gründenden Erwählung, die die Erwählten ohne eigenes Verdienst zu Gliedern der Gottesherrschaft macht. Gottes Vorhaben setzt die Mitwirkung der Menschen nicht voraus und ist insofern nicht abhängig vom Mithandeln der Menschen; aber es fordert dieses Mithandeln gebieterisch als das hier und jetzt allein Notwendige. Was zu tun ist, da Gottes Vorhaben – die Gottesherrschaft – dabei ist, die Welt zu verwandeln, dessen muß man sich nicht erst mit dem Blick rückwärts – in die Auslegungsgeschichte der Tora – vergewissern; das ist an dem, was in und durch Jesus von Nazaret jetzt geschieht, unmittelbar abzulesen.

Wo sich der Mensch Gottes Willen in jener Unmittelbarkeit aussetzt, wie er in Jesu Verkündigung und Reich-Gottes-Praxis offenbar wird, und soweit er sich von Gottes Vorhaben ergreifen läßt, seinen Willen geschehen läßt und ihn tut, ist er in seinem Leben und Handeln selbst »Geschehensereignis der Gottesherrschaft«, real existierendes Gleichnis des Himmelreichs.[58] In ihm bezeugt

---

[57] Vgl. *E. Jüngel*, Gott als Geheimnis der Welt, 394f.

[58] Vgl. *H. Merklein*, Jesu Botschaft von der Gottesherrschaft, 118 (zur Feindesliebe) bzw. grundlegend *K. Barth*, Kirchliche Dogmatik IV/3, 1, Zürich [3]1979, 124ff.

sich die umwandelnde Kraft der Gottesherrschaft als Eröffnung neuer Handlungsmöglichkeiten; in ihm bezeugt sich die *Nähe* einer Gottesherrschaft, die die Menschen hier und jetzt schon verwandelt. Aber was ist Gottes Wille, seine Forderung an die Menschen, wie sie in Jesu Predigt und Reich-Gottes-Praxis befreiend – weil aus der endlosen Kasuistik schriftgelehrter Erforschung des Gotteswillens herauslösend – offenbar wird?

Gottes Wille ist nicht schwer zu ergründen, er ist »einfach«: Gott will, daß die Menschen auf sein Erwählungsangebot vorbehaltlos eingehen und auf es *antworten*, indem sie Gottes vorbehaltlos vergebende und erwählende Zuwendung Maßstab des eigenen Handelns sein lassen. Im Gleichnis vom Schalksknecht (Mt 18,23–35), in der Vaterunser-Bitte: Vergib uns unsere Schuld, wie wir vergeben unsern Schuldnern, konfrontiert Jesus seine Zuhörer mit dieser Forderung; im Gleichnis vom barmherzigen Vater (Lk 15,11–32) lädt er sie dazu ein, sich von Gottes Gesinnung anstekken zu lassen und auch im schuldig gewordenen Nächsten den von Gott Erwählten zu sehen.[59] Gottes Erwählung will »einen Prozeß gegenseitiger Vergebung auslösen« und wird gerade darin wirksam;[60] sie fordert die Erwählten heraus, über ihre selektiven »Vorlieben« hinaus den Nächsten – und sei er auch mein Feind – zu bejahen und sein Bestes zu wollen. In der Forderung der *Feindesliebe* (Mt 5,43–48) konzentriert sich das endzeitliche Ethos der Bergpredigt: Wie der Vater keine Feinde mehr kennt und seine Sonne aufgehen läßt über Böse wie Gute, so sollen auch die Erwählten das Freund-Feind-Denken überwinden und gerade denen mit schöpferisch-liebender Zuwendung begegnen, die ihnen zum Feind geworden sind. Die Bergpredigt konkretisiert diese Forderung in »Modellen« *gerechtwerdenden Verhaltens*, in Modellen der »größeren Gerechtigkeit« (Mt 5,20): An dem, der dem Bösen nicht widersteht, auf Vergeltung verzichtet (Mt 5,38–40), der aus dem Teufelskreis von Aggression und Gegenschlag aussteigt und

---

[59] Nach *P. Hoffmann* (Der einfache Glaube des Jesus von Nazareth, in: Katechetische Blätter 107 [1982], 182–194, hier 190) kann man aus diesem Gleichnis lernen, daß der »Grundsatz jesuanischen Glaubens« nicht heißt: »›Ich glaube, daß Gott *mich* angenommen hat‹, sondern: ›Ich glaube, daß Gott *dich* angenommen hat‹«.

[60] Ebd. 191.

damit auch dem »Feind« die Möglichkeit gibt, seine Aggression zu überwinden, manifestiert sich, wie Gottesherrschaft ist. Die Frage der Realisierbarkeit des modellhaft dargestellten gerechtwerdenden Handelns darf sich nicht in den Vordergrund spielen. Es geht zunächst einfach darum, daß es immer wieder geschehen kann und daß da, wo es geschieht, Gottes Herrschaft sich ereignet; daß es geschehen kann, weil Gott sein Vorhaben unter den Menschen realisieren will.

Gerechtwerdendes Handeln kann sich nicht in der Erfüllung gesetzlicher Normen erschöpfen. So wird in den Antithesen der Bergpredigt (Mt 5,21–48) »eine am Buchstaben des Gesetzes orientierte und darum auch immer kasuistisch festlegbare und verrechenbare Erfüllung des Willens Gottes aufgebrochen zugunsten zwischenmenschlicher Offenheit und Direktheit«; der einzelne wird »radikal – das meint bis in sein Herz, in die Wurzel seines Menschseins hinein – an den anderen gebunden«.[61] So ist der Nächste Gottes Forderung an den Menschen; alle Forderungen Gottes betreffen das gerechtwerdende Handeln an ihm, alle Gebote sind zu verstehen »als Ausdruck des göttlichen Heilswillens, insofern sich dieser auf jeden einzelnen richtet«.[62] Die *Koinzidenz* von Gottes- und Nächstenliebe[63], wie sie – hier allerdings bezogen auf den endzeitlichen Menschensohn-Richter – in Mt 25,31ff. dramatisch ausgestaltet wird[64], belegt diese konsequente Auslegung des Gotteswillens auf das Heil (den Shalom) des Nächsten ebenso wie die zentrale Stellung der »goldenen Regel« in der Bergpredigt (Mt 7,12), wo sie als Inbegriff der Tora und der prophetischen Verkündigung gilt.

Diese Konzentration der Forderung Gottes auf das, was dem Nächsten nottut, relativiert alle Gesetze, mit denen vom Gläubigen Werke verlangt werden, die nicht auch dem Nächsten, sondern allein Gott zugute kämen. In authentisch prophetischer Tradition ordnet Jesus den Kult der Heilung des

---

[61] Vgl. ebd. 192.
[62] *M. Limbeck*, Was Christsein ausmacht, 34.
[63] So formuliert wohl zu Recht *P. Hoffmann*, Der einfache Glaube, a. a. O. 192.
[64] Clemens von Alexandrien spitzt das Bild der matthäischen Endgerichtsperikope sachgerecht zu, wenn er formuliert (Stromateis I 19): »Hast du deinen Bruder gesehen, dann hast du deinen Gott gesehen.«

Verhältnisses zum Bruder nach (Mt 5,23); der Mensch ist – nach Jesus – nicht für den Sabbat, sondern der Sabbat für den Menschen da (Mt 2,27) [65], weshalb das Wohl des Nächsten der Einhaltung von Sabbatgeboten vorgeht (Mt. 12,9–14 parr.). Und die Reinheit ist für Jesus nicht Sache der Einhaltung von Reinheitsgesetzen, die den Menschen »vor Gott« rein sein lassen, sondern eine Frage der Lauterkeit des Herzens, das für den »Reinen« eben nicht mehr der Ort ist, aus dem die »bösen Gedanken«, »Unzüchtigkeit, Diebereien, Mord, Ehebruch, Habgier, Bosheit, Hinterlist, Ausschweifung, böser Blick, Verleumdung, hochfahrendes Wesen, Dummheit« hervorgehen (vgl. Mk 7,21–23; Mt 15,18–20).

Jesu Verkündigung und Vergegenwärtigung des Willens Gottes ist eine befreiende Botschaft, da sie den Glaubenden davon »erlöst«, Gott als Adressaten frommer Werke zufriedenstellen zu müssen und die eigene Existenz vor ihm durch Erfüllung von Gesetzen sichern zu müssen, auf deren Erfüllung er um seinetwillen eifersüchtig besteht. Das ist eine Konsequenz, die zwar erst Paulus mit seiner Rechtfertigungslehre ausdrücklich zieht; aber sie ist in Jesu Verkündigung angelegt. Es geht in ihr nicht darum, »für Gott« etwas zu tun, sondern seinen Willen zu tun; und sein Wille geht auf Shalom für alle im Reich Gottes. So ist die Angst, die zweifellos auch Jesu Gerichtspredigt anspricht und weckt, auch nicht eigentlich die Angst vor einem strafenden Richtergott, sondern die Angst davor, daß es bloß beim »Herr, Herr« sagen bleibt und jene Umkehrung der Lebensrichtung versäumt wird, die allein Leben vor und mit Gott für den Nächsten gelingen ließe (vgl. Mt 7,15–23; Lk 6,43–46).

Gottes Wille geht auf Shalom im Reich Gottes; ihm entspricht eine Lebensordnung, die mit aller Beeinträchtigung des Shalom Schluß macht, die alle – gerade auch die von Jesus seliggepriesenen Armen, Hungernden und Trauernden – zu ihrem Recht kommen läßt. Gott soll Herr und König werden, hier und jetzt; Jesus proklamiert in den Seligpreisungen »– in der Tradition alttestamentlich-altorientalischen Königsrechts – gegen die noch

---

[65] J. *Becker* weist darauf hin, daß es zu Mk 2,27 »keine wirkliche Analogie aus der jüdischen Geschichte vor 70 n. Chr.« gibt; vgl. seinen Aufsatz: Das Gottesbild Jesu und die älteste Auslegung von Ostern, in: G. Strecker (Hrsg.), Jesus Christus in Historie und Gegenwart (F. S. Conzelmann), Tübingen 1975, 105–126, hier 116.

bestehenden Verhältnisse die Rechtsordnung Gottes«.[66] Gottes Rechtsordnung wird von denen geachtet und in Geltung gesetzt, denen das Heil der Armen, Hungernden, Unterdrückten und zur Trauer Verurteilten letzte und höchste Verpflichtung ist, von der sie sich auch nicht durch die angenehmen und profitablen Seiten der herrschenden Rechtsordnung abbringen lassen. Gottes Wille soll so geschehen, daß den Rechtlosen ihr Recht zuteil wird; und er geschieht, wo dieses Recht gegen das herrschende Unrecht – gegen die Verhältnisse, die arm, hungrig, rechtlos und traurig machen – erkämpft wird. Das heißt nicht, daß dieser Kampf die Gottesherrschaft herbeizwingt oder ermöglicht; Gottes Herrschaft kommt, weil Gott sie will und durchsetzt. Aber die Glaubenden sind gefordert, sich von Gottes Willen für seine Rechtsordnung in Dienst nehmen zu lassen, damit er an ihnen und auch durch sie, freilich weit über das hinaus geschehe, was sie selbst tun könnten.

2.4   Jesu erlösende Gotteserfahrung

2.4.1   Gott, der Vater: ein menschlicher Gott

Jesu Verkündigung und seine Reich-Gottes-Praxis werfen die Frage auf, welche Gottes- und Glaubenserfahrung in ihnen vorauszusetzen ist. Gewiß kann es nicht darum gehen, eine im Innern des Seelenlebens Jesu verborgene Erfahrung psychologisch zu rekonstruieren, wohl aber darum, zu erfassen, welche Gotteserfahrung Jesus in seiner Verkündigung und Reich-Gottes-Praxis *kommuniziert*, für welche Gottesintuition er seine Mitmenschen gewinnen wollte. Jesus hat den Gott Israels offensichtlich als den eschatologisch zum Heil der Menschen Handelnden erfahren; als den Gott, der mit seiner Herrschaft gerade auch denen nahekommt, die sich – als Leidende und als Sünder – im herrschenden religiösen Ordnungsschema als in die Gottferne Verbannte verstehen mußten. Dieser Gott läßt sich die Not seines Volkes – der Menschen – zu Herzen gehen; er heiligt seinen Namen, indem er gerade den

---

[66] *P. Hoffmann*, Der einfache Glaube, a. a. O. 193.

Alleingelassenen der »Ich-bin-für-euch-da« (Ex 3,14) ist, indem er ohne wägenden Blick auf ihre Würdigkeit alle Menschen zu Gliedern seines Reiches erwählt, des Reiches der »größeren Gerechtigkeit«, das hier und jetzt anbrechen soll. Gottes eschatologisches Erwählungshandeln setzt alle Ordnungsschemata außer Kraft, die bisher Nähe und Entfernung zum heiligen Gott bestimmten. Der Mensch ist Gott nicht nah aufgrund irgendwelcher Privilegien; er nähert sich ihm nicht durch verdienstvolles Handeln. Vielmehr: Gott selbst nähert sich dem Menschen und will mitten unter denen sein, die seiner Nähe gar nicht würdig sein können.

Seine Nähe – die Nähe der Herrschaft – ist freilich keine bedrohliche Perspektive, sondern die einzige Hoffnung angesichts der jetzt noch herrschenden Mächte des Bösen. Der Gott Jesu ist ein Gott der Menschen und *für* – nicht gegen – *die Menschen*, »der auf Menschlichkeit bedachte Gott«.[67] Dieser Gott macht die Sache der Menschen – der Leidenden und Entrechteten – zu seiner Sache, und er schickt sich an, diese »Sache« machtvoll zu vertreten. Er wird einstehen für das, was menschliches Leben zur Erfüllung bringt: für den Sieg der Liebe über die Mächte des Bösen. So ist die Liebe nun – wo immer sie die Menschen ergreift, wo immer sie von ihnen erlebt und gelebt wird – Ankunft der Gottesherrschaft, der göttlichen Liebe, von der die Verlorenen erwählt und gerettet sind. Gott selbst ist im Innersten von dieser rettenden und erwählenden Liebe »bewegt«; er geht dem einzelnen Verlorenen nach und freut sich, wenn er ihn gefunden hat (Mt 18,12–14; Lk 15,3–5). Jesus weiß sich hineingenommen in diese Bewegung Gottes auf die Verlorenen Israels hin. Er stellt sie dar in der Gewißheit, daß an seinem Tun das Wesen der Gottesherrschaft aufscheint, mit der »die sich selbst mitteilende Liebe Gottes im Menschen und durch den Menschen zur Herrschaft kommt«, weshalb der von ihr Ergriffene hoffen darf, »daß die Liebe das Letzte und Endgültige ist, daß sie stärker ist als der Tod, stärker als Haß und Unrecht«.[68]

Der liebend-erwählende Gott, der in der Gottesherrschaft die alles

---

[67] Vgl. *E. Schillebeeckx*, Jesus, 236.
[68] Vgl. *W. Kasper*, Jesus der Christus, 102.

bestimmende Wirklichkeit sein wird, ist der ganz und gar Verläßliche, dem der Mensch nicht ängstlich auf Absicherung bedacht,
sondern in rückhaltlosem *Vertrauen* gegenübertreten, auf den er
sich *verlassen* darf. Jesu Gottesverhältnis scheint ganz von diesem
Sich-Verlassen geprägt, da er sich – auch im Angesicht des eigenen Todes – nicht davon abbringen läßt, daß es gut ist, wenn Gottes Willen geschieht (Mk 14,36). Und seine Verkündigung wie
seine Reich-Gottes-Praxis zielten allein darauf ab, die Mitmenschen für dieses Vertrauen zu gewinnen[69], sie für den *Glauben*
daran zu gewinnen, daß Gottes hier und jetzt beginnendes Herrwerden über die Mächte des Bösen den Menschen Grund zum
Vertrauen und zur Freude gibt. Ausdruck dieses rückhaltlosen
Sich-Verlassens scheint bei Jesus selbst die sein Beten kennzeich-
nende Anrede Gottes mit »*Vater*« (Abba) gewesen zu sein (vgl.
Mk 14,36). In den Evangelien begegnet die Bezeichnung Gottes
als Vater mehr als 170mal im Munde Jesu. Sie ist zwar – auch als
Gottesanrede – im zeitgenössischen Judentum durchaus geläu-
fig.[70] Aber Jesus stellt sie ganz in den Mittelpunkt seines Redens
zu und von Gott. In ihr spricht sich offensichtlich eine tiefe – nicht
auf Bestätigung durch schriftgelehrte Exegese angewiesene – Vertrautheit mit Gott und seinem Willen aus. Jesus kennt den Vater
(vgl. Mt 22,27; Lk 10,22); er kennt ihn als den, »der seinen Kindern sorgend Zukunft schenkt«, der auch denen Zukunft gibt, denen »von der Welt her gesehen überhaupt keine Zukunft mehr zu-
gesagt werden kann«.[71] Gott, der Vater, den man betend anruft, ist
für ihn »identisch mit dem Gott der Verkündigung jenes Reiches,
zu dem man nur Zugang erhält, wenn man wie ein Kind darum
bittet«. Die Kategorie der Vaterschaft Gottes muß bei Jesus –
dafür spricht etwa das Vaterunser – »von der Kategorie des Reiches aus interpretiert werden«[72] und verliert damit endgültig die

---

[69] Vgl. *G. Ebeling*, Jesus und Glaube, in: ders., Wort und Glaube (Bd. 1), Tübingen
³1967, 203–254, bes. 245; *E. Schillebeeckx*, Jesus, 238.

[70] So *J. Schlosser*, Le Dieu de Jésus, Paris 1987; gegen *J. Jeremias*, Abba, in: Abba.
Studien zur neutestamentlichen Theologie und Zeitgeschichte, Göttingen 1964,
15–67.

[71] Vgl. *E. Schillebeeckx*, Jesus, 237.

[72] Vgl. *P. Ricoeur*, Die Vatergestalt – vom Phantasiebild zum Symbol, in: ders., Hermeneutik und Psychoanalyse, dt. München 1974, 315–353, hier 343.

mythologisch-biologischen Konnotate, auf die es wohl zurückzuführen ist, daß die Vaterschaft Gottes im Alten Testament nurmehr ein Randthema war. Gott erweist sich als der Vater, da er
seinen Heilswillen zugunsten der Menschen durchsetzt. Wer sich
von diesem neuen, die Situation des Menschen vollständig verän-
dernden Handeln Gottes erfassen läßt, der steht in einem neuen,
unmittelbaren Verhältnis zu Gott. So lädt Jesus die Jünger ein,
sich auf das neue Verhältnis zum göttlichen Vater einzulassen;
und seine Gebetsanweisung »ist nichts anderes als eine Ermächti-
gung, Gott auf diese neue, von ihm geschenkte Beziehung hin anzusprechen«.[73]

Aber was bedeutet diese Anrede für das Gottesverhältnis Jesu und
der von ihm zum Glauben an den göttlichen Vater Gerufenen? Im
Anschluß an J. Jeremias hat man einseitig auf die familiäre Inti-
mität der Gottesanrede »Abba« hingewiesen; zur Zeit Jesu bedeutete der »Abba« für den Sohn aber vor allem auch »*Autorität* und
Lehre; der Vater ist die Autorität *und* der Lehrer. Sohn sein bedeutete Zugehörigkeit, und man beweist diese Sohnschaft, indem man
die Gebote des Vaters befolgt. So empfängt der Sohn alles vom
Vater.«[74] Besonders auffallend ist denn auch in den Evangelien die
häufige Verknüpfung von Wille Gottes und göttlichem Vater (Mt
5,45; 5,48; 6,9 ff. par.; 7,21; 10,29 par.; 11,26; 18,14; 20,23; Mk
14,36 par.; Lk 12,32; Joh 6,40; 10,18; 15,10). Das »Sohn«-Verhält-
nis Jesu und der seiner Botschaft Glaubenden zum Vater gründet
darin, daß Gottes Wille sie ergriffen hat und sich in ihnen ereignet,
daß ihnen dieser Wille aufgegangen ist, daß ihnen aufgegangen ist,
wie er sich zum Heil der Menschen ereignet und ereignen wird (Joh
6,40) und wie er die Glaubenden dazu herausfordert, sich in den
Dienst des sich erfüllenden Gotteswillens – des Vorhabens Gottes
mit den und für die Menschen – zu stellen. Der, der Shalom für
alle Menschen will, der die Menschen für das Geschehen dieses
Willens in Anspruch nimmt, ist gewiß nicht der »fremde« autori-
täre Herr seiner Knechte, der die ihm Untergebenen seinem harten Willen unterwirft, sondern der nahe und vertraute Vater seiner

---

[73] *H. Merklein*, Jesu Botschaft von der Gottesherrschaft, 85.
[74] *E. Schillebeeckx*, Jesus, 232.

Töchter und Söhne (vgl. Joh 15,15), der ihnen seine innersten Beweggründe, die Menschlichkeit seines Wollens erschließt und um ihre »Mitwirkung« wirbt.

2.4.2 Der vom Vater gesandte Bote und das Geschehen der Gottesherrschaft

Jesus von Nazaret erschließt denen, die sich auf seine Verkündigung und Reich-Gottes-Praxis einließen und einlassen, eine erlösende und befreiende Gotteserfahrung: die Erfahrung eines Gottes, auf den die Glaubenden sich rückhaltlos und ohne Angst verlassen dürfen; die Erfahrung eines Gottes, der den Menschen erwählend-gerechtwerdend entgegenkommt, der herrschen will und herrschen wird in der Liebe, die die Menschen einander gerecht werden läßt; die Erfahrung eines Gottes, der keine Vorleistungen verlangt, dessen Zuneigung man sich nicht verdienen kann, weil sie aller Anstrengung des Menschen zuvorkommt. Aber hat Jesus damit nur ein »neues Gottesbild« verkündigt und eine neue Gottesbeziehung »gelehrt«, so daß er als Prophet oder Weisheitslehrer, aber nicht eigentlich als Erlöser zu bezeichnen wäre? Oder ist er selbst einbezogen in das erlösende Geschehen, das er verkündigt und vergegenwärtigt: in das erwählend-gerechtwerdende Entgegenkommen Gottes, in das Nahekommen der Gottesherrschaft?

In der Theologie der Väter wird Jesus von Nazaret als das Geschehen der Gottesherrschaft, als die Gottesherrschaft in Person – als die »autobasileia«[75] – bezeichnet. Finden sich in der Verkündigung und der Reich-Gottes-Praxis Jesu Anhaltspunkte, die diese Bezeichnung rechtfertigen? Jesus *vergegenwärtigt* die Gottesherrschaft. Er weiß sich als den, in dessen machtvollem Handeln die Herrschaft des Bösen auf Erden jetzt schon ihr Ende findet (vgl. Mt 12,28). Er verkündet die rettende Gemeinschaft der Gottesherrschaft nicht nur, er nimmt vielmehr selbst die Sünder und Unwürdigen, schließlich alle, die sich rufen lassen, in sie auf; er feiert

---

[75] So von *Origenes* (Commentariorum in Matthaeum Series XIV 7) und von *Markion* (zitiert bei Tertullian, Adversus Marcionem, IV, 33).

mit ihnen das eschatologische Freudenmahl und hebt die Gottferne der Sünder auf, da er ihnen ihre Sünden vergibt, was nach der
zeitgenössischen Theologie Gott allein zustand. »Jesus handelt
hier wie einer, der an Gottes Stelle steht. In ihm und durch ihn
ereignet sich Gottes Liebe und Erbarmen.«[76] Er ruft Menschen in
seine Nachfolge, um sie zu Stammvätern eines neuen Gottesvolkes
zu machen. Und er preist selig, die *an ihm* nicht Anstoß nehmen
(Mt 11,6; Lk 7,23); ja, er stellt einen engen Zusammenhang her
zwischen dem Bestehen im endzeitlichen Gericht und der Stellung-
nahme zu ihm und seiner Vergegenwärtigung der Gottesherrschaft
(Mk 8,38). Wer Jesus zurückweist, der weist den zurück, der ihn
gesandt hat; der weist Gottes Erwählungshandeln selbst zurück.
Jesus scheint sein Tun und In-die-Gottesherrschaft-Rufen mit Gottes eschatologischem Erwählungshandeln zu identifizieren. Jesu
Souveränität den Sabbatgesetzen und Reinheitsvorschriften gegenüber beansprucht ebenso wie das »Ich aber sage euch« der Antithesen in der Bergpredigt und die in der Bergpredigt zusammen-
gestellten Auslegungen des Gotteswillens insgesamt eine nicht
durch irgendwelche Lehrtraditionen legitimierte, sondern allein in
seiner Vertrautheit mit dem Vater gründende Lehrautorität. So
kann man zusammenfassend festhalten: Jesus kommuniziert eine
erlösende Gotteserfahrung, indem er bezeugt, was in seiner Sendung zum Heil der Menschen geschieht und wie sich die Situation
der Menschen aufgrund seiner Sendung verändert hat. Jesu Zeugnis impliziert ein spezifisches *Sendungsbewußtsein*; freilich kein
»Hoheitsbewußtsein«, sondern das Bewußtsein, gesandt zu sein,
nicht sich dienen zu lassen, »sondern zu dienen und sein Leben
hinzugeben als Lösegeld für viele« (Mk 10,45).[77] Es läßt sich kaum
verkennen, daß dieses Sendungsbewußtsein seine Verkündigung
und Reich-Gottes-Praxis mitkonstituiert und an ihm so etwas wie

---

[76] *W. Kasper*, Jesus der Christus, 119.

[77] In der neutestamentlichen Exegese ist umstritten, ob sich dieses Logion auf Jesus selbst zurückführen läßt. Gegen *P. Stuhlmacher* (Existenzstellvertretung für
die Vielen: Mk 10,45 [Mt 20,28], in: ders., Versöhnung, Gesetz und Gerechtigkeit. Aufsätze zur biblischen Theologie, Göttingen 1981, 27–42) wird überwie-
gend die Meinung vertreten, es stelle eine nachösterliche Reflexion der Sendung
Jesu dar.

eine »implizite Soteriologie«[78] greifbar wird; implizit deshalb, weil Jesus von sich selbst – soweit man sehen kann – niemals ausdrücklich als Erlöser oder Heilbringer gesprochen hat. Aber hat er nicht *Titel* für sich in Anspruch genommen, die nach damaligem Verständnis auch die Funktion des Heilsmittlers einschlossen?

In Frage käme der auf Dan 7 zurückgehende und etwa im äthiopischen Henoch vielfach belegte *Menschensohntitel*.[79] Der Menschensohn fungiert in apokalyptischen Visionen als endzeitlicher Richter und als Heilbringer für die Erwählten, denen im letzten Gericht endlich Recht widerfahren wird. Das Gericht geschieht, um die Heiligen und Auserwählten zu sammeln und zu retten; und das ist die Aufgabe des Menschensohnes (vgl. äth Hen 62). Die vermutlich auf Jesus zurückgehenden Menschensohnworte (vgl. vor allem Lk 12,8f. par.) stellen einen engen Zusammenhang zwischen der Sendung Jesu und dem zukünftigen Gerichts- und Heilshandeln des Menschensohnes her; aber sie lassen gerade nicht auf eine Personidentität Jesu mit dem kommenden Menschensohn schließen, ja Jesus scheint den Menschensohn gerade von sich selbst zu unterscheiden. Erst aufgrund der Osterereignisse hat die Gemeinde Jesus mit dem Menschensohn identifiziert und ihre Hoffnung auf den wiederkommenden Jesus-Menschensohn gerichtet.

Die Traditionsgeschichte des Menschensohn-Titels überschneidet sich vielfach mit der des *Messias-Titels*. Der Messias ist der endzeitliche Davidsohn, der das Königtum Davids restituieren, die endzeitliche Königsherrschaft Gottes errichten, gegen die Feinde der Erwählten – die Mächte des Bösen – in einem letzten Entscheidungskampf durchsetzen oder als Messias ben Josef in diesem Kampf untergehen und dem Messias ben David den Weg freimachen wird. Neben dem königlich-kriegerischen Messias kennt etwa das Qumran-Schrifttum einen priesterlichen Messias, der dem neu geordneten und wegen dieser Neuordnung wieder wahrhaft sühnenden Je-

---

[78] Diese Formel ist gebildet in Anlehnung an Bultmanns Rede von der »impliziten Christologie« (vgl. Theologie des Neuen Testaments, 46); vgl. *H. Conzelmann*, Jesus Christus, in: RGG III, 619–653, hier 650f.

[79] Zur Diskussion um den Menschensohntitel vgl. *K. Müller*, Menschensohn und Messias. Religionsgeschichtliche Vorüberlegungen zum Menschensohnproblem in den synoptischen Evangelien, in: BZ NF 16 (1972), 161–187; 17 (1973), 52–66 bzw. das umstrittene Buch von *G. Schwarz*, Jesus »der Menschensohn«. Aramaistische Untersuchungen zu den synoptischen Menschensohnworten Jesu, Stuttgart 1986. Vgl. auch die Hypothese *Merkleins* in: Jesu Botschaft von der Gottesherrschaft, 152–164. Vgl. auch *H. Schürmann*, Beobachtungen zum Menschensohn-Titel in der Redequelle, in: R. Pesch/R. Schnackenburg (Hrsg.), Jesus und der Menschensohn, Freiburg 1975, 124–147, hier 146 Anm. 119. Vgl. auch *A. Vögtle*, Bezeugt die Logienquelle die authentische Redeweise Jesu vom »Menschensohn«?, in: ders., Offenbarungsgeschehen und Wirkungsgeschichte, Freiburg 1985, 50–69.

rusalemer Tempelkult vorstehen wird. Bei aller Vielfalt der jüdischen Messiasvorstellungen hat der Messias-Titel – insbesondere, wenn er ohne präzisierende Zusätze vorkommt [80] – zur Zeit Jesu einen ausgeprägt national-politischen Akzent. Schon deshalb scheint es »höchst unwahrscheinlich, daß Jesus sich selbst als ›den Messias, den Sohn des Hochgelobten‹, deklariert (Mk 14,16f.) oder eine entsprechende Prädikation von seiten der Jünger akzeptiert haben soll (Mk 8,29f.)« [81]. Es ist vor diesem Hintergrund sicher kein Zufall, daß das Messias-(bzw. Christus-)Prädikat zuerst in der Passionstradition und hier vor allem in den sogenannten »Sterbensformeln« (etwa Röm 5,6.8; 1 Kor 15,3b) begegnet. Ein naheliegender historischer Grund dafür ist die kaum bestrittene Tatsache, daß Jesus als Messiasprätendent hingerichtet wurde; die Passionserzählungen bestätigen dies übereinstimmend in verschiedenen Zusammenhängen (vgl. außer Mk 14,61 par. Mk 15,32/Lk 23,35; Lk 23,2 sowie die Kreuzesaufschrift: »Der König der Juden«, Mk 15,26 par.). Der eigentliche Sachgrund für den Zusammenhang von Passionstradition und Messias-(Christus-)Titel scheint aber darin zu liegen, daß der Messiastitel auf Jesus und seine Sendung nur anwendbar ist, wenn er im Sinne des leidenden Kreuzesmessias verstanden wird. [82]

Eng verbunden mit der Messias-Vorstellung ist die des *Sohnes (Gottes)*. Wie der Messias-Titel hat der Sohn-Gottes-Titel seinen ursprünglichen Ort in der Königsideologie Israels (vgl. Ps 2,7): Der gesalbte König wird mit der Thronbesteigung zum Adoptivsohn Jahwes erhoben, zu seinem Repräsentanten gegenüber dem auserwählten Volk. Der Gedanke der Repräsentation Gottes vor den Menschen klingt noch in der Verklärungsperikope Mk 9,7 par. an: »Dies ist mein Sohn, dem meine Liebe gehört. Auf ihn sollt ihr hören!« Der Sohn ist Repräsentant Gottes, weil dieser ihn liebt, weil er ihn erwählt hat (vgl. die Taufperikope Mk 1,11 par.). Im Munde Jesu kommt nur dieser Sohnes-Titel vor; und er verweist – wie bei den eben besprochenen Stellen – auf die enge Verbundenheit des Sohnes zum *Vater*, der dem Sohn alles übertragen hat und von ihm erkannt wird (Mt 11,27/Lk 10,22); wegen dieser Vertrautheit muß eigens betont werden, daß auch der Sohn den Tag des Gerichts nicht kennt (Mk 13,32). Nur diese Belegstellen könnten auf die Inanspruchnahme des Sohnes-Titels durch Jesus schließen lassen; das johanneische Material läßt sich hier gewiß nicht heranziehen.

---

[80] Vgl. *H. Merklein*, Jesu Botschaft von der Gottesherrschaft, 147.

[81] Ebd. 146. *W. Kaspers* Vermutung, Jesus sei vor dem Hohen Rat ein Messiasbekenntnis »abgenötigt« worden (Jesus der Christus, 125), ist reine Spekulation.

[82] Vgl. *N. A. Dahl*, Der gekreuzigte Messias, in: H. Ristow/K. Matthiae (Hrsg.), Der historische Jesus und der kerygmatische Christus. Beiträge zum Christusverständnis in Forschung und Verkündigung, Berlin [2]1961, 149–169. Heranzuziehen wäre hier auch das Messiasbekenntnis des Petrus (Mt 16,16ff.). Vgl. hierzu *E. Dinkler*, Petrusbekenntnis und Satanswort. Das Problem der Messianität Jesu, in: ders., Signum crucis. Aufsätze zum Neuen Testament und zur christlichen Archäologie, Tübingen 1967, 283–312, hier 286–300.

Aber keine der besprochenen Stellen gestattet einen hinreichend gesicherten Rückschluß auf eine feststehende Redeweise Jesu selbst.[83] Dieser Befund schließt nicht aus, daß Jesus sich als endzeitlicher Repräsentant und Mandatar seines »Abba« gewußt hat, da er seinen heilschaffenden Willen verkündet, geltend macht und sich ihm rückhaltlos ausliefert. Aber das »Abba-Erlebnis Jesu war nicht der unmittelbare Grund, ihn *von daher* als ›den Sohn‹ zu benennen«;[84] und Jesus hat sich von diesem Erlebnis wohl auch nicht veranlaßt gesehen, von sich als »dem Sohn« zu sprechen. Diese Bezeichnung ist nachösterlicher Reflex der Erfahrung, in Jesus dem mit seinem Abba in enger und unmittelbarer Beziehung stehenden, endzeitlichen Repräsentanten Gottes begegnet zu sein.

Eindeutig nachösterlich geprägt ist die im Corpus Paulinum begegnende Sohn-Gottes-Bezeichnung; sie setzt Tod und Auferweckung Jesu voraus. Er ist »in die Machtstellung des Sohnes Gottes eingesetzt seit seiner Auferstehung von den Toten« (Röm 1,4); sein Tod macht uns die selbstlos-rettende Zuwendung Gottes sichtbar, der sogar seinen Sohn nicht geschont und in den Tod dahingegeben hat, um uns zu beschenken (Röm 8,32) und uns mit sich zu versöhnen (Röm 5,10). So ist der Sohn-Gottes-Titel hier einerseits von Jesu Inthronisation zum Sohn (vgl. Apg 13,33) und andererseits von seinem Heilswerk für die Menschen her bestimmt. Die sog. »Sendungsformeln« machen allerdings deutlich, daß Jesus nicht erst durch den gehorsam übernommenen Tod zum Heil der Menschen und seine Inthronisation zur Rechten des Vaters zum Sohn wird, sondern – da die Zeit erfüllt war (Gal 4,4) – als der Sohn gesendet wird in die Solidarität des Fleisches, um die zu befreien, die als »Fleischliche« in der Ohnmacht vor dem Gesetz gefangen sind (Röm 8,3). Paulus kennt freilich auch einen weiteren Gebrauch des Titels »Sohn Gottes«: Die Glaubenden sind Söhne (und Töchter) Gottes (Röm 9,26; Gal 4,6f.); und sie sind es »in Jesus Christus« (Gal 3,26; vgl. die Parallele Eph 1,5). Jesus ist der Sohn, der uns zu Söhnen (und Töchtern) seines Vaters gemacht hat; in der Teilhabe an seiner Sohnschaft sind wir die mit dem Vater Versöhnten (vgl. Röm 6,3–10). Der Titel »Sohn (Gottes)« reflektiert also schon die Erfahrung der Versöhnung, die Erfahrung, selbst zum Sohn geworden zu sein und im Geist des Sohnes (Gal 4,6), der uns zu Söhnen macht, den göttlichen Vater als den »Abba« anrufen zu dürfen (Röm 8,15). Man kann deshalb nicht davon ausgehen, daß die paulinische Redeweise vom Sohn (Gottes) unmittelbar an eine Selbstbezeichnung Jesu angeknüpft hat.

So ergibt sich für die sog. »christologischen Hoheitstitel« ausnahmslos ein negativer Befund: »Bei keinem Hoheitstitel läßt sich mit genügender Sicherheit erweisen, daß Jesus selbst ihn für sich in

---

[83] Vgl. *H. Merklein*, Jesu Botschaft von der Gottesherrschaft, 146.
[84] Vgl. *E. Schillebeeckx*, Jesus, 232.

Anspruch genommen hat.«[85] Das heißt aber nur, daß man Jesu Selbst- und Sendungsbewußtsein nicht an diesen Titeln festmachen kann. Das Bewußtsein Jesu, von Gott, seinem Abba, für die Ankündigung und die Realisierung der nahegekommenen Gottesherrschaft in Anspruch genommen zu sein; der Anspruch Jesu, aus seiner innigen Verbundenheit mit dem Abba dessen Willen zu kennen und ihn gegen die Menschensatzung geltend machen zu können; Jesu Gewißheit, vom Vater ins Recht gesetzt zu werden gegen all jene, die sich an ihm »ärgern«; alles umgreifend: die Gewißheit, daß Gottes Herrschaft *mit ihm* – mit seiner Reich-Gottes-Praxis – bei den Menschen ankommt, läßt sich auch ohne Rekurs auf die christologischen Hoheitstitel wahrscheinlich machen. Dieses Selbstbewußtsein und die Tatsache, daß er lehrte »wie einer, der Vollmacht hat, nicht wie die Schriftgelehrten« (Mk 1,22), daß er mit göttlicher Vollmacht Sünden vergab und in die Gottesherrschaft aufnahm, daß er es vermochte, die Macht des Satans über die von ihm Besessenen zu brechen, mögen dazu geführt haben, daß man in ihm einen *Propheten* sah, »mächtig in Wort und Tat vor Gott und dem ganzen Volk« (Lk 24,19). Die Evangelien lassen nicht erkennen, ob Jesus selbst sich als Prophet verstanden hat. Nicht auszuschließen ist jedenfalls, daß Jesus seine Sendung im Kontext der vielfach bezeugten Vorstellung vom *eschatologischen Propheten* verstanden hat, so daß er seine Zeitgenossen vor die Frage stellte, ob sie ihm als dem letzten Boten Gottes vor der Endzeit Gehör schenken wollen oder ihn als den endzeitlichen Versucher der Auserwählten und den eschatologischen Falschpropheten ablehnen müssen. Über eine Deutung Jesu im Sinne des eschatologischen Propheten führt schließlich doch die eigentümliche Vollmacht hinaus, mit der Jesus Gottes Herrschaft in seinem Handeln gegenwärtig setzte. So weist er auch nicht nur auf zukünftig Geschehendes hin. Er selbst – seine Verkündigung, sein Handeln im Geist Gottes – ist der Anbruch des Heilsgeschehens, nach dem sich

---

[85] So *W. Thüsing*, Die neutestamentlichen Theologien und Jesus Christus I. Kriterien aufgrund der Rückfrage nach Jesus und des Glaubens an seine Auferweckung, Düsseldorf 1981, 87f. Thüsings Urteil folgt im großen und ganzen dem Standardwerk zu dieser Problematik: *F. Hahn*, Christologische Hoheitstitel. Ihre Geschichte im frühen Christentum, Göttingen [3]1966.

Könige und Propheten bisher vergebens gesehnt haben; dieses Selbstbewußtsein kommt deutlich in der Q entnommenen Seligpreisung der Jünger zum Ausdruck: »Selig die Augen, die sehen, was ihr seht! Denn ich sage euch, viele Propheten und Könige haben zu sehen begehrt, was ihr seht, und haben es nicht gesehen; und zu hören, was ihr hört, und haben es nicht gehört« (Lk 10,23f./Mt 13,16f.). Weil Jesus von der ankommenden Gottesherrschaft nicht nur spricht, sondern sich selbst »als erwähltes Werkzeug des anbrechenden Gottesreiches versteht«[86] und in seinem Handeln Gottes Heilswillen endgültig geschehen sieht, deshalb ereignet sich in ihm weit mehr als in Salomo bei all seiner Weisheit, mehr als in Jonas prophetischer Bußpredigt (vgl. Lk 11,31f./Mt 12,41f.). Dieses »Mehr« läßt sich nicht an vorgeprägten Titulaturen festmachen; es ist eben auch »mehr«, als was diese Titel aufgrund ihrer Traditionsgeschichte zum Ausdruck bringen können. Aber die Richtung dieses »Mehr« läßt sich hinreichend deutlich bestimmen: Jesus beansprucht für sich, Gottes Willen als den hier und jetzt zum Heil der Sünder, der Beschädigten und der Armen geschehenden zu offenbaren und in seinem Handeln greifbar zu machen; er sieht sich offenkundig nicht nur in der Rolle des prophetischen Bußpredigers, sondern in der des endzeitlichen Freudenboten (Mt 11,2/Lk 7,22; vgl. Jes 61,1; 52,7), der selbst in das Ereignis des schlechthin Erfreulichen hineinhört, von dem er Kunde gibt und eben deshalb der treue Zeuge Gottes (Offb 1,5; 3,14) sein kann.

Literatur

Becker, J., Das Heil Gottes. Heils- und Sündenbegriffe in den Qumrantexten und im Neuen Testament, Göttingen 1964

Blank, J., Jesus von Nazareth. Geschichte und Relevanz, Freiburg/Br. 1972

Boff, L., Jesus Christus, der Befreier, dt. Freiburg/Br. 1986

Broer, I./Werbick, J. (Hrsg.), »Auf Hoffnung hin sind wir erlöst« (Röm 8,24) (SBS 128), Stuttgart 1987

Bultmann, R., Theologie des Neuen Testaments, Tübingen [9]1984

Drewermann, E., Strukturen des Bösen, Teile I–III, Paderborn [4]1982 (Bd. 1), [4]1983 (Bd. 2), [3]1982 (Bd. 3)

---

[86] Die Bedeutung der Reich-Gottes-Erwartung für das Zeugnis der christlichen Gemeinde, 73.

Ders., Das Markusevangelium, Teile I u. II, Olten 1987/88

Gutiérrez, G., Theologie der Befreiung, dt. München–Mainz [8]1985

Hahn, F., Christologische Hoheitstitel. Ihre Geschichte im frühen Christentum, Göttingen [3]1966

Hoffmann, P., Studien zur Theologie der Logienquelle, Münster [3]1982

Jüngel, E., Gott als Geheimnis der Welt, Tübingen [5]1986

Kasper, W., Jesus der Christus, Mainz [10]1986

Limbeck, M., Was Christsein ausmacht, Stuttgart 1976

Merklein, H., Jesu Botschaft von der Gottesherrschaft (SBS 111), Stuttgart 1983

Ders., Studien zu Jesus und Paulus, Tübingen 1987

Nebe, G., Jesus von Nazareth – Lehrer, Bote und Mittler des Heils, Stuttgart 1989

Pannenberg, W., Grundzüge der Christologie, Gütersloh [6]1982

Rahner, K. / Thüsing, W., Christologie – systematisch und exegetisch. Arbeitsgrundlagen für eine interdisziplinäre Vorlesung (Quaestiones disputatae 55), Freiburg / Br. 1972

Ricoeur, P. / Jüngel, E., Metapher. Zur Hermeneutik religiöser Sprache (Sonderheft der »Evangelischen Theologie«), München 1974

Schillebeeckx, E., Jesus. Die Geschichte von einem Lebenden, dt. Freiburg / Br. [3]1975

Schlosser, J., Le Dieu de Jésus, Paris 1987

Schürmann, H., Gottes Reich – Jesu Geschick. Jesu ureigener Tod im Lichte seiner Basileia-Verkündigung, Freiburg / Br. 1983

Schweitzer, A., Geschichte der Leben-Jesu-Forschung, Neuausgabe Gütersloh [3]1977

Slenczka, R., Geschichtlichkeit und Personsein Jesu Christi. Studien zur christologischen Problematik der historischen Jesusfrage, Göttingen 1967

Stephan, G., Jesus Christus und der jüdische Messianismus, Stuttgart 1989

Stuhlmacher, P., Versöhnung, Gesetz und Gerechtigkeit. Aufsätze zur biblischen Theologie, Göttingen 1981

Theißen, G. Urchristliche Wundergeschichten. Ein Beitrag zur formgeschichtlichen Erforschung der synoptischen Evangelien, Gütersloh [5]1987

Thüsing, W., Die neutestamentlichen Theologien und Jesus Christus I. Kriterien aufgrund der Rückfrage nach Jesus und des Glaubens an seine Auferweckung, Düsseldorf 1981

Weiss, J., Die Predigt Jesu vom Reiche Gottes, Göttingen 1892

3 Jesu Tod und Auferweckung als Geschehen des Gotteswillens

3.1 Der Tod Jesu als Untergang oder als Heilsereignis?

Die Beobachtungen an Jesu Verkündigung und Reich-Gottes-Praxis haben deutlich werden lassen, daß Jesus sich vermutlich als den Zeugen und als »Instrument« des eschatologischen Heilshandelns Gottes verstanden hat – als »Heilbringer« insofern, als er gleichsam in Person das Nahekommen der Gottesherrschaft, das Angebot Gottes war, auf das eschatologische Nahekommen Gottes und auf das Geschehen seines Heilswillens sich einzulassen. So wäre Jesu Sendung im eigentlichen Sinne als Heilsereignis zu verstehen, da sie das Ende der Satansherrschaft und den Anbruch der Gottesherrschaft für alle, die sich von ihr ergreifen lassen, kund macht und vergegenwärtigt. Die herkömmliche westliche Soteriologie konzentriert sich aber auf den Tod Jesu und sieht in ihm – im Sterben Jesu für die Sünder – das eigentliche Heilsereignis, das den Menschen den Zugang zur Erlösung und zur wahren Gottesgemeinschaft eröffnet. Mit dieser Annahme verbindet sich die Schwierigkeit, daß sie unterstellen muß, die in Jesu Verkündigung kundwerdende, bedingungslose Heilszusage Gottes sei schließlich doch an eine Bedingung geknüpft: an die Selbsthingabe seines Sohnes in den Tod für die Menschen, aufgrund deren Gottes Heilszusage erst wirklich Gültigkeit erlange.[1] Hier scheint erst der Opfertod Jesu das Heil zu begründen, das doch der vorösterliche Jesus selbst schon verkündigt und vergegenwärtigt hat. Diese Konstruktion scheint theologisch kaum haltbar. In welchem Sinne ist dann von Jesu Tod (und Auferweckung) als Heilsereignis zu sprechen?

---

[1] Vgl. *A. Vögtle*, Todesankündigungen und Todesverständnis Jesu, in: K. Kertelge (Hrsg.), Der Tod Jesu. Deutungen im Neuen Testament (Quaestiones disputatae 74), Freiburg/Br. 1976, 51–113 bzw. *P. Fiedler*, Sünde und Vergebung im Christentum, in: Concilium 10 (1974), 568–571.

3.1.1 Jesu Hinrichtung als Konsequenz seiner Vergegenwärtigung des Reiches Gottes

Minimalvoraussetzung für die soteriologische Relevanz des Kreuzes Jesu scheint zu sein, daß ein Sachzusammenhang aufweisbar ist zwischen Jesu Predigt und Reich-Gottes-Praxis und seiner Kreuzigung, so daß man sagen müßte, Jesus habe um seiner Sendung willen den gewaltsamen Tod auf sich genommen, zugefügt von denen, die sich seiner Sendung verweigerten. Diese Deutung setzt voraus, daß Jesus mit seiner Vergegenwärtigung des Reiches Gottes in einen tödlichen Konflikt geriet mit den führenden Vertretern eines Gottesglaubens, der ihnen aufgrund seiner Auslegung Gottes, seines Bundes mit dem auserwählten Volk und des Gesetzes – der Magna Charta dieses Bundes – als unvereinbar mit Jesu Gotteserfahrung gelten »mußte«. Schon Rudolf Bultmann hat diese Sicht in Zweifel gezogen. Sicher sei nur, daß Jesus von Nazaret »von den Römern gekreuzigt worden ist, also den Tod eines politischen Verbrechers erlitten hat. Schwerlich kann diese Hinrichtung« – so Bultmann – »als die innerlich notwendige Konsequenz seines Wirkens verstanden werden; sie geschah vielmehr aufgrund eines Mißverständnisses seines Wirkens als eines politischen. Sie wäre dann – historisch gesprochen – ein sinnloses Schicksal. Ob oder wie Jesus in ihm einen Sinn gefunden hat, können wir nicht wissen. Die Möglichkeit, daß er zusammengebrochen ist, darf man sich nicht verschleiern.«[2]

Jesu Kreuzigung durch die politisch-militärische Ordnungsmacht war ein »Mißverständnis«, oder eine »vorbeugende Ordnungsmaßnahme« gegen einen potentiellen Unruhestifter, nicht die unabwendbare Konsequenz eines tiefreichenden theologischen Konflikts – diesem Urteil schließen sich gerade heute wieder eine ganze Reihe von Theologen und Historikern an, denen es auch darum geht, der herkömmlichen Schuldzuweisung an das Volk der Juden mit all ihren katastrophalen Konsequenzen historisch begründet zu widersprechen. Der Hinrichtungsgrund kann kein theologischer

[2] Das Verhältnis der urchristlichen Christusbotschaft zum historischen Jesus, Heidelberg [2] 1961, 12.

Konflikt gewesen sein – so argumentiert man hier –, weil »sich Jesu Einstellung und Verhalten innerhalb des jüdisch vertretbaren Rahmens hielten«; seine Stellung zum Gesetz und seine Gottesreich-Verkündigung hätten deshalb für gläubige Juden kaum Anlaß sein können, Jesus als Gotteslästerer zu verurteilen.[3] Wenn aber nicht der religiöse Konflikt, sondern eine prekäre politische Situation, in der Jesu Verhalten für die öffentliche Ordnung gefährlich werden konnte, sich im Prozeß gegen Jesus entlud, so dürfte auch nicht mehr gesagt werden – wie in der Tradition des christlichen Antijudaismus von Anfang an –, daß sich der jüdisch-alttestamentliche Gottesglaube mit der Ablehnung Jesu ein für allemal ins Unrecht gesetzt und damit seine Wahrheit verloren habe. Jesu Tod ist dann ein durch und durch zufälliges Faktum, an dem nicht religiöse »Verblendung«, sondern politische Ängstlichkeit und Kurzsichtigkeit »schuld« gewesen wären; und die Theologie hätte sich davor zu hüten, dieses Faktum mit soteriologischer Bedeutung »aufzuladen«, da die soteriologische Aufladung des Kreuzestodes Jesu schließlich doch immer wieder den *für seine Sendung Gestorbenen gegen* die ins Recht setzen müßte, deren religiöse Enge und Blindheit ihn ans Kreuz gebracht hätten.

Demgegenüber steht für Jürgen Becker außer Frage, daß Jesus sich mit seiner Gotteserfahrung und Reich-Gottes-Verkündigung in einen für die Zeitgenossen unerträglichen Gegensatz zu jüdischem Bewußtsein setzte. Sein »Gottesbild lag quer zum Judentum und kollidierte mit der Verwurzelung des Judentums in Israels Heilsgeschichte, weil die konstitutive Funktion des Futurums in der Verkündigung Jesu die jüdische Heilsgeschichte außer Kurs setzt. So wird das heilsgeschichtliche Gottesbild des jüdischen Bundes und Gesetzes kritisiert und in der Praxis aufgehoben mit Hilfe eines Gottesbildes, das von der Dimension der Zukunft lebt und auf Kollisionskurs mit dem Alten hin angelegt ist.«[4] Gewiß ist diese Sicht auch jüdisch-apokalyptischem Denken nicht völlig

---

[3] Vgl. *P. Fiedler*, Vorösterliche Vorgaben für den Osterglauben, in: I. Broer/J. Werbick (Hrsg.), »Der Herr ist wahrhaft auferstanden« (Lk 24,34). Biblische und systematische Beiträge zur Entstehung des Osterglaubens (SBS 134), Stuttgart 1988, 9–28, hier 22f.

[4] *J. Becker*, Das Gottesbild Jesu und die älteste Auslegung von Ostern, a.a.O., 110.

fremd; aber sie mag – so muß man wohl einräumen – dem »herrschenden« jüdischen Bewußtsein unerträglich widersprochen haben, zumal mit ihr auch die Fixierung des Willens Gottes im Gesetz durchgreifend relativiert schien. So führt – nach J. Becker – kein Weg an dem Schluß vorbei: »Der Tod Jesu ist schwerlich anders motivierbar als durch Jesu Kollisionskurs mit dem Gesetz«[5] und diesen selbst begründend: durch Jesu Erfahrung des alle Heilsprivilegien außer Kraft setzenden, gerade den Sündern und Hoffnungslosen sich zuwendenden Gottes. Ist Jesus also doch in Treue zu seiner Gotteserfahrung und an seiner Sendung festhaltend – und in diesem Sinne: zum Heil der Menschen, die sich in seiner Nachfolge auf seine Gotteserfahrung einließen – durch die Hand derer gestorben, die mit ihm seine Art, von Gott und Gottes Herrschaft zu reden, aus der Welt schaffen wollten; durch die Hand der religiösen Aristokratie Jerusalems, die freilich – mit ihrem Hinweis auf die Gefährdung der öffentlichen Ordnung – die politisch-militärische Ordnungsmacht ihren Interessen dienstbar machen konnte?

3.1.2 Die Zurückweisung des Anspruchs Jesu durch »die« Juden

Jesu Anspruch, die nahe herbeigekommene Gottesherrschaft zu bezeugen und in seinem Handeln schon gegenwärtig zu setzen, mag die Frage aufgeworfen haben, ob er der von Gott gesandte endzeitliche Prophet sei oder der in apokalyptischen Entwürfen ebenfalls erwartete endzeitliche Versucher und Lügenprophet, der das Volk irreführt und zum Abfall vom Gesetz provoziert; die Auseinandersetzung Jesu mit dem Vorwurf, aus der Vollmacht Satans zu handeln (Mt 12,24ff. par.) könnte auch diesen Hintergrund haben.[6] Jedenfalls konnte Jesu Tod schon früh im Lichte der sprichwörtlichen Verstockheit Jerusalems gesehen werden, das die Propheten mordet und sich dem Willen Gottes entzieht, indem es Gottes Boten zum Schweigen bringt (Lk 11,49ff. par.;

[5] Vgl. ebd. 115; vgl. 117.
[6] Vgl. E. *Schillebeeckx*, Jesus, 243ff.

Lk 13,34f. par.; vgl. auch 1 Thess 2,15 und Apg. 7,52). Aber läßt sich auch noch der Sachgrund erkennen, an dem sich der Konflikt Jesu mit den religiösen Autoritäten seines Volkes entzündet haben könnte? Der angebliche Messiasanspruch, mit dem man Jesu Auslieferung an die Römer offiziell begründete, scheint eher Unterstellung als historische Realität gewesen zu sein; aber eine Unterstellung mit einem fundamentum in re: Jesus beanspruchte nicht nur von Gott und seiner Herrschaft zu sprechen, sondern ihr Heil in seinem Handeln zu vergegenwärtigen. Er machte das endzeitliche Heil nicht ausdrücklich vom Einhalten des Gesetzes, sondern von der Antwort auf seine Botschaft abhängig. Und – das mag der ausschlaggebende Punkt gewesen sein – er trat »mit seiner Reich-Gottes-Botschaft in eine klare Konkurrenz zum Tempel und seinem Heilsanspruch.«[7] Wenn Heil und Versöhnung sich in seinem Handeln ereigneten, so war damit die Angewiesenheit des Sünders auf den Sühne wirkenden Tempelkult faktisch aufgehoben. Dem entspricht, »daß in der geistig-religiösen Konzeption Jesu dem Tempelkult keine absolute Heilsbedeutung mehr zukam.«[8] Jesu sog. »Tempelreinigungs«-Aktion (Mk 11,15–19 par.) richtete sich offenbar nicht nur gegen die merkantilen Begleitumstände des Tempelbetriebs; das Tempellogion, das – nach Mk (14,58; vgl. 15,29) – auch beim Prozeß Jesu eine Rolle spielte, mag den »mit Händen gemachten Tempel« unerträglich relativiert haben; und das Logion im Zusammenhang der Sabbatdiskussion: »Hier (im Handeln Jesu) ist mehr als der Tempel« (Mt 12,6), mag eine Polemik Jesu gegen das Versöhnungsmonopol des Tempels widerspiegeln, von der sich die Jerusalemer Tempelpriesterschaft zutiefst herausgefordert fühlen mußte. So ist dies »der Kern der Sache, daß sowohl der Tempel als heiligste Institution als auch die Tora als oberste Norm ihrer absoluten Heilsvermittlungsfunktion entkleidet wurden durch die Botschaft: ›Das Reich Gottes ist nahe!‹«[9]

[7] Vgl. *J. Blank*, Weißt du, was Versöhnung heißt? Der Kreuztod als Sühne und Versöhnung, in: J. Blank/J. Werbick (Hrsg.), Sühne und Versöhnung (Theologie zur Zeit 1), Düsseldorf 1986, 21–91, hier 72.

[8] Vgl. ebd. 66.

[9] Ebd. 66.

Kann man diese Herausforderung als auslösenden Konfliktgrund ausschließen, auch wenn sie erst nach Ostern in ihrer Grundsätzlichkeit und Radikalität zutage trat?

Der Hinweis, daß ähnliche Positionen im Judentum der Zeit vorkamen und nicht in jedem Fall als Häresie verurteilt wurden, verkennt den Argumentations- und Praxiszusammenhang, der sie im Falle Jesu bestimmt: Jesu Relativierung der – mehr oder weniger – exklusiven Heilsgrößen Tempel und Gesetz geht auf die Erfahrung eines hier und jetzt anbrechenden, im Handeln Jesu schon gegenwärtigen endzeitlichen Heils zurück, angesichts dessen keine weiteren Bedingungen des Heilsempfangs mehr geduldet werden können – keine Bedingungen außer der einen: dem Sich-in-Anspruch-nehmen-Lassen vom jetzt schon geschehenden Heil. Israel hat in seinen politisch-religiösen Repräsentanten und in seiner Mehrheit Jesu Gottes- und Heilserfahrung nicht als Erweiterung und Vertiefung, sondern – soweit es Jesus von Nazaret überhaupt zur Kenntnis nahm – als häretische Infragestellung seiner eigenen Gotteserfahrung und religiösen Praxis wahrgenommen. Und diese Ablehnung hat vermutlich im letzten Jesu Hinrichtung durch die Römer zur Folge gehabt. Muß man deshalb von einer moralischen Verantwortung *der* Juden für Jesu Hinrichtung sprechen?

Zunächst wäre zur Kenntnis zu nehmen, daß Jesu Reich-Gottes-Botschaft und Reich-Gottes-Praxis vielen Frommen und gerade den Meinungsführern unter ihnen *zu Recht* als Zumutung erscheinen konnte. Es war gewiß eine Zumutung für alle heute noch erkennbaren Frömmigkeitstraditionen Israels, Gottes Herrschaft als angekommen zu verkündigen – als angekommen im Wort und der heilenden Lebenspraxis eines offenkundig ungebildeten Wanderpredigers. Dies war eine Zumutung angesichts jener Hoffnung auf universale Erneuerung und Heilung der aus ihren Fugen geratenen Welt, wie man sie an das Ankommen der Gottesherrschaft meinte knüpfen zu dürfen. Wer den Schritt zum Glauben an die im Kleinen und Verborgenen – im»Samen« – gegenwärtige Gottesherrschaft nicht tat, wer»größer«dachte vom endzeitlichen Geschehen des Gotteswillens, der hatte jedenfalls die Tradition auf seiner Seite:»Mußte«er nicht in Jesus den endzeitlichen Falschpropheten

sehen? »Mußte« er nicht gegen Jesu Anspruch, die Gottesherrschaft zu vergegenwärtigen, seinen »größeren« Hoffnungen treu
bleiben? »Mußte« er nicht die von Jesus entfachte, die bisherigen
Konstanten des öffentlich-religiösen Lebens in Frage stellende Bewegung von Endzeitenthusiasten als für die öffentliche Ordnung
gefährlich beurteilen und auf Mittel sinnen, sie »unschädlich« zu
machen?

Gewiß sind damit noch nicht alle Dimensionen des Konflikts Jesu
mit den Frommen seines Volkes angesprochen. Aber das Selbstbewußtsein Jesu, gerade da Instrument des göttlichen Heilswillens zu sein, wo er sich den Sündern, den religiös und sozial
Deklassierten zuwandte, wo er das von Gott dem Menschen Ab-
verlangte auf das um des notleidenden Nächsten willen Notwendige konzentrierte, wo er das Einhalten der Sabbatgesetze der
Heilung des beschädigten Menschenlebens unterordnete, bildete
den Anstoß auch zur Auseinandersetzung mit Formen religiösen
Lebens, die zur Vermischung des heiligen Gotteswillens mit Men-
schensatzungen neigten und darüber den Heilswillen des Bundes-
gottes Israels – *seine* Option für den notleidenden Nächsten – aus
dem Blick verloren. Jesus hält einer Frömmigkeit den Spiegel vor,
die das eine Notwendige aus dem Blick verliert, auch in religiöser
Praxis noch den eigenen Vorteil sucht und darauf aus ist, den
»Vorsprung« vor den Gott gegenüber Benachteiligten zu sichern
(vgl. etwa Mk 7,1ff.; Mt 15,1–20 bzw. Lk 11,37–54); Jesu Verkündigung und Reich-Gottes-Praxis soll der Spiegel sein, in dem
eine verirrte Religiosität ihre innersten Beweggründe wahrnehmen kann. Entsprechend heftig sind die Reaktionen derer, die
sich überführt wissen (vgl. wieder Lk 11,53f.). Dieses Konflikt-
potential läßt sich nicht hinwegargumentieren mit dem Hinweis
darauf, daß Jesus sich auch mit seiner Kritik am Mißbrauch des
Gesetzes an sich im Rahmen des jüdisch Vertretbaren gehalten
habe. Was »an sich« vertretbar war und gelegentlich auch sonst
vertreten wurde, kann ja dennoch – zumal in einem spezifischen
Kontext – konfliktträchtig sein.

Energisch zu warnen ist aber auch vor dem entgegengesetzten
Schluß, Jesu Polemik gegen die jüdische Gesetzlichkeit habe das
Judentum seiner Unwahrheit überführt und sei deshalb vom »Volk

der Juden« mit der Verurteilung wegen Gotteslästerung beantwortet worden; und dieses offensichtlich ungerechte und seinerseits gotteslästerliche Urteil habe den Glauben widerlegt, zu dessen Selbstbehauptung es ergangen sei. Der Konflikt Jesu mit einer für das Entscheidende blind gewordenen Religiosität setzt nicht einfach das Judentum ins Unrecht, selbst wenn Jesus diesem Konflikt zum Opfer gefallen sein sollte; er zeigt Jesus in der Auseinandersetzung mit dem Zweideutigwerden eines in seinen Grundüberzeugungen gerade nicht von ihm angegriffenen Gottesglaubens. Es besteht Anlaß zu der Vermutung, daß Jesus Auseinandersetzung mit dem Zweideutigwerden und der Perversion christlichen Gottesglaubens in der Christentumsgeschichte nicht weniger scharf ausfallen würde [10] bzw. ausfallen wird; Anlaß zu der Vermutung, daß christlicher Antisemitismus nicht zuletzt eine Überkompensation des eigenen schlechten Gewissens über den Verrat der Christen an der Sendung Jesu sein könnte.

So ergibt sich als Fazit: Für Jesu Hinrichtung können nicht einfach die Juden, kann auch nicht einfach ihre »religiöse Einstellung« verantwortlich gemacht werden; ja selbst von einer Zurückweisung Jesu durch die Juden kann nicht gesprochen werden, da faktisch eine nicht geringe Anzahl Juden ihm über den Tod hinaus die Treue gehalten haben. Wahrscheinlich ist jedoch, daß sich vor allem Tempelaristokratie und Pharisäer – letztere spielen auffallenderweise im Umkreis der Passion keine Rolle – von Jesu Reich-Gottes-Praxis, seiner Relativierung des Tempels und seiner das Gesetz nicht als letzte Instanz respektierenden Auslegung des Gotteswillens aufs schärfste herausgefordert fühlen mußten und auf Abhilfe sannen. Wahrscheinlich ist ferner, daß die offizielle Begründung für das Todesurteil gegen Jesus – sein Messiasanspruch – wenigstens insofern sachlich begründet ist, als sie sich gegen Jesu Anspruch richtete, Gottes Herrschaft durch seine Reich-Gottes-Verkündigung und Reich-Gottes-Praxis zu vergegenwärtigen. Mit diesen Feststellungen ist kein pauschaler Schuldspruch gegen das zeitge-

---

[10] Vgl. etwa F. *Dostojewskis* berühmte Parabel vom Großinquisitor und seiner Begegnung mit dem zurückgekommenen Christus in: Die Brüder Karamasoff, dt. von K. Noetzel, Goldmann-Tb 478/79, 2. Teil, 5. Buch, Kap. 5, 309–323.

nössische Judentum verbunden. Die denkbaren Argumente für die Ablehnung, ja für die Verurteilung Jesu bleiben – auf dem Hintergrund der damals dominierenden Traditionen – durchaus triftig; und über die Reaktionen der Vertreter einer in mancher Hinsicht pervers gewordenen Religion gegen den »Propheten«, der diese Perversion aufdeckte, wird ein Christentum, das den Glauben Jesu Christi in Geschichte und Gegenwart immer wieder ad absurdum führte, nicht richten dürfen. Wenn es eine Schuld »der« Juden am Tod Jesu gibt, so ist es die Schuld, die alle Religionsgemeinschaften für die Perversion des »guten Geistes« ihres Gottesglaubens immer wieder neu auf sich laden und die deshalb solidarisch von allen zu tragen ist.

Die Heilsbedeutung des Todes Jesu wäre vor diesem Hintergrund von der Heilsbedeutung seiner Sendung, seiner Bezeugung der Gottesherrschaft her zu bestimmen: Jesus machte den ihm Glaubenden eine Gotteserfahrung und ein Gottvertrauen zugänglich, die er durch den Einsatz für seine Sendung *bis* in den Tod hinein als tragfähig bezeugte. Sein Zeugnis für die – *trotz allem* – ankommende Gottesherrschaft ließ den sich abzeichnenden Märtyrertod nicht als Gegeninstanz gelten, sondern machte ihn – im voraus? – zum Ernstfall des Zeugnisses, des Vertrauens auf den Vater, der den Zeugen seines Heilswillens nicht desavouieren würde. Aber läßt sich diese anspruchsvolle soteriologische These historisch-kritisch wahrscheinlich machen? Wie hat Jesus seinen Tod – wenn er ihn denn vorausgesehen hat – verstanden und gedeutet bzw. welche Deutung entspräche dem Verständnis seiner Sendung, wie es seine Reich-Gottes-Praxis und sein Zeugnis für die nahegekommene Gottesherrschaft prägte?

3.2   Wie Jesus seinen Tod verstanden hat

Es ist – gerade auch angesichts der Hinrichtung des Täufers – kaum vorstellbar, daß Jesus dem drohenden Todesschicksal, das mit der Verschärfung seines Konflikts mit Pharisäern und Tempelaristokratie in Jerusalem immer wahrscheinlicher wurde, ahnungslos entgegenging. Dann stand er aber vor der Notwendigkeit, »die historische Eventualität seines gewaltsamen Todes mit der Gewißheit seiner Botschaft über das nahende Gottesreich zu versöhnen.«[11] Schon Albert Schweitzer hatte angenommen, Jesu sei mit der immer deutlicher sich abzeichnenden Zurückweisung seiner Predigt – mit der sog. »galiläischen Krise« – zu der Überzeugung gelangt, er habe die in der Apokalyptik erwarteten endzeitlichen Drangsale (den Peirasmos) stellvertretend für das Volk am eigenen Leib zu erdulden, um so die auf der Welt lastende Schuld zu tilgen und die Herabkunft des Reiches Gottes zu ermöglichen.[12] Auch wenn man diese Deutung für überzogen hält, wird man einräumen müssen, daß der Gedanke der *Stellvertretung*, zumindest des Dienstes für die Menschen in den neutestamentlichen Überlieferungen schon sehr früh die Deutung des Todes Jesu mitbestimmt. In Mk 10,45 ist – sekundär einem paränetischen Kontext eingefügt – davon die Rede, der Menschensohn sei »nicht gekommen, sich dienen zu lassen, sondern selbst zu dienen und sein Leben als Lösegeld hinzugeben für viele.«

Die Lk-Variante (22,27–29) weist auf den ursprünglichen Ort dieses Logions hin: die *Abendmahlstradition*. In ihr begegnet die ausdrückliche Deutung des Todesleidens Jesu als Selbsthingabe, in welcher – wohl nach dem Vorbild von Jes 53 – den Vielen Sühne geschaffen und für sie ein neuer Bund begründet werde (Mk 10,22–24; Lk 22,17–20 mit einer ausdrücklichen Erwähnung der Hingabe beim Brotwort; Mt 26,26–28 mit einer Sühneformel beim Kelchwort). Diese Sühnedeutung wird ebensowenig wie das Lösegeldwort Mk 10,45 auf Jesus selbst zurückgeführt werden können. Aber es liegt durchaus nahe, daß Jesus den Sinn seiner Sendung gerade auch in seiner vorbehaltlosen »Pro-Existenz« (H. Schürmann), in seinem Dasein für die »verlorenen Schafe des Hauses Israel« (Mt 10,6; vgl. das johanneische Motiv des guten Hirten 10,1–39) gesehen und daß er den bevorstehenden Tod als Konsequenz seines »Daseins für« verstanden hat. Die Worte vom Dienst und der Hingabe wären dann Reflex einer liebenden »Proexistenz«, »die dieses ›heilende‹, ›Gutes tuende‹, ›segnende‹ und ›be-

---

[11] *E. Schillebeeckx*, Jesus, 267f.
[12] Vgl. Geschichte der Leben-Jesu-Forschung, 442. In ähnliche Richtung gehen auch noch die Überlegungen von *W. Kasper*, Jesus der Christus, 136f., 140.

tende‹ Verhalten auch in der Stunde des Martyriums durchzuhalten gewillt war.«[13]

Jesu Proexistenz führt in den Tod – fordert das Lebensopfer –, weil »Israel« den Anspruch zurückweist, diese Proexistenz vergegenwärtige Gottes Herrschaft. An diesem Anspruch festhalten heißt, Gottes Wille geschehen lassen; an ihm festhalten, auch wenn dieses Festhalten in den Tod führt, heißt, Gott gehorsam zu sein bis in den Tod (vgl. die Gehorsams-Christologie des Paulus: Röm 5,19; Phil 2,8 bzw. im Hebräerbrief 5,8). Jesus muß sich die Frage gestellt haben, ob es der Wille des Vaters ist, auch den Tod auf sich zu nehmen, ob der Tod um seiner Sendung willen »*sein müsse*«. Die etwa im Kontext der »Leidensweissagungen« überlieferte, auf ein von Gott her notwendiges »Muß« sich beziehende Formel, der Menschensohn »müsse« vieles leiden, von den Ältesten, Hohepriestern und Schriftgelehrten verworfen und getötet werden (vgl. Mk 8,31 par.; Lk 24,26), wie auch die späteren (?) Überlieferungsformeln, nach denen der Menschensohn – von Gott – in die Hände der Menschen und damit dem Tod überliefert wird (vgl. Mk 9,31a; 14, 41c bzw. Lk 24,7), spiegeln zweifellos bereits einen längeren Verarbeitungsprozeß des Todesschicksals Jesu in der Gemeinde wider. Aber auch Jesus selbst kann die gefährliche, wahrscheinlich todbringende Entscheidung in Jerusalem wohl nur gesucht, den drohenden Tod nur bereitwillig auf sich genommen haben, wenn er ihn nicht als Widerlegung seiner Sendung, sondern als um seiner Sendung willen notwendig verstanden hat; wenn er darauf vertrauen konnte, daß sein Todesgeschick von einem göttlichen Heilswillen umgriffen war, der »nicht nur *trotz*, sondern vielleicht gerade *dank* dieses historischen Mißlingens seiner Botschaft, dank seines Todes seine Botschaft göttlich-souverän frei zu ihrem Recht« bringen würde.[14] Wie Jesus über das Zum-Ziel-Kommen dieses göttlichen Heilswillens in seinem Tod und über ihn hinaus gedacht hat, das läßt sich im einzelnen nicht mehr ausmachen. Immerhin enthält die älteste, viel-

---

[13] *H. Schürmann*, Jesu ureigener Tod, Freiburg/Br. 1975, 48f. Vgl. auch sein Buch: Gottes Reich – Jesu Geschick. Jesu ureigener Tod im Lichte seiner Basileia-Verkündigung, Freiburg/Br. 1983.

[14] Vgl. *E. Schillebeeckx*, Jesus, 268.

leicht doch noch auf Jesus zurückgehende Schicht der Abendmahlstradition einen Hinweis darauf, daß Jesus auch angesichts
seines Todes nicht die Gewißheit verlor, seine eschatologische
Mahlpraxis werde ihre Erfüllung finden in der endzeitlichen Gottesherrschaft; in einem sicher umgeformten Amen-Wort sagt der
Mahlherr Jesus: »Ich werde nun nicht mehr von dem Gewächs
des Weinstocks trinken bis zu dem Tage, da ich es im Gottesreich
neu trinken werde« (Mk 14,25; Mt 26,29, vgl. Lk 22,16–18, wo
ein analog gebildetes Wort über die Feier des Passahlamms überliefert wird). Wenn man aus diesem Wort die Zuversicht Jesu her-
auslesen darf, daß die Tischgemeinschaft mit ihm stärker ist als
der Tod[15], da der Vater Jesu Mahlpraxis und mit ihr seine ganze
Sendung ratifizieren wird, so kann man in dieser Gewißheit einen
Anhaltspunkt für die bald schon ausformulierten, explizit soteriologischen Deutungen des Todes Jesu sehen: Der Tod Jesu zerstört
nicht seine Gottesverbundenheit; und er löst die Gemeinschaft
mit den ihm Nachfolgenden nicht auf, sondern vertieft sie. Diese
Intensivierung der gegenseitigen Verbundenheit, die sich im endzeitlichen Mahl der Gottesherrschaft erfüllen wird, drängt die von
ihr Ergriffenen zur Interpretation, zu einer Auslegung, die alttestamentliche und zeitgenössisch-jüdische Modelle einer heils-
mittlerischen Proexistenz auf Jesu Todesgeschick übertragen läßt.

3.3   Jesu Auferweckung: Gott heiligt seinen Namen

Jesu Gewißheit, daß auch in seinem Sterben noch Gottes Heilswille geschehe, da dieses Sterben seine die Gottesherrschaft vor-
wegnehmende Gemeinschaft mit den ihm Glaubenden nicht zerstört, sondern vertieft, wird in der Erfahrung der Osterzeugen
verifiziert durch ein Handeln Gottes, in welchem er seinen Namen
heiligt und seinen Willen definitiv durchsetzt – gegen die Machthaber »dieser Welt«, die zu Unrecht beanspruchten, seinen Willen an
einem Gotteslästerer zu vollstrecken. Die Auferweckung Jesu gilt
den ersten Gemeinden »als Bestätigung des von ihm angesagten
Geschehens der Gottesherrschaft«, da im auferweckten Jesus »die-

---

[15] Vgl. ebd. 268.

ses Geschehen bereits zum Ziel gekommen« und »die neue
Schöpfung, auf welche die Gottesherrschaft abzielt, bereits ver-
wirklicht« ist.[16] Jesu Errettung aus der Macht des Todes ist ihnen
»Offenbarung und Verwirklichung der von Jesus verkündigten
Herrschaft Gottes. In der Auferweckung Jesu von den Toten hat
Gott seine Treue in der Liebe erwiesen und sich endgültig mit Je-
sus und seiner Sache identifiziert«[17]; er hat gegen den boshaften
Willen der Sünder seinen Heilswillen als letzte Instanz der Ge-
schichte in Geltung gesetzt. Das in den lukanischen Schriften rezi-
pierte – vor allem in den Petrus-Reden der Apg begegnende –
»Kontrastschema« bringt diese Sicht der Osterereignisse zum
Ausdruck: »Jesus von Nazaret..., den habt ihr, als er euch nach
Gottes vorbestimmtem Ratschluß ausgeliefert wurde, durch Frev-
lerhand an das Kreuz genagelt und umgebracht. Gott aber hat ihn
auferweckt. Er hat die Fesseln des Todes gelöst; denn in seiner
Gewalt konnte er ja unmöglich bleiben« (Apg 2,22–24; vgl. Apg
4,10; 5.30f.; 10,39f.).

In der Gewalt des Todes »konnte« der Gekreuzigte nicht bleiben,
weil er zu Gott gehört; und es macht geradezu das Wesen Gottes
aus, es gehört zu seiner »Definition«, es ist sein Name, daß er der
ist, »der die Toten lebendig macht und das Nichtseiende ins Dasein
ruft« (Röm 4,17). Parallel (oder in Abhängigkeit) zur 2. Benedik-
tion des Achtzehngebets (»gepriesen seist du Jahwe, der die Toten
lebendig macht«) sprechen die ältesten erhaltenen Osterzeugnisse
von Gott als demjenigen, der die Toten auferweckt (2 Kor 1,9) und
der deshalb – gleichsam um seines heiligen Namens willen – jetzt
schon »Jesus, unseren Herrn, von den Toten auferweckt *hat*«
(Röm 4,24; vgl. 10,9; 2 Kor 4,14; 1 Thess 1,10; Kol 2,12; 1 Petr
1,21).[18] Gott hat in der Auferweckung Jesu seinen Namen geheiligt
und seinen Heilswillen geschehen lassen. Aber das Heil, das er
durchsetzen will, wird alle ergreifen, die sich mit Jesus Christus
»kreuzigen lassen« – seinen Weg gehen (vgl. Röm 6,3–10); er ist
»der Anfang, der Erstgeborene von den Toten« (Kol 1,18; vgl.

[16] Vgl. *H. Merklein*, Jesu Botschaft von der Gottesherrschaft, 166.
[17] *W. Kasper*, Jesus der Christus, 169.
[18] Vgl. *P. Hoffmann*, Artikel »Auferstehung Jesu«, in: Theologische Realenzyklopä-
die, Bd. IV, 478–513, hier 488f.

Offb 1,5), der »erste der Entschlafenen«, in dem »alle zum Leben erweckt werden« (1 Kor 15,20.22), der »Erstgeborene unter vielen Brüdern« (und Schwestern), die Gott erwählt und dazu bestimmt hat, »dem Bild des Sohnes gleichgestaltet zu werden« (Röm 8,29). Für die frühen Gemeinden war die Auferweckung des Gekreuzigten der machtvolle Anfang der endzeitlichen Ereignisse, in deren Verlauf schließlich alle in den Tod Jesu Hineingetauften dem Bild des Auferstandenen gleichgestaltet würden. Und das Ringen darum, wie dieser »Anfang der Erlösung« durch Gottes machtvolles Eingreifen näherhin zu verstehen bzw. mit dem Weitergehen des »alten Äons« zu vereinbaren ist, macht die innere Dramatik der urchristlichen »Theologiegeschichte« aus.

Die historische Rückfrage nach dem Ursprung des Osterglaubens kann selbstverständlich nicht das »historische Ereignis« der Auferweckung Jesu selbst dingfest machen. Sie führt nur zu den frühesten Zeugnissen des Osterglaubens, in denen weder das leere Grab noch die Erscheinungen des Auferstandenen eine Rolle spielen. Die Erzählungen vom leeren Grab (Mk 16,1–8 parr.) verarbeiten eine relativ spät entstandene Jerusalemer Tradition, von der das vormarkinische Schrifttum des Neuen Testaments keine Kenntnis hat.[19] Die Exegeten neigen mehrheitlich zu der Auffassung, »daß die Perikope von der Auffindung des leeren Grabes kaum so viel an historischem Substrat erkennen läßt, daß man daraus auf einen historischen Kern schließen könnte.«[20] Die Erscheinungsgeschichten werfen die Frage auf, wie den Osterzeugen die Gewißheit zuteil geworden ist, daß der göttliche Vater rettend am Gekreuzigten gehandelt und ihn zu seiner Rechten erhöht habe. Die heftige Diskussion, die hier nicht im einzelnen zu referieren ist[21], hat zumindest zu diesem Ergebnis geführt: die Ostererscheinungen können nicht Ansatzpunkt für einen gleichsam »historischen Auferstehungsbeweis« sein. In den Erzählungen von den Erscheinungen des Auferweckten kommen Erfahrungen zur Sprache, die die Zeugen

---

[19] *L. Schenke* deutet sie – mit anfechtbaren Argumenten – als Kultätiologie (Auferstehungsverkündigung und leeres Grab. Eine traditionsgeschichtliche Untersuchung von Mk 16,1–8 [SBS 33], Stuttgart 1968).

[20] *I. Broer*, »Seid stets bereit, jedem Rede und Antwort zu stehen, der nach der Hoffnung fragt, die euch erfüllt« (1 Petr 3,15). Das leere Grab und die Erscheinungen Jesu im Lichte der historischen Kritik, in: I. Broer/J. Werbick (Hrsg.), »Der Herr ist wahrhaft auferstanden« (Lk 24,34), 21–61, hier 45; vgl. auch Broers Monographie: Die Urgemeinde und das leere Grab. Eine Analyse der Grablegungsgeschichte im Neuen Testament, München 1972.

[21] Vgl. neben dem erwähnten Beitrag von I. Broer vor allem *H. Kesslers* Buch: Sucht den Lebenden nicht bei den Toten, 127 ff., 161–236.

überzeugt haben von der tatsächlichen Anwesenheit des Gekreuzigten unter ihnen und damit von einem eschatologischen Handeln Gottes, der den Gekreuzigten zu neuem, vollkommenem Leben erweckte und ihn – in seinem Geist – unter den Glaubenden gegenwärtig sein ließ. Die Ostererfahrungen sind Erfahrungen des eschatologischen Heilshandelns Gottes – des Gottes, der am Gekreuzigten handelt und den von Menschen zugefügten Tod nicht das Letzte sein läßt; des Gottes, der den Gekreuzigten als den Erhöhten inmitten der gläubigen Gemeinde sein läßt. Wie aber wird Gottes (eschatologisches) Heilshandeln erfahren, und was wird erfahren, wenn Gott handelt? Diese für die Soteriologie grundlegende Frage spitzt sich hier aufs äußerste zu; sie ist nun – wenigstens in Umrissen – zu erörtern.[22]

3.4 Die Auferweckung Jesu als Gottes eschatologische Tat – Wie Gott handelt

Schon für den alltäglichen Sprachgebrauch gilt: die Behauptung »X hat hier gehandelt« ist in jedem Fall voraussetzungsreicher als ein Protokollsatz von der Form »X ist der zureichende Grund von Y«, welcher dadurch legitimiert ist, daß im beliebig wiederholbaren Versuch Y beim Vorliegen von X (einer definierten Ausgangssituation und eines klar umgrenzbaren auslösenden Faktors) und nur hier resultiert. Ein bestimmter Geschehensablauf wird als die Handlung eines Handlungssubjekts X *erfahren*, wenn angenommen werden darf, daß X in diesem Geschehensablauf *sein Vorhaben realisiert habe*. Geschehensabläufe, in denen die Übereinstimmung von Intention und Geschehensablauf mehr oder weniger unmittelbar wahrgenommen werden kann – also expressive oder Sprachhandlungen – können deshalb relativ sicher als Handlungen zugerechnet werden, wenn auch in keinem Fall definitiv ausgeschlossen werden kann, daß selbst Äußerungshandeln mißlingt – durch entfremdende psychische oder gesellschaftliche Mechanismen extern determiniert und deshalb nicht im Vollsinne Handlung eines Handlungssubjekts ist. Aber gerade diese Überlegung zeigt, daß wir faktisch einen Ablauf als Handlung zurechnen, *soweit* wir sicher sind, daß sich in ihm die Intention eines Handlungs-

---

[22] Vgl. dazu meinen Aufsatz: Die Auferweckung Jesu: Gottes »eschatologische Tat«? Die theologische Rede vom Handeln Gottes und die historische Kritik, in: I. Broer / J. Werbick (Hrsg.), »Der Herr ist wahrhaft auferstanden« (Lk 24,34), 81–131 bzw. *H. Kessler*, Sucht den Lebenden nicht bei den Toten, 283 ff.

subjekts – sein Wille – realisiert. Das Urteil über die Zurechnung eines Geschehensablaufs als Handlung von X erfolgt im alltäglichen Umgang spontan aufgrund der Vormeinung von der Intention und der Handlungsfähigkeit, die wir von X haben, wobei wir diese Vormeinung zugleich aufgrund seiner »Handlungen« gebildet haben und aufgrund des eben jetzt als Handlung zugerechneten Ablaufs weiter ausbilden. Wir vollziehen die Zurechnung, wenn es X »zuzutrauen« ist, daß er so handelt – wenn wir das Bild zugrunde legen, das wir von ihm haben und das sich zugleich durch unsere Zurechnung präzisiert.

Die historisch-wissenschaftliche Rekonstruktion der Determinanten von Geschehensabläufen wird zu der anspruchsvollen These, ein bestimmter Geschehensablauf sei einem Handlungssubjekt X als Realisierung seines Vorhabens zuzurechnen, nur greifen, soweit sie »näherliegende« Erklärungen – Ableitungen aus anderen Umständen und strukturellen Gegebenheiten – als nicht letztlich plausibel (wenn auch prinzipiell möglich) beurteilen und darüber hinaus begründen kann, daß X ein bestimmtes Vorhaben zuzutrauen ist; wenn sie dieses Vorhaben von X aufgrund der vorauszusetzenden Situation und des gewonnenen Persönlichkeitsbildes als verständliche Reaktion auf eine situative Herausforderung nachvollziehen kann.

Was trägt diese kategoriale Analyse für das soteriologische Verständnis des Handelns *Gottes* aus? Auch die Behauptung »Gott handelt(e) in diesem bestimmten Geschehensablauf« impliziert eine Zurechnung, die prinzipiell bestreitbar ist, weil sich Y immer auf »näherliegende« Determinanten zurückführen läßt. Die Zurechnung *behauptet*, daß in Y das Vorhaben Gottes greifbar wird und geschieht aufgrund eines »Vorwissens«, nach dem es Gott zuzutrauen ist, daß er so handelt, wobei dieses Vorwissen durch die im konkreten Fall vollzogene Zurechnung zugleich präzisiert und weiter ausgebildet wird. Wir begegnen also auch hier dem *Zirkel der Zurechnung*: daß die Zurechnenden den im Vollzug der Zurechnung besser kennenlernen, dem sie aufgrund ihrer bisherigen Kenntnis Y meinen zurechnen zu dürfen. Dieser Zirkel ist nicht aufzulösen; er hat seinen Grund ja darin, daß wir alles Handeln im Unterschied zum bloßen Herstellen oder zum rein funktionalen

Mitwirken als kommunikatives Handeln, als *Selbstoffenbarung des Handelnden* interpretieren (müssen), weil nur so vom Handeln eines *Handlungssubjekts* die Rede sein kann. Daraus folgt für die Soteriologie: Von Gottes Handeln wird zu sprechen sein, wo sich in einem Geschehensablauf Gott als er selbst offenbart, wo er sein Wesen und das dieses Wesen zur Geltung bringende Vorhaben für die Menschen und mit den Menschen erschließt, wo dieses Vorhaben als sich realisierend – durch Gott realisiert – wahrgenommen werden kann.

Wer einen Geschehensablauf Gott zurechnet, der steht freilich – wenn er sich für diese Zurechnung zu rechtfertigen hat – vor einem weiteren Legitimationsproblem: Das Handlungssubjekt Gott ist in der Welt nirgends sichtbar; die Zurechnung erscheint also für jede denkbare Geschehensabfolge als so gewagt, daß sie fast schon als beliebig angesehen werden kann. Jedenfalls gilt in noch weit höherem Maße, was schon für die Zurechnung einer Handlung im mitmenschlichen Bereich galt: daß sich immer auch näherliegende Determinanten als hinreichender Grund namhaft machen lassen. Wann erscheint die Zurückführung eines Geschehensablaufs auf Gott nicht mehr beliebig, wenn auch nicht einfach zwingend? Das traditionelle Wunderargument versuchte, die göttliche Kausalität gleichsam objektivierbar – durch Ausschluß aller denkbaren anderen Determinanten – nachzuweisen. Dieser Versuch ist gescheitert; und mit ihm auch alle Versuche, das Schicksal und den Weltlauf – vor allem in ihren katastrophalen Aspekten – auf einen Gott zurückzuführen als auf den allmächtigen Erzieher- und Gerichtsgott, der die Menschen im Unglück straft und läutert. Gescheitert sind diese Versuche, weil die immer deutlicher rekonstruierbaren innerweltlichen Kausalitäten einen göttlichen Urheber immer weniger nötig machten (freilich auch nicht definitiv ausschlossen); vor allem aber deshalb, weil die Menschen und schließlich auch die Theologie Gott immer weniger zutrauen mochten, daß er *so* handelt. Das von der Bibel, vor allem vom Neuen Testament her gewonnene und im weltanschaulichen Kontext der Neuzeit artikulierte Gottesverständnis ließ ein geschichtliches Straf- und Läuterungshandeln Gottes unplausibel werden; und es ließ auch unplausibel werden, daß Gott sich durch das Wegschieben von

Schöpfungsdeterminanten in der Geschichte gleichsam selbst beweist. Gott ist es eher »zuzutrauen« – so der common sense der modernen Theologie –, daß er sich offenbart und sein Vorhaben geschehen läßt, wo Menschen frei werden zur Liebe und für wahrhaft solidarische Gemeinschaft. Dieser common sense beruht auf einer *Gottesintuition*, die sich in der im Alten und im Neuen Testament bezeugten Glaubensgeschichte herausbildete, die in Jesu Verkündigung und Reich-Gottes-Praxis ebenso greifbar und ausgebildet wird, wie sie den Geschehensablauf des Lebens und Sterbens Jesu von Nazaret als Handeln Gottes – als Geschehen seines Willens und als Offenbarwerden des *so* wollenden Gottes – zurechnen ließ (Zirkel der Zurechnung). Weil und insoweit diese Gottesintuition überzeugt, legitimiert sie dazu, die Erschließungsgeschichte, in der sie einer Menschengruppe zugänglich wurde, als Geschehen des Gotteswillens – eben: als Gottes Handeln – zu beurteilen und Gottes Handeln überall dort zu unterstellen, wo geschieht, was aufgrund dieser Intuition Gott »zuzutrauen« ist bzw. was diese Gottesintuition fortbildet; überall dort also, wo unter Bezugnahme auf eine überzeugende Gottesintuition überzeugend bezeugt werden konnte (bzw. kann), daß hier Gottes Wille geschieht.

Wenn Gottes Wille geschieht, wo Menschen frei werden zur Liebe und für wahrhaft solidarische Gemeinschaft, so ist damit zugleich eingeräumt, daß Gott in der Geschichte *durch Menschen handelt*. Diese gedoppelte Zurechnung – die einem Menschen oder einer Menschengruppe zurechenbare Handlung wird einem Handlungssubjekt höherer Ordnung zugerechnet – ist an sich nicht ungewöhnlich: Man spricht auch davon, daß Kollektivsubjekte – die Justiz, eine Regierung, ein Verein, die Kirche – handeln, wenn durch legitimierte Repräsentanten oder durch sich legitimieren könnende Mitglieder der Wille dieser Kollektivsubjekte durchgesetzt wird. Dieser »Kollektivwille« kann durch Zwang durchgesetzt werden, so daß die ihn realisierenden Einzelnen gar nicht mehr als Handlungssubjekte agieren; er geschieht mit Willen der Einzelnen, wo sie sich frei mit ihm identifiziert haben. Es ist also nicht ungewöhnlich, daß sich im freien Handeln von Menschen ein Wille realisiert, den sie gleichwohl als sich selbst übergeordnet erfahren: im freien Gehorsam gegenüber dem, der mich für die Realisierung seines Willens gewonnen hat, weil dieser Wille – für mich einsehbar – auch mein Bestes will. Aber was könnte dazu veranlassen, die Struktur der gedoppelten Zurechnung in Anspruch zu nehmen, um nicht nur vom Geschehen des Willens eines Kollektivsubjekts, sondern darüber hinaus vom Geschehen des Gotteswillens – von Gottes Handeln – zu sprechen? Dieses Sprechen wäre zumindest sinnvoll und möglich, wenn man darauf hoffen darf, daß es in der Geschichte nicht nur um Gleichgültiges, sondern um Heil und Unheil geht; wenn offensichtlich ist, daß weder Menschen noch »Mächte« Inhalt und Subjekt des Heils sein können, daß also kein Einzelwille und auch kein Kollektivwille »Heilswille« genannt zu werden verdient, weil in keinem Falle die Realisierung eines menschlichen Willens das Heil für die Menschen mit sich bringen würde. Wenn und insoweit gezeigt werden kann, daß nur Gott als Subjekt und Urheber des Heils, daß als Heilswirklichkeit nur Gottes Selbstmitteilung in Frage kommt, kann auch legitimiert werden, daß alles Geschehen, das auf dieses Heil hinführt bzw. es antizipiert, Gott zugerechnet werden darf, daß also in allem, was auf dieses Heil hinführt und die Gottesherrschaft vergegenwärtigt, Gott selbst am Werk ist und sich mitteilt.

Dieser (fundamentaltheologische) Aufweis hätte zu analysieren, zu welchen Konsequenzen es führen muß, wenn ein menschliches (Kollektiv-)Subjekt zum Urheber eines in der Geschichte zu realisierenden Heiles stilisiert wird – zum Heilssubjekt, das die Geschichte als Weg seiner Selbstsetzung bzw. als Anlauf für den Sprung zum Übermenschen »rechtfertigt«. Wer sich bzw. das Kollektivsubjekt, das er zu vertreten meint, zum Subjekt des Heils und damit zum Subjekt der Geschichte ausruft, der behauptet damit regelmäßig »das Monopol auf universalgeschichtliche Legitimität der eigenen Ziele« und erlaubt sich, »das Recht auf die Vertretung der Interessen aller auch dann zu beanspruchen, wenn diese, gegenwärtig sich selbst noch ›entfremdet‹, ihre also zur Geltung gebrachten wahren Interessen in ideologischer Rückständigkeit nicht erkennen sollten.«[23] Dieser ideologischen Selbstermächtigung zum Weltgeschichts- und Heilssubjekt sind *die Opfer* entgegenzu-

---

[23] So *H. Lübbe*, Geschichtsphilosophie und politische Praxis, in: ders., Theorie und

halten, deren Interesse, ja deren Recht innerhalb der Geschichte gar nicht mehr zur Geltung gebracht werden kann, weil sie dem Prozeß der Selbstsetzung dieses Subjekts – geschichtlich gesehen – definitiv zum Opfer gefallen sind. Das Andenken an die Opfer hindert zugleich daran, vom zukünftigen Heil zu gering zu denken[24]: Heil kann die Opfer nicht ausschließen, kann nicht auf Kosten von irgendwem und irgendwas erreicht werden; Heil kann nicht weniger, sondern nur »mehr« sein als umfassende Gerechtigkeit, in der niemandem mehr sein Recht verkürzt würde; »mehr« – das hieße: ein Geschehen *universalen Gerechtwerdens*, in dem zur Erfüllung kommt, was sich in der Geschichte nur als Verheißung abzeichnen kann, daß Menschen nicht länger darum betrogen werden, um ihrer selbst willen für die anderen dasein zu dürfen in Gemeinschaft mit dem göttlichen Vater, der sie durch die Freude an seiner Schöpfung rechtfertigt, mit dem Sohn, dem sie als Brüder und Schwestern im Heiligen Geist angehören dürfen, der sie von aller Angst und Selbstsucht endgültig löst.

Kleiner vom Heil zu denken hieße, den Menschen als den prinzipiell Scheiternden denken zu müssen, der sein Scheitern nur verdrängen, trotzig feiern, resigniert geschehen lassen oder aber zynisch bagatellisieren kann; hieße, nicht mehr stichhaltig bzw. nur noch sinnwidrig utilitaristisch (aus Nützlichkeitserwägungen heraus) begründen können, weshalb Gerechtigkeit und Liebe die gebotene und verheißungsvolle Alternative zur anpassungsschlauen Findigkeit des seine »Chance« rücksichtslos Nützenden sein sollten. Gott dieses Heil zutrauen hieße, es abgebildet, ja es ankommen zu sehen überall da, wo Menschen Gottes Wille geschehen und sich zum Gerechtwerden herausfordern lassen. Der Gott, dessen Vorhaben es ist, mit den und für die Menschen die Herrschaft der Liebe – seine Herrschaft – aufzurichten, er ist am Werk in all denen, die sich für seine Herrschaft in Dienst nehmen lassen und sie *bezeugen* als ein Geschehen, das sich in menschlichem Handeln

---

Entscheidung. Studien zum Primat der praktischen Vernunft, Freiburg/Br. 1971, 111–133, hier 113.

[24] Diesen Zusammenhang hat vor allem *Johann Baptist Metz* immer wieder geltend gemacht; vgl. etwa: Gotteslehrerin für uns alle. Gedanken zum Verhältnis von Kirche und Synagoge, in: Süddeutsche Zeitung vom 17./18. Dezember 1988, 111.

vollzieht und zugleich weit über das hinausgreift, was Menschen von sich aus vermögen; er ist am Werk in seinem Heiligen Geist, der die Menschen dazu bewegt und inspiriert, seinen Willen geschehen zu lassen.

So ist das *Osterzeugnis* als Gottes (Heils-)Handeln – *im Geist* – anzusprechen, und es bezeugt zugleich Gottes Handeln *durch und an Jesus Christus*: Es bezeugt, daß durch und an Jesus Christus Gott gehandelt hat, weil durch und an ihm sein Wille geschah – Gottes Herrschaft Realität wurde; es bezeugt, daß im Leben und im Geschick Jesu, schließlich in Jesu Auferweckung Gott offenbar wurde als das Subjekt des Heils, als der Gott, bei dem und durch den die Menschen jenseits dessen, was sie selbst vermögen, ihre Vollendung finden dürfen. Diese Gottesintuition hat sich den Glaubenden in Jesus Christus erschlossen; zur Geschichte ihrer Erschließung gehört gerade auch Jesu Auferweckung durch den Vater bzw. die Gewißheit der Jünger, der Vater habe ihn von den Toten auferweckt und in dieser Tat seinen heiligen Willen offenbart, die Herrschaft der Liebe gegen die Macht des Todes durchzusetzen – zur Rettung all derer, die sich von ihr ergreifen lassen und den Weg Jesu gehen. Wenn die Erschließungsgeschichte dieser Gottesintuition *Gottes Werk* genannt werden darf, so eben auch Jesu Auferweckung und seine »Geist«-Gegenwart unter denen, die vom Auferstandenen zum Zeugnis gesandt wurden. *Gott handelt, wo sein Wille geschieht.* Am Gekreuzigten geschah er gewiß nicht durch Menschen, da der Tod die Menschen schlechthin handlungsunfähig macht. Aber seine geschichtliche Greifbarkeit hat auch dieses Auferweckungshandeln Gottes im Wort- und Tatzeugnis von Menschen, die seinen Willen geschehen und sich senden lassen. Man hat zu Recht darauf hingewiesen, daß die Erzählungen von den Erscheinungen des Auferstandenen allesamt Berufungs-, ja Legitimationsgeschichten sind.[25] Das heißt aber doch nur, daß Gottes Handeln im Handeln von Menschen, die sich vom Gesche-

---

[25] So etwa R. *Pesch* in seinem ersten Versuch: Zur Entstehung des Glaubens an die Auferstehung Jesu. Ein Vorschlag zur Diskussion, in: Theologische Quartalschrift 153 (1973), 201–228, hier 212ff. Pesch hat seine Position revidiert, in: Zur Entstehung des Glaubens an die Auferstehung Jesu. Ein neuer Versuch, in: Freiburger Zeitschrift für Philosophie und Theologie 30 (1983), 73–98.

hen der Gottesherrschaft ergreifen lassen, *geschichtlich greifbar* wird; geschichtlich greifbar freilich auch nur so, daß man (wie D. F. Strauß) das Handeln der von Gottes geschehender Herrschaft Ergriffenen als eigenmächtige, womöglich durch Selbstsuggestion zustande gekommene Initiative (miß-)verstehen kann.

Was also wird erfahren, wenn Gott handelt? Wo der Mensch von Gottes Herrschaft ergriffen wird und sich für sein Vorhaben in Dienst nehmen läßt, da erfährt er den im Geist *an ihm* handelnden und ihn in die Gemeinde einfügenden Gott; und er nimmt die Ereignisfolge, an der sich ihm Gottes Vorhaben – sein Innerstes – überzeugend und motivierend erschlossen hat, der er eine ihn tragende Gottesintuition verdankt – Jesu Christi Leben und Geschick – als Gottes *offenbarendes Handeln* wahr. Gottes Handeln am Gekreuzigten, mit dem er ihn dem Tod entriß, seinen Anspruch, die Gottesherrschaft zu vergegenwärtigen, bestätigte und ihn in neuer Weise – eben im Geist – unter seinen Jüngern gegenwärtig werden ließ, erschloß sich den Erstzeugen, da sie den Auferstandenen als dem unter ihnen Lebendigen begegneten und von ihm zum Zeugnis gesandt wurden. Die nachgeborenen Jünger der »zweiten Hand« (S. Kierkegaard) sind nicht in der Lage, diese Begegnungserfahrung der Osterzeugen zu rekonstruieren. Für sie wird Gottes Handeln am Gekreuzigten geschichtlich greifbar im Handeln von Menschen, die Gottes Willen geschehen lassen, da sie Jesus als den »Erstgeborenen von den Toten« verkünden und sich gesandt wissen, alle Menschen in seiner »Königsherrschaft« zu sammeln. Dieses menschliche Handeln läßt sich historisch immer auch von »näherliegenden« Determinanten her erklären. Auf Gottes Handeln (am Gekreuzigten) geht es zurück und Wirkung des göttlichen Geistes ist es für den, dem sich an diesem Geschehenszusammenhang eine überzeugende und motivierende Gottesintuition erschlossen hat; eine Gottesintuition, die ihn für den in diesem Geschehenszusammenhang geschehenden Gotteswillen gewonnen hat.

Die Osterzeugen verkündigten Jesus als den Erhöhten, zum Gericht und zur Vollendung der Gottesherrschaft Wiederkommenden. Die Logien vom Gericht des Menschensohnes wurden als Selbstaussagen Jesu überliefert (vgl. etwa Mt 16,28); die bedrängte Gemeinde erfleht mit dem Ruf »Maranatha« (unser Herr komm;

1 Kor 16,22; vgl. Didaché 10,6) die Wiederkunft des Herrn; in der Feier des Herrenmahles wird der Tod des Herrn verkündigt, »bis er kommt« (1 Kor 11,26). Der Erhöhte wird nun als der Kyrios – als »Herr« der Gottesherrschaft – bekannt (vgl. 1 Kor 12,3; Phil 2,11; Röm 10,9); dem Willen dieses erhöhten Herrn ist der Glaubende verpflichtet (vgl. 1 Kor 4,19; 14,37), in seinem Dienst steht er (Röm 12,11; 1 Kor 12,5; Kol 3,23; vgl. Röm 16,2); Jesus Christus ist der Herr, »durch den alles ist, und durch den auch wir selbst leben« (1 Kor 8,6). So kann eben auch die nachösterliche Gegenwart der Gottesherrschaft als *Königsherrschaft Jesu Christi* qualifiziert werden: Der Auferweckte ist *der messianische König* (vgl. Lk 1,33; 22,29f.); freilich ist sein Reich nicht von dieser Welt (Joh 18,36). Als das »ewige Reich unseres Herrn und Heilandes« (2 Petr 1,11) steht es denen offen, die auf seine Wiederkunft hin leben und von ihm Zeugnis geben (vgl. 2 Tim 4,1f.). Der König dieser Herrschaft herrscht in Gerechtigkeit (vgl. Hebr 1,8f.); Merkmal seiner Herrschaft sind »Gerechtigkeit und Friede und Freude im heiligen Geist« (Röm 14,17), die »Kraft, etwas auszurichten« (1 Kor 4,20; an beiden Stellen ist freilich vom Reich *Gottes* die Rede). Da aber der Jünger nicht über seinem Meister und der Knecht nicht über seinem Herrn ist (Mt 10,24; vgl. Joh 13,16; 15,20 bzw. Lk 6,40), steht diese Königsherrschaft auch für den Jünger, der an ihr teilhaben darf, unter dem Zeichen des Kreuzes. Mit Jesus Christus kann nur herrschen, wer bereit ist, den Kelch zu trinken, den er trinken mußte (vgl. Mk 10,35–40 par.), wer sich dem Bild des Sohnes gleichgestalten und in seinen Tod hineintaufen läßt (Röm 8,29; 6,3ff.). Die Königsherrschaft Jesu Christi ist auch für die Jünger keine Königsherrschaft nach dem Vorbild dieser Welt; sie verwirklicht sich im Dienen (Joh. 13,13–16; vgl. Mk 9,35; 10,43 par.); ihre »Herrlichkeit« – die Verherrlichung des Vaters – geschieht darin, daß die den Sohn Hörenden reiche Frucht bringen und seine Jünger werden (vgl. Joh 15,8), daß sie Gott in ihrem Leib verherrlichen (1 Kor 6,20). Gott selbst möge – das ist die Bitte des Paulus – vollenden, was die Glaubenden im Glauben wirken, »damit der Name unseres Herrn Jesus unter euch verherrlicht wird und ihr durch ihn« (2 Thess 1,12). Der Verherrlichung des Gekreuzigten durch den Vater (Joh 12,24; 17,1) entspricht eine Herrlichkeit der

Königsherrschaft Christi, die nur wahrnimmt, wer in der Kreuzes-nachfolge »Gerechtigkeit und Friede im Heiligen Geist als Unter-pfand oder Angeld ihrer Erlösung jetzt schon erfährt« (2 Kor 1,22; 5,5; Eph 1,14); aber eben als »Vorschuß« erfährt, der ihn in seinem Innern seufzen und darauf warten läßt, als Sohn eingesetzt zu wer-den und die Erlösung seines Leibes zu erfahren (Röm 8,23). »Auf Hoffnung nämlich sind wir erlöst« (V 24).

Kann man die Herrlichkeit der Königsherrschaft Christi, des Ge-kreuzigten, des zugrunde gerichteten Messias, die eine Königs-herrschaft nicht von dieser Welt ist und bleibt, überhaupt schon als *Gegenwart des Heils und der Erlösung* verstehen?

3.5 Die Königsherrschaft des Gekreuzigten – Gegenwart der Erlösung?

Eine messianische Königsherrschaft, die an den Herrschaften und Machtverhältnissen dieser Welt nichts ändert, die nicht den Sieg über die ungerechten Machthaber dieser Welt und die endzeitliche Wiederherstellung der aus den Fugen geratenen Schöpfung bringt; eine messianische Königsherrschaft, der all dies noch bevorsteht, war und ist für das messianisch geprägte Judentum aller Zeiten schlechterdings undenkbar. Eine messianische Königsherrschaft, die nur das »Innere« der Menschen ergreift und verwandelt? – Diese, wie man meint, typisch christliche Umdeutung der prophe-tischen Verheißungen und messianischen Hoffnungen erschien dem Judentum – so Gershom Scholem – »stets als eine illegitime Vorwegnahme von etwas, das im letzten Falle als die Innenseite eines sich entscheidend im Äußeren vollziehenden Vorgangs in Er-scheinung treten konnte, nie aber ohne diesen Vorgang selbst. Was dem Christen als tiefere Auffassung eines Äußerlichen erschien, das erschien dem Judentum als dessen Liquidation und als eine Flucht, die sich der Bewährung des messianischen Anspruchs innerhalb seiner realsten Kategorien unter Bemühung einer nicht existie-renden reinen Innerlichkeit zu entziehen suchte.«[26] Oder hat man im entstehenden Christentum diese Bewährung in der sakramenta-

---

[26] Zum Verständnis der messianischen Idee im Judentum, a. a. O. 121 f.

len Praxis und – damit verbunden – in der neuen Gemeinschaftserfahrung der Gemeinde gefunden? Die Sakralisierung ekklesialer Vollzüge, Funktionen und Strukturen wäre dann der zutiefst prekäre und seit der europäischen Aufklärung immer offensichtlicher scheiternde Versuch, die Gegenwart des Heils in aller Heillosigkeit – die Königsherrschaft des Gekreuzigten in ihrer durchaus zugänglichen Herrlichkeit – *greifbar* und in Gemeinschaft erlebbar zu machen; der Rückzug in die innerliche Heilsteilhabe wäre dann schon als Reaktion auf das Scheitern dieser ekklesialen Vergegenwärtigung der Heilsherrlichkeit zu verstehen.

So oder so – besteht der jüdische Vorwurf der »illegitimen Vorwegnahme« an die Adresse der christlichen Soteriologie nicht zu Recht, da sie den Messias als bereits gekommen und seine Heilsherrschaft – trotz allen Unheils – als bereits gegenwärtige Wirklichkeit ausgibt? Die christliche Soteriologie hat den Zusammenhang und die Differenz zwischen bereits angebrochenem und noch ausstehendem Heil in immer wieder neuen Anläufen und Modellen herauszuarbeiten versucht. Schon im Neuen Testament hat sie den Gekreuzigten mit dem (bald) Wiederkommenden identifiziert und damit an der messianischen Heils-*Zukunft* als mit dem Gekommensein des Messias noch nicht eingelöster festgehalten. Aber sie hat die Spannung zwischen »schon« und »noch nicht« gewiß nicht immer in der rechten Offenheit für den ausgehalten, der nicht nur gekommen ist, sondern in der vom Geist beseelten Praxis der Glaubenden ankommen und sich als Herr erweisen will, der sich schließlich als Herr erweisen wird in einer Herrschaft, die alles menschliche Begreifen und Tun unendlich übersteigt. Im folgenden sind die in der Tradition entwickelten Modelle daraufhin zu befragen, wie sie die Zukunft des Heils mit dem Gekommensein des Erlösers zusammendenken und wie sie die gegenwärtige Wirklichkeit der Gottesherrschaft – die Königsherrschaft Christi – zu den Machtverhältnissen »dieser Welt« in Beziehung setzen.

Literatur

Bizer, E. u. a., Das Kreuz Jesu Christi als Grund des Heils, Gütersloh 1967

Blank, J. / Werbick, J. (Hrsg.), Sühne und Versöhnung (Theologie zur Zeit 1), Düsseldorf 1986

Broer, I. / Werbick, J. (Hrsg.), »Der Herr ist wahrhaft auferstanden« (Lk 24,34). Biblische und systematische Beiträge zur Entstehung des Osterglaubens (SBS 134), Stuttgart 1988

Bultmann, R., Das Verhältnis der urchristlichen Christusbotschaft zum historischen Jesus, Heidelberg [2] 1961

Hoffmann, P. (Hrsg.), Zur neutestamentlichen Überlieferung von der Auferstehung Jesu, Darmstadt 1988

Kertelge, K. (Hrsg.), Der Tod Jesu. Deutungen im Neuen Testament (Quaestiones disputatae 74), Freiburg/Br. 1976

Kessler, H., Sucht den Lebenden nicht bei den Toten. Die Auferstehung Jesu Christi, Düsseldorf [2] 1987

Klappert, B. (Hrsg.), Diskussion um Kreuz und Auferstehung. Auseinandersetzung in Theologie und Gemeinde, Wuppertal 1967

Lehmann, K., Auferweckt am dritten Tag nach der Schrift. Früheste Christologie, Bekenntnisbildung und Schriftauslegung im Lichte von 1 Kor 15,3–5 (Quaestiones disputatae 38), Freiburg/Br. [2] 1968

Schürmann, H., Jesu ureigener Tod. Exegetische Besinnungen und Ausblick, Freiburg/Br. 1975

Steck, O. H., Israel und das gewaltsame Geschick der Propheten, Neukirchen-Vluyn 1967

4 Die soteriologischen Modelle – das Metaphernfeld des Sieges über die Mächte

4.1 Zur Methodik der soteriologischen Reflexion

4.1.1 Soteriologie von unten – Soteriologie von oben

In welchem Sinne können Glaube und Theologie von Jesus Christus als dem Erlöser des Menschengeschlechts sprechen? Gegen die unglaubwürdig gewordene traditionelle Vorstellung, Jesus habe durch sein Leiden und Sterben den Bann des göttlichen Zornes über die Sünde der Menschheit lösen und die Menschen so vor der verdienten Todesstrafe retten müssen, versuchten Philosophie und Theologie seit der Aufklärung einleuchtend zu machen, wie Jesus die Menschen ein neues, wahrhaft sittliches Leben gelehrt und ihnen selbst ein leuchtendes Beispiel dieses neuen Lebens gegeben habe. Die Existenztheologie sprach davon, daß den Menschen in Jesus Christus ein neues, erlösendes Gottesverhältnis und damit auch ein neues Existenzverständnis erschlossen sei. Der oben vorgelegte Versuch, Jesu Verkündigung und Lebenspraxis nachzuzeichnen, zielte offenbar in ganz ähnlicher Weise darauf ab, der erlösenden Gotteserfahrung oder Gottesintuition Jesu auf die Spur zu kommen, die all denen, die sich auf sie einließen, ein neues Leben ermöglichte, eine neue Lebensperspektive im Anbruch der Gottesherrschaft und neue Handlungsmöglichkeiten im Vertrauen auf Gottes sich durchsetzende Herrschaft der Liebe begründete. Ist Jesus der Erlöser, weil er diese neue, erlösende Gottesintuition und die ihr entsprechende, wahrhaft befreiende Lebensperspektive für die Glaubenden entdeckt hat? Weil er uns einen Weg eröffnet hat, den wir – wie er – gehen, auf dem wir – wie er – zu Gott ins rechte Verhältnis kommen können? Erlösung geschähe dann so, daß die Menschen sich von Jesus Christus über ihre verzerrenden Gottesprojektionen und verfehlten Lebensentwürfe hinausführen und auf die wahren »Verhältnisse«, zum wahren Gott hinführen ließen. Und auch Jesu Tod könnte dann gedeutet werden als die gewaltsame Reaktion derer, die sich ängstlich an ihren Gottesprojektionen festhielten und den Exodus in die neue, befreiende Gotteserfahrung hinein nicht wagen wollten. Aber führt diese *Soteriologie von unten* wirklich über das Lehrer-(oder Therapeuten-)Paradigma hinaus? Kann man von ihr her wirklich sagen, *durch* sein Leben (und Leiden), *durch* seine Sendung seien die ihrem Heilssinn sich öffnenden Menschen erlöst?

Die »Soteriologie von unten« kann Erlösung nur als *Erschließungsvorgang* beschreiben: Der »Erlöser« initiiert jene »Umkehrung« des Lebensentwurfs und der Gottesvorstellung, die die Menschen von den Fesseln verhängnisvoller Lebenseinstellungen und Gottesprojektionen befreit. Aber was geschieht denn in diesem Erschließungsvorgang wirklich? Öffnen sich die Menschen für einen »Sachverhalt«, der immer schon ist, über den sie sich bisher nur täuschten, über den sie deshalb von einem Propheten und Lehrer »aufgeklärt«, für den ihnen von einem »Therapeuten« die Augen geöffnet werden mußten? Ändert sich die Art, wie die Menschen sich auf Gott beziehen, oder ändert sich das Verhältnis zwischen Gott und den Menschen auch und grundlegend von Gott her, so daß die Menschen nun eben auch ein neues Verhältnis zu Gott finden können? Wie aber könnte sich Gottes Verhältnis zu den Menschen ändern, da Gott doch offenbar nicht erst seit Jesus Christus, sondern immer schon der treue und liebende, der den Menschen gerecht werdende Gott ist? Kann in der Erlösung tatsächlich entscheidend Neues von Gott her geschehen, oder muß das »Erlösende« allein auf seiten der Menschen geschehen?

Das soteriologische Denken der neutestamentlichen Schriften und der alten Kirche setzt von Anfang an voraus, *daß Gott in Jesus Christus zum Heil der Menschen gehandelt hat.* Und es bestimmt dieses Handeln Gottes mit zunehmender Klarheit als die Eröffnung einer neuen Gottesbeziehung durch Gott selbst, durch Gottes Selbstoffenbarung und Selbstmitteilung in Jesus Christus. Jesu Ankündigung der nahen Gottesherrschaft erscheint deshalb als Zeugnis der liebenden Zuwendung Gottes zu einer rettungslos im falschen Leben gefangenen Menschheit, jener eschatologischen Zuwendung, die sich in der Sendung Jesu selbst vollzog. Jesu Sendung und Geschick als Gottes Selbstoffenbarung und Selbstmitteilung, als »Bewegung« Gottes selbst auf die Menschen zu – diese

Soteriologie von oben schließt die Soteriologie von unten nicht aus, sondern begründet sie in der Vätertheologie geradezu: Jesus ist für die Väter Lehrer und Vorbild, weil er die letztgültige Wirklichkeit der Zuwendung Gottes ist, auf die der Mensch sich einlassen darf, weil an ihm die letzte Wirklichkeit vorscheint, so daß der Glaubende – Jesu Vorbild vor Augen – den Weg des Glaubens gehen kann. Die Soteriologie von oben ist aber auch nicht aus der Soteriologie von unten einfach ableitbar. Das zeigen die seit der Aufklärung zahlreicher werdenden Versuche, sich mit der Soteriologie von unten zu begnügen. Daß Jesu Leben und Sterben für die Ausrufung der nahegekommenen Gottesherrschaft zugleich *Gottes* Handeln ist – Gottes Selbstoffenbarung und Selbstmitteilung –, das ist die nicht unbegründete, aber auch nicht durch Hinweis auf historische Fakten legitimierbare Sicht des christlichen Glaubens; und dieser Glaube brach sich in den Ostererfahrungen Bahn, in denen die Urzeugen des Glaubens des eschatologischen Handelns Gottes am Gekreuzigten gewiß wurden. Soteriologie von oben ist Auslegung der im Osterglauben wahrgenommenen Konsequenz des göttlichen Handelns zum Heil der Menschen. Als in sich »konsequent« kann Gottes Handeln wahrgenommen werden, wenn es Gott zutiefst entspricht, daß er *so* handelt, wenn Jesu Sendung und Geschick sich als angemessene Vollzugsform des göttlichen Handelns zum Heil der Menschen auslegen und wenn sich zeigen läßt, daß Gott *so* handeln »mußte«, um die Menschen aus ihrer Unheilssituation zu retten. Die Soteriologie von oben entwirft gleichsam einen »Rahmen«, in dem die Geschichte Jesu von Nazaret nicht nur als kontingenter tragischer Ablauf, sondern als Realisierung einer Intention – des Heilswillens Gottes – wahrgenommen werden kann. Ihre Überzeugungskraft entscheidet sich daran, ob sie im Blick auf Leben, Sendung und Geschick Jesu von Nazaret die innere Konsequenz des in dieser Sendung sich vollziehenden Handelns Gottes zum Heil der Menschen aufweisen kann, so daß der »Rahmen« eben nicht als äußerliche Zutat erscheint, sondern als der Sinnhorizont des in Jesus Christus Geschehenen einleuchtet.

Eine von Jesu Verkündigung und Reich-Gottes-Praxis abgelöste, ganz auf Jesu (Opfer-)Tod konzentrierte »Soteriologie von oben« wird sich dem Verdacht aussetzen, Jesu Scheitern nachträglich zur

Realisierung einer sinnhaften (göttlichen) Handlungsintention umzuinterpretieren. Nietzsche hat diese Interpretationsstrategie entlarvt und auf die Hilflosigkeit der Interpretierenden zurückgeführt: »Wer seinen Willen nicht in die Dinge zu legen vermag…, der legt wenigstens noch einen *Sinn* hinein: d. h. den Glauben, daß schon ein Wille da sei, der in den Dingen will oder wollen soll.«[1] Daß »in den Dingen« – in der Sendung und im Geschick Jesu – der Wille Gottes geschieht, das ist zwar an den Dingen nicht einfach abzulesen, aber doch in ihnen aufzuweisen.

Das seit der Aufklärung vielfach favorisierte Konzept einer Soteriologie von unten hat seinen Vorzug wie seine Schwäche in der *komparativen Argumentation*, auf die es festgelegt ist. Das Erlösersein Jesu kann *im Vergleich* mit verwandten, näherliegenden Phänomenen und »Rollen« (Lehrer, Vorbild, solidarisch Mittragender, Prophet, Therapeut) einigermaßen plausibel gemacht werden; aber der Vergleich erlaubt nicht, von der Universalität der in und durch Jesus Christus geschehenen Erlösung zu sprechen, es sei denn, man faßt sie komparativ und sieht in Jesus eben den um vieles »besseren«, ja – warum eigentlich? – unvergleichlichen Lehrer, Therapeuten usf. Es liegt auf der Hand, daß die komparative Argumentation hier überfordert, ja mißbraucht wird – mißbraucht zur Abwertung derer, die im Vergleich zu Jesus Christus als weniger hilfreiche – »erlösende« – Lehrer oder Therapeuten qualifiziert werden. Die universelle Bedeutung des in und durch Jesus Christus zum Heil der Menschen Geschehenen kann nur im strengen Sinn *theo*-logisch begründet werden. Nur wenn Jesus Christus als das Ereignis der Selbstmitteilung Gottes verstanden und wenn das Ereignis dieser Selbstmitteilung, das Sich-zur-Geltung-Bringen der Beziehungsmächtigkeit Gottes in Jesus Christus als das dem Wesen Gottes zutiefst entsprechende Geschehen seines Willens ausgelegt werden kann, darf von einer Erlösung gesprochen werden, die in Jesus Christus (bzw. von ihm her) geschieht und doch – weil in diesem Menschen Gottes Heilswillen sich durchsetzt – *allen Menschen* gilt. Will man einleuchtend von der universellen Bedeutung des Erlösers und Heilbringers Jesus Christus sprechen, so ist man genötigt, von der Überzeugungskraft jener Gottesintuition nachvollziehbar Zeugnis zu geben, die Gottes geschichtliche Selbstmitteilung als das Zur-Geltung-Bringen seines Wesens versteht; so ist man genötigt, trinitätstheologisch zu argumentieren. Die Soteriologie setzt diesen Argumentationsgang voraus; sie bezieht sich auf ihn, wenn sie von Gottes Handeln im Geschehen seines Willens spricht, wenn sie Jesus Christus – seine Reich-Gottes-Praxis, sein Geschick, seine Vollendung – als das Gottes Wesen offenbarende Sich-Durchsetzen des göttlichen Heilswillens aus-

---

[1] Nachgelassene Fragmente Herbst 1897, KSA 12, 366.

legt. Ansätze zu solcher Auslegung finden sich bereits bei Paulus; von ihm wird jeder Versuch, verantwortlich von Gottes Heilshandeln zu sprechen, auszugehen haben.

4.1.2 Metaphern der Erlösung und die Modelle der Soteriologie

Die schon im Neuen Testament begegnenden und dann in der Vätertheologie ausgearbeiteten Modelle der Soteriologie rekonstruieren die innere Konsequenz des göttlichen Heilshandelns, indem sie sich auf die »Logik« kultischen Handelns, juristischer und politisch-militärischer Handlungszusammenhänge und schließlich auch auf weithin für selbstverständlich gehaltene metaphysisch-weltanschauliche Ablaufslogiken beziehen. Die kultische Logik des Opfers oder die juristische Logik der Strafe konnten einsichtig machen, warum Jesus um des Heils der Menschen willen leiden »mußte«; die Logik der kämpferischen Auseinandersetzung konnte Sendung und Geschick Jesu als Maßnahme Gottes im Kampf gegen Satan und die widergöttlichen Mächte begreifbar machen; die metaphysisch-weltanschauliche Ablaufslogik von egressus und regressus konnte nachvollziehbar machen, wie Gott die sündige Menschheit in Jesus Christus und im Heiligen Geist wieder mit sich vereinen wollte. Alle diese Logiken setzen einen kulturellen Kontext voraus, in dem bestimmte Geschehensabläufe (das Opfer, die Strafe, das Ringen um den Sieg und die Niederwerfung des Feindes) als selbstverständliche und so auch auf Gottes Handeln übertragbare Verlaufsschemata gelten. Es ist für die Soteriologie wichtig, diese Verflochtenheit der soteriologischen Modelle in die jeweiligen kulturellen Kontexte zu sehen[2], denn sie darf sich bei ihren Deutungsversuchen nicht an Plausibilitäten und Logiken binden, deren kultureller Rückhalt längst zerfallen ist, die deshalb nicht mehr Quelle von Verstehen sein können, sondern selbst mühsam dem Verstehen nahegebracht werden müssen. Gewiß kann es der Soteriologie nicht darum gehen, sich dem jeweils kulturell Selbstverständlichen auszuliefern und nur als Glaubens-

---

[2] Sie wird umsichtig herausgearbeitet bei *K.-H. Ohlig*, Fundamentalchristologie. Im Spannungsfeld von Christentum und Kultur, München 1986.

wahrheit vorzulegen, was sich im jeweiligen kulturellen Kontext mühelos »plausibel« machen läßt. Aber es kann ihr auch nicht darum gehen, eine bestimmte kulturelle Plausibilität, die zu ihrer Zeit Gottes Heilshandeln menschlichem Verstehen erschließen konnte, heute noch, da sie längst zerfallen ist und dem Verstehen eher im Wege steht, weiterhin als normative Verstehensvoraussetzung geltend zu machen. Sie hat vielmehr zu fragen, wie man den gegenwärtigen kulturellen Selbstverständlichkeiten mit all ihren Widersprüchen und Aporien so auf den Grund gehen kann, daß sich auch in ihrem Kontext von Gottes Heilshandeln sprechen und seine innere Konsequenz nachvollziehen läßt.

Aber auch wenn die in den soteriologischen Modellen in Anspruch genommenen Ablaufslogiken zerfallen oder in ihrer Anwendung auf Gottes Handeln problematisch geworden sein sollten, so sprechen diese Modelle doch – gleichsam unter der Oberfläche ihrer ablaufslogischen Bearbeitung – immer noch gültig von Gottes rettendem Eingehen auf die Unheilssituation des Menschen; und sie sprechen davon in symbolisch-metaphorischen Ausdrücken.[3] Ihre Symbole und Metaphern umspielen gleichsam die Erfahrung des »Bannes«, der die Menschheit gefangenhält und entfremdet, und die Erfahrungen des Gelöstwerdens, der Aufhebung dieses Bannes und der geisterfüllten Freiheit der Kinder Gottes. Auch die Metaphern mögen kulturell geprägt sein; aber sie lassen sich abhören auf die Grunderfahrungen von Unheil und Heil, die in ihnen zur Sprache kommen, auf die Situation des Menschseins, wie sie in ihnen artikuliert ist. Das Neue Testament kennt eine ganze Reihe von Erlösungsmetaphern, und es spricht durchweg in diesen Metaphern von »Erlösung«: *sozein* (aus höchster Gefahr retten); *lythrousthai* (auslösen); *agorazein* (freikaufen); *eleutheroun* (aus der Knechtschaft befreien) und *katallassein* (nach einem Streit Versöhnung anbieten). Diese Metaphern beschreiben die Grund-

---

[3] Die Metaphorik der soteriologischen Modelle wird etwa von B. Studer herausgearbeitet (vgl. *B. Studer/B. Daley*, Soteriologie in der Schrift und Patristik, Handbuch der Dogmengeschichte III/2a, Freiburg/Br. 1978, 224). Für die Soteriologie geht es freilich nicht um »Auflösung« (ebd.) der Erlösungsmetaphern, sondern um das hermeneutisch reflektierte Nachvollziehen ihrer Verweisungen und Anspielungen im heutigen Erfahrungskontext.

situation des Menschen als Bedrohung durch eine unabwendbar scheinende Katastrophe, durch das Gericht, als Gefangenschaft unter der Herrschaft feindlicher Mächte, als Gefangensein in einem unaufhebbar scheinenden Schuldzusammenhang, einer für den Menschen selbst untragbaren Schuldverpflichtung; und sie sehen in Jesus Christus geschehen, was die Ausweglosigkeit der menschlichen Situation aufsprengt: die Abwendung der scheinbar unabwendbaren Katastrophe, die Herauslösung aus der unheilvollen Dynamik des »alten Äons«, die Befreiung aus der Dämonenherrschaft, das Ereignis endzeitlicher Gerechtigkeit, das die Menschen nicht länger auf ihre untilgbare Schuld festlegt. Diesen Metaphern gilt es nachzudenken, damit sie der Theologie wie der Verkündigung *zu denken geben können*, wie angesichts heutiger kultureller Selbstverständlichkeiten und gewiß auch gegen allzu oberflächliche Plausibilitäten verstehbar von Gottes Handeln zum Heil der Menschen gesprochen werden kann. Die Soteriologie setzt die Bewegung des glaubend-meditierenden Verstehens dieser Metaphern voraus und versucht denkend nachzuvollziehen, welche Zusammenhänge in ihnen sichtbar werden. So versucht sie, für heutiges Denken die innere Konsequenz eines Handelns verstehbar zu machen, das die Situation des Menschen trifft und zum Heil des Menschen von Grund auf neu bestimmt.

4.2 Jesu Sieg über die Mächte – die Befreiung zur Freiheit der Kinder Gottes

4.2.1 Die Herrschaft der Mächte ist gebrochen – Grundlinien einer Befreiungssoteriologie im Corpus Paulinum

Jesu Ausrufung der nahegekommenen, ja in seinem heilenden Wirken schon ankommenden Gottesherrschaft bezeugt die *Herrschaftsübernahme Gottes* über die Welt als eben jetzt sich vollziehendes, wenn auch in seinen Auswirkungen sich erst abzeichnendes eschatologisches Geschehen: Gott ist dabei, diese Welt ganz zu *seiner Welt* zu machen, zu einer Welt, »in der die Letzten die Ersten sein werden, die Armen und Entrechteten Gottes Gerechtigkeit

137

erfahren, die Hungernden satt werden und den Gequälten und Entwürdigten die Tränen für immer von den Augen gewischt sind.«[4] Wer sich von Gottes Herrschaftsübernahme ergreifen läßt, der anerkennt nicht mehr die *Mächte*, die die Welt Gottes unter ihre entfremdende Herrschaft versklaven. So ist Gottes Herrschaftsübernahme für die, die sie an sich geschehen lassen, Entthronung aller anderen – der widergöttlichen – Mächte, *Gottes Sieg* über alle Herrschaften, unter denen der Mensch, ja alle Kreatur stöhnt und seufzt (vgl. Röm 8,22). Ist nicht Jesus selbst schon Zeugnis der Herrschaftsübernahme Gottes, sind nicht Jesu Kreuz und Auferweckung Gottes und Jesu Sieg über die Machthaber, die *diesen* – den alten – Äon beherrschen?

Paulus konkretisiert diesen Grundgedanken in verschiedene Richtungen und auf verschiedene versklavende Herrschaften hin. Da ist zunächst die Herrschaft der »Kosmosmächte«. Nach jüdischer Dämonologie wie nach hellenistisch-synkretistischen Vorstellungen gilt das Weltgeschehen als Herrschaftsbereich von (stellaren) Zwischenmächten oder Gott untreu gewordener Dämonen, die durch ihren Einfluß die Schicksale der Menschen bestimmen und Verhängnis über sie bringen, die herrschen, wo immer die Menschen Zwängen unterworfen sind. Ihr Wesen ist es, daß »sie sich der Welt im ganzen und im einzelnen, der Menschen, der Elemente, der politischen und gesellschaftlichen Institutionen, der geschichtlichen Verhältnisse und Situationen, der geistigen und religiösen Strömungen bemächtigen«[5], in all diesen Verhältnissen die Menschen gefangenhalten und von sich abhängig machen. So waren auch nach dem Galaterbrief die Menschen – bevor Gott seinen Sohn sandte – rettungslos »unter die Herrschaft der Mächte dieser Welt versklavt« (4,3). Die aber, die – in der Taufe – Christus gleichförmig wurden, sind der »Botmäßigkeit unter den Weltmächten entronnen« (Kol 2,20); sie sind nicht mehr Sklaven, sondern Söhne und damit auch Erben – »durch Gottes Tat«. Wie können sich die in Christus Befreiten »den schwachen, armseligen Weltmächten

[4] Vgl. *P. Hoffmann*, Er ist unsere Freiheit. Aspekte einer konkreten Christologie, in: Bibel und Kirche 42 (1987), 109–115, hier 109.
[5] *H. Schlier*, Mächte und Gewalten im Neuen Testament, Freiburg [2]1958, 63.

wieder zukehren und ihnen nochmals von neuem als Sklaven dienen wollen!« Wie können sie sich noch verpflichtet sehen, den Kosmosmächten zu den jeweils bestimmten Festterminen ihre Reverenz zu erweisen (Gal 4,7–10); wie können sie sich den von ihnen dominierten Ordnungen unterwerfen, so als lebten sie noch »im Machtbereich dieser Welt«! (Kol 2,20).

Christus, der Gekreuzigte, ist der Kyrios, Herr über alle Mächte. Ihm hat Gott »den Namen verliehen, der über alle Namen Macht hat; und wo Jesu Name ausgerufen wird, da sollen sich die Knie beugen aller himmlischen, irdischen und unterirdischen Mächte« (Phil 2,9f.), da sind sie von Grund auf und endgültig entmachtet. Aber von ihrer Entmächtigung in Jesus Christus her wird erst deutlich, wer diese Mächte wirklich sind, wo sie – zuvor unerkannt – ihre Macht entfalten und wer letztlich in ihnen herrscht. Die Mächte herrschen, indem sie den Menschen durch ihre Forderung unterjochen, eine Forderung, der der Mensch in allem, was er tut, nachzukommen versucht, ohne daß er damit dem »unersättlichen« Anspruch der Mächte genügen könnte. Die Mächte versklaven, indem sie den Menschen dazu antreiben, sein Leben durch Götzendienst – durch »Opfer« – zu sichern, so daß alles, was er tut, nur der Versuch ist, mit den Schicksalsmächten ins reine zu kommen. So gesehen herrschen die Mächte auch in den Forderungen des *Gesetzes*: Auch die Versklavung unter das Gesetz, das den Menschen immer nur anklagt und in hilflose Versuche verstrickt, seine unendliche Forderung zu erfüllen, ist Ausdruck eines »Herrschaftssystems«, in dem der Mensch sich einem Anspruch gegenübersieht, der sich bei allem Gesetzesgehorsam doch immer nur erneuert (vgl. Röm 7). Aber wer beherrscht die Menschen letztlich durch diese untilgbare Forderung? Wer gibt den Mächten ihre Macht über die Menschen? Hinter allen Mächten steht und in allen Mächten herrscht die Sünde und durch die Sünde der Tod (vgl. Röm 5,12–21): Am Anspruch der Kosmosmächte und noch mehr des Gesetzes wird die Macht der Sünde greifbar, die alles menschliche Handeln zum hilflosen Versuch macht, diesem Anspruch zu entgehen – sich selbst zu rechtfertigen. Die Sünde verlangt – im Gesetz – nach ihrer Überwindung; und sie beherrscht den Menschen gerade darin, daß alles, was er zu ihrer Überwindung tun kann, ihre Macht doch nur bestätigt – die Forderung des Gesetzes erneuert. Das Gesetz ist nicht zu erfüllen, es weckt mit seiner Forderung nur die gegen sie gerichteten Leidenschaften des Leibes – die Begierden; und in den Begierden herrscht die todbringende Sünde, die Sünde, die alles menschliche Leben auf die Vergeblichkeit, auf den Tod hin ausrichtet.

So entmythisiert Paulus selbst schon die dämonologische Sichtweise des Kosmos, »wenn er die Vielzahl der Mächte auf die Sünden- und Todesmacht reduziert«[6], und wenn er schließlich – so in Röm 5,12–21 – die Herrschaft der Sünde und des Todes von ihrer Überwindung in Jesus Christus her als geschichtlich geworden und damit – wenn auch nur durch Gott selbst – als aufhebbar qualifiziert. Mit Adams Sünde sind die Sünde und der Tod zur Herrschaft gekommen, hat sich der Fluch über die Menschheit ausgebreitet – und das Gesetz hat diesen Fluch nicht aufgehoben, es war gleichsam nur der Gefängnisaufseher über die im Fluch gefangene Menschheit (Gal 3,23f.). Der zweite Adam, der für die Sünden der Menschen hingegeben, der selbst zum Fluch wurde, um uns vom Fluch des Gesetzes freizukaufen (Gal 3,13), er hat uns herausgerissen aus der Macht der gegenwärtigen bösen Weltzeit (Gal 1,4); in ihm hat die Herrschaft der Mächte, des Todes und der Sünde, die Herrschaft des Gesetzes ihr Ende gefunden (vgl. Röm 10,4). Er »hat uns befreit, damit wir in Freiheit leben« (Gal 5,1).

Wie aber geschah diese Befreiung? Sie geschah so, daß die unendliche Forderung, die die Menschen versklavte, aufgehoben wurde (vgl. Röm 8,3f.); und sie wurde dadurch aufgehoben, daß Gott seinen Sohn zu den Menschen unter dem Gesetz sandte, ihr Los – ihren »Fluch« – teilen ließ und sie so mit sich unauflöslich verbunden hat. Das Gesetz, die Mächte, Sünde und Tod hatten sich gleichsam zwischen Gott und die Menschen geschoben; ihr unendlicher Anspruch hielt die Menschen in unendlicher Entfremdung vom Ursprung des Lebens, von Gottes Liebe. Nun hat Gott selbst diese unendliche Entfernung überwunden, den unendlichen Anspruch »erfüllt«. Und die Mächte, die in dieser Entfernung und durch sie, in diesem Anspruch und durch ihn herrschten, verlieren

---

[6] Vgl. *P. Hoffmann*, Er ist unsere Freiheit, a.a.O. 115.

ihre Macht, zu entfernen und zu fordern, da Gottes Liebe in Jesus Christus unter den Menschen erschienen ist. Davon ist Paulus überzeugt: »Nicht Tod und nicht Leben, nicht Engel, nicht Mächte, nichts Gegenwärtiges und nichts Zukünftiges, keine Gewalten in der Höhe oder in der Tiefe werden die Macht haben, uns zu trennen von der Liebe Gottes, die in Christus Jesus, unserem Herrn, ist« (Röm 8,38f.). Weil Christus der Herr über die Mächte ist, deshalb sind die Glaubenden bei all dem, was ihnen widerfährt, siegesgewiß. Nicht die Mächte tragen den Sieg davon, sondern die mit Christus Verbundenen »durch den, der uns seine Liebe erwiesen hat« (Röm 8,37). Wer aber die Liebe Gottes und Jesu Christi im eigenen Leben Raum gewinnen läßt, der wird in der Liebe frei von aller Beherrschung durch Kosmosmächte und durch das Gesetz; er ist dem Gesetz und der Sünde gestorben, hat sich mit Jesus kreuzigen lassen und damit die Ansprüche des alten Äons erfüllt (vgl. Röm 6,2–10), um mit Jesus für das neue Leben auferweckt zu werden und in ihm eine »neue Schöpfung« (Gal 6,15) zu sein.

Siegesgewiß sind die Glaubenden, weil Jesus am Kreuz »die Herrschaften und Mächte ihrer Macht entkleidet, sie öffentlich zur Schau gestellt und seinen Triumph über sie gehalten« hat (Kol 2,15). Jesu Auferweckung macht diesen Triumph offenkundig, und in diesem Triumph ist auch den Glaubenden der Sieg über Tod und Mächte errungen. Wo der Tod seinen höchsten Sieg davonzutragen schien, da ist er mit Jesu Auferweckung besiegt worden (vgl. 1 Kor 15,55–57). Dieser Sieg ist errungen, aber noch nicht offenbar, noch nicht »voll in Geltung«. Er muß gleichsam noch geltend gemacht werden und ist erst endgültig durchgesetzt, wenn Christus »zunichte gemacht hat, was (sonst noch) Herrschaft besitzt, Gewalt beansprucht und Macht ausübt«, wenn »als letzter Feind der Tod zunichte wird am Ende der Zeiten, da der Sohn dem Vater alles, was er sich unterworfen hat, unterstellen wird« (1 Kor 15,24–28). Der Epheserbrief spricht von diesem Herrwerden Christi, worin er seinen Sieg an allen anderen Machthabern vollstreckt, in ekklesiologischen Kategorien: So ist Christus »der Machthaber über alle Mächte, Gewalten und Herrschaften und über jede Autorität, die sonst zur Geltung gebracht werden könnte und nicht nur in dieser, sondern auch in der kommenden Weltzeit. Alles hat er (der Vater) unter seine Füße getan und ihn der Kirche über sie alle hinweg zum regierenden Haupt gegeben. Sie ist sein Leib, die vollendete Fülle dessen, der alles überall zur Vollendung bringt« (1,21–23). Für Paulus selbst ist der Sieg über die Mächte und den Tod, an dem die Glaubenden in ihrem Glauben teilhaben, eine in dieser Weltzeit unter seinem Gegenteil verborgene Realität: die Glaubenden sind nicht die offenkundigen Triumphatoren, ihr Sieg ist vom Kreuz gezeichnet. Sie sind ja dazu bestimmt, dem Bild des Gekreuzigten gleichgestaltet zu werden (Röm 8,29) und den Weg des Sohnes zu gehen, in allen Anfechtungen und Leiden die in Jesu Kreuz eröffnete Freiheit zur Liebe zu bewähren, bis die »herrliche Freiheit der Kinder Gottes« in der künftigen, alle Nichtigkeit endgültig aufhebenden Herrlichkeit unübersehbar offenbar werden wird (Röm 8,18–21). Die Metapher des Sieges ist also an die theologia crucis zurückzubinden. Das *Kreuz* ist Siegeszeichen, und die Herrschaft des Siegers Christus, an der die Glaubenden teilhaben dürfen, ist eine *Herrschaft im Zeichen des Kreuzes*: des Seufzens und Entgegenharrens, des geduldigen Aushaltens, des Dienstes.

Der Epheserbrief stellt das Leben der Glaubenden unter die *Metapher des Kampfes*, in dem die Glaubenden Gottes Waffenrüstung anlegen müssen: die Wahrheit des Glaubens als Gürtel; Gottes Gerechtigkeit als Panzer; die Bereitschaft, den Frieden zu verkünden, als Schuhwerk; den Helm des Heiles und das Schwert des Geistes. Ohne diese Waffenrüstung können sie nicht bestehen, weil sie nicht nur »gegen Fleisch und Blut zu kämpfen« haben, »sondern gegen Mächte und Gewalten, gegen die Herrscher über diese finstere Welt, gegen die Geister der Bosheit droben im Himmel« (Eph 6,12; vgl. Röm 13,12; 2 Kor 6,7; 10,12).

An die Metapher des Sieges über die Mächte und des Kampfes gegen sie hat die Soteriologie schon im Neuen Testament und erst recht in der Väterzeit in vielfacher Variation angeknüpft. Bei Paulus selbst wird die Metapher nirgends verdinglicht oder durch einen mythologisch-dämonologischen Vorstellungsrahmen festgelegt. Sie verweist einerseits auf die vielfältigen entfremdenden Zwänge, die die Ungläubigen – den alten Äon – beherrschen, auf die Gefangenschaft im Zwangssystem des Gesetzes- oder Götzendienstes; und sie bringt zugleich die Erfahrung zum Ausdruck, daß die den satanisch-dämonischen Mächten unterworfene Erde in den »göttlichen Befreiungsprozeß« hineingenommen ist, daß die Welt und Geschichte beherrschenden »Strukturen des Bösen... von Gott her aufgebrochen« werden, durch Christi Sendung und von ihm her im Heiligen Geist aufgebrochen sind.[7] Jesus Christus ähnlich geworden, seiner Herrschaft unterworfen und von ihr in der Liebe ergriffen ist der Glaubende frei von allem, was sonst noch Macht hat; freigestellt von allen Ansprüchen, die ihn versklaven und entfremden könnten. Von dieser Erfahrung spricht die Metapher des Sieges (über die Mächte). Und sie fordert dazu heraus, dieser Erfahrung in den sich wandelnden kulturellen »Erfahrungswelten« auf der Spur zu bleiben; danach zu fragen, wie die den Glaubenden im Ereignis der liebenden Zuwendung Gottes in Jesus Christus eröffnete Freiheit sich jeweils in der Entmachtung der widergöttlichen »Gewalten« realisiert.

4.2.2 Die Sieges-Metapher in den johanneischen Schriften und in der Apokalypse des Johannes

Schon im Corpus Paulinum wird Satan als der »Gott dieser Weltzeit« (2 Kor 4,4) namhaft gemacht, als die Gegenmacht, die die Menschen in den Zwängen des alten Äons beherrscht und die Menschen zu einem Lebenswandel verführt, der dieser Weltzeit entspricht (Eph 2,2). Die johanneischen Schriften sprechen wiederholt vom Sieg über den »Herrscher dieser Welt«, den Jesus Christus errungen hat und der den Glaubenden durch ihren Glauben zu eigen wird. Jesu Tod und Erhöhung ist das Geschehen des Gerichts, in dem der Herrscher dieser Welt entlarvt und verurteilt (Joh 16,11), ja hinausgestoßen wird (Joh 12,31). Dieser »Sieg über den Bösewicht« (1 Joh 2,13.14) gehört den Glaubenden, die mit Gott in Liebe verbunden und eben nicht aus der Welt sind. Der Sohn Gottes ist gekommen, »die Werke des Teufels zunichte zu machen« (1 Joh 3,8); und wer aus Gott – Kind Gottes – ist, wer im Glauben von Gott »gezeugt« ist, der tut in der Liebe Gottes Werke und nicht mehr die Werke des Teufels; der ist – in der »Erkenntnis« – mit dem verbunden, der wirklich Bestand hat, mit Jesus Christus,

---

[7] Vgl. *P. Hoffmann*, Er ist unsere Freiheit, a.a.O. 110.

dem Sohn Gottes (vgl. 1 Joh 5,17–20). Wer glaubt, der hat erfahren, daß der Gott Jesu Christi, »der in euch wirkt, ... größer (ist) als der, der in der Welt wirkt« (1 Joh 4,4); und so weiß er sich in der Verbundenheit mit diesem Größeren der Weltherrschaft des Satans entzogen. Im Glauben ist der Mensch Sieger über die Welt (1 Joh 5,5); im Glauben hat er Anteil an dem Sieg, den Christus über die Welt errungen hat (Joh 16,93).

In den johanneischen Schriften verweist die Metapher des Sieges über den Fürsten dieser Welt auf die Erfahrung der Glaubenden, die sich aus der Herrschaft Satans befreit wissen, weil sie *Gott angehören* und ihm zutiefst verbunden sein dürfen. Diese Verbundenheit läßt sie Menschen sein, die nicht mehr aus der »Welt« und für sie leben, sondern Menschen, die ihre Gottverbundenheit in der Liebe zum Bruder bewähren. In den Glaubenden wirkt Gott die Liebe; und für die Liebenden ist die Weltherrschaft des Satans vergangen. Die Welt, die der Satan beherrscht, ist das Überwundene; die Liebe, in der Gott seine Macht bezeugt, ist die Realität des Sieges über die Welt. Freilich wäre immer wieder neu zu fragen, wie die Liebe über die sehr konkreten versklavenden Realitäten der Sünde in dieser Welt Macht gewinnen, wie der von Christus errungene Sieg über die Welt als *Befreiung der Welt* zur Geltung kommen kann. Die dualistischen Zuspitzungen in den johanneischen Schriften (aus Gott – aus der Welt; der Gott, der Liebe ist – der Herr dieser Welt) verhindern, daß in ihnen selbst die Entmachtung des Herren dieser Welt als Befreiung der Welt durch die Liebe gedacht wird. Neuzeitliche Soteriologie wird sich von der johanneischen Ausprägung der Sieg-Metapher herausfordern lassen, gegen ihre vordergründig dualistische Prägung zur Geltung zu bringen, daß das Zu-Gott-gehören-und-in-ihm-Bleiben die »Treue zur Erde« (F. Nietzsche[8]) gerade nicht ausschließt, daß gerade *der* in Gott und seiner Liebe bleibt, der dem Fürsten dieser Welt die Herrschaft über sein Dominium streitig macht und daran mitwirkt, daß die Liebe *in der Welt* zur Herrschaft kommt.

Die Apokalypse des Johannes versteht das Motiv des Sieges Jesu Christi aus dem Kontext des endzeitlichen »Krieges« Gottes und

---

[8] Vgl. Also sprach Zarathustra, KSA 4, 15.

Jesu Christi gegen die Mächte des Bösen und ihren Anführer, den Teufel. In diesem Krieg ist der Glaubende zum Kriegsdienst gefordert. Zwar ist der Sieg schon errungen; das Heil »ist jetzt angebrochen, die Macht und Herrschaft unseres Gottes und die Gewalt seines Messias«. So sind auch die Glaubenden gerettet; ihr Ankläger ist »gestürzt«; sie »haben den Sieg über ihn errungen durch das Blut des Lammes und die Verkündigung dessen, was sie zu bezeugen hatten« (12,10f.). Der Kampf ist entschieden; aber er ist gleichwohl noch auszukämpfen. Die Mächte des Bösen werden »gegen das Lamm Krieg führen, doch das Lamm wird sie besiegen; denn er ist der Herr aller Herren und König aller Könige« (17,14). Christus herrscht mit seinen Getreuen, der Satan ist gefesselt, die Mächte des Bösen sind entmachtet – für die tausend Jahre des endzeitlichen Friedensreiches. Wenn die tausend Jahre vorüber sind, wird der Satan noch einmal aus dem Gefängnis losgelassen; aber er kann auch in dem nun entbrennenden Kampf nichts mehr ausrichten gegen das »Lager der Heiligen«; der letzte Krieg endet damit, daß Satan und alle, die sich von ihm verführen ließen, in den Feuer- und Schwefelsee geworfen werden (20,7–15). Wer treu geblieben ist, wer »gesiegt« hat, dem wird der neue Himmel und die neue Erde zum Erbe gegeben; der Vater Jesu Christi wird ihm Gott sein und er wird ihm Sohn sein. Und sein Gott wird alle Tränen von seinem Angesicht abwischen; »der Tod wird nicht mehr sein und kein Leid, kein Jammer und keine Mühsal« (vgl. 21,4.7).

Die apokalyptische Prägung des Kampfes- und Sieges-Motivs ist in der Glaubens- und Kirchengeschichte aufgegriffen worden, wo immer man sich in die endzeitliche Auseinandersetzung mit den Mächten des Bösen gestellt sah. Jesus Christus erschien dann als der Kriegsherr, der die Erlösten zum Kriegsdienst an seiner Seite – unter seinem Banner – sammelt und sie in einen Kampf führt, dessen Ausgang schon entschieden ist, der aber gleichwohl durchgestanden werden muß, weil die Mächte des Bösen und all ihre Repräsentanten hier und jetzt niedergeworfen werden müssen. Die »militärische Logik« dieses Vorstellungsmodells begründet seine tiefe Zwiespältigkeit: Das Freund-Feind-Denken des Kämpfers an des Feldherrn Jesu Christi Seite sieht in den anderen – in denen, die nicht für uns sind – die Repräsentanten und Söldner des großen

Feindes, für die es nach der Logik des Kampfes nur Vernichtung geben darf. Wer zu den Feinden gehört, an dem ist der Sieg Christi gegen den Satan zu vollstrecken; jede Schwäche und Nachsicht würde es ihm ja erlauben, in die Reihen der Auserwählten einzubrechen. Gegen diese abgründige Logik des Kampfes und Sieges wäre in der Soteriologie die authentisch apokalyptische Ausrichtung auf Gottes und Christi Sieg über den Tod wiederzugewinnen; auf jenen Sieg, der gerade denen Rettung bedeutet, die der Gewalt in der Geschichte zum Opfer gefallen sind; auf den Sieg, der die Opfer ins Recht setzt und ihnen alle Tränen abwischt; auf den Sieg, der nicht noch einmal Leiden schafft und Vernichtung voraussetzt, sondern allem Leiden, allem Jammer und aller Mühsal ein Ende setzt. In ihm kommt Erlösung zum Ziel; in ihm siegt Gott, siegt die Liebe. Widersinnig und pervers wäre es, ihn in der todbringenden oder sonstwie »eliminierenden« Gewalttat kirchlicher oder weltlicher Kriegsherren sich durchsetzen zu sehen.

4.3 Jesu Sieg über den Teufel und die Dämonen in der Vätertheologie

Schon in den johanneischen Schriften hatte sich ein Dualismus abgezeichnet, der die sichtbare Welt als Herrschaftsbereich des Bösen – des Teufels – wertete und in der Geschichte böse Mächte am Werk sah, denen der Mensch hilflos ausgeliefert war. Im zweiten Jahrhundert verschärfte sich dieser »Weltpessimismus« unter dem Eindruck der beginnenden Christenverfolgung: Die Christen haben den Ansturm der Dämonen auszuhalten, die sich von Jesus Christus um ihre Herrschaft gebracht sehen und sich in ihrer Wut an denen schadlos halten, die ihnen in der Nachfolge Christi den Gehorsam aufkündigen.[9] Die Dämonen sind – gemäß apokalyptischer Überlieferung – von Gott abgefallene Engel; zu ihnen werden von den Apologeten auch die Heidengötter gerechnet, die sich nun gleichsam in einer letzten Kraftanstrengung dem Sieg Christi und seiner Erwählten entgegenzustellen versuchen. Diese dämonologische Weltsicht hat neben apokalyptischen aber auch noch andere –

---

[9] Vgl. etwa Justin, Apologia I 5–6 (dazu: *B. Studer*, Soteriologie, 67).

etwa gnostische – Wurzeln: Die Archonten oder cosmocratores, die Sterndämonen beherrschen die Sphäre zwischen Himmel und Erde[10] und bestimmen über das irdische Schicksal auch der Auserwählten. Die Theologen des zweiten Jahrhunderts versuchen, ihren Gemeinden die Gewißheit zu geben, daß die so elementar erfahrene Macht der Dämonen nur ein letztes hilfloses Aufbäumen sein kann, da der Sieg über die Dämonen und den Teufel schon errungen ist; und sie stellen Christi Erlösungstat als den schon errungenen Sieg über die feindlichen Mächte dieser Welt dar, an dem gerade die Märtyrer durch ihr Sterben für den Glauben teilhaben.

Der Sieg Christi ist errungen durch seinen Abstieg aus der göttlichen Sphäre des Himmels auf die Erde – bis in die Unterwelt – und seinen triumphalen Aufstieg, mit dem er die »Gefängnismauern« durchbrach, die den Erdenbewohnern den Himmel »verschlossen« gehalten hatten. Das Abstiegsmotiv ist zwar gnostisch geprägt; aber es hat einen neuen Akzent bekommen: Gott sendet seinen Sohn zu den Menschen, um sie nicht hilflos ihrem Gefangenenschicksal zu überlassen; ja, er sendet ihn auch noch in die Tiefen der Unterwelt, um die Toten zu befreien, die dort vom Satan gefangengehalten werden. Christus bricht die Pforten des Hades auf, besiegt den Satan und macht ihn – wie etwa das Nikodemusevangelium plastisch schildert – selbst zum Gefangenen des Hades.[11] Er nimmt die bisher Gefangenen im Triumphzug mit sich, durchschreitet bei seinem Aufstieg alle Zwischensphären und entmachtet so die Mächte dieser Sphären.[12] Mit seinem Sieg und dem Triumphzug der Himmelfahrt eröffnet er der ganzen Menschheit von neuem den Zugang zum Himmel; einen Zugang, der von den Mächten nicht mehr versperrt werden kann, auch wenn sie noch

---

[10] Vgl. *E. R. Dodds,* Heiden und Christen in einem Zeitalter der Angst, dt. Frankfurt/M. 1985, 29.

[11] Vgl. *E. Hennecke/W. Schneemelcher*, Neutestamentliche Apokryphen in deutscher Übersetzung, Bd. 1: Evangelien, Tübingen [4]1968, 348–354; Zum Motiv des Höllenabstiegs vgl. *J. Kroll*, Gott und Hölle. Der Mythus vom Descensuskampfe, Reprint Darmstadt 1963; *W. Maas*, Gott und Hölle. Studien zum Descensus Christi, Einsiedeln 1979.

[12] Vgl. Ascensio Isaiae 10f.; Epistola Apostolorum 13ff.; Oden Salomos 42 u.ö.; Zum Vorstellungshintergrund vgl. *B. Studer*, Soteriologie, 68ff. bzw. *J. Daniélou*, Theologie du Judéo-Christianisme, Tournai 1958, 273–287.

Zugriff haben auf die von ihnen ja weiterhin verfolgten und gemarterten Gemeinden.

Das Motiv vom Sieg Christi[13] gewinnt hier die Züge eines befreienden Durchgangs durch die Herrschaftsbereiche der Dämonen bzw. durch die vom Satan beherrschte Unterwelt, eines Durchgangs, der die Mauern des Gefängnisses aufsprengt, in dem die Menschen des zweiten Jahrhunderts sich gefangen erfahren. Christus überwindet diese Mauern, die Mächte, die den Zwangszusammenhang dieser Welt und ihrer Geschichte aufrechterhalten, weil er ihnen nicht unterworfen ist, weil er selbst der von Gott kommende Logos ist – wie vor allem *Irenäus von Lyon* (gest. um 202) herausstellt:

Gott der Vater »sandte das wunderwirkende Wort. Es kam, uns zu erretten, und hielt sich dazu an denselben Orten und Gegenden unter uns auf, wo wir das Leben bei unserem Verweilen verloren haben, und zerbrach die Bande der Gefangenschaft. Sein Licht leuchtete auf und zerstreute die Finsternis des Kerkers, heiligte unsere Geburt und besiegte den Tod, indem er die Fesseln löste, mit denen wir in Knechtschaft gehalten waren. Selbst zum Erstgeborenen der Toten geworden, zeigte er die Auferstehung und weckte in sich selbst den gefallenen Menschen zur Auferstehung, indem er ihn nach oben, zunächst in den Himmel zur Rechten des Vaters emporführte... Das hat in Wahrheit unser Herr Jesus Christus vollbracht, da er unsere Erlösung siegreich erkämpfte.«[14]

Irenäus greift das für die Gnosis wie für den (mittleren) Platonismus selbstverständliche egressus-regressus-Schema auf, wonach alles danach strebt, zu seinem Ursprung zurückzugelangen. Diesem Streben steht beim Menschen die Gefangenschaft im Gefängnis dieser Welt entgegen. Christus, der von Gott kommende, aus ihm hervorgegangene Logos kann von den Mächten nicht davon abgehalten werden, zu seinem Ursprung zurückzukehren; und er nimmt bei seiner siegreichen Heimkehr all jene mit sich, die sich von ihm retten und zur Rückkehr mitnehmen lassen. Christi Rückkehr zum Vater ist noch bei *Leo dem Großen* (gest. 461) der triumphus victoriae des Siegers über den Tod, der seiner Verherrlichung

---

[13] Vgl. dazu grundlegend G. *Aulén*, Christus Victor. An historical Study of the three main types of the idea of the atonement, London [11] 1975, 16–60.

[14] Epideixeis 38; vgl. Adversus haereses III 18,6; IV 24,1. Zu Irenäus vgl. *H. Kessler*, Die theologische Bedeutung des Todes Jesu. Eine traditionsgeschichtliche Untersuchung, Düsseldorf [2] 1971, 32ff.

entgegengeht und bei seinem transitus ad gloriam als Haupt der Menschheit seinen Menschenschwestern und Menschenbrüdern vorangeht, damit sich an den Gliedern dereinst vollende, was im Haupt bereits begonnen hat.[15] Leo setzt die zwei Naturen des Erlösers voraus: Weil Christus Gott war, deshalb konnte ihn der Tod nicht gefangenhalten; weil er Mensch war, deshalb konnte er die Menschheit so in seinen transitus ad gloriam einbeziehen, daß auch sie der Herrlichkeit entgegengehen kann.

Bei Leo ist das Motiv des Sieges Christi ein ausgesprochen österliches Motiv. Wo der Akzent stärker auf dem siegreichen Kampf Christi mit den Dämonen und dem Teufel liegt, da kommen auch die Geheimnisse des Lebens Jesu – wie etwa die siegreich bestandene Versuchung, seine Dämonenaustreibungen, vor allem aber sein Tod – in den Blick.[16] Jesu Tod ist Konsequenz seiner Verfolgung durch die Dämonen und den Teufel; aber er ist zugleich ihre Niederlage, weil sie mit ihm ihre Herrschaft über das Menschengeschlecht verlieren. Der Teufel suchte sich Jesu zu bemächtigen, indem er ihn mit Hilfe der Juden dem Tod überlieferte. Jesus aber täuschte den Teufel, da er seine göttliche Natur mit einem menschlichen Leben »überkleidete«. Der Tod verschlang ihn, konnte ihn aber nicht behalten, da die von Tod und Teufel »übersehene« göttliche Natur Jesu dem Tod widerstand; so mußte der ihn und mit ihm zusammen alle seine Gefangenen freigeben.[17] Dieses vielfach ausgemalte Motiv fand eine eher juridische Ausgestaltung in der Lehre vom *Sieg Christi durch Erstattung eines gerechten Lösepreises* an den Teufel. Nach Irenäus wie etwa auch nach *Origenes* (gest. 253/54) hat der Teufel wegen der Sünde des Menschengeschlechts ein Anrecht auf alle Menschen. Sie sind ihm zu Recht ausgeliefert; und Gott will auch dem Teufel Gerechtigkeit widerfahren lassen[18], indem er dieses Anrecht durch Bezahlung eines Lösepreises ablöst. Er gibt seinen Sohn in den Tod, um die Menschheit aus der »legitimen« Herrschaft des Teufels auszulösen. Aber der Teufel ist zuletzt doch der Betrogene, weil er den Lösepreis nicht behalten kann. Der Tod kann den Gottmenschen nicht festhalten; der

---

[15] Sermones 65,4; 67,7; 72,6.

[16] So etwa bei *Justin* (gest. ca. 165): Dialogus cum Tryphone 125,2ff.; Apologia I 63,10; zu Justin vgl. *H. Wey*, Die Funktion der bösen Geister bei den griechischen Apologeten des 2. Jahrhunderts nach Christus, Winterthur 1957, 162–186.

[17] Vgl. Excerpta ex Theodotou 61,6f.; Thomas-Akten 45 (*E. Hennecke/W. Schneemelcher*, Neutestamentliche Apokryphen in deutscher Übersetzung, Bd. 2: Apostolisches. Apokalypsen und Verwandtes, Tübingen ³1964, 327).

[18] Zu *Irenäus* vgl. Adversus haereses V 1,1; zu *Origenes* Homiliae in Exodum 6,9 bzw. Commentariorum in Matthaeum Series 16,8. Das Motiv begegnet u. a. auch bei *Basilius* (ca. 330–379; Homiliae in Psalmos 48,3), *Ambrosius* (ca. 339–397; Epistola I 41,7–8) und *Leo dem Großen* (Sermones 22,3; 60,3).

Teufel ist freilich zu Recht um den Besitz des Lösepreises gekommen, da er sich an einem Unschuldigen – am sündlosen Jesus Christus – vergriffen hat und so durch sein Unrecht seinen gerechten Anspruch auf die Menschheit verspielte. *Augustin* führt diesen Gedankengang detailliert aus: Gott beschloß, den Teufel »nicht durch Macht, sondern durch Gerechtigkeit zu besiegen«. »Wie wurde er besiegt? Dadurch, daß er diesen (Christus), obgleich er nichts Todeswürdiges an Ihm fand, dennoch tötete. Es ist nun sicherlich gerecht, daß er die Schuldner, die er festhielt, frei entließ, da sie an den glaubten, den er ohne irgendeine Schuld tötete«. Der Teufel wurde besiegt nach der Gerechtigkeit, aber zugleich durch die göttliche Macht Christi, mit der dieser sich dem Todesverhängnis entzog: »Zuerst hat Er also durch Gerechtigkeit und nachher durch die Macht den Teufel besiegt, durch die Gerechtigkeit, weil Er keine Sünde hatte und vom Teufel auf das Ungerechteste getötet wurde, durch die Macht, weil Er, der Tote, wieder lebendig wurde, um nie wieder zu sterben.«[19] Diese Theorie vom an den Teufel gezahlten Lösepreis ist schon von *Gregor von Nazianz* (gest. 390), also schon vor Augustin, als unangemessen kritisiert worden. *Anselm von Canterbury* (1033/34–1109) verstand seine Satisfaktionstheorie als Gegenentwurf gegen die »Teufelsbetrugshypothese«.[20] Das Motiv des Lösegeldes ist von da an – freilich durchaus an eine im Neuen Testament schon einsetzende, und dann etwa von *Tertullian* (ca. 150–200) ausgearbeitete Tradition anknüpfend – nur noch im Kontext der Sühnopferlehre aufgenommen worden: Es ist dem beleidigten Vater und nicht zur Abgeltung eines Rechtsanspruchs an den Teufel zu zahlen.

4.4   Der Sieg Christi und der Kampf der Christen

Im zweiten und dritten Jahrhundert wurde der Sieg Christi als Eröffnung des »Heimweges« zum Vater – eines Heimweges aus den Verstrickungen des zum Untergang bestimmten Äons – bzw. als die geglaubte und gefeierte Überwindung des Teufels durch Ablösung seines Rechtsanspruchs auf die Menschheit, eben: als Sieg *über die Welt* und ihren Herren vorgestellt. Die konstantinische Wende erlaubte es etwa *Eusebius von Cäsarea* (ca. 260/65–339), vom Sieg Christi *in der Welt* zu sprechen.[20a] Nicht mehr

[19] De Trinitate XIII, 17 und 18.

[20] *Gregor von Nazianz*, Orationes 45,22, bzw. *Anselm von Canterbury*, Cur Deus Homo I, 7.

[20a] Vgl. *P. Beskow*, Rex gloriae. The Kingship of Christ in the Early Church, Uppsala 1962 bzw. *H. Cancik*, Christus Imperator, in: H. von Stietencrom (Hrsg.), Der Name Gottes, Düsseldorf 1975, 112–130. Bei Euseb vgl. De Laudibus Constantini 1,6.

die den Sieg Christi so sehr in Frage stellende Verfolgung, sondern der Sieg Konstantins, die Anerkennung des Christentums im Römischen Reich bildet nun den Erfahrungshintergrund. Nach Euseb ist Christus selbst der wahre Sieger über die Verfolger seiner Getreuen. Er ist der rex gloriae, der in Reich und Kirche herrscht; seine Herrschaft ist die in der Friedensordnung des Reiches und in der wohlgeordneten Gemeinschaft der Kirche jetzt schon erfahrbare, wenn auch erst mit seiner Wiederkunft vollends sich durchsetzende Wirklichkeit. So wird Eusebs Reichstheologie zum Prototyp einer *theologia gloriae*, die Kirche und Staat wie deren Anführer im Lichte der von Jesus Christus errungenen und jetzt schon zumindest anfänglich zur Geltung gebrachten gloria sieht.

Aber es zeigte sich schon bald, daß der Sieg Christi in der Geschichte nur in gebrochener Weise Realität sein kann: Christi Reich ist hier und jetzt – so Augustin – das auf Kriegsdienst angewiesene Reich, »in dem man noch mit dem Feinde im Kampfe liegt und bald den andringenden Leidenschaften Widerstand leistet, bald den weichenden gebietet«[21]. Der Kriegsdienst der Glaubenden richtet sich gegen die Herrschaft der Leidenschaften und der Wollust, die nicht dem von Gottes Geist erleuchteten, vernünftigen Wollen des Menschen gehorchen.[22] In ihnen beherrschen die Dämonen und der Satan die Menschen. Sie und ihre »feindlichen Anfechtungen« werden zwar von den Frommen überwunden, »indem sie nicht zu ihnen, sondern zu Gott wider sie beten« und sich des Beistandes Christi versichern, der die Dämonen besiegt hat.[23] Aber der Kriegsdienst gegen sie bleibt notwendig, weil sie – obgleich besiegt – doch nicht jede Macht über die Christen verloren haben.

Dieses Motiv des Kriegsdienstes bzw. der Kriegszucht (disciplina) begegnet bereits bei *Cyprian von Karthago* (gest. 258)[24] und wird von *Laktanz* (ca. 250–320) aufgegriffen. Christliches Leben ist militia Christi, in der der Christ seine Tugend zu üben hat[25]; als Kriegsmann Gottes ist er in den

---

[21] De Civitate Dei XX, 9.
[22] Vgl. ebd. XIV, 16.
[23] Vgl. ebd. X, 22 bzw. De agone christiano, passim.
[24] Vgl. *B. Studer*, Soteriologie, 98.
[25] Divinae institutiones VII, 5,9.13.15f., 23f. Vgl. *A. von Harnack*, Militia Christi.

Kampf zwischen Gott und den Teufel, zwischen Tugend und Laster verwikkelt, hat er sich in einem Leben der Buße zu bewähren.[26] Untergründig und immer wieder auch ausdrücklich aufgenommen bestimmte das Motiv der militia Christi die Erfahrung der gegenwärtigen Herrschaft Christi in Kirche und Welt über eine lange Phase der Christentumsgeschichte hinweg. Es begegnet noch im Exerzitienbuch des heiligen *Ignatius* (1491–1556)[27], wo der Exerzitant in der Meditation über die zwei Banner aufgefordert wird, sich vorzustellen, er »sähe den Anführer aller Feinde in jener großen Ebene von Babylon gleichsam auf einem hohen Thron von Feuer und Rauch sitzend in schreckerregender und furchtbarer Gestalt.« Der Exerzitant soll weiterhin betrachten, wie der Satan »unzählige böse Geister zusammenruft und wie er sie aussprengt, die einen in diese Stadt und die anderen in eine andere und so über die ganze Welt hin, ohne irgendein Land, einen Stand oder irgendeinen Menschen im einzelnen zu übergehen.« Als Gegensatz hat man sich vorzustellen »den höchsten und wahrsten Befehlshaber, der da ist Christus, unser Herrr«, der sich in einem »großen Heerlager in der Gegend von Jerusalem niederläßt« und viele Menschen und Jünger »erwählt und sie aussendet, damit sie seine heilige Lehre durch alle Stände und alle Lebenslagen hindurch ausstreuen.« Die Meditation über die zwei Banner soll den Exerzitanten in die Lebensentscheidung stellen, also zur bewußten Grundentscheidung für den »höchsten und wahrsten Befehlshaber« Christus und gegen den Satan und sein Geisterheer herausfordern. Bei Ignatius ist das Heer Christi nicht einfach identisch mit der Kirche und das Heer des Satans nicht gleichzusetzen mit den Nichtchristen oder Häretikern. Vielmehr gehen die Frontlinien quer durch Kirche und Welt. Die Rezeption der augustinischen Zwei-Reiche-Lehre im Mittelalter tendierte – etwa bei *Otto von Freising* (1112–1158) – noch eher dahin, die Kirche als civitas Dei zu sehen, die gegen die Feinde der Kirche – letztlich gegen die Dämonen und den Teufel, die sie anstacheln – in den Krieg zu ziehen hat.

Die Sakramente haben eine besondere Bedeutung im Kampf des Heeres Christi gegen das Heer des Satans. Schon nach den »mystagogischen Katechesen« *Cyrills von Jerusalem* (ca. 313–387) empfängt der Täufling in der Taufe den Heiligen Geist, um mit ihm gesalbt und gestärkt den Kampf gegen den Teufel aufzunehmen.[28] Dieses Motiv bestimmte nach der Ausdifferenzierung der Initia-

Die christliche Religion und der Soldatenstand in den ersten drei Jahrhunderten, Nachdruck Darmstadt 1963.

[26] Vgl. *M. Spanneut*, Tertullian et les Premiers moralistes africains, Gembloux 1969, 195.

[27] Vgl. die Ziffern 136–147 des Exerzitienbuches.

[28] Mystagogische Katechesen III.

tion in Taufe und Firmung liturgische Gestalt und theologische Deutung des Sakraments der »confirmatio« bis in die jüngste Vergangenheit hinein: Der Firmling wurde gleichsam zum »Ritter Christi« geschlagen. Aber den entscheidenden Abbruch erfährt das Reich des Teufels doch durch das Wasser der Taufe. Es vertreibt die Dämonen aus den Seelen der Ungläubigen und macht sie aus Feinden Christi zu seinen Mitstreitern. So wird in der Taufe der zuvor Ungläubigen der Sieg Christi zur konkret erfahrbaren Wirklichkeit; das erklärt etwa die Praxis der Zwangstaufen von Juden im frühen und hohen Mittelalter.[29] Beim Empfang des Altarsakraments erlangen die Getauften (und Gefirmten) jene Stärkung, die sie trotz aller – in der Beichte zu bekennenden und vergebenen – Niederlagen im einzelnen den Kampf nicht aufgeben und schließlich siegreich bestehen läßt. So wurde die Soteriologie hier konkret in den *Heilszeichen*, die den Christen zum Kampf ausrüsten gegen das Heer des Satans und gegen die vielfältigen Versuchungen, in denen die Dämonen den Menschen auf ihre Seite zu ziehen versuchen. Christi Heilstat reduzierte sich für den einfachen Gläubigen mehr und mehr auf die Einsetzung der Sakramente und auf seinen Heilstod, der den Sakramenten ihre siegreiche Kraft verlieh. Und die Kirche erschien als die Kult- und Kampfgemeinschaft, die von Papst und Bischöfen in den Krieg gegen den Teufel und seine Vasallen geführt wurde und die Streiter gegen die Herrschaft des Satans mit den sakramentalen Gnadenmitteln stärkte.

Auch die Reformatoren sehen die Situation des Menschen ganz und gar von seinem Ausgeliefertsein an die Herrschaft des Teufels und von dem nur im Glauben zu bestehenden Kampf gegen ihn bestimmt. »Wer kan den teuffel und fleysch widder stehen?« fragt *Martin Luther* (1483–1546); und er spricht deutlich aus, »das wyr des teuffels gefangen sind als unsers fursten und Gottes, das wyr thun mussen, was er will und uns eyn gibt.«[30] Und *Johannes Calvin* (1509–1564) lehrt, es sei Tollheit, wenn der Mensch sich allein des Satans erwehren, wenn er allein »gegen den Teufel, der ein so star-

---

[29] *J. Delumeau*, Angst im Abendland. Die Geschichte kollektiver Ängste im Europa des 14. bis 18. Jahrhunderts, dt. Reinbek 1985, 437.
[30] Bonner Ausgabe, Bd. 3, 87 (Ein Sendbrief von dem harten Büchlein wider die Bauern).

ker und großer Krieger ist, in die Schlacht ziehen will«.[31] Der Kampf, der um uns her tobt, ist ja – wie Luther besonders in »De servo arbitrio« unterstreicht – ein Kampf zwischen Christus und dem Teufel um den »Besitz« des Menschen. Wie ein »Zugtier« steht der menschliche Wille in der Mitte. »Wenn Gott aufsitzt, will und geht er, wohin Gott will... Wenn Satan aufsitzt, will und geht er, wohin Satan will, und es steht nicht in seiner freien Entscheidung, zu einem der beiden Reiter zu laufen und ihn für sich zu beanspruchen, sondern die Reiter kämpfen darum, ihn zu erlangen und in Besitz zu nehmen«.[32] Damit spitzt Luther die Erfahrung des Ausgeliefertseins an dämonische Mächte aufs äußerste zu; und er gerät in die Gefahr, auch die Befreiung des Glaubenden in Christus noch – von der er so überzeugend und bewegend reden kann[33] – im Bild der »Besessenheit« vorzustellen; Konsequenz einer dämonologischen Welterfahrung, die auch auf die Erfahrung der Befreiung von der Dämonenherrschaft noch durchschlägt; Konsequenz gewiß auch von Prädestinationsvorstellungen, die die Hilflosigkeit des vom Teufel beherrschten Menschen so stark unterstreichen, daß sie auch die Befreiung nur noch als passiv »erlittenes« Widerfahrnis in den Blick kommen lassen.

Die neutestamentliche Erlösungsmetapher des Sieges Christi über die Mächte ist also in zwei traditionsgeschichtlich bedeutsamen Linien aufgenommen und umgeformt worden: In der Linie der Reichstheologie Eusebs von Cäsarea erscheint das Reich und später die Kirche als geschichtliche Realität des von Christus am Kreuz errungenen Sieges über den Teufel; Christi Sieg war der Beginn einer »heiligen Herrschaft«, die in seinem Namen von Kaisern, Päpsten und Bischöfen über den Erdkreis ausgeübt wird. Diese triumphalistische »soteriologia gloriae« überschneidet sich vielfach mit der »realistischeren« Einschätzung, der schon errungene Sieg Christi müsse im Kampf gegen das Heer des Teufels, gegen seine in den sündigen Leidenschaften konkret erfahrbare Herrschaft über die Menschen durchgekämpft werden, wobei die

---

[31] Institution chrétienne, Paris 1961, 190 f.
[32] Bonner Ausgabe, Bd. 3, 126.
[33] Vgl. Von der Freiheit eines Christenmenschen, Bonner Ausgabe, Bd. 2, 2–27.

Kult- und Kampfgemeinschaft der Kirche die dem Sieg Jesu am Kreuz zu verdankenden Stärkungsmittel bereitstelle und durch ihre hierarchische Leitung gleichsam für die Organisation dieses Kampfes Sorge zu tragen habe. Die Kampfmetapher bestimmt auch noch die reformatorische Grunderfahrung, nach der der aus sich hilflos dem Teufel ausgelieferte Sünder in der Rechtfertigung ohne jedes eigene Verdienst von Christus, dem Sieger über den Teufel, »in Besitz genommen« wird. Die Herrschaft Christi über die Glaubenden bedeutet freilich wahre *Freiheit*, denn sie befreit von der Knechtschaft Satans, der die Menschen in ihren sündigen Leidenschaften gefangenhalten will.

4.5   Entdämonisierung

Die Auferweckung Jesu Christi und seine Erhöhung »zur Rechten der Majestät« (Hebr 1,3) begründet die Umprägung des Themas »Gottesherrschaft« zum Motiv der (*Königs-*)*Herrschaft Christi*: Der »Sieger« Christus hat den widergöttlichen Mächten die Herrschaft über die Menschen – über die Schöpfung – entrissen; er herrscht zumindest insofern, als er die Glaubenden zum Kampf gegen den »Fürsten dieser Welt« sammelt, sie in diesem Kampf führt und stärkt und ihnen an seinem Sieg Anteil geben wird. Kann dieses Erlösungsverständnis durchgehalten werden, wenn sich das dämonologische Welt- und Geschichtsverständnis auflöst? Worüber hat Jesus Christus gesiegt; in welchen Kampf führt er die Glaubenden, wenn es nicht mehr der Kampf gegen das »Heer« Satans – gegen die Dämonen – ist? Die »Entzauberung der Welt« ist – nach *Max Weber* (1864–1920) – das Grundmerkmal neuzeitlicher Rationalisierung der Lebenswelt; und diese Entzauberung beruht auf dem Glauben daran, »daß man, wenn man nur wollte, es jederzeit erfahren könnte, daß es prinzipiell keine geheimnisvollen unberechenbaren Mächte gebe, die da hineinspielen, daß man vielmehr alle Dinge – im Prinzip – durch Berechnung beherrschen könne.«[34] Das *neuzeitliche Freiheitsbewußtsein* konstituiert sich geradezu durch die Gewißheit, daß der Mensch keinen dämoni-

[34] *M. Weber*, Gesammelte Aufsätze zur Wissenschaftslehre, Tübingen [3]1968, 594.

schen Mächten unterworfen, daß er in der Lage ist, seine Lebens-
umstände verantwortlich zu gestalten, ohne irgendwelche über-
menschlichen Einflüsse auf das Weltgeschehen in Rechnung stellen zu müssen. Wie kann die christliche Erlösungsbotschaft auf
dieses neuzeitliche Freiheitsbewußtsein hin zur Sprache gebracht
werden?[35]

Man kann gewiß darauf hinweisen, daß der biblische Gottes- und Schöpfungsglaube selbst auf die Entzauberung und Entdämonisierung der Welt-
wirklichkeit abzielt. Die Sterne und Himmelskörper sind für den Schöp-
fungsbericht keine schicksalsbestimmenden Gottheiten, sondern Gottes
Geschöpfe; und Gott selbst – nicht irgendein Dämon – bestimmt die geschichtliche Wirklichkeit im letzten. Die in der Begegnung mit der Stoa
ausgearbeitete und auf platonisches Gedankengut zurückgreifende[36] *Vor-
sehungslehre* sieht Gott als den *Pantokrator*[37], der als Hausvater über das
All wacht, alles ordnet und lenkt und dem Kosmos eine sinnvolle, auf das
Beste hin ausgerichtete Ordnung einstiftet. Der Schöpfer behält seine
Schöpfung in der Hand; er bestimmt sie auf das von ihm vorentworfene
Ziel hin; Dämonen spielen – wenn überhaupt – für das Weltgeschehen nur
eine vordergründige, von Gott angewiesene Rolle. So konnte in diesem
Gegenentwurf gegen die zeitgenössische dämonologische Weltsicht die
Metapher des Sieges über die Mächte keine entscheidende Rolle spielen.
Eines Sieges bedurfte es nicht, wenn Gott immer schon der Pantokrator
war. Andere soteriologische Modelle treten hier in den Vordergrund: Chri-
stus als die geschichtliche Erscheinung des göttlichen Welt-Logos; als Erzieher und Vorbild, in dem Gottes Welt-Logos aufscheint, von dem her der
Welt-Logos auf die Glaubenden übergreifen und ihr Leben bestimmen
will.

Die Aufklärung knüpft an solche soteriologischen Vorstellungen
an; sie sieht Gott allenfalls als den Erzieher, der in Jesus Christus
seinen nur für unverständige Menschen verborgenen Weltplan unübersehbar geoffenbart habe. Von einer Wende der Geschichte
durch Christi»Sieg« über die Mächte kann selbstverständlich nicht
mehr die Rede sein; von einer Befreiung durch Christi Erlösungswerk im Grunde auch nicht mehr, da der Mensch – von Jesus allen-

---

[35] Das ist die leitende Problemstellung des vorzüglichen Buches von *Th. Pröpper*,
Erlösungsglaube und Freiheitsgeschichte, München ²1988.
[36] Vgl. Timaios 30b/c; Politeia X, 612e; Nomoi X, 899d ff.
[37] Vgl. *Johannes Chrysostomus* (ca. 350–407), Homiliae in epistolam ad Hebraeos,
2,3.

falls belehrt – sich selbst von den »Mächten« befreien kann: durch »Ausgang des Menschen aus seiner selbst verschuldeten Unmündigkeit«, womit er sich als *Herr seiner selbst* ins Recht setzt.[38] Wo aber der Mensch sich zum Herrn seiner selbst einsetzt – »emanzipiert« –, da ist schließlich auch die Rede von einer Welt und Geschichte ordnenden Herrschaft Gottes obsolet. Der Mensch wagt sich »aus dem starken Schutz der göttlichen Vorsehung« heraus[39], da er die Geschichte als sein eigenes Dominium – als Gestaltungsraum – meint in Besitz nehmen zu können. So wird auch die letzte, von der Aufklärung noch zugelassene Bedeutung der Kategorie »Handeln Gottes« gegenstandslos.

Aber Nietzsche, der diese äußerste Konsequenz geltend zu machen sucht, verheimlicht sich nicht, was der Mensch sich zumuten muß, wenn er aus dem starken Schutz der göttlichen Vorsehung heraustritt. Wenn nicht mehr Gottes Wille die Wirklichkeit im Tiefsten bestimmt und rechtfertigt, so muß der menschliche Wille selbst sich zum Herrn aller Wirklichkeit machen. Aber er kann nicht »zurück« in die Vergangenheit: »dass er die Zeit nicht brechen kann und der Zeit Begierde, – das ist des Willens einsamste Trübsal... Dass die Zeit nicht zurück läuft, das ist sein Ingrimm«. Und doch kann er das Vergangene, den Zufall nicht sich selbst überlassen, als das seiner Herrschaft Entzogene: »Die Vergangenen zu erlösen und alles, ›Es war‹ umzuschaffen in ein ›So wollte ich es!‹ – das hiesse mir erst Erlösung!«[40] *Diese* Erlösung vollbringt erst der Übermensch, der der Geschichte frei und mit eiserner Hand seinen Stempel aufdrückt, sie so zur *Vorgeschichte* des Übermenschen macht und alles in ihr zerschlägt, was sich dieser ihrer Bestimmung widersetzt. Freiheit wird terroristisch, wo sie nur sich selbst kennt und das von ihr selbst Gesetzte anerkennt – das hat schon Hegel in aller Klarheit gesehen.[41] Oder sie entmächtigt sich

---

[38] Vgl. *I. Kant*, Beantwortung der Frage: Was ist Aufklärung, Akademieausgabe Bd. VIII, 33–42, hier 35 bzw. Metaphysik der Sitten, § 30, Akademieausgabe Bd. VI, 282.

[39] Vgl. *F. Rosenzweig*, Der Stern der Erlösung, Neudruck Frankfurt/M. 1988, 247.

[40] Also sprach Zarathustra, KSA 4, 179f.

[41] Vgl. den Abschnitt »Die absolute Freiheit und der Schrecken« der Phänomenologie des Geistes (Theorie Werkausgabe Bd. 3, 431 ff.).

scheinbar zu einer Freiheit, die sich dem Gesetz des Lebens, der Geschichte, des Geistes, der Evolution unterwirft, dieses Gesetz dann aber unbarmherzig gegen alles »Überlebte« und »Unzeitgemäße« in Geltung zu setzen sucht. Auch die sich unterwerfende Freiheit ist also oft genug terroristisch, weil sie die Macht des Geschehen-Müssenden auf ihrer Seite weiß und in Anspruch nimmt. Sie streckt sich nach der Macht aus, jene Opfer darbringen zu können, die um ihrer selbst und des allein noch anerkannten »Gesetzes« willen »sein müssen«. Ist sie darin, daß sie Opfer fordert und darbringt, nicht selbst *dämonisch* geworden – wenn denn im Anschluß an Paulus dämonisch all jene Mächte zu nennen sind, die unersättlich Opfer fordern?

4.6   Freiheit und Dämonie

Wie wird das Freiheitsstreben selbst zur Quelle dämonischer Unterdrückung? Indem es sich – so wäre von Nietzsche zu lernen – zu rücksichtsloser Selbstbehauptung, schließlich auch noch zur Selbstbehauptung und Selbstdurchsetzung gegen Zeit und Geschichte potenziert. Ist dieser Untergang der Freiheit das unabwendbare Schicksal menschlichen Freiheitsstrebens? Oder ist er eine tödliche Bedrohung der Freiheit, die ihr Wesen selbst mit sich bringt, von der sie aber durchaus geheilt werden kann, so daß erst die »geheilte« die zu sich selbst gebrachte Freiheit wäre? Diese Frage muß für eine Soteriologie, die Erlösung – mit Paulus – als *Befreiung zur Freiheit* (Gal 5,1) versteht, schlechthin grundlegende Bedeutung haben. Von Befreiung zur Freiheit läßt sich ja nur sinnvoll reden, wenn menschliche Freiheit, so wie sie sich faktisch verwirklicht, der Befreiung bedarf, damit sie sich nicht selbst ihren Untergang bereitet. Aber was macht die tiefe, erlösungsbedürftige Ambivalenz menschlichen Freiheitsstrebens aus?

Freiheit ist – wie Hegel und Kierkegaard herausarbeiteten – ein wesentlich *negativer* Begriff: Sie verwirklicht sich *gegen* die Fremdbestimmung als *Selbstbestimmung*; und dieses »gegen« zeigt die Aggressivität an, mit der jeder Mensch sich schon zu Anfang seiner seelisch-geistigen Entwicklung dem totalen Bestimmtwerden durch signifikante andere entziehen muß.[42] Die »anderen« versuchen immer schon, mich als Mittel für ihre Zwecke einzusetzen. Gegen sie muß ich mich als *Zweck an mir selbst* behaupten und zur Geltung bringen. Nach Kant macht es die Würde des vernünftigen, frei sein sollenden Wesens aus, daß es »als Zweck an sich selbst, nicht bloß als Mittel zum beliebigen Gebrauche für diesen oder jenen Willen« existiert, daß es deshalb niemals nur als Mittel, sondern »jederzeit zugleich als Zweck« an sich selbst anzusehen ist.[43] Die Würde der freien Person, »Zweck an sich selbst« zu sein, gründet in seinem Geist- und Subjektsein: Der Mensch ist geistige Subjektivität, insofern er von dem, worauf er bezogen ist, nicht einfach nur bestimmt wird, sondern in seiner vielfältigen Bezogenheit *sich selbst bestimmt und zu sich selbst kommt*. Aber ist dieses Subjektivitäts- und Freiheitsverständnis nicht selbst latent terroristisch? Provoziert es den Einzelnen nicht dazu, sich als Selbstzweck gegen alles andere und alle anderen absolut zu setzen, in der Beziehung zum anderen nichts als die eigene »Selbstverwirklichung« zu suchen? Die liberale Grenzziehung, die freie Selbstbestimmung jedes Einzelnen dürfe nur so weit gehen, als sie die freie Selbstbestimmung aller anderen nicht verletze, löst das Problem nur scheinbar; sie klärt nicht, wie das Subjekt in diesen Grenzen Zweck an sich selbst sein kann, weil sie Freiheit letztlich doch mit Selbstbestimmung in eins setzt. Aber niemand kann sich selbst zum »Zweck an sich selbst« machen, er müßte denn sein Bestimmen – sich selbst als alleinigen Selbstzweck – gegen jede andere Selbstbestimmung, schließlich auch noch gegen das Bestimmtwerden durch Vergangenheit, Zeit und Geschichte durchsetzen, wie es Nietzsches Zarathustra fordert. Soll Freiheit Resultat meiner Selbstbestimmung sein, so kann sie nur als Durchsetzung der eigenen *Absolutheit* in den Blick kommen, als Freiheit, die die Freiheit aller anderen ausschließt. Aber auch für den, der sich in diesem Sinne als absoluten Selbstzweck zu setzen versucht, stellt sich unabweisbar die Frage, ob er tatsächlich »Zweck an sich selbst« sein kann, ohne daß er sich

---

[42] Vgl. meine auf psychoanalytische Verlaufsbeschreibungen zurückgreifenden Überlegungen in: Glaube im Kontext, St. Ottilien [2] 1987, 277 ff.

[43] Vgl. *I. Kant*, Grundlegung zur Metaphysik der Sitten, Akademieausgabe Bd. IV, 428 f.

in freier Selbstbestimmung noch einmal zu einem letzten »Wofür« seiner selbst bestimmt. Diese Frage stellt sich deshalb unabweisbar, weil die Endlichkeit menschlicher Subjektivität – letztlich ihr unabwendbarer Tod – das als Selbstzweck Angezielte als völlig gleichgültig, als im Lauf der Geschichte, der Evolution absolut zu vernachlässigende Größe erscheinen läßt. *Die Gleichgültigkeit des in der Selbstbestimmung als Selbstzweck zu Setzenden*: ihrer kann sich die endliche, als bloße Selbstbestimmung konzipierte Freiheit nur so erwehren, daß sie gegen diese – in der *Angst* realisierte – Gleichgültigkeit hoffnungslos der eigenen Absolutsetzung – »meinem« Absoluten – nachjagt und eben darin terroristisch wird. Diese »Sucht« nach Absolutheit hat alle Merkmale einer Flucht vor dem, was als das Verdrängte gleichwohl unfehlbar wiederkehrt; im Extremfall – der immer häufiger der Normalfall wird – wiederkehrt in den dämonischen Obsessionen des neurotisch an aller Absolutheit verzweifelnden und doch an ihr festhaltenden seelisch kranken Menschen.

Will ich mich selbst als Zweck an mir selbst in Geltung setzen, so verstricke ich mich in den Kampf mit all denen, die ihre »Selbstzwecklichkeit« für sich und gegen alle anderen durchkämpfen wollen. Und ich verstricke mich in den Kampf um all die (geistigen oder materiellen) Güter, von denen ich mir die Realisierung meines Selbstseins verspreche; um die »Selbstrealisierungsmöglichkeiten«, die mich erst – wie ich mir einrede – der sein lassen, der ich sein will. So mache ich mich in meinem Freiheitsstreben von Realitäten abhängig, deren Zugänglichkeit oder Verfügbarkeit offenbar über mein Ich-selbst-sein-Können entscheiden, von Realitäten also, die für mich zur alles bestimmenden Wirklichkeit werden. Das zeigt sich vielleicht besonders deutlich, wo der Mensch – um der Relativierung seines Daseins durch Zeit und Geschichte, letztlich durch den Tod zu begegnen – sich nach einem Absoluten ausstreckt, das ihn unverlierbar wichtig sein läßt und rechtfertigt, dafür aber seinen ganzen Einsatz und jedes Opfer fordert, in dessen Namen er jedes Opfer fordern darf, ohne daß er damit der Erfüllung seiner Forderung auch nur einen Schritt näher käme. Wer sich um seines Selbst-sein-Könnens willen von einer solchen Instanz (oder Realität) abhängig macht, der versklavt sich unter ihre unendliche

Forderung: unter die Forderung, *für sie* jedes nur denkbare Opfer zu bringen und zu fordern; der versklavt sich unter einen Götzen. Dies macht ja nach Paulus die Dämonenherrschaft aus: Dämonen – Götzen – sind jene Absolutheiten, die absolut fordern und die Menschen dazu verführen, von der Erfüllung ihrer Forderungen ihre Rechtfertigung – ihr Selbstseindürfen – zu erhoffen; die diese Rechtfertigung aber gar nicht gewähren können, weil sie ihrem Wesen nach *Moloch* sind: weil sie durch leere Versprechungen über die Menschen herrschen und zur Macht kommen, indem sie die ihnen sich Hingebenden verbrauchen und verschlingen.[44]

So ist der Selbstbehauptungzwang dämonisch, weil er Opfer bringt und fordert – Opfer für die Dämonen, die herrschen, weil wir ihnen um unserer Selbstbehauptung willen Opfer bringen; weil wir ihnen fälschlich zutrauen, daß sie als Gegenleistung für unsere Opfer unser Selbstbehauptungsstreben zum Ziel kommen lassen; weil sie das von unserem Selbstbehauptungsstreben Verdrängte – die conditio humana – verzerrt in uns zur Geltung bringen. Freiheitsstreben wäre nur dann nicht dämonisch – Selbstbehauptungszwang und Götzendienst –, wenn die endliche Freiheit auch vom Selbstbehauptungszwang und damit auch aus der Dämonenherrschaft sich noch lösen könnte; wenn ihr tiefster Selbstvollzug nicht die Selbstbehauptung durch Selbstdurchsetzung und »Götzenanbetung«, sondern das *Sich-Freigeben* wäre; ein Sich-Freigeben allerdings, worin die »Selbstzwecklichkeit« des sich Freigebenden gerade nicht unterginge, sondern gerechtfertigt und gerettet wäre. Daß das Sich-Freigeben Grundvollzug von Freiheit ist, das wird einsehbar, wenn man darauf aufmerksam wird, daß Freiheit ebensowenig selbstursprünglich ist, wie sie ihres Zieles – der »Selbstzwecklichkeit« des Subjekts – durch bloße Selbstdurchsetzung mächtig ist. Wer Freiheit nur als die zu *erkämpfende* und nicht

[44] Diese Dynamik des Freiheitsstrebens rekonstruiert *E. Drewermann* in seinem großen Werk Strukturen des Bösen, Teile I–III, Paderborn [3]/[4] 1982/83; hier vgl. vor allem das Vorwort zu Teil III und die Vorrede zur 2. Auflage (XII–LXXXIV). Zur »Besessenheit« des Neurotikers vgl. Drewermanns Deutung der Dämonenaustreibungen (Tiefenpsychologie und Exegese, Bd. 2, Olten [4]1988, 247–277). Zur Todesvergessenheit des modernen Selbstbestimmungsdenkens vgl. *Th. Pröpper*, Erlösungsglaube und Freiheitsgeschichte, 143.

auch als *gewährte* erfährt, der wird in seinem Kampf um Freiheit maßlos, weil er erkämpfen will, was ihm doch nur frei gewährt werden kann; die psychoanalytische Praxis belegt diesen Satz mit bedrückender Eindringlichkeit. Freiheit bleibt erzwungen und trägt die Tendenz zum Zwang in sich, wenn sie nicht vom Du – zunächst von den signifikanten anderen – gewollt und bejaht, also dadurch gewährt wird, daß der andere *sich freigibt*: sich löst von *seinem* Selbstbehauptungszwang und darauf verzichtet, mich als Mittel für seine eigene Absolutsetzung zu mißbrauchen. Freiheit will – muß – von den (signifikanten) anderen frei anerkannt und bejaht werden.[45] Und Freiheit kann letztlich nur dies wollen, Freiheit zu stiften durch freie Anerkennung der anderen in ihrer Freiheit, denn nur die anerkannte Freiheit kann mich selbst in meiner Freiheit frei anerkennen, und bloß erzwungene Anerkennung gewährt mir nicht, worauf ich zutiefst angewiesen bin: die vorbehaltlose Bejahung meiner als eines »Zweckes an mir selbst«. Zweck an mir selbst zu sein, diese »Würde« kann ich mir nicht erkämpfen, so sehr ich darum kämpfen muß, daß die »Selbstzwecklichkeit« jedes einzelnen Menschen nicht durch entfremdende Beziehungen und Strukturen mißachtet wird.

Als Zweck an mir selbst darf ich mich erfahren – und kann ich mich nur erfahren –, wo ich *um meiner selbst willen geliebt werde*. Der (die) selbstlos Liebende verbürgt mir mit seiner (ihrer) Liebe die Antwort auf die Frage, warum ich sein soll und wofür ich gut bin. Nicht eine Antwort, die mich als Mittel für einen Zweck jenseits meiner selbst gut sein läßt; eine Antwort vielmehr, die *mich* – unverlierbar mich selbst – als Zweck an mir selbst gut sein läßt für ein Du, für andere, für die es gut ist, daß ich der bin, der ich bin. Es ist das Geliebtwerden, worin ich mich als nicht mehr relativierbaren Eigenwert erfahre, als Zweck an mir selbst, als gerechtfertigt, als *unbedingt erwünscht*[46], als Anlaß der Freude. Aber die Liebe ist kein Gut, das ich mir aneignen und verschaffen kann, auf das ich einen Rechtsanspruch hätte. Sie ist freies Geschenk, und gerade

---

[45] Das arbeitet Hegel im »Herr und Knecht«-Kapitel seiner Phänomenologie des Geistes heraus (Theorie-Werkausgabe, Bd. 3, 145 ff.).

[46] Vgl. *G. Fuchs*, Glaubenserfahrung – Theologie – Religionsunterricht. Ein Versuch ihrer Zuordnung, in: Katechetische Blätter 103 (1978), 190–216.

als unverdienbares Geschenk rechtfertigt sie mich in meinem Dasein; würde sie mir nur pflichtgemäß gewährt, wäre sie als Rechtfertigung meiner selbst gerade entwertet. So ist die Liebe zutiefst ein Freiheitsgeschehen, wie auch die Freiheit immer schon in liebender Selbstfreigabe gründet und ihren Sinn darin hat, daß Menschen einander liebend als Zweck an sich selbst setzen.[47]

Woher aber nimmt die Liebe das Recht, den (die) Geliebte(n) als Zweck an sich selbst, als *unbedingt* Erwünschte(n) zu affirmieren? Lügt sie nicht, da sie doch selbst gar nicht verbürgen kann, was sie dem (der) Geliebten zuspricht: er (sie) sei eben nicht in letzter Instanz gleichgültig, oder doch nur Mittel für einen Zweck jenseits seiner (ihrer) selbst? Liebe kann – so Th. Pröpper – »nur gelingen, wo zugleich an Liebe geglaubt wird«; an eine Liebe, die wahr macht und in Geltung setzt, was meine Liebe verspricht. So kann menschliches Verhalten nur frei sein, wenn »es das, was es darstellt und realisiert, schon voraussetzt«[48]; wenn es jene *Rechtfertigung* des einzelnen Menschen als Zweck an sich selbst nachvollzieht und im Einsatz gegen die dämonische Vergleichgültigung des Einzelnen bezeugt, die Gott selbst mit seiner Zuwendung zu den Menschen in Kraft setzte. Nach christlicher Glaubenserfahrung ist Gott allein – weil selbst nicht mehr rechtfertigungsbedürftig – fähig zu rechtfertigen. Und er rechtfertigt: nicht die Besitzstände; nicht den Übermenschen; nicht den Sieg des Stärkeren und die Niederlage der Schwachen, nicht die Resultate der Machtgeschichte oder die Opfer der Evolution. Er rechtfertigt auch noch die Elenden, die Verlorenen und die Sünder; er rechtfertigt auch die noch, denen keiner mehr einen Eigenwert zubilligt. Ihnen geht er nach bis in den letzten Winkel, in den sie sich verkrochen haben (vgl. Lk 15,3–7); und er freut sich, wenn er sie wiedergefunden hat. Gottes »Freude« rechtfertigt mich in »letzter Instanz«; ich bin ihm der unbedingt Erwünschte, auch wenn und obwohl ich von mir aus nichts dafür tun konnte.

Das ist die Botschaft des Paulus: Gott befreit von der Herrschaft

---

[47] Diese Analyse deckt sich der Sache nach weithin mit *Th. Pröppers* – auf dem Weg transzendentaler Reflexion gewonnenen – Wesensbestimmung der Freiheit (Erlösungsglaube und Freiheitsgeschichte, 171–194).

[48] Vgl. ebd. 192.

der »Mächte«, da er den Grund beseitigt, der die Menschen in die Loyalität zu den Götzen zwang. Er rechtfertigt die *Sünder*, damit sie nicht länger versuchen müssen, ihre Rechtfertigung zu erkämpfen oder durch Götzendienst zu erwirken. Er heilt ihr Freiheitsstreben, da er »umsonst« gewährt, was es zutiefst ersehnt: das unbedingte Erwünschtsein, das den Menschen als Zweck an sich selbst setzt. Die Menschen versklaven *sich selbst* unter die Dämonen, da sie – um mit Luther zu sprechen – sich von ihnen alles Gute erwarten und bei ihnen ihre Zuflucht suchen, da sie an die in ihnen zur alles bestimmenden Wirklichkeit vergötzten falschen Absolutheiten »ihr Herz hängen«.[49] »Herrschaftswechsel« geschieht – Gott kommt zur Herrschaft –, wo der wahre Gott als vertrauenswürdig und verläßlich erfahren wird; wo man auf ihn und den Anbruch seiner Herrschaft alle Hoffnung setzt; wo man seinen Willen geschehen sieht im Mächtigwerden seiner Liebe, von der ich mich als Zweck an mir selbst anerkannt und zum Einstehen für die »Selbstzwecklichkeit« meines Nächsten herausgefordert weiß; in der ich mich von meinem Selbstbehauptungszwang löse und für das zuletzt und zutiefst heilsame Geschehen des Gotteswillens freigeben kann. Wer sich auf Gott und auf das Geschehen seines Willens verläßt, der ist frei von der Verlockung durch die Dämonen und frei von ihrer Forderung; der kennt eine heilsame Herrschaft, die »höher« ist und »tiefer« reicht als die Herrschaft der Dämonen in der Höhe und in der Tiefe. Er verweigert ihnen jeden Tribut und bringt sie so um ihre Macht.

Die Metapher der Entmachtung der »Mächte« bleibt also auch im Kontext neuzeitlichen Freiheitsbewußtseins beziehungs- und aufschlußreich. Sie verweist auf die tiefe Ambivalenz eines Freiheitsstrebens, das den Menschen nicht nur zum »Herrn und Eigentümer der Natur« (*R. Descartes*[50]) und schließlich zum Herrn seiner selbst einsetzen, sondern darüber hinaus als »Zweck an sich selbst« (I. Kant) in Geltung setzen will. Sie läßt danach fragen, weshalb dieses Freiheitsstreben selbst dämonisch-terroristisch werden kann,

---

[49] Vgl. Luthers Erläuterung zum 1. Gebot im Großen Katechismus, Bonner Ausgabe Bd. 4,4.
[50] Von der Methode, hrsg. von L. Gäbe, Hamburg 1960, 50.

wann und wie es sich selbst zum Selbstbehauptungszwang und schließlich zum »Götzendienst« verkehrt. Sie fordert dazu heraus, die »Götzen« und »Mächte« namhaft zu machen, deren unendlicher und unersättlicher Forderung sich der Mensch unterwirft, da er sich von ihnen die Rechtfertigung seines zutiefst rechtfertigungsbedürftigen Daseins erhofft: Besitz, Herrschaft, Erfolg, Genuß, die weltgeschichtliche Sendung, die Vollstreckung des Lebens- oder Geschichtsgesetzes oder der Dämon »Übermensch«. Die Entmachtung dieser Mächte – auch darauf verweist die Metapher – ist nicht von einer »Wiederverzauberung der Welt« zu erwarten,[51] von der Verleugnung der menschlichen Sehnsucht nach Freiheit und erfüllter Subjektivität. Der Glaube an die in Jesus Christus geschehene Erlösung ist dem menschlichen Freiheitsstreben zutiefst solidarisch, er bejaht seine Intention: das Zur-Geltung-Kommen und die Würdigung des einzelnen Menschen als Zweck an sich selbst. Aber er läßt sich nicht darüber hinwegtäuschen, daß menschliche Befreiungspraxis eben nur zur Geltung bringen kann, was *von Gott her* gilt, was *er* zutiefst will und durchsetzt: die unverlierbare Geltung jedes einzelnen Menschenlebens. Und Gott steht für diese Geltung mit letzter Entschiedenheit ein, da er jedem einzelnen Menschen in Liebe zugewandt ist, ihn um seiner selbst willen liebend bejaht.

Gottes Zur-Herrschaft-Kommen läßt sich offenbar nach der Logik der *siegreichen Durchsetzung* des Gotteswillens gegen die widergöttlichen Mächte beschreiben; einer siegreichen Durchsetzung und Entmachtung der Mächte freilich, die nicht vom Selbstdurchsetzungszwang dämonischer Freiheit geprägt ist, sondern nur als *Sieg der Liebe* bezeichnet werden kann. Aber wie »siegt« die Liebe; und wie siegte sie in Jesus Christus? Und was bedeutet dieser Sieg für unser Freikommen aus der Herrschaft der Mächte?

---

[51] Gegen *M. Berman*, Wiederverzauberung der Welt. Am Ende des Newtonschen Zeitalters, dt. Reinbek 1985.

4.7 Er ist unsere Freiheit

Die historisch-kritischen Annäherungen an Verkündigung und Reich-Gottes-Praxis Jesu geben genug Anlaß zu der Behauptung, die Zeitgenossen hätten an ihm die Erfahrung der befreienden Nähe Gottes machen können. An Jesus konnten sie erfahren, daß die Herrschaft der »Mächte« begrenzt und überwindbar ist: Er war ihr nicht unterworfen; er hat sie in seinem eigenen Leben überwunden, da er sich zutiefst auf das Ankommen der heilbringenden Gottesherrschaft verließ und darum warb, sich von ihr ergreifen zu lassen. Dieses Vertrauen schloß die Loyalität zu anderen Herren aus und verlieh ihm jene Souveränität, die keine Rücksichten kannte außer der einen: der einfühlsamen Rücksicht auf die Not der »Kleinen«, an der die Macht der göttlichen Liebe offenbar werden soll. Jesu Verkündigung und Lebenspraxis: das ist der Sieg der Gottesherrschaft über die Mächte, ihre Entmachtung durch Aufkündigung der Loyalität zu ihnen, durch Verweigerung jeden Tributs an sie.

Aber wie siegt die ankommende Gottesherrschaft in Jesu-Reich-Gottes-Praxis über die »Mächte«. Sie siegt, wie die Liebe nur siegen kann: indem sie die Überlegenheit der Liebe erweist. Diese Überlegenheit erweist sich darin, daß einer – der Kyrios Jesus – sich auf die Liebe verläßt und in seinem Vertrauen auf die Liebe gerechtfertigt wird. Jesus verläßt sich auf die Liebe – und auf sie allein –, weil Gott in ihr zur Herrschaft kommt; und das heißt: er distanziert sich von der Logik der Selbstbehauptung, die unter Dämonen versklavt – ob sie »Gesetz« heißen oder national-völkische Selbstbehauptung oder Sicherheit vor dem kommenden Gericht durch Askese. Er distanziert sich, indem er sich mit den *Opfern* dieser Logik solidarisiert, sich zu ihnen rechnen und sich selbst zum Opfer machen läßt: Für die Führer des Volkes ist es besser, wenn *er* stirbt, als wenn das ganze Volk zugrunde geht (vgl. Joh 11,50). So kann die Liebe nur siegen, indem der, der sie zur Herrschaft bringen will, der nur *ihrer* »Logik« folgt und allen anderen Logiken abgeschworen hat, der Logik der Selbstbehauptung zum Opfer fällt. Sein Opfer offenbart die Tödlichkeit dieser Logik – ist deshalb das Gericht über sie; es offenbart, worauf die Herrschaft der

»Mächte« im Letzten hinaus will. Aber vom »Sieg« der Liebe konnte schließlich doch nur gesprochen werden, weil Jesu »Opfer« nicht denen zugute kam, denen es dargebracht sein sollte: den Dämonen, sondern den Brüdern und Schwestern Jesu, die wie er von der Logik der Selbstbehauptung zum Opfer bestimmt sind. Und ihnen konnte es zugute kommen, weil der Vater am stellvertretend für alle Geopferten den Sieg der Liebe wahrgemacht, ihn »verherrlicht« hat.

»Der Geschlagene ist Sieger« – geschlagen wird er, weil »die Welt« den Logos, da er in sein Eigentum kam, nicht angenommen, nicht erkannt hat (Joh 1,10f.); weil »die Seinen« sich dagegen sperrten, in Jesus von Nazaret den Logos »inkarniert« zu sehen, dem sie ihre Existenz verdanken und der deshalb auch ihr Leben bestimmen will. Dieser Logos – die »Logik« und Dynamik liebender Selbstmitteilung – ist der Welt zum schlechthin Fremden geworden; und als der Fremde wird der, in dem er »Fleisch wurde« – ein menschliches Leben radikal bestimmte –, »der Welt unerträglich sein und von ihr umgebracht werden. Innerhalb des Feldes des ersten Adam (das doch ihm, dem zweiten gehört) gibt es für ihn keinen möglichen Sieg; er kann dieses Feld als solches nicht in sein eigenes verwandeln: ›Mein Reich ist nicht von dieser Welt‹ (Joh 18,36).«[52] Aber der in Jesus Christus inkarnierte Logos erweist Gott, dessen Logos er ist, als die alles bestimmende Wirklichkeit, da er nicht nur das Leben dieses Menschen durch und durch bestimmt – in ihm vollkommen als er selbst erscheint –, sondern auch seinen Tod noch »durchdringt« und zur Offenbarungswirklichkeit macht, zur Offenbarung des Wesens und der Macht Gottes. Zur Offenbarung seines Wesens: der schöpferischen, sich selbst mitteilenden und weggebenden Liebe; zur Offenbarung seiner Macht, mit der er als die auch den Tod noch »erobernde« letzte Wirklichkeit sich durchsetzt. Daß die Liebe Gottes der Logos ist, daß sie in Jesus Christus erschienen ist, daß sie sich in und an ihm als die alles bestimmende Wirklichkeit erwiesen hat, von der die Glaubenden sich ergreifen lassen, von der sie durch nichts mehr – weder durch den Tod, noch

---

[52] Vgl. *H. U. von Balthasar*, Theodramatik, III. Die Handlung, Einsiedeln 1980, 439 ff., Zitat 442.

durch die »Mächte« – abgetrennt werden können, das ist der Sieg, den Jesus Christus errungen hat und den in ihm und durch ihn all jene davontragen, denen er seine Liebe erwiesen hat (Röm 8,37–39). Zu diesem Sieg kommt es, weil das, was (im Pneuma) Jesu Lebens- und Verkündigungspraxis ganz und gar bestimmte, sich in der Auferweckung des Gekreuzigten als die alles bestimmende Wirklichkeit erwies: In der Auferweckung des Gekreuzigten setzt der Vater jene Herrschaft der Liebe durch, die sein Sohn in seiner Lebenspraxis gegenwärtig zu setzen beanspruchte. Jesus Christus ist der Sieger – und als solcher der *Erlöser*, weil in ihm und an ihm Gottes Liebe ihre unüberwindliche Macht erwiesen hat; weil in ihm das Ja Gottes »Wirklichkeit geworden« ist (vgl. 2 Kor 1,19–21), so daß die Menschen die für sie lebensnotwendige Zustimmung zu ihrem Dasein sich nicht mehr zu erkämpfen oder durch Götzendienst zu erlangen versuchen müssen; so daß sie der Logik der Selbstbehauptung sich entziehen und auf den in Jesus Christus fleischgewordenen Logos sich einlassen können. Die »Soteriologie von unten« wird umgriffen von der »Soteriologie von oben«: Das Bestimmtwerden des Lebens Jesu Christi vom Geist der Liebe – von Gottes heilschaffendem Willen, von seinem Vorhaben, für die und mit den Menschen seine Herrschaft aufzurichten – wird als *Gottes Selbstoffenbarung*, als das Sichtbar- und Greifbarwerden des göttlichen Wesens im menschgewordenen Logos verstanden. Als Gottes Selbstoffenbarung aber ist Jesu Leben, auch wenn es den »Mächten« zum Opfer gebracht wird, ihrer Herrschaft schlechthin entzogen. Wer sich glaubend auf den in ihm inkarnierten Logos einläßt und ihn für sich die alles bestimmende Wirklichkeit sein läßt, der wird sich lösen können von den Mächten und Plausibilitäten, die sein Leben unheilvoll bestimmen; für den wird Erlösung als *Herauslösung* aus dem Machtbereich der Sünde zur im Glauben ergriffenen Wirklichkeit. So verweist die Metapher des Sieges über die Mächte auf weitere Grund- oder Zentralmetaphern des Erlösungsglaubens: auf die Metaphern der Mensch-(bzw. Fleisch-)Werdung des Logos und der Herauslösung, der Sühne für die Sünden des Menschengeschlechts.

4.8 Christi Königsherrschaft und der Kampf gegen die Herrschaft der Unterdrücker

Der »Sieg« der Liebe über die Mächte und Dämonen ist *am Kreuz* errungen; so bleibt auch die Königsherrschaft Christi von seinem Kreuz gezeichnet, sosehr sie ausgerichtet ist auf die Überwindung der Todesherrschaft. Heißt das nun, daß die Macht der Liebe immer nur im Gekreuzigtwerden, im leidenden Aushalten der Welt »siegen« kann und bezeugt werden soll? »Leiden, Leiden, Kreuz, Kreuz, das ist der Christen Recht«, so sieht schon Martin Luther die Existenz der Glaubenden in der Welt.[53] Christusnachfolge ist Kreuzesnachfolge; ist sie deshalb bereitwilliges und widerstandsloses Sich-kreuzigen-Lassen von der in der Welt – in unterdrückenden und entwürdigenden Verhältnissen – herrschenden Sünde? Oder ist auch der Widerstand, der Kampf gegen diese Macht der Sünde Christus- und Kreuzesnachfolge?

Paulus – aber auch der Hebräerbrief – sieht den Sinn der Sendung Jesu darin, daß er sich in Solidarität mit den unter der Herrschaft der Mächte und des Gesetzes Leidenden selbst dieser Herrschaft aussetzte (Phil 2,7; Hebr 2,14.17). Seine Solidarität mit den Leidenden und Fertiggemachten führte ihn ans Kreuz; sie bezeugte ihnen freilich auch Gottes Entschlossenheit, sie nicht verlorenzugeben. Kreuz und Auferweckung Jesu Christi bezeugen den Glaubenden, daß diese Solidarität der Gewalt der Mächte standhielt, eben weil in ihr Gottes »Solidarisierung« mit den Sündern und Notleidenden geschah. Kann diese Solidarisierung Gottes von den Glaubenden anders bezeugt werden als durch Solidarität – durch Solidarisierung vor allem mit denen, an denen die »Mächte« sich mit besonderer Grausamkeit austoben? Die *Befreiungstheologie* hat diese Konsequenz gezogen; und sie versteht die Solidarität der Glaubenden mit den Leidenden *nicht nur* als aushaltende und mitleidende, sondern *auch* als kämpferische Solidarität. Sie meint, die Kosmosmächte entmythologisieren und in den Unterdrückern der Armen wiedererkennen zu dürfen; so gelte es, in der Solidarität der Unterdrückten und mit den Unterdrückten die Glaubensge-

---

[53] Weimarer Ausgabe 18, 310, 10f.

wißheit zu bezeugen, daß die Herrschaft der Unterdrücker – der »Mächte« – zum Untergang verurteilt ist, da Jesus Christus seine Königsherrschaft angetreten hat. Das Zeugnis der Glaubenden macht geltend, was von Gott her gilt: daß jeder Mensch Gottes Ebenbild und deshalb Zweck an sich selbst ist; und es sucht diese Würde des Menschen gegen Machtstrukturen und Machthaber durchzukämpfen, die den Menschen als Mittel zum Zweck »verheizen«. Das Zeugnis der Glaubenden ist hier Zeugnis für den Herrn Jesus Christus, der in der Liebe herrscht und von den Mächten dieser Welt – von ihrer versklavenden Machtausübung – verhöhnt wird; Zeugnis für die Solidarisierung Gottes mit den Menschen, die den Menschen ihre Würde als Zweck an sich selbst zurückgab; Zeugnis für die Unzerreißbarkeit dieser Solidarität, an der alle entzweienden Mächte zuschanden werden müssen.

Die Metapher des Kampfes gegen die Dämonen ist hier zu neuer Relevanz gekommen: Die Dämonen herrschen, wo Menschen um ihre Würde gebracht werden. Gegen diese Entwürdigung gilt es zu kämpfen; und das kämpferische Eintreten für die Würde des Menschen bezeugt den Sieg der Solidarisierung Gottes mit den Menschen in Jesus Christus, bezeugt die Unvereinbarkeit der Königsherrschaft Christi mit der Herrschaft menschenfeindlicher Mächte. Der Kampf gegen die Dämonen ist der Kampf darum, daß die Liebe mächtig werde und die gesellschaftliche und wirtschaftliche Lebenswelt bestimme – der Kampf um die Macht für die Liebe. Ist aber nicht jeder Kampf um Macht heillos ambivalent, weil jedes Erringen von Macht in »diesem Äon« Opfer fordert und neues Unrecht mit sich bringt, »auf die dafür inadäquaten Mittel des alten Äons angewiesen« ist? Die an sich richtige Auskunft, die Macht für die Liebe sei mit den Mitteln und auf den Wegen der Liebe zu erkämpfen, löst noch nicht das Dilemma; es ist unlösbar. Die Liebe will zur Herrschaft kommen; Jesus will auch in den alltäglichen Lebensverhältnissen dieser Welt als »König« anerkannt sein, und die Glaubenden müssen sich für den Kampf gegen die »Mächte« in Dienst nehmen lassen: gegen Ungerechtigkeit und Unterdrückkung, freilich auch – worauf man in der Tradition Augustins hinweist – gegen den Ungeist maßloser und rücksichtsloser Ehr- und Genußsucht. Aber ihr Kampf wird den Sieg der Liebe nicht erkämpfen, sosehr er ihm verpflichtet sein muß; und der Sieg wird von ihnen auch nicht verlangt, sondern der Widerstand und das Standhalten.[54]

Die Glaubenden werden die Siege, die sie erkämpfen können, nicht mit dem Sieg der Liebe Gottes in Jesus Christus verwechseln. Dieser Sieg ist ja gegen einen Feind errungen, gegen den Menschen allein machtlos sind: gegen die Macht der Gleichgültigkeit und der Mißachtung, mit der der Tod über die Menschen herrscht – nicht erst bei ihrem Sterben, sondern mitten im Leben, im grausamen Schicksal, in jeder die Würde des anderen mordenden Tat der Gleichgültigkeit und der Mißachtung: in der Sünde. Gott selbst hat die Macht des Todes, der Gleichgültigkeit und der Mißachtung gebrochen, da er sich in Jesus Christus, seinem Sohn, den Menschen – auch den geringsten und am meisten verachteten, den Opfern – unwiderruflich verbunden und ihnen ihre Würde zurückgegeben hat. Sein Sieg über die »Gleichgültigkeit der Welt«[55] kann von den Glaubenden nur *bezeugt* werden; und er muß von ihnen bezeugt werden im kampfbereiten Einsatz gegen je meine Versuchung zur Gleichgültigkeit und zur Mißachtung des anderen wie auch gegen die Struktur gewordene Gleichgültigkeit und Mißachtung. Dieser Einsatz bezeugt Gottes Einsatz zur Befreiung der Menschen und die lebendige Hoffnung der Glaubenden darauf, daß die Liebe Gottes, die in Jesus Christus »erschienen« ist und die Macht des Todes gebrochen hat, alle verwandeln und vollenden wird, die sich von ihr ergreifen lassen. Die Liebe Gottes wird »an die Macht kommen« – über all die Kämpfe und Projekte hinaus, mit der glaubende Menschen sie zur Macht bringen wollen und sie zugleich unvermeidlicherweise immer wieder verraten. Ihr endzeitlicher Sieg wird die Logik der Selbstdurchsetzung *gegen* andere endgültig außer Kraft setzen, denn er wird keine Opfer mehr kosten.

---

[54] Vgl. *H. U. von Balthasar*, Theodramatik III, 450 mit Hinweis auf Paul Claudel.
[55] Vgl. *L. Kolakowski*, Die Gegenwärtigkeit des Mythos, dt. München 1973, 94f.

4.9 Die Zweideutigkeit des Metaphernfeldes »Kampf gegen und Sieg über die Mächte«

Menschliche Selbst- und Sozialerfahrung kennt keinen Sieg, der nicht mit Niederwerfung und erneuter Unterdrückung erkauft wäre; kein Zur-Macht-Kommen, das nicht die Züge gewaltsamer Selbstdurchsetzung an sich trüge. Wie kann die Liebe »siegen« auf den Wegen und mit den »Mitteln« der Liebe, ohne daß ihr Sieg durch anderes errungen wäre als durch die Liebe selbst? Kann denn aus dem Kampf Freiheit hervorgehen, da doch der Kämpfende niemals aufhört, Zwang auszuüben, da er *bezwingen* will, was er bekämpft? Im Metaphernfeld »Kampf/Sieg« läßt sich Erlösung letztlich doch nur als Niederwerfung des schlechthin Bösen vorstellen – des letzten Feindes –, dem nur recht geschieht, wenn er besiegt und entmachtet ist, der eben nicht noch einmal »versöhnt« werden muß. Es ist schwierig, sich vorzustellen, wie die Glaubenden so in diesen Kampf und Sieg hineingenommen sind, daß sich dabei Erlösung als Befreiung zur Freiheit an ihnen ereignet. Luthers Bild vom Zugtier und den beiden Reitern beleuchtet diese Schwierigkeit; und sie läßt sich bis ins Kirchenverständnis und in die ekklesiale Erfahrung hinein verfolgen: Die militia der Glaubenden in der ecclesia militans fordert offenbar eher die Unterwerfung der »Soldaten« unter ihre Befehlshaber, als daß sie die Freiheit der Kinder Gottes zur Geltung kommen ließe. So ist die Logik des Kampfes bei ihrer Inanspruchnahme durch die Rede von Erlösung zwar von innen heraus aufgebrochen und auf jenen Sieg hin ausgerichtet, der keine Besiegten mehr kennt und nur noch die gegen sich hat, die an ihm nicht teilhaben wollen: den Sieg der Liebe. Aber die in die Metapher des Kampfes so unvermeidlich hineinspielende Logik der Selbstdurchsetzung schlägt die Rede von Erlösung doch immer wieder in ihren Bann und durchkreuzt ihre Intention, Erlösung als Freiheitsgeschehen zur Sprache zu bringen. Das nötigt die Soteriologie, auf Metaphern zurückzugreifen, nach denen Erlösung nicht mehr durchgesetzt und »erzwungen«, sondern ermöglicht und eröffnet wird; der Versuch Augustins und vieler anderer Theologen seiner Zeit, Erlösung nicht einfach als Übermächtigung und Niederwerfung des Satans vorzustellen, sondern als ein Drama, das auch ihm noch Gerechtigkeit widerfahren läßt, weist schon in diese Richtung, wenn auch mit Hilfe äußerst zwiespältiger Motive.

Literatur

Aulén, G., Christus Victor. An historical Study of the three main types of the idea of the atonement, London [11] 1975

Balthasar, H. U. von, Theodramatik, III. Die Handlung, Einsiedeln 1980

Beskow, P., Rex gloriae. The Kingship of Christ in the Early Church, Uppsala 1962

Delumeau, J., Angst im Abendland. Die Geschichte kollektiver Ängste im Europa des 14. bis 18. Jahrhunderts, dt. Reinbek 1985

Dodds, E. R., Heiden und Christen in einem Zeitalter der Angst, dt. Frankfurt/M. 1985

Kessler, H., Die theologische Bedeutung des Todes Jesu. Eine traditionsgeschichtliche Untersuchung, Düsseldorf [2] 1971

Ders., Erlösung als Befreiung, Düsseldorf 1972

Ders., Reduzierte Erlösung? Zum Erlösungsverständnis der Befreiungstheologie, Freiburg/Br. 1987

Mußner, F., Theologie der Freiheit nach Paulus (Quaestiones disputatae 75), Freiburg/Br. 1970

Ohlig, K.-H., Fundamentalchristologie. Im Spannungsfeld von Christentum und Kultur, München 1986

Peperzak, A. Th., Der heutige Mensch und die Heilsfrage. Eine philosophische Hinführung, Freiburg/Br. 1972

Pröpper, Th., Erlösungsglaube und Freiheitsgeschichte. Eine Skizze zur Soteriologie, München [2] 1988

Schlier, H., Mächte und Gewalten im Neuen Testament, Freiburg/Br. [2] 1958

Studer, B./Daley, B., Soteriologie in der Schrift und Patristik, Handbuch der Dogmengeschichte III/2a, Freiburg/Br. 1978

Studer, B., Gott und unsere Erlösung im Glauben der Alten Kirche, Düsseldorf 1985

Die patristischen Quellentexte werden in den Anmerkungen nach den üblichen Unterteilungen zitiert. Für die Editionen vgl. Clavis Patrum Latinorum, Steenbrugge [2] 1961 bzw. Clavis Patrum Graecorum I–IV, Turnhout 1974 ff.

5 Jesus Christus: Gott mit uns – das Metaphernfeld der rettenden Beziehung und der heilenden Teilhabe

5.1 Der Immanuel

Die Immanuelverheißung von Jes 7,14 wird in Mt 1,21–23 auf die Geburt Jesu aus der Jungfrau Maria bezogen. In ihm ist »Gott mit uns«; und Gottes Mit-uns-Sein bedeutet Heil. Darauf bezieht sich die Erläuterung des Jesus-Namens, der hier in Entsprechung zum Immanuel-Namen gesetzt wird: Jesus heißt: (In) Jahwe ist Heil; und diesen Namen trägt der aus der Jungfrau Geborene zu Recht, »denn er wird sein Volk erlösen von seinen Sünden.« Mit der Parallelisierung von Jesus- und Immanuel-Namen will Matthäus offenbar zum Ausdruck bringen, »daß alles Heil darin bestehe, daß ›Gott mit uns‹ ist«[1] und daß Jesus von Nazaret Gottes heilende Gegenwart »unter uns« ist.

Der Rückbezug auf die Immanuel-Verheißung läßt die Geburt Jesu und seine Sendung, Israel von seinen Sünden zu erlösen, als Konsequenz und als Ziel der alttestamentlichen Bundesgeschichte erscheinen: Israel hatte seinen Gott Jahwe als den schlechthin *Beziehungswilligen* und *Beziehungsmächtigen*, als den erwählenden und dem erwählten Volk sich verpflichtenden Gott erfahren. *Jahwes Nähe* rettet den, der sie sucht; Jahwe nimmt ihn bei seiner rechten Hand und geht mit ihm den guten Weg (vgl. etwa Ps 73,23–28), nahe ist er den zerbrochenen Herzen (Ps 34,19); wohl denen, die er erwählt und in seine Nähe holt (Ps 65,5). Sein Wohnen inmitten des erwählten und dennoch sündigen Volkes, seine gnädige Nähe bedeutet Erlösung (vgl. Ps 69,19). Jesus wird in Mt 1,23 noch vor seiner Empfängnis als das Zum-Ziel-Kommen des göttlichen Beziehungswillens – als das Ereignis des definitiven Mit-uns-sein-Wollens, der rettenden Nähe Gottes – vorgestellt. Und dieser göttliche Beziehungswille kommt gerade in der Selbsthingabe Jesu für die Menschen zu ihrem Ziel. Seine Selbsthingabe –

---

[1] Vgl. *E. Schweizer*, Das Evangelium nach Matthäus (NTD 2), Göttingen 1973, 13.

sein Blut – stiftet den »neuen Bund«; so ausdrücklich die neutestamentlichen Abendmahlsüberlieferungen (Mk 14,24 parr.; 1 Kor
11,25). Gottes erlösender Beziehungswille setzt sich in Jesus Christus gegen die Beziehungslosigkeit durch, die das Unheil des Sünders ausmacht, weil sie ihn ohne Gott und damit auf sich selbst
zurückgeworfen den »Mächten« ausgeliefert sein läßt. Diese
Grunderfahrung artikuliert Paulus in verschiedenen symbolisch-
metaphorischen Kontexten und »Logiken«.

5.2 Gott versöhnt sich mit den Menschen

5.2.1 Versöhnung und Friede

Versöhnung wird notwendig, wo Streit, Haß und Feindschaft Beziehungen abbrechen und Beziehungslosigkeit Platz greifen ließen, wo Shalom zerstört und heilvolle Wechselseitigkeit unmöglich
geworden ist. Zerstörter Shalom bedeutet aber zutiefst: zerstörte
Beziehung, Unfrieden zwischen Gott und Menschen. Jesus Christus ist »gesandt, den Frieden zu verkündigen« – so der Paulus der
Apostelgeschichte (10,36); durch ihn »haben wir Frieden mit
Gott« (Röm 5,1). Friede mit Gott heißt: die von den Menschen
zerrissene Beziehung zu Gott ist von Gott *in Jesus* neu und unzer-
reißbar geknüpft, so daß die Menschen im Glauben an ihn »Zugang« gewinnen zur »Gnade Gottes..., in der wir unseren Stand
haben« (Röm 5,2). Der Hymnus des Kolosserbriefs weitet das Geschehen der Friedensstiftung ins Kosmische aus und sieht es zugleich im Kreuz Jesu begründet: Gottes Wille war es, »durch ihn
das All zu versöhnen zu ihm hin, indem er Frieden stiftete durch
seinen Tod am Kreuz« (1,20). Zwischen Gott und den Menschen
kann Shalom sein, weil Gott »in Christus die Welt mit sich versöhnt
hat, den Menschen ihre Übertretungen nicht zurechnete und unter
uns das Wort von der Versöhnung aufrichtete« (2 Kor 5,19).
Wie geschieht diese Versöhnung? Gott antwortete auf die Feindschaft der Menschen nicht seinerseits mit Abwendung und Vergeltung, sondern mit liebender Zuwendung; er rechnet ihre Übertre-
tung nicht an und sucht die Beziehung zu denen, die sich gegen ihn
verschließen. Der »Verlaufslogik« von Versöhnung entsprechend

wird Gott hier als der beleidigte und verletzte Partner vorgestellt, der die von den Beleidigern aufgerissene Kluft von sich aus überwindet; der aus dem Vergeltungszwang »aussteigt«, mit seiner vorbehaltlos und schutzlos liebenden – den Feinden gegenüber äußerst »riskanten« – Zuwendung diesen die Möglichkeit geben will, ihrerseits die Feindschaft hinter sich zu lassen. Und so bittet Paulus – der Diener der Versöhnung – an Christi Statt die Unversöhnlichen: »Laßt euch versöhnen mit Gott« (2 Kor 5,20). Gott »greift« mit seiner Liebe nach denen, die sich von ihm entfernten; er will bei ihnen – mit ihnen – sein, damit sie zu ihm zurückfinden können. Und Jesu Christi Sendung ist gleichsam Gottes Bewegung auf die Menschen zu.

Die Menschen haben sich von Gott entfernt, weil sie anderen »Mächten« loyal sind, ihren Forderungen sich ausliefern, darin aber doch nur ihren eigenen Leidenschaften ausgeliefert und in ihnen gefangen sind. Das Gesetz zeigt diese Gefangenschaft an und deckt den Menschen ihre Hilflosigkeit auf. Gott sendet seinen Sohn zu den Menschen in ihrer hilflosen Gottferne, »in unser von der Sünde bestimmtes Dasein..., um uns von der Sünde zu befreien« (Röm 8,3); er sendet den Versklavten seinen Sohn, »um die unter der Herrschaft des Gesetzes Versklavten loszukaufen, damit wir das Recht freier Söhne empfingen« (Gal 4,4f.). Christi »Weg« zu den Menschen ist die Offenbarung der versöhnenden, die Menschen in ihrer hilflosen Gottferne aufsuchenden Liebe Gottes; es ist ein Weg »hinunter«, ein Weg der Entäußerung und Erniedrigung, ein Weg der »Solidarisierung« mit den Hilflosen und Erniedrigten: Christus Jesus hat sich seines Gottgleichseins entäußert, »um in ein Sklavendasein einzutreten, so wie es die Menschen leben, ihnen gleich. Unter den Bedingungen menschlichen Lebens war er zu finden und hat sich selbst erniedrigt, gehorsam bis zum Tode, zum Tode am Kreuz« (Phil 2,7f.). Der Tod am Kreuz ist der in extremis erbrachte Beweis einer Liebe, die den Sterbenden auch in seinem Sterben noch mit denen verbindet, für die er dasein wollte. Für jemanden sein Leben geben, das ist gewiß die tiefste Solidarisierung, das radikalste »Dasein für« – die radikalste Pro-Existenz (H. Schürmann) –, die sich vorstellen läßt. So zeigt sich am Kreuz, was die Versöhnung fordert: das Konkretwerden der göttlichen Liebe – ihr »Einsatz« – in einer Solidarität, die den von Gott Weglaufenden »einholt« und von dem Zwang wegzulaufen befreit, da sie die Situation mit ihm durchleidet, die für ihn »zum Weglaufen« ist; in einer Solidarität, die auch den Tod nicht scheut und im Sterben die Rückhaltlosigkeit ihres Mit-Seins offenbart. Jesus ist »sterbend in den Riß zwischen Gott und uns getreten«[2]; in seinem Sterben hat er die Entzweiten wieder verbunden, hat Gott die zu ihrem Unheil von ihm Getrennten mit sich verbunden. Die paulinische *Sterbensformel*[3] deutet Jesu Kreuz in diesem Sinne als die liebende Selbsthingabe, in der die Sendung des Sohnes Gottes zu ihrem Ziel kommt: Er hat »mich geliebt und sich für mich dahingegeben« (Gal 2,20); Gott »beweist seine Liebe gegen uns dadurch, daß Christus für uns gestorben ist, als wir noch Sünder waren« (Röm 5,8).

Und die Macht der Liebe, der Solidarität Gottes reicht über den Tod hinaus. Der Tod ist ja jene letzte Trennung der Menschen von Gott, in der die »Selbstabtrennung der Menschen von Gott zu ihrem immanenten Telos kommt, weshalb der Tod ›Sold der Sünde‹ genannt werden kann« (Röm 6,23). Wenn »Trennung das zu überwindende Unheil ist, so muß der Tod – die ewige Trennung – überwunden werden«. Der Gekreuzigte ist »für uns gestorben..., damit wir, ob wir wachen oder schlafen (noch am Leben oder bereits gestorben sind), mit ihm zusammen leben sollen« (1 Thess 5,10). Die im Glauben Gestorbenen sind »Tote in Christus«, die wegen ihres »In-Christus-Seins« nicht im Tod bleiben, sondern wie er auferstehen werden (1 Thess 4,16). Innerhalb der Versöhnungssymbolik ist der Tod demnach als Liebeshingabe verstanden, »die eine bleibende Gemeinschaft von Erlöser und Erlösten schafft.«[4]

Jesu »Sterben für« ist Offenbarung und Bewährung einer Solidarität, die jede Trennung überwindet, der Solidarität Gottes, die den

---

[2] So E. *Käsemann*, Erwägungen zum Stichwort »Versöhnungslehre im Neuen Testament«, in: E. Dinkler (Hrsg.), Zeit und Geschichte (Festschrift R. Bultmann), Tübingen 1964, 47–59: hier 53.

[3] Vgl. K. *Wengst*, Christologische Formeln und Lieder des Urchristentums, Gütersloh 1972, 78ff.

[4] Vgl. G. *Theißen*, Soteriologische Symbolik in den paulinischen Schriften, in: Kerygma und Dogma 20 (1974), 282–304; hier 293.

von Gott sich trennenden Sünder nicht sich selbst und dem Fluch-tod überläßt – der schrecklichen Konsequenz aller Feindschaft, aller Selbstabtrennung. Diese Solidarität und die Notwendigkeit, für sie in den Tod zu gehen, wird bei Paulus mit Sühnevorstellungen in Zusammenhang gebracht: Den, der von Sünde nichts wußte, hat Gott »für uns zur Sünde gemacht, damit wir durch ihn Gottes Gerechtigkeit würden« (2 Kor 5,21); »Christus hat uns freigekauft vom Fluch des Gesetzes, indem er für uns zum Fluch geworden ist« (Gal 3,13); er ist für uns gestorben, damit wir nicht den ewigen Tod zur Strafe für unsere Sünden erleiden müssen. Dieser von Paulus hergestellte enge Zusammenhang von Versöhnungs- und Sühnesymbolik darf nicht darüber hinwegtäuschen, daß jede ihre eigene »Logik« hat. So soll hier zunächst weiter nachgezeichnet werden, wie sich die Versöhnungssymbolik bei Paulus zur Symbolik der »rettenden communio« erweitert.

5.2.2 Die rettende communio – »in« und »mit« Christus sein

In Jesus Christus geschah Versöhnung, da Gott in ihm die Menschen mit sich versöhnte, da in ihm – gerade weil er der Unversöhnlichkeit zum Opfer fiel und doch nicht von ihr vernichtet wurde – eine Beziehung sich als »tragfähig« erwies, auf die die Sünder sich einlassen und so aus der Dynamik ihrer Selbstabtrennung von Gott herausfinden können. Wer sich auf diese von Gott selbst in Jesus Christus angeknüpfte Beziehung einläßt, der gehört nicht mehr (zu) den Mächten, sondern zu Jesus Christus; und dieses »Zugehören«, die Gemeinschaft mit Jesus Christus wird ihm zum Heil. Gottes Verläßlichkeit und Treue, seine Entschlossenheit zur Solidarität mit den Menschen zeigt sich gerade darin, daß er uns »in die koinonia seines Sohnes Jesus Christus, unseres Herrn« ruft (1 Kor 1,9). Wer »zu Christus gehört«, der ist Nachkomme Abrahams und »Empfänger des Erbes, wie es die Verheißung zusagt« (Gal 3,29); und diese Zugehörigkeit wird ihn auch im Tod und im Gericht noch retten (vgl. 1 Kor 15,22 f.). Gewiß hat die Metapher der Zugehörigkeit bei Paulus zunächst eine paränetische Sinnspitze: Die zu Christus gehören, der sich für die Menschen am

Kreuz hingab, die »haben ihre Selbstsucht mit all ihren Leidenschaften und Begierden ans Kreuz geschlagen (Gal 5,24). Das Zu-Christus-Gehören realisiert sich konkret so, daß der Kyrios Jesus von meinem Leben Besitz ergreift, es gleichsam zu seinem Eigentum formt (vgl. Röm 7,4), wodurch die Freiheit der Glaubenden freilich gerade nicht aufgehoben, sondern ins Recht gesetzt wird: »euch gehört alles – Paulus, Apollos, Kephas, die Welt, Leben, Tod, Gegenwart und Zukunft: alles gehört euch –, doch ihr gehört Christus und Christus Gott« (1 Kor 3,21–23). Wer aber im Leben hier und jetzt nicht sich selbst gehört, sondern als Glied des Leibes Christi ihm angehört – so wie ja auch der Verheiratete nicht mehr sich selbst gehört, sondern im leiblichen Einswerden mit dem Partner diesem angehört (vgl. 1 Kor 6,10) –, der gehört Christus auch im Sterben; und der Herr wird sich sein Eigentum nicht entreißen lassen: »Im Leben also wie im Sterben gehören wir dem Herrn. Denn dazu ist Christus gestorben und wieder zum Leben gekommen: um über Tote wie Lebendige der Herr zu sein« (Röm 14,8f.).[5]

Das Eigentumsverhältnis des »Gehörens« macht nicht unfrei, weil es das »Verwandtschaftsverhältnis« der Jesus Christus »Angehörenden« – seiner »Angehörigen« – ist. Gott hat die Sünder aus anderen »Eigentumsrechten« losgekauft für einen hohen Preis, da er seinen Sohn dahingegeben hat (1 Kor 6,20; 7,23); und er hat sie freigekauft, nicht damit sie Sklaven blieben unter einem neuen Herrn, sondern damit sie Sohn und Tochter seien und damit auch »Erben« (Gal 4,7; vgl. 2 Kor 6,18). Die Christus Angehörenden und vom Vater zu Söhnen (und Töchtern) Erwählten können deshalb Brüder Jesu Christi genannt werden (Röm 8,29). Die rettende communio ist die der Brüder und Schwestern Jesu Christi, derer, die dazu *erwählt* sind, »mit ihm«, ja »in ihm« Gott anzugehören, aber auch dazu *bestimmt* sind, dem Bild seines Sohnes gleichgestaltet zu werden. So findet die Symbolik der Erwählung im Bild der Adoption aller – nicht nur des Königs – zu Söhnen und Töchtern Gottes, zu Brüdern und Schwestern Jesu Christi ihre neutesta-

---

[5] Hier führt die Metapher der rettenden communio zurück zum Thema »Königsherrschaft Christi«.

179

mentliche Konkretisierung.[6] Dieses Motiv der »Familie Gottes« wird von Paulus immer wieder auf die *Teilhabe* hin zugespitzt, die das Sohn- und Tochtersein gewährt: die Söhne und Töchter, die Brüder und Schwestern Jesu sind mit ihm *Erben* (Röm 8,17; Gal 3,29; 4,7), die mit ihm – ja: durch ihn – Anteil gewinnen an dem, was des Vaters ist. Der Vater enthält den Glaubenden nichts vor; er »teilt« alles mit ihnen: »Hat er doch seinen eigenen Sohn nicht geschont, sondern ihn für uns alle dahingegeben – wie sollte er uns mit ihm nicht zugleich alles schenken?« (Röm 8,32).

Die »soziomorphe«, an sozialen Verlaufslogiken orientierte Symbolik der Versöhnung und der rettenden communio geht bei Paulus häufig in »physiomorphe« Vorstellungen über, deren Bilder die Zusammengehörigkeit der Glaubenden mit Christus eher in Kategorien des Einbezogenseins in eine göttliche Lebenssphäre bzw. der Mitteilung einer neuen Lebensenergie beschreiben.[7] So spricht Paulus häufig und an zentralen Stellen seiner Argumentation davon, daß die Glaubenden (und Getauften) *in Christus* leben und deshalb dem Machtbereich der Sünde – der Überforderung und der Verurteilung durch das Gesetz – entronnen sind: Es gibt »kein Verdammungsurteil mehr für die, die in Christus Jesus sind« (Röm 8,1). Die »Heiligen« leben »in Christus Jesus« (Phil 1,1; vgl. Röm 16,11 und Kol 1,2); und in Christus leben bedeutet, eine »Neuschöpfung« zu sein (2 Kor 5,17)[8], in ihm die »neue Freiheit« zu haben (Gal 2,4).

Wer in Jesus Christus ist, der lebt in einem anderen »Machtbereich«: Nicht mehr die Versklavung durch die unendliche Forderung des Gesetzes und der »Mächte«, nicht mehr die Vergeblichkeit all dessen, was er ist und tut, bestimmt sein Leben, sondern eine Macht, eine »Energie«, die ihn zutiefst löst und befreit: das

---

[6] Das Vaticanum II spricht in diesem Sinne von der »Familie Gottes« (Lumen gentium 6).

[7] Die Unterscheidung in soziomorphe und physiomorphe Symbolik – sie stammt von *G. Theißen* (a. a. O. 284 ff.; Zitat 294) – bleibt gleichwohl prekär, da auch die »physiomorphe« Symbolik bei Paulus sich auf Erfahrungen einer das Innerste bestimmenden Solidarität, eines »innigen« Zusammengehörens bezieht, die mit soziomorphen Vorstellungen allein nicht hinreichend artikulierbar wären.

[8] Vgl. *U. Mell*, Neue Schöpfung. Eine traditionsgeschichtliche und exegetische Studie zu einem soteriologischen Grundsatz paulinischer Theologie, Berlin 1989.

Pneuma. Mit dem Leib gehören die Glaubenden noch dem Machtbereich des Gesetzes und des Todes an. Der Geist aber, der sie – als Christus Verbundene und mit ihm »Zusammengepflanzte« (Röm 6,5) – durchströmt, ist das Prinzip neuen, wahrhaften Lebens; eines Lebens, das schließlich auch den dem Tod unterworfenen Leib noch zu unvergänglichem Leben auferwecken wird (vgl. Röm 8,10f.) In Christus Jesus sein heißt: seinen Geist haben, den Geist, der uns bezeugt und erfahren läßt, »daß wir Gottes Kinder sind«, daß wir als Brüder und Schwestern Christi zu seinen Miterben bestimmt sind (8,16f). Der Geist vergegenwärtigt Christus in den Glaubenden, so daß er in ihnen Gestalt gewinnt (vgl. Gal 4,14) und *in ihnen lebt* (Gal 2,20). Durch den Geist »ergreift Christus Macht in uns, wie wir umgekehrt durch den Geist Christus eingegliedert werden«; und er ergreift die Macht in uns, indem er uns – im Geist – sich gleichgestaltet; indem er uns so in sein Leben hineinnimmt, daß wir an seinem Lebensschicksal wie an seiner Vollendung Anteil gewinnen. In Christus, in der Heilssphäre des Geistes ist also nur der, der *mit Christus* ist, der seinen Weg geht und sich auf die »Schicksalsgemeinschaft der Nachfolger mit dem Initiator«[9] einläßt, der sich dem Bild (der »Ikone«) des Sohnes gleichgestalten läßt (Röm 8,29; vgl. 1 Kor 15,49). Schicksalsgemeinschaft mit Christus Jesus, das heißt hier und jetzt: Kreuz und Sterben, Absterben des alten »irdischen« Menschen, der sich von den Forderungen und falschen Verheißungen dieses Äons bestimmen ließ. Wo der alte Mensch stirbt, da hat die Macht der Sünde ihr Recht verloren, weil der gestorben ist, den sie sich unterworfen hatte. So ist dieser Tod das Ende ihrer Herrschaft und der Beginn wahren Lebens.

Die Taufe bezeichnet dieses radikale Mit-Christus-zusammengepflanzt-Werden, das aus der Gemeinschaft des Sterbens die Teilhabe an seiner Auferweckung hervorgehen lassen wird: »Wenn wir mit der Gleichgestalt seines Todes zusammengewachsen sind, so auch mit der seiner Auferweckung. Dies wissen wir also: Unser alter Mensch ist mit Christus mitgekreuzigt worden. Die Macht der Sünde über unseren Leib ist dadurch zunichte geworden, so daß wir jetzt nicht mehr im Sklavendienst der Sünde stehen.

[9] *E. Käsemann*, An die Römer (Handbuch zum Neuen Testament 8a), Tübingen [3]1974, 214.

Denn wer gestorben ist, ist rechtskräftig frei von der Sünde. Wenn wir aber mit Christus gestorben sind, so glauben wir, daß wir auch mit ihm leben werden« (Röm 6,5–8). Wer auf Christus getauft ist, der hat »Christus angezogen« (Gal 3,27; vgl. Kol 3,10) – sein Leben gleicht nicht dem alten, irdischen Dasein, das hinter ihm liegt, sondern dem »himmlischen«, in das es dereinst verwandelt werden soll: »Wie wir die Ikone des irdischen Menschen getragen haben, so werden wir die Ikone des himmlischen tragen« (1 Kol 15,49).

Wir haben die Ikone des irdischen Menschen getragen, da wir dem »ersten Adam« in der Sünde verbunden und deshalb der Macht des Todes unterworfen waren. Adam ist die Ikone des irdischen Menschen, dessen Dasein durch Vergeblichkeit und Tod bestimmt war; er ist für Paulus zugleich der »Anfänger« dieses hoffnungslosen Daseins, gleichsam das Einfallstor der Sünde und des Todes in die Menschheit (Röm 5,12–24). Damit aber ist er nur »das Gegenbild des neuen Adam« (5,15), des Anführers zum Leben und zum Heil (Apg 3,15; Hebr 2,10), »in dem alle zum Leben erweckt werden« (1 Kor 15,22). Durch den einen Jesus Christus werden die vom alten Adam her dem Tod Verfallenen »zur Herrschaft im Leben gelangen« (Röm 5,17). Der erste, von der Erde genommene Adam »stammte von der Erde und war irdisch«; der zweite Adam aber stammt »aus dem Himmel«. Wer in Unheilssolidarität mit dem irdischen Adam lebt, der bleibt »irdisch«; wer sich aber in die Heilssolidarität mit dem himmlischen Menschen (dem neuen Adam) hineinnehmen läßt, der wird »auch das Bild des himmlischen Menschen tragen« (1 Kor 15,49); für den ist der zweite Adam zum »lebenschaffenden Geist« geworden, der ihn nun nicht mehr nur – wie das erste Pneuma – zu einem beseelten Leib macht, sondern zu wahrem, neuem Leben durchatmet (15,45). Christus, der zweite Adam, ist gleichsam das Einlaßtor des Gottesgeistes, der die Glaubenden christusförmig macht und sie in den »Leib Christi« eingliedert, der Heilssolidarität der in Christus Erretteten einfügt.

So ist für Paulus mit den verschiedenen metaphorischen Verweisungen doch nur *ein* Sachzusammenhang ausgesprochen: Wer in Christus ist, der ist von Gottes Geist durchdrungen, der ihn christusförmig macht – Christi Weg gehen, mit ihm für den Machtbereich der Sünde und des Gesetzes gestorben sein läßt; der wird im

Geist zum Glied am »Leib Christi«, welcher die in Jesus Christus –
dem zweiten Adam – begründete Solidargemeinschaft des Heils
für die Welt und für die Glaubenden selbst darstellt. Das In-Chri-
stus-Sein realisiert sich als Mit-Christus-Sein; und mit Christus sein
heißt: in der Gemeinschaft der Brüder und Schwestern die Ikone
Jesu Christi zu sein – die Sichtbarkeit und Greifbarkeit seines Geistes. Die »physiomorphen« Bilder des In-Christus-Seins und der
Verwandlung in das Bild des himmlischen Menschen verweisen
also durchaus auf eine soziale Realität. Nach Käsemann wird man
in der paulinischen Formel »in Christus« weithin »eine Abbrevia-
tur für das Theologumenon vom Leib Christi sehen dürfen«[10]; im
Leib Christi aber werden die Glaubenden dem Sterben Jesu gleichförmig, um – als die für den Machtbereich der Sünde Gestorbenen
– auch seiner Auferweckung gleichförmig zu werden; will heißen:
die Gemeinde ist Nachfolgemeinschaft und als solche Kraftfeld des
Geistes, an dessen Wirken die Glaubenden ein Angeld haben (2
Kor 1,22; 5,5; Röm 8,23) auf die künftige Herrlichkeit. Der Leib
Christi ist freilich selbst nur die Darstellung jener »rettenden communio«, die die Glaubenden durch Christus Jesus im Pneuma mit
dem Vater verbindet; jener *Lebensgemeinschaft*, in der die Brüder
und Schwestern Jesu Christi im Pneuma unauflöslich dem Vater
verbunden sind und »das Erbe« haben: am göttlichen Leben teilhaben dürfen.

Die *johanneischen Schriften* sprechen in ähnlicher Weise von der rettenden
Lebensgemeinschaft der Glaubenden mit Jesus Christus und durch ihn mit
dem Vater. Dabei tritt ausdrücklich hervor, daß diese Lebensgemeinschaft
von der Liebe gestiftet ist, die den Vater im Sohn, Vater und Sohn in den
Gläubigen sein und die Gläubigen in Jesus Christus »bleiben« läßt. Die
Lebensgemeinschaft, in der der Sohn das Leben vom Vater hat und es den
Glaubenden mitteilt, ist das Heilsgut schlechthin[11]: »Wie der Vater das
Leben in sich hat, so hat er auch dem Sohn gegeben, das Leben in sich zu
haben« (Joh 5,26). Der Sohn lebt durch den Vater; wer Gemeinschaft mit
dem Sohn hat und diese Gemeinschaft dadurch besiegelt, daß er ihn »ißt«,
der wird durch ihn leben (5,57). Der Sohn ist gekommen, damit die Men-

---

[10] Vgl. ebd. 214.
[11] Vgl. hierzu: *I. Broer*, Auferstehung und ewiges Leben im Johannesevangelium, in:
I. Broer/J. Werbick (Hrsg.), »Auf Hoffnung hin sind wir erlöst« (Röm 8,24), Stuttgart 1987, 67–94.

schen »das Leben haben und es in Fülle haben« (10,10); damit der Geist auf sie übergehe und sie lebendig mache (vgl. 6,63) – was freilich nach dem Johannesevangelium erst mit der »Erhöhung« des Sohnes am Kreuz geschieht. Die communio göttlichen Lebens – im Essen und Trinken des Fleisches und des Blutes Christi rituell-sakramental vollzogen – ist in der Ek-Stasis der göttlichen Liebe begründet, durch die der Vater im Sohn und der Sohn in den Gläubigen ist und sie zur vollkommenen Einheit mit dem Sohn und untereinander zusammenschließt; sie möge sich an den Jüngern ereignen, so betet der Jesus der Abschiedsreden: »Ich in ihnen und du in mir, damit sie in die vollkommene Einheit gelangen, und die Welt erkenne, daß du mich gesandt und ihnen deine Liebe zugewendet hast wie mir selbst«; und er weiß sich beim Rückblick auf seinen Weg und beim Vorblick auf sein endgültiges Offenbarwerden am Kreuz gesandt, den Namen des Vaters kundzutun, »damit die Liebe, mit der du mich geliebt hast, in ihnen sei und ich in ihnen« (17,23.26). Der Liebende ist durch die Liebe, die er den Geliebten erweist, »in« den Geliebten; so ist der Sohn in den Glaubenden, da er ihnen seine Liebe bis zum Letzten und hier erst in ihrer göttlichen Radikalität und Tiefe erweist: »Es gibt keine größere Liebe, als wenn einer sein Leben für seine Freunde hingibt« (15,13): Jesu Lebenshingabe läßt ihn – im Geist – in den »Freunden« sein, läßt die Liebe, mit der der Vater ihn liebt, in ihnen sein.

Die »Freunde« sind und »bleiben« freilich nur in ihm, wenn sie sich von dieser Liebe ergreifen lassen und selbst Liebende werden: »Wer sein Wort hält – wahrhaftig, in ihm ist der Fülle der Liebe am Werk! Daran erkennen wir, daß wir in Ihm sind: Wer behauptet, er sei in Ihm, der muß seinen Weg gehen, wie Er ihn gegangen ist« (1 Joh 2,5f.). Wer Jesus, den Sohn »erkannt« hat, der hat die Liebe erkannt, »die Gott zu uns hat«, der hat erkannt, daß Gott die Liebe ist; wenn aber Gott die Liebe ist, dann gilt: »Wer in der Liebe bleibt, bleibt in Gott, und Gott bleibt in ihm« (1 Joh 4,16; vgl. 2,24; 3,6.24; 4,12). Ja man kann geradezu sagen, die Glaubenden erkennen an den Wirkungen des Geistes, der in ihnen die Liebe wirkt, daß sie in Gott bleiben; wenn sie einander lieben, so bleibt Gott in ihnen, und seine Liebe ist unter ihnen »zu ihrem Ziel gekommen« (1 Joh 4,12f.).

Nach den johanneischen Schriften ist es die Liebe, die jene Solidargemeinschaft stiftet, in der die Glaubenden gerettet sind, weil der Sohn in ihnen ist und ihnen das Leben mitteilt, das er vom Vater hat. Und diese Liebe erweist ihre Göttlichkeit am Kreuz, an dem der Sohn sein Leben für die Freunde gibt – es ihnen mitteilt, da er ihnen den Geist zuhaucht. Für Paulus offenbart die Sendung und das Kreuz des Sohnes die siegreiche Macht der göttlichen Liebe, da sie den Sohn für die Sünder einstehen läßt. Es ist ja das Gesetz Christi, daß einer die Lasten des anderen trage (Gal 6,2); und er selbst hat dieses Gesetz in letzter Radikalität erfüllt, so daß uns das Gesetz vom Fluch zum Segen wurde – zur heilsamen Wegweisung eines Lebens in der Nachfolge des Gekreuzigten. Ihm hat die Erfüllung des Gesetzes den Tod eingebracht: Die Last der anderen, die es zu tragen galt, war die schlechthin untragbare Last eines vom Gesetz zerrissenen, dem Tod verfallenen Lebens. Indem er sie trug und sich von dieser Last erdrücken ließ, hat er das Heil offenbart und begründet, das im Mittragen liegt; hat er offenbart, daß die Solidarität des Mittragens die Bewegung Gottes selbst ist, so daß, wer das Gesetz Christi erfüllen will, es erfüllen kann, weil Christus den Mittragenden mitträgt – als der, der dieses Gesetz selbst »erfüllte«. Christus hat die dem Anspruch und dem »Fluch« des Gesetzes Ausgelieferten »freigekauft«, da er »für uns zum Fluch geworden ist« – am Gesetzesfluch gestorben ist (Gal 3,13; vgl. Röm 8,3f.). Christus Jesus wurde unser »Stellvertreter«; in der Erfüllung »seines« Gesetzes hat er gleichsam mit uns getauscht: »Den, der von Sünde nichts wußte, hat er (Gott) für uns zur Sünde gemacht, damit wir durch ihn Gottes Gerechtigkeit würden« (2 Kor 5,21). Er hat uns gegeben, was sein war und uns abgenommen, was uns erdrückte: Um unseretwillen ist er »arm geworden, obwohl er reich war«, um uns »durch seine Armut reich zu machen« (2 Kor 8,9). Die *Tauschformeln* stehen bei Paulus gewiß in engem Sinnzusammenhang mit dem Sühnegedanken. Aber die Symbolik der Sühne bezieht sich eigentlich nur auf die Übernahme der Last, nicht ausdrücklich auf den zweiten Aspekt des Tauschvorgangs: daß uns der Sohn »das Seine« schenkt, seinen Reichtum, seine Gerechtigkeit. So weisen die Tauschformeln über die bloße »Tilgung« hinaus auf den Reichtum des Lebens in der Gemeinschaft der Söhne und Töchter mit ihrem göttlichen Vater, den das Für-uns-und Mit-uns-Sein des Sohnes uns erschloß. Der Tausch ist gleichsam der Grundvollzug jener Solidarität, in der Gott uns durch Jesus Christus rettend nahegekommen ist; so nahe, daß in Jesus Christus der Reichtum Gottes unser »Erbteil« wird und unsere »Last« – weil der Sohn sie mittrug – nicht mehr als Fluch auf uns lastet, sondern tragbar wird in der Gemeinschaft derer, die mit Christus sind und *seinem* Gesetz sich verpflichtet wissen.

5.3   Communio naturae

In der *Vätertheologie* wird die Symbolik der »rettenden communio« mit einer kennzeichnenden Akzentverschiebung zum weithin bestimmenden Hauptmotiv der Soteriologie. Die *Menschwerdung* – Fleischwerdung – des Logos erscheint hier als die rettende Verbindung der Menschennatur mit der göttlichen Natur; mit der Menschwerdung des Logos ist die Menschennatur von Gott selbst angenommen und zur Teilhabe am Göttlichen befähigt worden. Diese »Soteriologie der angenommenen Menschennatur« (B. Studer[12]) artikuliert sich im Kontext der Zweinaturenlehre, und sie ist das eigentliche Motiv zu ihrer Ausbildung. In Jesus Christus müssen Göttliches und Menschliches wirklich zusammengekommen sein; er ist »*Mittler*« nicht im Sinne eines »Zwischenwesens«, das den ewig-unsichtbar-unzugänglichen Gott des mittleren Platonismus mit der Welt des Sichtbaren und Vergänglichen vermittelt, sondern im Sinne des Gottmenschen, der seinem Vater gleichwesentlich ist, weil die Menschen andernfalls nicht durch ihn Anteil am Göttlichen erlangen könnten, der aber auch seiner Mutter – und damit dem Menschengeschlecht – gleichwesentlich sein mußte, weil andernfalls die menschliche Natur nicht vom Göttlichen ergriffen und erhöht worden wäre. Das unterstreicht der soteriologische Grundsatz »quod non assumptum – non sanatum«[13]; er fordert dazu heraus, *Inkarnation* konsequent zu denken: Der Logos geht wirklich in die Menschennatur ein; er spielt nicht nur die Rolle eines Menschen, er trägt die Leiblichkeit nicht wie eine Maske; er nimmt sie tatsächlich an. Und weil er sie annimmt, weil er – wie die späteren christologischen Klarstellungen ergeben – auch eine menschliche Seele, ja selbst einen menschlichen Willen angenommen hat (so eindeutig erst bei Maximus Confessor, 580–662), deshalb ist der *ganze* Mensch, auch sein Leib, deshalb ist schließlich auch der Wille in das Erlösungsgeschehen einbezogen: Das durch die Inkarnation begründete Heil ist Heil für das

---

[12] Vgl. Soteriologie, 142.
[13] Er ist schon bei *Irenäus* nachweisbar (Adversus haereses V 14,1f.) und begegnet auch bei *Tertullian* (De resurrectione carnis 10).

Menschsein in all seinen Dimensionen; caro salutis est cardo – formuliert *Tertullian* (um 150–220) gegen die leibfeindliche Gnosis seiner Zeit, die das Heil in der Ablösung vom Leiblichen suchte. Und nach einer langen Geschichte der Differenzierungen und Klärungen formuliert Maximus die äußerste Konsequenz der Inkarnationstheologie, da er gegen den Monotheletismus dem Mittler Jesus Christus auch einen menschlichen Willen zugesteht und damit die Erlösung als Heilung des menschlichen Willens – als Freiheitsgeschehen – herausstellt. Zeitlich und sachlich im Zentrum dieser Entwicklung stehen die kappadozischen Väter; *Gregor von Nazianz* (gest. 390) gab der soteriologischen Grundformel die präzise Fassung: »Was nicht angenommen ist, ist nicht geheilt; was mit Gott geeint ist, das wird auch gerettet.«[14]

Die Väter stellen die Vereinigung der Menschennatur mit dem Göttlichen in der Menschwerdung des Logos mit Hilfe verschiedener Modelle dar. *Hilarius von Poitiers* (315–367) akzentuiert die in der Inkarnation geschehene *admixtio*: Indem der Sohn Gottes das Fleisch der Menschen annimmt, mischt er dem Seinen das Unsere hinzu, erhöht und verherrlicht er die caro des Menschengeschlechts.[15] Mit seiner Fleischwerdung hat der Logos eben nicht nur einen einzelnen Leib, sondern alle Menschen angenommen und sie »per naturam so mit sich vereint, daß sie gleichsam in ihm eingeschlossen sind.«[16] Kraft dieser *communio naturae* können sie selbst im Glauben und im Sakrament christusförmig werden – Christus annehmen.[17] Diese Formulierungen sind freilich nicht von Mißverständlichkeiten frei. Das Stichwort »admixtio« legt jedenfalls die dann vom Chalcedonense zurückgewiesene Vorstellung nahe, das Menschengeschlecht sei durch Vermischung seiner Natur mit der göttlichen gerettet worden (vgl. DS 302). Diese Vorstellung gilt es zu vermeiden, weil sonst für den Erlösten angenommen werden müßte, was für den Mittler Jesus Christus mit guten Gründen abgelehnt wurde: daß er kraft der in der assumptio der menschlichen Natur durch den Logos geschehenen Vermischung des Göttlichen und des Menschlichen zum gottmenschlichen Zwischenwesen wird. »Communio« läßt sich offenbar nicht einfach naturhaft denken; gleichwohl muß das »Miteinander« der göttlichen und der menschlichen Natur im Mittler Jesus Christus als der bleibende Grund der rettenden communio zwischen Gott

---

[14] Epistolae 101.

[15] De trinitate II 24; IX 11; IX 41 bzw. Tractatus super Psalmos 68,25. Vgl. *B. Studer*, Gott und unsere Erlösung im Glauben der Alten Kirche, 152 ff.

[16] *B. Studer*, Soteriologie, 134 mit De trinitate IX 16; Tractatus super Psalmos 125,6.

[17] Vgl. Tractatus super Psalmos 51,16; 91,9; De trinitate VIII 10–17.

und den Erlösten und muß diese communio von der – später so genannten – hypostatischen Union her gedacht werden. Entscheidendes wird davon abhängen, ob die hypostatische Union selbst wirklich *personal* konzipiert werden kann, so daß sich auch die communio der mit Jesus Christus im Heiligen Geist geeinten und durch ihn dem Vater verbundenen Brüder und Schwestern als personale Beziehung verstehen läßt.

Die mangelnde Prägnanz »physischer« Begriffe kennzeichnet die meisten soteriologischen Entwürfe der Zeit, vor allem in der östlichen Reichshälfte; sie sind in diesem Sinne Modelle »physischer Erlösungslehre«. Die Zwiespältigkeit der »physischen Erlösungslehre« zeigt sich vielleicht am deutlichsten bei *Gregor von Nyssa*. Seine Soteriologie geht davon aus, daß die Menschheit in der Annahme der Menschennatur durch den Logos »keimhaft« mit Gott vereint worden ist.[18] Den Modus dieser keimhaften Vereinigung illustriert Gregor von Nyssa mit dem Bild des Sauerteigs, als welcher die göttliche Natur des fleischgewordenen Logos die menschliche Natur »durchsäure« und reinige.[19] Dieses Bild läßt zwar eine Geschichte der Realisierung des keimhaft in Jesus Christus Geschehenen zu: Die Umwandlung der Menschen – ihre Durchsäuerung –, ihre »Eingliederung in Christus, die in der Menschwerdung begründet ist und für den einzelnen in der Taufe verwirklicht wird, muß... in einem Leben aus dem Glauben und den Sakramenten nach und nach den ganzen Menschen erfassen«[20]; die göttliche Lebenskraft greift gleichsam von der Auferstehung Jesu her in der kirchlich-sakramentalen Glaubenspraxis auf alle Glaubenden über, bis sie in der Endauferstehung von ihr ganz und gar durchdrungen und zur Unsterblichkeit verwandelt sind. Aber auch diese verwandelnde Durchdringung des Menschlichen durch das Göttliche wird von Gregor noch als »Vermischung« beschrieben, so sehr er freilich in Christus die beiden Naturen unterscheiden will.[21]

---

[18] Refutatio Confessionis Eunomii, 141 ff. Vgl. dazu: *R. Hübner*, Die Einheit des Leibes Christi bei Gregor von Nyssa. Untersuchungen zum Ursprung der ›physischen‹ Erlösungslehre, Leiden 1974, 106 f.

[19] Vgl. *R. Schwager*, Der wunderbare Tausch. Zur Geschichte und Deutung der Erlösungslehre, München 1986, 77 ff. (dort Belege).

[20] *B. Studer*, Soteriologie, 143. Vgl. Oratio catechetica magna 16,32.

[21] Vgl. *R. Schwager*, Der wunderbare Tausch, 82.

Zwei Generationen später spricht *Cyrill von Alexandrien* (gest. 444) von Teilhabe (Metoché), wenn er vom Heil der Glaubenden aufgrund der in Jesus Christus geschehenen Einigung der Menschennatur mit dem Logos handelt. Hinter diesem Begriff läßt sich die platonische Methexis-Tradition vermuten; und sie verweist auf die Mimesis, in der sich die Methexis im konkreten Lebensvollzug aus-»bildet«. Konsequent unterscheidet Cyrill zwischen der wurzelhaft natürlichen und der geistigen Verwandtschaft mit Christus und schafft damit »ein Gegengewicht zu einer rein natürlich verstandenen Teilnahme an der Natur Gottes«. Die Metoché des Menschen am Göttlichen kraft der Inkarnation des Logos kommt zur Geltung in der Mitteilung des Geistes, der die Glaubenden in der Taufe ergreift, ihren Glauben wirkt und sie in der Eucharistie mit Christus wahrhaft *geistlich* verwandt macht.[22]

Gisbert Greshake interpretiert die »physische Soteriologie« von diesem platonischen Hintergrund her. Die Annahme der Menschennatur durch den Logos zielt dann auf die »paideia en Christo« (Erziehung in Christus) ab, in der das Menschengeschlecht sich an dem in Jesus Christus wiederhergestellten Urbild des Menschlichen – der Ikone Gottes – ausrichten und sich kraft der Methexis am Göttlichen, die ihm die Menschwerdung des Logos gewährt, diesem Urbild nachbilden kann; »das Bild Gottes im Menschen, das durch die Sünde überdeckt und ineffizient geworden ist, wird wieder neu erweckt, wenn der Logos als das Urbild an den Menschen herantritt und ihn zur Nachfolge und Nachahmung aufruft«, ja ihn gleichsam bei seiner Rückkehr zum Vater mitnimmt und ihm so »wieder die Strebung des menschlichen Abbildes auf das (göttliche; J. W.) Urbild eröffnet.«[23] *Das Ankommen des Logos – des wahrhaften Bildes – beim Menschen* stellt ihm von neuem seine wahre Bestimmung vor Augen; Jesus Christus ist das *Beispiel*, das den Menschen seine Berufung wiederentdecken läßt. Es erweckt zugleich das Streben des Menschen, sich dem Urbild anzugleichen; und es nimmt die Menschen in die Bewegung des Abbildes zum Urbild hinein, es eröffnet den Menschen den »regressus«, der sie zu Gott zurückkehren und auf diesem »Rückweg« Gott immer ähnlicher werden läßt. Die vom Erzieher-Logos vorabgebildete und den Menschen abgeforderte Angleichung an das Urbild wird möglich, weil die Bewegung der Angleichung – der Rückkehr – von Gott selbst getragen ist, da er seinen Logos zu den Menschen sendet, sich mit ihnen zu verbinden und sie bei seiner Rückkehr zum Vater zurückzuführen.

Diese vom Erlöser Jesus Christus ermöglichte und im Heiligen Geist ge-

---

[22] Vgl. *B. Studer*, Soteriologie, 192 f. (dort auch Belege).

[23] Vgl. *G. Greshake*, Der Wandel der Erlösungsvorstellungen in der Theologiegeschichte, in: L. Scheffczyk, Erlösung und Emanzipation (Quaestiones disputatae 61), Freiburg/Br. 1973, 69–101, hierzu 74 bzw. 80; vgl. auch *D. Wiederkehr*, Glaube an Erlösung, Konzepte der Soteriologie vom Neuen Testament bis heute, Freiburg/Br. 1976, 64 ff.

schehende »Aus-Bildung« des Urbildes in einem wahrhaft gläubigen Leben, kann von den Vätern theiosis (Vergöttlichung), ja Gottwerdung genannt werden. So ist es bei *Basilius* (ca. 330–379) ein entscheidendes Argument für die unverkürzte Göttlichkeit des Heiligen Geistes, daß er für die Menschen »das Verbleiben in Gott, die Verähnlichung auf das höchste Ziel: Gott zu werden, möglich« macht,[24] was er nicht könnte, wenn er nicht selbst der wäre, mit dem der Mensch zuinnerst verbunden wird. Diese theiosis verwandelt die Glaubenden nicht zu Göttern; sie ist aber gleichsam die durch den Heiligen Geist im Menschen zur Auswirkung kommende communio naturae.

Die »physische« Erlösungslehre wäre einseitig dargestellt, wenn sie nicht als der Versuch verstanden würde, Menschwerdung und Leiden des Erlösers als radikale Realisierung der rettenden Zuwendung Gottes zu den Menschen, seiner Solidarisierung mit den Verlorenen zu denken. In Jesus Christus begründet das »pro nobis« Gottes, das der Erlöser lebt und in Geltung setzt, die Teilhabe der Menschen am Göttlichen, ihre »Vergöttlichung«. Die communio der Menschen mit dem Göttlichen ist also letztlich auch hier in einer personalen Wirklichkeit begründet, in der Erfüllung des »Gesetzes Christi« durch ihn selbst, die ihn bis zum Äußersten die Last des Anderen – des Menschengeschlechts – tragen ließ. Dieser personale Hintergrund der »physischen Erlösungslehre« kommt vor allem in den vielfältigen *Austauschformeln* zum Ausdruck, die den mißverständlichen Gedanken der Vermischung der Naturen praktisch von Anfang an im Sinne eines freiwilligen »Platztauschs« des sündelosen Gottmenschen mit den ausweglos in die Sünde verstrickten Menschen präzisierten. Schon *Irenäus* formulierte die Grundfigur dieser Platztausch-Metapher: »Dazu wurde der Logos Mensch, damit der Mensch den Logos in sich fasse und, die Sohnschaft empfangend, ein Sohn Gottes werde.«[25] Nahe bei Paulus bleibt *Cyprian* mit seiner Formel: »Was der Mensch ist, das wollte Christus sein, damit der Mensch sein könne, was Christus ist.«[26] Der Platztausch begründet für die Menschen, denen er zugute kommt, die Möglichkeit, Gott ähnlich, vergöttlicht zu werden; so

---

[24] *Basilius*, De spiritu sancto IX 20 c.
[25] Adversus haereses 3,19.1.
[26] Quod idola dii non sint 11.

schreibt – als einer unter vielen – *Athanasius*: »Der Logos ist Mensch geworden, damit wir vergöttlicht werden«. – »Die Menschen hat er zu Göttern gemacht, indem er selbst Mensch wurde.«[27]

Schon bei Paulus schlossen die Tauschformeln die Erniedrigung und das Leiden dessen ein, der den Platz der todverfallenen Menschen einnahm. Dieser Akzent wird von den Vätern festgehalten, auch wenn mitunter – aufgrund der eher »physischen« Begrifflichkeit – der Eindruck entstehen konnte, mit der Menschwerdung des Logos sei die communio naturae bereits vollendet und seine Sendung zu ihrem Ziel gekommen. Wiederum *Cyprian*: »Christus erniedrigte sich, um das darniederliegende Volk aufzurichten. Er machte sich zum Knecht, um die Knechte zur Freiheit zu führen. Er nahm den Tod auf sich, um den Sterbenden die Unsterblichkeit zu bringen.«[28] Und auch *Gregor von Nazianz* konkretisiert das Platztauschmotiv durch die »Erniedrigungsgeschichte« Jesu Christi: »Er hat das Schlechtere angenommen, um dir das Bessere zu geben... Er ließ sich schmähen, damit du verherrrlicht würdest.«[29]

Der Tausch, der sich in der Erniedrigung des Sohnes bis zum Tod vollzieht, führt freilich nicht dazu, daß der Sohn, der den Menschen das Seine – seine Göttlichkeit – schenkt und das Ihrige auf sich nimmt, seiner Göttlichkeit verlustig geht, wie es die Logik des Platz-Tausches eigentlich verlangen würde. Vielmehr gilt ja ganz im Gegenteil: Weil der *göttliche* Logos die menschliche Not auf sich nimmt und durchleidet, deshalb verliert diese Sünden- und Todesnot ihre Ausweglosigkeit, deshalb ist die Gefangenschaft in Sünde und Tod auf die Herrlichkeit der von Gott zu Söhnen und Töchtern Angenommenen hin geöffnet. Die *doppelte Konsubstantialität* ist Voraussetzung für die Heilsamkeit des Tausches: Der Sohn geht nicht im Elend der Menschen unter, weil er consubstantialis patri ist; sein Sieg über Sünde und Tod kommt den Menschen

---

[27] De incarnatione 54 bzw. Orationes contra arianos I, 38; weitere Belegstellen bei *H. U. von Balthasar*, Theodramatik III, 227.

[28] De opere et eleemosynis 1.

[29] Orationes 1,5; weitere Belegstellen bei *H. U. von Balthasar*, Theodramatik III, 227f.

zugute, weil er zugleich consubstantialis matri – allen Menschen gleichwesentlich – war. Nur so konnte es zum »commercium *salutare*« zwischen der göttlichen Hoheit und der menschlichen Niedrigkeit, zwischen Schwäche und Kraft, zwischen der Schande und der Herrlichkeit kommen.[30]

Die commercium-Formel dürfte um 430 im Osten entstanden sein und ist unter Leo dem Großen in die römische Liturgie eingegangen.[31] Die 1. Antiphon zu Vesper und Laudes der Weihnachtsoktav spricht vom »admirabile commercium«; Augustin hatte vorher schon das Bild des »commercium caritatis« geprägt[32], es aber eher im Sinne des *Loskaufs* verstanden – das lateinische Wort kann ja den Akzent des Tausches wie den des Handels tragen: Christus ist für Augustin der Kaufmann, der mit seinem eigenen Blut zahlt, um das Menschengeschlecht loszukaufen.[33] In der Theologie dominierte dann auch der Loskaufgedanke; das Tauschmotiv bleibt allenfalls liturgisch präsent.[34] Erst Luther bringt den Tauschgedanken wieder theologisch zur Geltung.

5.4   Der »fröhliche Wechsel und Streit«

In Luthers Schrift »Von der Freiheit eines Christenmenschen« ist an systematisch zentraler Stelle davon die Rede,

»daß Christus und die Seele (wie Braut und Bräutigam; J. W.) ein Leib werden; so werden auch beider Güter, Fall, Unfall und alle Dinge gemeinsam, so daß was Christus hat, das ist eigen der gläubigen Seele, was die Seele hat, wird eigen Christi. So hat Christus alle Güter und Seligkeit: die sind der Seele eigen; so hat die Seele alle Untugend und Sünde auf sich: die werden Christi eigen. Hier erhebt sich nun der fröhliche Wechsel und Streit. Dieweilen Christus ist Gott und Mensch, welcher noch nie gesündigt hat, und seine Frommheit unüberwindlich, ewig und allmächtig ist, so er denn der gläubigen Seele Sünde durch ihren Brautring, das ist der Glaube,

---

[30] So *Leo der Große*, Sermones 54,4; vgl. *B. Studer*, Soteriologie, 200ff.

[31] Vgl. *H. U. von Balthasar, Theodramatik III*, 229 bzw. *M. Herz*, Sacrum commercium, München 1958, 24ff., 70ff.

[32] Contra Faustum Manichaeum 5,9.

[33] Enarrationes in Psalmos 102,6; 147,6. Zur Interpretation vgl. *G. Bader*, Symbolik des Todes Jesu, Tübingen 1988, 110ff.

[34] Vgl. etwa die Präfation des Ostersonntag im altgelasianischen Sakramentar; vgl. *M. Herz*, Sacrum commercium, 193.

sich selbst zueigen macht und nicht anders tut, als hätte er sie getan, so müssen die Sünden an ihm verschlungen und ersäuft werden. Denn seine unüberwindliche Gerechtigkeit ist allen Sünden zu stark. Also wird die Seele von all ihren Sünden nur durch ihren Mahlschatz, das ist des Glaubens halber ledig und frei und begabt mit der ewigen Gerechtigkeit ihres Bräutigams Christi. Ist nun das nicht eine fröhliche Wirtschaft, da der reiche, edle, fromme Bräutigam das arme, verachtete, böse Hürlein zur Ehe nimmt und sie entledigt von allem Übel, zieret mit allen Gütern? So ist's nicht möglich, daß die Sünden sie verdammen, denn sie liegen nun auf Christo und sind in ihm verschlungen.«[35]

Luther bezieht sich auf die Rechts-, Leibes- und Schicksalsgemeinschaft der Ehepartner als Paradigma für den Lasten- und Gütertausch, der – kraft des Glaubens – zwischen dem Erlöser und seiner »Braut«, der gläubigen Seele stattfindet. Die Leibesgemeinschaft – das Ineinander – des Liebenden und der Geliebten begründet den wechselseitigen Übergang von Lasten und Gütern; aber sie begründet auch eine unauflösliche Schicksalsgemeinschaft.[36] Der Glaube realisiert sich als lebenslange *Umkehr* (»Buße«), in der die Glaubenden an Jesu Leiden teilnehmen und mit ihm der Sünde (der Begierde) sterben, um auch an seiner Auferweckung teilzuhaben.[37] In dieser Schicksalsgemeinschaft bringt sich die aushaltende und mittragende Liebe Christi als jene Macht zur Geltung, die die Sünden der Menschen und ihren Tod »verschlingt« – durch ihr Aushalten entmächtigt und in ihrer göttlichen Übermacht »aufhebt«.

So erweist sich die Metapher vom »fröhlichen Wechsel und Streit« im Kern als eine *Symbolik der anteilnehmenden, aushaltenden und anteilgebenden Liebe*: Christus nimmt – bis in die Abgründe der Verdammnis und Gottverlassenheit – Anteil an unserer Sünder-Existenz; er trägt sie mit uns und »hält sie aus«, ja er fällt ihr zum Opfer. Aber sein Aushalten überwindet die Macht des Todes und der Sünde und schafft denen, die ihr Kreuz auf sich nehmen, Zugang zum wahrhaften, ewigen Leben. Bei Luther selbst findet sich nun diese Symbolik der anteilnehmenden, aushaltenden und an-

[35] Weimarer Ausgabe 7,25f. (Bonner Ausgabe, Bd. 2, 15f.); vgl. Weimarer Ausgabe 5,608.
[36] Vgl. Weimarer Ausgabe 37/1, 187.
[37] Vgl. *R. Schwager*, Der wunderbare Tausch, 205ff. (dort auch Belege).

teilgebenden Liebe in juridischen *Stellvertretungskategorien* ausgelegt: Der Erlöser übernimmt mit gleichsam rechtlicher Verbindlichkeit die Lasten des sündigen Menschengeschlechts und erwirkt diesem mit seiner stellvertretend erlittenen Todesstrafe »Lastenfreiheit« vor Gott. Aber es liegt auf der Hand, daß diese »rechtsnahe« Kategorialität, die Luther – bei allen sonstigen Differenzen – mit der mittelalterlichen Erlösungslehre teilt, nicht den Kern dieser Symbolik ausmacht. Die Tauschformeln sprechen – zumal bei Luther – von einer zutiefst heilvollen Beziehung des Miteinander-Teilens, die denen zugute kommt, die mit dem Beziehungspartner nur ihr ausweglose Leid – ihren Fluch – teilen können und die den zum Mitleiden »verurteilt«, der von sich aus diesem Fluch nicht unterworfen war und eben deshalb sein »heiles«, göttliches Leben mit den »Verfluchten« teilen kann. Das Mittragen und Aushalten des Fluches ist ja nur deshalb »erlösend«, weil die Beziehung, in der Jesus Christus mitträgt und mitleidet, das Urgeschehen einer Lebensgemeinschaft ist, in der Gott selbst sich mitteilt – sein göttliches Leben im Geist auf seine Töchter und Söhne übergreifen läßt. Die Glaubenden dürfen teilhaben an dem, was Christi ist: seiner Lebens- und Liebesgemeinschaft mit dem Vater, da er sich bis zum Letzten dem aussetzt, was der Menschen ist: ihrem Fluch, ihrer Vergeblichkeit. Er macht sich zum Schicksalsgenossen der Verfluchten, *damit* die Verfluchten Genossen seiner schlechthin heilsamen und unzerreißbaren Beziehung zum Vater sein können. Dieses »damit« gilt aber nur deshalb, weil Gott in seinem Geist ganz in Jesus Christus ist, so daß er am Geist teilgeben und die Glaubenden in die Lebensgemeinschaft zwischen Vater und Sohn hereinnehmen kann; so daß die »mit Christus«, ja »in ihm« Seienden – die Jesu Christi Mittragen und Mitleiden ihrerseits Mitvollziehenden – Gott selbst zuinnerst verbunden sind. Von dieser Logik des Miteinander-Teilens, der anteilnehmenden, aushaltenden und anteilgebenden Liebe her lassen sich offenbar die in der Wirkungsgeschichte der paulinischen und johanneischen communio-Formeln ausformulierten soteriologischen Konzepte einigermaßen schlüssig aufeinander beziehen. Und die eher »physische« Soteriologie der Väter erscheint dann als der Versuch, gewissermaßen die »Randbedingung« für das erlösende Beziehungsgeschehen zwischen Christus Jesus und seinen todverfallenen Menschengeschwistern auszuformulieren: Weil Jesus Christus wahrhaft »aus Gott« – weil er Logos – ist, deshalb ist sein Mit-Sein mit den Menschen nicht nur Mit-Leiden und Mit-Untergehen, sondern die Eröffnung des Mit-Auferstehens für die dem Tod Verfallenen; weil er aber wirklich ein Mensch unter Menschen ist, deshalb bedeutet sein »Aus-Gott-Sein« das endgültige und unwiderrufliche Mit-Sein Gottes mit diesem Menschen und mit seinen Menschenschwestern und Menschenbrüdern, denen er in einem Leben radikaler »Pro-Existenz« zutiefst verbunden sein wollte. Was kann dieses Metaphernfeld der rettenden Beziehung und der heilenden Teilhabe der Soteriologie heute zu denken geben; und wie läßt es sich nachvollziehbar strukturieren?

5.5 Verwandelnde Nähe – die »Logik« der Versöhnung

Die rettende Beziehung, das heilende Mitsein Gottes mit den Menschen in Jesus Christus wird in der Soteriologie – wie wir sahen: von Anfang an – nach der »Verlaufslogik« der Versöhnung gedacht. Gott ist dabei, den *Shalom der Gottesherrschaft* in Kraft zu setzen, da er die Unversöhnlichen in Jesus Christus und von ihm her im Heiligen Geist mit sich versöhnt. Aber worum geht der Streit; was ist es um die Entzweiung – um den Unfrieden –, die der Versöhnung bedürfen? Zerstörter Shalom, das ist zunächst Unfrieden des Menschen mit sich selbst; der Mensch, so, wie er vorkommt, ist immer schon die sich selbst widersprechende, mit sich selbst zutiefst unzu-»friedene« und deshalb unbe-»friedete« Kreatur. Theologie und Philosophie haben diesen Widerspruch und die ihn überwindende Versöhnung immer wieder neu zu beschreiben versucht.[38] Die Philosophie des Deutschen Idealismus und insbesondere Hegels begreift den Selbstwiderspruch des Menschen – das »unglückliche Bewußtsein« – als die Unfähigkeit, seine Einheit

---

[38] Für die evangelische Theologie unseres Jahrhunderts vgl. etwa: *E. Brunner*, Der Mensch im Widerspruch, Zürich [5]1985 (1. Aufl. 1937) oder *W. Dantine*, Versöhnung. Ein Grundmotiv christlichen Glaubens und Handelns, Gütersloh 1978. Unbefriedigend bleibt: *H.-H. Schrey*, Entfremdung und Versöhnung: Grundbegriffe modernen Selbstverständnisses, in: Frankfurter Hefte 27 (1972), 87–94.

mit dem Absoluten denkend und handelnd nachzuvollziehen, sich als »Moment« der in der Geschichte sich realisierenden Versöhnung zu wissen.

Die Linkshegelianer haben Hegels These von der in der Geschichte sich selbst vollbringenden Versöhnung leidenschaftlich widersprochen. Zu begreifen ist an der Geschichte nicht das fortschreitende Einswerden der entfremdet Existierenden mit ihrem Wesen; der Geschichte liegt eben nicht eine Logik der Versöhnung zugrunde, sondern eine Logik sich steigernder Widersprüche. Das sich durchsetzende Absolute ist das Falsche, das Unwesen, das die Einzelnen unter die Herrschaft einer zutiefst widersprüchlichen und gewaltsam realisierten Einheit zwingt: unter die Einheit des Kapitalverwertungszusammenhangs (Karl Marx). Dieser Zusammenhang ist nicht Gegenwart der Versöhnung, sondern zusammengezwungene Widersprüchlichkeit, die gleichwohl nach Versöhnung schreit, nach der revolutionären Tat, die schließlich »die *wahrhafte* Auflösung des Widerstreits zwischen dem Menschen mit der Natur und mit dem Menschen« bringen wird, »die wahre Auflösung des Streits zwischen Existenz und Wesen, zwischen Vergegenständlichung und Selbstbestätigung, zwischen Freiheit und Notwendigkeit, zwischen Individuum und Gattung.«[39]

Ist der in der Logik der Kapitalverwertung zusammengezwungene und revolutionär aufzulösende Widerspruch zwischen Arbeit und Kapital der die menschliche Entfremdung letztlich ausmachende »Grundwiderspruch«? Oder ist es der zwischen den Männer-Patriarchen und den unterdrückten Frauen? Oder ist es der zwischen theologischer Rationalität und Imagination, zwischen linker und rechter Gehirnhälfte – endlich aufzulösen durch Einfügung in das Urgeschehen der Natur, durch Versöhnung mit der Urmutter Gaia?[40] Für die fernöstlichen Religionen manifestiert sich der Grundwiderspruch im Sich-Anklammern des Menschen an das Endliche und unverfügbar Wechselnde, das ihn in Widerspruch bringt zu seinem *Ewigkeits*-Wesen. Versöhnung dieses Wider-

[39] Marx-Engels-Werke, Ergänzungsband, Berlin 1968, 536 (Ökonomisch-philosophische Manuskripte).
[40] Vgl. *F. Capra*, Wendezeit. Bausteine für ein neues Weltbild, dt. Sonderausgabe München 1988, 314 f.

spruchs kann sich nur in der *Ablösung* vollziehen: in der Überwindung des Durstes, des Verlangens, das den Verlangenden vom Unverfügbaren und immer wieder sich Entziehenden abhängig macht. Für die israelitisch-christliche Glaubensüberlieferung ist der Mensch deshalb ein der Versöhnung bedürftiger Selbstwiderspruch, weil er *Sünder* ist. Und er ist Sünder, weil er sich zu Gott, zum Mitmenschen und zu sich selbst in Gegensatz setzt; weil er die heilsamen Beziehungen zu Gott, den Nächsten und sich selbst immer schon zu zerstören im Begriff ist. Glaubensreflexion und Theologie haben immer wieder neu zu beschreiben versucht, wie und weshalb der Mensch zum Sünder wird – nicht um ihn zu entschuldigen, sondern um ihn auch als Sünder noch zu verstehen und um zu verstehen, *wie* Gott die Sünder mit sich versöhnen will. Keiner ihrer Versuche ist mehr als eine perspektivische Annäherung, die für andere Annäherungen offen bleiben muß; mehr wollen auch die nun folgenden Andeutungen nicht sein.

Das beziehungsfeindliche Un-Wesen des Menschen hat seinen Grund gewiß *auch* darin, daß der Mensch sich – faktisch, wenn auch nicht notwendigerweise – als ursprünglich und zutiefst *verneint* erfährt: Die außermenschliche Wirklichkeit scheint auf den Menschen keinerlei Rücksicht zu nehmen; sie verneint seine Bedürfnisse und läßt sich nur mit großem Kraftaufwand und für kurze Zeit einen einigermaßen auskömmlichen Lebensraum abringen. Aber alle Kraftanstrengung bringt doch nur einen Aufschub; im Tod wird das unerbittliche »Nein« der Wirklichkeit zu mir – wie es scheint – endgültig. Wenn dieses Nein wahr ist, so sind alle Beziehungen, in denen doch wenigstens ein anfanghaftes »Ja« der Beziehungspartner zueinander laut wird, hilflose Täuschung und Selbsttäuschung. Keiner ist bejahbar; keiner hat die Macht, mich mit seinem Ja der Verneinung durch die Wirklichkeit – der vollkommenen Bedeutungslosigkeit – zu entreißen. Ist nicht schon die Geburt – die Psychologie spricht ja vom »Geburtstrauma« – ein abgründiges Nein zu dem, der da ausgestoßen und abgetrennt wird von der »Quelle« seines Lebens? Spricht dieses Ausgestoßensein nicht für die Grundwahrheit des Lebens: für das unwiderrufliche Ausgesetztsein und Verlassenwerden, das sich im Tod vollendet; für die Letztgültigkeit der Trennung, über die man sich in der lebenslangen Suche nach Nähe und Beziehung doch nur hinwegbetrügen kann?

Der Sünder hört dieses »Nein« zuinnerst – er »internalisiert« es. So verneint und verachtet er sich selbst als den, zu dem keiner »ja« sagen kann, weil es in ihm offenbar keinen Grund gibt, »ja« zu sagen. Und die Selbstverachtung schlägt um in die Verachtung derer, in die Wut auf die, die keinen Grund finden, zu mir »ja« zu sagen; in den Haß gegen den, der *in allem* »nein« zu mir sagt. Die Sünde »herrscht«, wo der Mensch sich dieser Dynamik der Verneinung überläßt und sich so weigert, an den Sinn von Beziehung zu glauben. Die Religionen sind der Versuch des Menschen, der »alles bestimmenden Wirklichkeit« doch noch ein »Ja« abzuringen: durch Leistungen an (bzw. für) das Göttliche, mit denen man es zur Zustimmung, zur Mäßigung oder Zurücknahme seiner Verneinung zu bewegen versucht. Dieser Versuch kann dahin führen, Gott *alles* – sich selbst und den Mitmenschen – zum Opfer zu bringen. Und er wird regelmäßig dazu führen, besser – für Gott »akzeptabler« – sein zu wollen als die anderen, und in der Beziehung zu ihnen nicht ihr Wohl, sondern Gottes Belohnung für das eigene Wohlverhalten zu erwirken. So kommt die beziehungsfeindliche Dynamik der Sünde hier nicht zur Ruhe; ja, sie wird sich Gott gegenüber sogar noch potenzieren: Der vieles oder alles für Gott Opfernde wird zutiefst – wenn auch uneingestanden – den hassen, der ihm solche Selbstverneinung abfordert. Der Gotteshaß speist – da ich ihn zu verleugnen suche – den Selbsthaß: den Haß gegen mich, der ich nicht so bin, wie ich sein sollte; und der Selbsthaß wird – da ich ihn nicht aushalten kann – im Haß gegen die anderen ausagiert: gegen die anderen, die Schuld daran sind, daß ich so bin, wie ich bin; die mich nicht der sein lassen, der ich von mir aus wäre.

Verachtung und Haß isolieren, reißen Abgründe auf, ent-*fernen* und entfremden die potentiellen Beziehungspartner voneinander. Die Theorie der Versöhnung kann sich deshalb in den räumlichen Kategorien der *Nähe* und der *Ferne* artikulieren. Verneinung und Ablehnung stellen sich als Abwendung, als Weggehen und Verlassen dar, Bejahung aber als Hingehen-zu, als Stehen-»bei« bzw. als Stehen-»zu«, als Beieinander- und Miteinander-sein-Wollen, eben als die Solidarität, die das Leben miteinander teilen läßt. Versöhnung sucht die Nähe zu dem, der sich entfernen will; sucht ein »Ja« zur Geltung zu bringen und eine Zustimmung erfahrbar zu machen, in deren Wohlwollen das Neinsagen des Unversöhnten von sich lassen kann. In Jesus Christus sucht Gott diese Nähe zum Sünder und schafft er sie; eine Nähe, die alle Entfernung und Entfremdung umgreift und entmächtigt (vgl. Röm 8,39); eine Nähe, die das Von-sich-selbst-Weglaufen des Sünders zum Stehen bringt, da Gott zu denen kommt, die doch niemals von sich aus zu Gott kommen können (vgl. Röm 10,6–10). Gott sucht die Nähe des Menschen, und er sucht sie, weil er ihn mit sich versöhnen will; weil er ihm jenes »Ja« zusprechen will, das ihn von der verhängnisvollen Dynamik seines Nein-Sagens erlöst. Und sein Sohn Jesus Christus ist dieses »Ja« in Person; in ihm ist – so der 2. Korintherbrief – Gottes Ja »Wirklichkeit geworden« (1,19). Aber wie ist Jesus Christus Gottes versöhnendes Ja?

Jesu Leben und Leiden ist gleichsam ein einziges »Ja« zu denen, die immer nur »nein« hören und erfahren; ein »Ja« nicht nur des Wortes, sondern vor allem der Tat. Die Seligpreisung der Armen, Trauernden, Hungrigen und Dürstenden, der Verfolgten und Unterdrückten ist »gedeckt« durch die Rückhaltlosigkeit, mit der Jesus die Nähe der Ausgeschlossenen und Verachteten sucht, mit der er zu denen geht, von denen jeder sich zurückzieht: Die Aussätzigen und »Unreinen«, der Steuereintreiber Zachäus, der Besessene von Gerasa – sie erfahren das Nein der Wirklichkeit, die Ablehnung der Mitmenschen leibhaft und ungemildert von irgendwelchen Rücksichten; bei ihnen ist Jesus zu finden. Er hat nicht die Angst der Frommen und Vorsichtigen, die im Leid der anderen gleichsam »materialisierte« Negativität könne bei allzu großer Nähe auf sie überspringen; er hat keine Berührungsangst, und er läßt sich vom Leid sogar im buchstäblichen Sinn berühren (vgl. Mk 5,21–34). Er hält es auch nicht mit den Frommen seiner Zeit und ihrer Regel, »sich abzusondern von allen Männern des Frevels, die auf gottlosem Wege wandeln«.[41] Jesus steht zu den Sündern; er

---

[41] Vgl. M. Limbeck, Was Christsein ausmacht, 16 (mit Bezug auf die »Sektenregel« Qumrans V, 10–18).

lebt, was er seinen Zuhörern in Gleichnissen nahebringt: Gottes bedingungslosen Gemeinschaftswillen, der die Verlorenen nicht ihrem Schicksal überläßt. Er sucht auch die Nähe der »religiösen Elite« und der politischen Machthaber; nicht um ihre Gunst und für sich einen Anteil an ihrer Macht zu finden, sondern um sie zur Umkehr herauszufordern. Er rückt ihnen mit der Wahrheit »auf den Leib«, die ihnen zum Heil würde, wenn sie sich ihr öffnen könnten: mit der Wahrheit über die Heillosigkeit ihrer Selbstbehauptung und das Heil der Gottesherrschaft. Jesus kommt ihnen nahe als der »Spiegel«, in dem sie wahrnehmen könnten, wer sie wirklich sind, was sie zutiefst bewegt und sich selbst widersprechen, die Mitmenschen verachten und Gott mißtrauen läßt. Aber in der Weise, wie Jesus ihnen nahekommt – nicht als der zynische Entlarver, sondern als der in aller prophetischen Polemik Einladende –, begegnet ihnen zugleich ein Wille, der ihnen zutiefst wohl will, der sie für ihr eigenes Heilwerden – für die Versöhnung – gewinnen will. Jesus lebt die verwandelnde Nähe, da er die Solidarität erfahrbar macht, die allein den Sünder von seinem Selbstwiderspruch, von seiner Selbstverachtung befreien kann: Weil einer zu ihm steht, der vorbehaltlos »ja« zu ihm sagt, der ihn annimmt und unendlich an seinem Heil interessiert ist – an *seinem* Heil und nicht an irgendwelchen eigenen Vorhaben –, deshalb erweist sich die Grundvoraussetzung des sündigen Lebens, allein das »Nein« sei die adäquate Antwort auf das, was die Wirklichkeit im Letzten ausmacht, als irrig und revidierbar. Jesu Solidarität verbürgt die Wahrheit des »Ja« gerade auch dadurch, daß er den wütenden und gewalttätigen Widerspruch derer aushielt, die sich die Wahrheit »vom Leib halten« wollten, die die Nähe der erlösenden Wahrheit – die *Nähe der Gottesherrschaft* – nicht aushielten. Sie schafften sich den Zeugen vom Leib; aber sie vermochten es nicht – so die Glaubenserfahrung der ersten »Christen« –, das als Lüge zu erweisen, was Christi Zeugnis verbürgte und lebte: die heilende und verwandelnde Nähe Gottes, sein unwiderrufbares »Ja« zu denen, die keinen Grund fanden, zu sich selbst, zum Mitmenschen, zu ihrem Leben »ja« zu sagen, weil sie sich selbst nicht bejaht fanden.

Die nachösterliche Reflexion verstand, daß Jesu Solidarisierung mit den Sündern und Notleidenden, daß sein Nahekommen das Nahekommen der Gottesherrschaft selbst war und daß auch seine Hinrichtung noch, die diese Nähe abwehren sollte, als die heilsame Annäherung der Gottesherrschaft gedeutet werden darf. Die nachösterliche Reflexion bringt zur Geltung, was Jesu Lebensgefährten als die innere Mitte seines Lebens erfuhren: seine rückhaltlose Verbundenheit mit dem Vater, die ihn ganz in und aus seiner Nähe leben ließ. Diese Nähe bezeugte er und teilte er mit. Und der Vater realisierte diese Nähe, da er *seinen Sohn* im Augenblick der schlimmsten Gottferne *zu sich nahm*; da er ihn im Heiligen Geist, der heilsame Nähe schafft, zur göttlichen Lebensgemeinschaft auferweckte.

Simone Weil (1909–1943) hat die Grunderfahrung des »Nein« und die Erfahrung, durch Gottes »Ja« in Jesus Christus erlöst zu sein, mit eindringlicher Radikalität zur Sprache gebracht.[42] Es ist das Erleiden des *Unglücks*, des grund-, bedeutungs- und ziellosen Unglücks, das den Menschen mit einer letzten Verneinung – mit der Verneinung seines Personseins – konfrontiert: »Das Unglück ist vor allem anonym, es beraubt den, welchen es ergreift, seiner Persönlichkeit und macht ihn zu einer Sache. Es ist gleichgültig, und die Kälte dieser Gleichgültigkeit, eine metallische Kälte, läßt die Seele derer, die sie berührt, bis auf den innersten Grund hinab erstarren« (20). Alles, schlechthin alles ist den Umständen, einer rücksichtslosen Notwendigkeit »auf Gedeih und Verderb ausgeliefert« (36). Und kein Mensch kann sich der Erkenntnis, der Erfahrung entziehen, »daß man dieser blinden Notwendigkeit völlig unterworfen ist, in allen Teilen seines Wesens, mit Ausnahme eines so geheimen Punktes der Seele, daß er dem Bewußtsein entzogen bleibt« (33). Der »Vernichtung der Seele durch die mechanische Gewalt der Umstände« (42) stimmt der Unglückliche gleichsam zu, indem er sich selbst verachtet (vgl. 17). Und er fällt ihr endgültig anheim, wenn er im Unglück aufhört zu lieben, wenn er nicht wagt, »ins Leere hinein zu lieben, oder zumindest lieben zu wollen, sei es auch nur mit dem winzigsten Teil« seiner selbst (16). Das »Ja« der Liebe ins Leere hinein – Jesus Christus hat es uns vorgesprochen, da er selbst rettungslos dem Unglück ausgeliefert war: »Christus war ein Unglücklicher. Er ist nicht als Märtyrer gestorben. Er ist als ein gemeiner Verbrecher gestorben« (20). Sein Tod war nicht ein heldenhafter »Tod für«, sondern ein sinn- und bedeutungsloses Zusammenbrechen, das tiefste, kälteste Unglück. Aber in

---

[42] Vgl. ihre Schrift: Die Gottesliebe und das Unglück, dt. in: *S. Weil*, Zeugnis für das Gute. Traktate, Briefe, Aufzeichnungen, Olten 1976, 13–49 (die Seitenzahlen im Text beziehen sich auf diese Schrift und auf diese Ausgabe).

ihm war ein »Ja« der Liebe; in diesem Unglück suchte Gott selbst den Unglücklichen auf – von seinem »Ja« gerufen, sein »Ja« zu ihm sprechend. Christi Gesetz ist es, die Last – das Unglück – des anderen zu tragen, sein »eigenes Sein und Wesen in einen Unglücklichen zu verlagern« und sein Unglück auf sich zu nehmen (40). Das Gesetz Christi aber – so darf man S. Weil gewiß deuten – ist Gottes Gesetz, das Gesetz seines Handelns: Gott selbst ist mit dem Unglücklichen und Scheiternden – mit seinem Sohn und durch ihn bei jedem Unglücklichen; er »durchquert das All und kommt bis zu uns« (27). Jesu Christi »Ja« ist *sein* »Ja« – ein Ja, das den unendlichen Abstand der kalten Notwendigkeit und des Scheiterns an ihr durchdringt, aber nicht aufhebt. Gott kommt an; er ist schweigend präsent beim Unglücklichen; schweigend, da sein Wort – sein Ja-Wort – keine Antwort ist auf die Warum-Frage, den Warum-Schrei des Unglücklichen (vgl. 47f.). Seine Prägnanz ist das schweigende Wort; es ist gesprochen in Jesus Christus, im Ja dieses Unglücklichen, in seiner Zuwendung zu denen, die wie er das Kreuz zu tragen haben.[43]

5.6   Zu Gott gehören

Die Auferweckung Jesu – seine »Erhöhung zur Rechten des Vaters« – offenbarte die Gottesnähe, in der und aus der er lebte. Er gehörte und er gehört ganz und gar zu Gott. Diese Gottgehörigkeit erwies er, da er sich ganz und gar mit Gottes Willen identifizierte, ihn verkündigte und lebte und ihn an sich geschehen ließ. Diese Gottgehörigkeit wurde vom Vater bestätigt, da er sich mit Jesus Christus im Augenblick seines Propheten- und Zeugentodes rückhaltlos identifizierte. Der Vater identifizierte sich mit dem, der seinen Willen tat und geschehen ließ, der ihn als geschehenden bezeugte; so stellte er ihn den Osterzeugen als den Menschen vor, der ganz und gar in das Geschehen seines Willens – seines Gemeinschaftswillens – einbezogen war. Die christologische Reflexion der Alten Kirche sieht in ihm deshalb das reine, Gottes Innerstes offenbarende Geschehen des Gotteswillens – den Logos. Die Frage, wie ein Mensch das reine Geschehen des Gotteswillens sein könne, wurde erst gegen Ende der altkirchlichen christologischen Lehrentwicklung dahingehend beantwortet, daß Jesus Christus seinen

---

[43] S. Weils Überlegungen könnten die christliche Soteriologie herausfordern, zu prüfen, ob der Tod Jesu als Märtyrertod, als Tod am Widerspruch der seiner Sendung sich Verweigernden verstanden werden muß.

menschlichen Willen ganz und gar von Gottes Heilswillen bestimmen ließ – ihm »gehorsam« war bis zum Tod am Kreuz. Gottes Gemeinschaftswille, seine Liebe bedurfte gleichsam »der Freiheit eines Menschen…, die sich ursprünglich von ihr bestimmen ließ und diese Bestimmung in der Gestalt seines Lebens darstellte«[44]. Sie bedurfte des *Zeugnisses*, um als das Bezeugte im Zeugnis offenbar zu werden.

Gottes Wille und Wort ist gewiß im Zeugnis vieler Menschen offenbar geworden, aber sie sind nicht eins gewesen mit dem göttlichen Logos. Ihr Leben bezeugte eben nicht »nur den Gott, der sie anrief und sandte, seinen Heilswillen; es »bezeugte« und »verriet« auch ganz anderes: ihren Kleinglauben, ihr Sich-Verweigern, ihr Unverständnis und ihre Inkonsequenz, ihre »Taubheit« und ihre »Gottlosigkeit«. Ihr Zeugnis war eine Antwort auf Gottes Anruf, seinem Willen zu entsprechen, die den Anrufenden ebensosehr verdeckte als sie ihn bezeugte. Jesus Christus aber war in Person jene Antwort eines Menschen auf Gottes Anruf, die dem Anrufenden und seinem Willen in allem entsprach und ihn so offenbarte – *Christologie von unten*. Er war dies freilich nicht aus menschlichem Vermögen und Menschenvollmacht heraus, sondern weil Gottes Geist auf ihm »ruhte« (Lk 4,16–21); er war Zeuge in letzter Konsequenz, er war der Logos, weil durch seinen Heiligen Geist Gott selbst sich in ihm bezeugte – *Christologie von oben*.

Das Zeugnis Jesu Christi unterscheidet das Bezeugte/den Bezeugten von sich und ist doch ganz und gar auf es (auf ihn) bezogen. Jesu bezeugendes Menschsein ist nicht einfach identisch mit seinem Gott-Sein; das Chalcedonense hält ja daran fest, daß beide Naturen »unvermischt« bleiben. Aber das Zeugnis Jesu wird durch den Heiligen Geist so sprechend und wirkmächtig, daß man sagen kann: In ihm geschieht, was es bezeugt – Gottes Gemeinschaftswille; so daß man sagen kann: In ihm handelt Gott so, daß er sich selbst mitteilt; in ihm ist der Logos – des Vaters Selbstaussage und Selbstmitteilung – Mensch geworden. *Wo Gottes Wille geschieht, da handelt Gott* – diesem Leitsatz ist der vorliegende Entwurf der Soteriologie verpflichtet. In, an und durch Jesus Christus kommt

---

[44] Vgl. *Th. Pröpper*, Erlösungsglaube und Freiheitsgeschichte, 195 f.

Gottes Wille zu seinem Ziel, freilich noch nicht zu uneingeschränkter Geltung; die Herrschaft der Liebe ist ja noch unter ihrem Gegenteil – der gekreuzigten Hilflosigkeit – verborgen. Da in Jesus Christus Gottes Wille zu seinem Ziel kam, geschah in ihm jenes Handeln Gottes, in welches Gott sich selbst ganz und gar hineingab – seine Selbstmitteilung. So ist das Zeugnis des Menschensohnes nicht der Hinweis auf anderes; in ihm geschieht vielmehr, was es bezeugt; in ihm geschieht Gottes rückhaltlose Annäherung, Gottes »Ankommen« bei den Menschen. Das Zeugnis des Menschensohns – die »Botschaft« seines Lebens, aber auch seines Leidens und seiner Vollendung – ist das Gesagtsein des Gott-Logos, des göttlichen Wesenswortes, das Geschehen der Selbstoffenbarung Gottes.

Das Dogma von der *hypostatischen Union* hat also diese Sinnspitze: Der menschliche Selbstvollzug Jesu, worin er sich frei und gehorsam zugleich vom göttlichen Vater bestimmen ließ, seinem Willen entsprach, ist zugleich ganz *von Gott* – im Geist – *ergriffenes Menschsein*; und dieses Menschsein ist die Inkarnation – das geschichtliche Greifbarwerden – des Logos: Selbstmitteilung des Vaters im Heiligen Geist. In der Beziehung zum Vater ist Jesus Christus *der Sohn*: *Gottes Sohn* – der von Gott zum vollkommenen »Medium« seiner Selbstmitteilung Angenommene; der *Menschensohn*, jener auserwählte Mensch, an dem die Bestimmung des Menschen zur Gemeinschaft mit Gott aufscheint. Jesus Christus ist der Logos – Gottes gleichwesentlicher Sohn – nicht auf Kosten seines Menschseins. Vielmehr ist es gerade das Zeugnis wahrer Menschlichkeit, worin sich das Ganz-von-Gott-ergriffen-Sein Jesu Christi äußerte; das will die Vorbild-Soteriologie der Väter zur Geltung bringen. Aber im »Vor-Bild« Jesu scheint eben nicht nur die höchste Möglichkeit des Menschseins auf, wie es die Aufklärungsphilosophie der Neuzeit sehen will. Das »Vor-Bild« Jesu ist das Bild des Menschen in der von Gott selbst gewährten Gottesnähe, des von Gott – im Sinne der *acceptatio* – angenommenen und darüber hinaus für Gottes Selbstaussage (Selbstzusage) im Logos in Anspruch genommenen, im Sinne der *assumptio* angenommenen Menschen. Es ist die Grundüberzeugung der altkirchlichen, »physischen« Erlösungslehre, daß die acceptatio der Sünder durch die assumptio des Menschen Jesus vermittelt ist. Diese Grund-überzeugung gilt es in eher personalen Kategorien nachzuvollziehen; in Kategorien, in denen der Grundvorgang der Erlösung – Gottes personale Selbstmitteilung – zur Sprache kommen kann. Gottes – des Vaters – »ewige« Selbstmitteilung wird in der Trinitätslehre »Zeugung« des ewigen Sohnes – des Logos – genannt: Im Geist »teilt« der Vater alles mit dem Sohn, der sich ganz diesem Teilen verdankt. Gottes – des Vaters – *geschichtliche* Selbstmitteilung teilt einem Menschen – Jesus von Nazaret – *alles* mit, auch sein göttliches Wesen. Da geschichtliche und ewige Selbstmitteilung keine voneinander zu trennenden Ereignisse sind, da vielmehr die ewige Selbstmitteilung des Vaters in der geschichtlichen für den Menschen »greifbar« wird, deshalb kann man sagen, daß die vollkommene Selbstmitteilung des Vaters an den Menschen Jesus Christus, in der er auch sein Wesen noch mit ihm teilt, die geschichtliche Realität seiner ewigen Selbstmitteilung – der Zeugung des Logos – ist; und man konnte diese geschichtliche Selbstmitteilung die »Inkarnation« – das Fleisch- und Greifbarwerden – des Logos nennen. Gottes – des Vaters – radikale Selbstmitteilung an Jesus Christus kommt zum Ziel in der »gehorsamen« Antwort des Menschen Jesus Christus, der sich erwählen läßt, das reine Ereignis des göttlichen Beziehungswillens zu sein.

Erster »Adressat« der Selbstmitteilung Gottes – des Vaters – im Heiligen Geist ist also gewiß der Sohn; ihm gilt sie in unvergleichlicher Weise, da sie ihm das göttliche Wesen mitteilt. Aber sie gilt ihm, damit er der »zweite Adam«, damit er seinen Menschenschwestern und Menschenbrüdern das ihnen zugute kommende Ereignis des göttlichen Gemeinschaftswillens sei. So sind die Adressaten des in Jesus Christus inkarnierten Logos die dem Tod ausgelieferten und der Sünde sich ausliefernden, die sich selbst, den Nächsten und Gott immer schon widersprechenden Menschen. Ihnen ist Jesus Christus Gottes versöhnendes Ja (2 Kor 1,19); ihnen ist er Gottes leibhafte, verwandelnde Nähe; ihnen ist er das Unterpfand der rettenden Solidarisierung Gottes mit den Menschen, denn in ihm ist Gott mit seinem Logos bei den Menschen angekommen; in ihm hat der Logos unter den Menschen »gewohnt« (Joh 1,14). Das zutiefst menschliche Leben, das »gehorsame« Sich-in-Dienst-nehmen-Lassen Jesu Christi für Gottes Beziehungswillen ist das Lautwerden des göttlichen Wesenswortes, das Fleisch-(Greifbar-)Werden des Logos; ist das Ja-Wort Gottes an die Menschen, das allem »Nein« gegenüber recht behalten wird.

Dieses »Ja« kommt zur Sprache in der mitmenschlichen Nähe Jesu, die gegenüber aller Trennung und Abwendung recht behält, weil Gottes Zuwendung in ihr greifbar wird. Die Nähe, die Zugehörigkeit zum Vater, in der der Sohn lebt, sie greift auf die Menschen über, denen er nahekommt. Sie haben teil an seiner Nähe, wenn sie sich ihr öffnen; sie gehören zum Vater, wenn sie – als Brüder und Schwestern – zum Sohn gehören: seinen Weg gehen. Die adäquate Antwort des Sohnes auf die Selbstmitteilung des Vaters kann ja nur Selbstmitteilung sein, das Mitteilen der Nähe, die der Vater ihm gewährte, da er sich ihm mitteilte. Und so kommt die Selbstmitteilung des Vaters im Sich-Mitteilen und Austeilen des Sohnes zum Ziel – das bringt die eucharistische Brotrede des Johannesevangeliums (Kap. 6) bildhaft zur Sprache. Das Sich-Mitteilen und Austeilen des Sohnes aber bezeichnet und wirkt bei den Empfangenden jenes Mitsein Gottes mit den Sündern, das von keiner Trennung mehr außer Kraft gesetzt werden kann.

5.7   Erlösende Pro-Existenz

Jesu Christi Pro-Existenz – seine Solidarität mit den Sündern und den Verlorenen – spricht nicht nur für sich. Sie spricht Gottes Wesenswort aus, läßt Gottes Beziehungswillen geschehen; sie bezeugt Gottes Solidarisierung mit dem sündigen und todverfallenen Menschengeschlecht – sein solidarisches Mitsein mit denen, die in hilfloser Auflehnung gegen das »Nein« der Wirklichkeit in der Sünde dem Tod immer schon vorarbeiten und der Verneinung das letzte Wort lassen. Gegen die Dynamik der Verneinung setzt Jesus die Kraft der Solidarität; und die Kraft der Solidarität, die er in Anspruch nimmt, ist die Macht der göttlichen Liebe selbst. Schon die mitmenschliche Solidarität spricht ein »Ja«, das die Selbstverständlichkeit der Verneinung, die Letztgültigkeit der Trennung nachhaltig in Zweifel zieht. Solidarisches Mittragen wirkt der isolierenden Dynamik des Leidens und des Schuldigwerdens entgegen; es stiftet Beziehung, wo Leidende und Schuldiggewordene in tödlicher Einsamkeit und Verlassenheit zu versinken drohen. Die mitleidende Liebe verwandelt die Situation des Leidenden und Schuldiggewordenen, weil sie eine Beziehung schafft, die stärker ist als Leid und Schuld; stärker wenigstens insofern, als sie Leid und Schuldverstrickung nicht mehr in der Zerstörung der lebenspendenden Beziehungen sich auswirken läßt. Mitmenschliche Solidarität bis in die äußerste Konsequenz gelebt wäre »Platztausch«: nicht nur Teilnahme am Leiden des Anderen, sondern die ihn von seinem Leid befreiende Übernahme seines Verhängnisses – Schillers »Bürgschaft« verherrlichte diesen Platztausch als Ernstfall der Solidarität. Die Erlösungslehre der Väter hat das Motiv des Platztausches zur Grundfigur des Erlösungsgeschehens gemacht. Es setzt freilich einen »Herrn des Schicksals« voraus, der das (Straf-)Leid verhängt und gegebenenfalls eine Stellvertretung im Leiden akzeptiert – eine außerordentlich problematisch gewordene Gottesvorstellung.[45]

Führt man das Problem des Platztauschs auf die Metapher des Anteilgebens und Anteilnehmens zurück, so wird man den Sinn der Solidarität darin sehen, daß der Solidarische durch den Einsatz des Eigenen und die Bereitschaft zum Mittragen des fremden Leidens eine Beziehung stiftet, die über allen Beziehungsabbruch hinauszuführen verheißt. Jesu Pro-Existenz hat diese Verheißung in sich, und dies um so mehr, als sie Sünde und Tod »umgreift«. Jesus ist bei den Sündern, nicht weil er die Sünde ignorierte, sondern weil er sich dem tödlichen Un-Wesen der Sünde – ihrer beziehungsfeindlichen, verneinenden Mächtigkeit – bis zum Letzten aussetzt, so daß er der Sünde zum Opfer fällt. Er läßt sich von der Macht der Verneinung treffen, ohne selbst von ihr »besessen« zu sein; das bringt die Tradition zur Geltung, wenn sie davon spricht, daß Jesus – obwohl er selbst ohne Sünde war – die Sünden der Menschen getragen und ihre Konsequenz – den Fluchtod – erlitten hat. Jesus

---

[45] *H. U. von Balthasar* hält gleichwohl am unverkürzten Verständnis der »Platztausch«-Metapher fest; vgl. Theodramatik III, 247 ff.

ist nicht von der Dynamik des »Nein-Sagens«, der Verachtung, angesteckt, aber er läßt sich von ihr treffen, weil er den Sündern anders nicht nahe sein kann. Er nimmt *das Ihre* auf sich, um ihnen *das Seine* zu schenken; das Seine: die Bejahung, aus der er lebt und die er lebt, die ihn *außerhalb* des Teufelskreises der Verneinung leben und ihn nicht mitmachen läßt bei dem, was die Menschen einander antun. Jesus schenkt den Sündern das Seine: das Lebenkönnen außerhalb des Verhängnisses der Selbstverachtung und des wechselseitigen Hassens, außerhalb der Dynamik, die schließlich jede Beziehung zerstört und deshalb in der Beziehungslosigkeit des Todes ihr Telos hat. Aber dieses Geschenk fordert die Sünder zutiefst heraus; das »Außerhalb« stellt die »drinnen«, stellt den Sinn ihres Mit- und Weitermachens radikal in Frage; so exekutieren sie die Dynamik, von der sie selbst besessen sind, an dem, der ihr nicht unterworfen ist, an dem, der nicht »mitmachen« und ihnen dennoch – gerade deshalb – mit dem »Seinen« zutiefst nahe sein will. Und er lädt den Fluch der Verneinung – das Ihre – auf sich, *um* ihnen das Seine zu schenken; er will ihnen Anteil geben an seinem Leben, auch wenn er dafür von seinen Menschenbrüdern und Menschenschwestern dazu verurteilt wird, ihren Fluch mit zu durchleiden. Das Anteilnehmen ist der Weg des Anteilgebens; aber das Anteilgeben greift über das Anteilnehmen hinaus. Es behauptet ein Außerhalb, von woher die beziehungsfeindliche Macht der Verneinung überwunden wird; es behauptet die Möglichkeit, von der Über-Macht über die Dynamik der Trennung ergriffen zu werden und an ihr Anteil zu gewinnen. Jesu Solidarität wird nur dann nicht von der Macht der Nichtigkeit widerlegt, wenn sie ein Mit-Sein bezeugt, das sich auch in der äußersten Konsequenz der Sünde – dem für Menschen definitiven Beziehungsabbruch des Todes – noch durchhält; Jesu Solidarität ist nur dann nicht leere Verheißung, wenn es das »Außerhalb« gibt, von woher das Leben der Menschen verwandelt werden kann, das »Außerhalb«, von woher die rettende Beziehung auf die der Sünde und dem Tod Verfallenen übergreifen kann. Das *Seine*, das Jesus seinen Brüdern und Schwestern mitteilt, ist ja nicht sein Eigenes, sondern das *ihm* Mitgeteilte; sein Zeugnis ist Mitteilung des ihm Mitgeteilten, seine Solidarität will Zeugnis sein für Gottes »mitgehende« Solidarität mit ihm wie mit den ihm nachfolgenden Menschenschwestern und Menschenbrüdern.

Dieser Sinn seiner radikalen Pro-Existenz teilte sich den Osterzeugen in ihrer Begegnung mit dem Auferstandenen mit: Die Auferweckung des an der Sünde Gestorbenen bezeugte ihnen Gottes Mit-Sein, Gottes Identifikation mit dem, der sein Leben als Zeugnis für Gottes hier und jetzt geschehenden Heilswillen verstand. Weil aber Jesu Lebenszeugnis die Gestalt rückhaltloser, Sünde und Tod gerade nicht »draußen lassender« Solidarität hatte und weil dieses Zeugnis in der Auferweckung des Zeugen vom Vater beglaubigt wurde, weil der Vater das »Wort« (die Botschaft) seines menschlichen Lebenszeugnisses als Zur-Sprache-Kommen des göttlichen Logos bestätigte, deshalb wird ihnen in Jesu Pro-Existenz das Mit-Sein Gottes mit den Sündern und Sterbenden, ja selbst mit den Gestorbenen »greifbar«. Jesus Christus ist der Immanuel – der Gott-mit-uns; als der dem Tod überlieferte, als der mitsterbende Immanuel ist er den Mitsterbenden der Gott-mit-ihnen, die rettende, schlechthin »erhellende« Anwesenheit des bejahenden und Beziehung stiftenden Gottes inmitten der Nacht der Verneinung und der Beziehungslosigkeit. In Jesu Lebens- und Sterbenszeugnis und mit der Auferweckung des Gekreuzigten erweist Gott sich als der rückhaltlos Bejahende, als der grenzenlos Beziehungsmächtige und Beziehungswillige, dessen Beziehungsmächtigkeit auch dort nicht versagt, wo menschliche Beziehungen unwiderruflich zerbrechen: im Tod. Das Zeugnis des Sohnes, der das Todesschicksal und die »Verfluchung« der Todgeweihten (vgl. Gal 3,13) bis zum Letzten teilt, bezeugt eine Macht der Solidarität, die auch diese äußerste Ausweglosigkeit noch auf neues Leben hin zu öffnen vermag. In diesem Sinne also war Jesus Christus der Immanuel: »Gott war mit uns, so real und vollständig, wie Gott das tut, was er tut; er war mit uns als unseresgleichen. Sein Wort ward Fleisch von unserem Fleisch, Blut von unserem Blut. Seine Herrlichkeit wurde gesehen hier in der Tiefe unserer Situation, und was die tiefste Tiefe unserer Situation ist, das wurde ja erst offenbar, als sie dort und damals von der Herrlichkeit des Herrn erleuchtet wurde; als er in seinem Wort hinabfuhr in die untersten Örter der Erde (Eph 4,9), um daselbst und so dem Tode die Macht zu nehmen und das Leben und ein unvergängliches Wesen ans Licht zu bringen (2 Tim 1,10)«.[46]

Der Sohn bezeugt den Vater. Sein Zeugnis ist nur wahr, wenn auch der Leidende und Sterbende noch den Vater bezeugt: als den Mitleidenden und dem Tod sich Aussetzenden. Da der Vater mit dem sterbenden Jesus war und mit ihm sich identifizierte, setzte er sich selbst der aggressiven Gottfeindlichkeit, der alle Beziehung zerstörenden Aggressivität des Todes aus, setzte er – so Eberhard Jüngel – »die eigene Gottheit der Macht des Negativen aus. So schafft er mitten aus der Verhältnislosigkeit des Todes ein neues Verhältnis Gottes zum Menschen«. Dieses neue Verhältnis aber hat darin seinen Grund, »daß Gott die von ihm entfremdende Verhältnislosigkeit des Todes selber erträgt. Wo die Verhältnisse abbrechen und die Beziehungen enden, genau eben da setzt Gott sich selber ein«. Und so »offenbart er sich als ein dem endlichen Menschen unendlich *liebendes* Wesen. Denn wo alles verhältnislos geworden ist, schafft nur die Liebe neue Verhältnisse«. Da des Vaters Mit-Sein mit dem sterbenden Menschensohn auch und gerade den Tod umgreift, darf man sagen, daß er *mit ihm in den Tod geht*[47], um »mitten im Tod« neues Leben, neue Beziehung zu schaffen; um den Sterbenden im Tod als der sie in seine liebende und rettende Lebensgemeinschaft Heimholende zu begegnen. Im Mit-Sein und »Mit-Gehen« mit dem sterbenden, von den Sündern zu Tode gebrachten Sohn hat er »dem Tod seinen *Wesensakt entzogen*«, hat er ihn um sein Wesen als letztgültige Negation gebracht. »In diesem Sinne gilt, daß er dem Tod die Macht genommen hat. Der Tod ist in der Ohnmacht des Gottessohnes entmächtigt worden. Die Negation, die der Tod an Gott« – an der Beziehung des Sohnes zum Vater – »zu vollziehen hatte, ging ontologisch über seine Kräfte. Das aber heißt: das Wesen des Todes ist mit seinem Wesensakt in Gottes Gewalt.«[48] Die Auferweckung des Gekreuzigten offenbart, daß die im Tod scheinbar definitiv zur Macht kommende Beziehungsfeindschaft nicht das Letzte, daß das Nein als das »Wesenswort« des Todes nicht das letzte Wort ist, weil Gott sein Wort spricht: den Logos in Jesus Christus. Weil Gott sein Wort spricht, sich in seinem Wort den Menschen zuspricht und verspricht, deshalb spricht auch

[46] So *Karl Barth* in den Prolegomena seiner Kirchlichen Dogmatik (I/1, Zürich [12]1989, 118).

[47] *E. Jüngel*, Tod, Stuttgart 1971, 139. Gleichwohl kann ich mich E. Jüngels Formulierung, in und mit dem Menschen Jesus Christus sei Gott selbst *gestorben*, nicht anschließen; vgl. *ders.*, Das Sein Jesu Christi als Ereignis der Versöhnung Gottes mit einer gottlosen Welt: Die Hingabe des Gekreuzigten, in: *ders.*, Entsprechungen, München 1980, 276–284, hier 283 bzw. *ders.*, Vom Tod des lebendigen Gottes. Ein Plakat, in: *ders.*, Unterwegs zur Sache, München 1972, 105–125.

[48] Vgl. *ders.*, Vom Tod des lebendigen Gottes, a. a. O., 120.

der Tod nicht mehr für das »Nein« der Wirklichkeit, sondern für das letzte Sich-verlassen-Müssen und Sich-verlassen-Dürfen, in welchem Gottes Beziehungsmacht nach dem Sterbenden greift. Weil Gott mit seinem sterbenden Sohn mitging und auf alle Zeit mit denen mitgeht, die ihm angehören, deshalb ist er »im Tod« gegenwärtig; deshalb sterben die Glaubenden nicht in das Nichts, sondern in Gott hinein: in die absolute Bejahung ihres Daseins, die Gottes Wesenswort – Gottes Logos – ist.

Der Tod stellt Gottes in Jesus Christus erschienene Beziehungsmächtigkeit nicht mehr in Frage; Paulus macht das mit allem Nachdruck deutlich: Ob wir leben oder ob wir sterben – *wir gehören unwiderruflich zum Herrn*; dazu ist er ja »gestorben und wieder zum Leben gekommen: um über Tote wie Lebendige der Kyrios zu sein« (Röm 14,8f.); um auch an denen seine Herrschaft in Geltung zu setzen, die mit ihrem Sterben aus der lebenspendenden Gottesbeziehung ausgestoßen schienen.

So hat die Soteriologie Jesus Christus von Anfang an als Gottes Versöhnungsinitiative und Versöhnungswerk – nach der *Logik der Versöhnung* – ausgelegt: Gott versöhnt die Menschen mit sich selbst, mit ihren Mitmenschen und mit Gott, indem er – im Logos – sein Wesenswort sagt und gegen die Mächte der Verneinung in Geltung setzt: sein »Ja« zum Menschen. Jesus Christus ist dieses »Ja«. Sein Leben, Leiden und Sterben will die von der Macht der Verneinung besessenen Menschen für Gottes »Ja« öffnen und gewinnen; in seinem Leben, Leiden und Sterben wird immer nur diese Bitte laut: »Laßt euch versöhnen mit Gott!« (2 Kor 5,20). Gottes Versöhnungsinitiative realisiert sich der Logik der Versöhnung entsprechend als solidarisch mittragendes und die Unversöhntheit aushaltendes Mit-Sein, als rückhaltloses Beziehungsangebot an die von sich aus alle Brücken abbrechenden Sünder. Die Erfahrung rückhaltloser und rettender, weil schlechthin beziehungsmächtiger Solidarität kann den Sünder aus der blinden Dynamik der Verneinung retten und ihn dazu befreien, sich zu bejahen als den von Gott Bejahten.[49]

---

[49] Vgl. *P. Tillich*, Systematische Theologie, Bd. 2, dt. Stuttgart ⁴1973, 192.

5.8 Das erlöste Sich-Verlassen auf die alles bestimmende Wirklichkeit

Sich als den von Gott Bejahten bejahen heißt aber, sich darauf verlassen, daß Gott sein »Ja« gegen alle Verneinung wahrmachen wird, heißt: sich auf Gott verlassen und auf seine Beziehung zu mir, in der dieses »Ja« gilt. Versöhntes Dasein kann vom Neinsagen ablassen, weil es sich auf eine tragende, bejahende Beziehung *verlassen* kann. Das Sich-verlassen-Können ist Grundmerkmal erlösten Daseins. Gewiß nicht das naive Sich-Verlassen auf alle und jeden; aber die Grundgewißheit, daß rettende Verläßlichkeit die Wirklichkeit im Letzten bestimmt, da Gott sie im Letzten bestimmt. Wo immer ich mich verlasse, sage ich »ja« zu dem, auf den (hin) ich mich verlasse, dem ich mich ausliefere. Dieses »Ja« ist im mitmenschlichen Umgang miteinander beileibe nicht immer gerechtfertigt. Ist es gerechtfertigt als Grundvollzug menschlichen Daseins angesichts der Sünde und des Todes? Der Tod fordert jedem das radikale und »restlose« Sich-Verlassen ab. Er *erzwingt* es, wenn der Mensch sich nicht verlassen kann, wenn der Mensch – als der Unversöhnte – auf das »Nein«, auf die Selbstbehauptung gegen das »Nein« der Wirklichkeit festgelegt ist. Für den Unversöhnten ist der Tod letzter Feind – Fluchtod –, weil er an dem, dessen er sich bemächtigt, den Fluch der Verneinung endgültig vollstreckt: Er verneint, was der Sterbende noch im letzten Augenblick vor aller Verneinung retten wollte. Sich-verlassen-Können setzt das Vertrauen voraus, daß ich nicht verlassen bin, wenn ich mich loslasse; setzt das Vertrauen auf ein Du voraus, dem ich zutraue, daß es sich meiner *annimmt*, wenn ich mich selbst aus der Hand gegeben habe; setzt das Vertrauen voraus, *daß ich nicht verlorengehe*, wenn ich mich auf das schlechthin Unbekannte und Unbegreifliche hin loslasse, weil in ihm Gott mir entgegenkommt und mich »finden« wird. Jesu »Kreuzweg« ist das Zeugnis solchen Sich-Verlassens; eines Sich-Verlassens, das an nichts mehr festhalten kann – nicht einmal mehr an dem Bild eines göttlichen Vaters, der »das Letzte« verhindern will, so daß schließlich nichts mehr bleibt als das Wagnis, sich in die Hand des Unbekannten fallen zu lassen im dennoch durchgehaltenen Vertrauen darauf, daß es der Vater ist, in dessen Hände zu fallen »ankommen« bedeutet (vgl. Mk 15,34 / Mt 27,46 nach Ps 22,2 bzw. Lk 23, 46 nach Ps 31,6). Auch in diesem Zeugnis bezeugt sich der Vater *als der Vater*, zu dem der Sohn unverlierbar gehört, selbst wenn er »alles« verliert. Und dieser Selbstbezeugung des Vaters im sterbenden Sohn glauben heißt: Sich darauf verlassen, daß die Schwestern und Brüder Jesu in ihrem Sterben wie in ihrem Auferstehen zu ihrem Bruder und Kyrios gehören.

Erlösung als Gelöstwerden von den auf die grundlegende Verneinung durch die Wirklichkeit antwortenden, reaktiven Selbstbehauptungsmechanismen ist gleichbedeutend mit dem Vertrauenkönnen auf die Unzerstörbarkeit dieser communio und auf den, dessen Mit-Sein in dieser communio zur Geltung kommt. Die communio des »zweiten Adam« mit denen, die im Glauben von ihm »abstammen«, ist die communio des Heiligen Geistes, der die Glieder dieser communio im andern ihrer selbst sich finden läßt: in Gott und im Nächsten, der mir zum Ja wird, wenn er sich nicht gegen mich behaupten muß.

Aber was »verlangt« es vom Versöhnenden, die Unversöhnten und »Ungelösten«, an sich selbst Festhaltenden für das vertrauende Sich-Verlassen und Sich-Einlassen in die communio des Geistes mit dem Sohn zu gewinnen? Es verlangt, daß die Unversöhntheit »gründlich« – von ihrem Grund her – überwunden und nicht nur überdeckt wird. Vertrauen und Sich-Loslassen kann nur der, der sich wirklich lösen konnte von allem Widerwillen gegen den, auf den er sich verläßt, und von allem Widerwillen gegen seinen Willen. Sich-Lösen bedeutet gerade nicht unterdrücken und verdrängen: Was zwischen Gott und dem »Widerwilligen« ist und sie trennt, muß zum Austrag kommen. Wirkliche Versöhnung setzt schon im mitmenschlichen Bereich Bereitschaft zum Durchtragen einer Konfliktgeschichte voraus, in der herauskommen und bearbeitet werden kann, was zwischen uns ist; setzt voraus, daß beide Seiten den Konflikt aushalten, ehe sie Frieden schließen. »Und nur dort, wo die Konfliktgeschichte als solche ernstgenommen, anerkannt und hingenommen wird, entsteht der Impuls, die Konflikte nicht bloß zu überbrücken und damit sofort wieder aufbrechen zu lassen, sondern echten Frieden zu stiften.«[50] So entspricht es der *Logik der Versöhnung*, Jesus Christus als den Höhepunkt und als das »Opfer« der Konfliktgeschichte zwischen Gott und den Sündern zu verstehen. Er »verkörperte« diese Konfliktgeschichte, und er fiel ihr zum Opfer, weil an ihm »herauskam«, was zwischen Gott und den Menschen ist. *Von den Menschen her:* die Angst vor einer Wirklichkeit, vor einem Gott, die mich zu negieren scheinen und die sich nicht »beherrschen« lassen; die Aggressionen gegen den »alles fordernden« Gott, dessen Forderung man durch die »Aufopferung« der elementaren Strebungen und des Glückes meint erfüllen zu müssen, damit er sich nicht holt, was man ihm vorenthält; der Widerwille gegen einen Gott, auf den, zu dem hin man sich *verlassen* muß; gegen einen Gott, der einem das Sich-selbst-Überschreiten, das Loslassen der Sicherheiten, der einem die Liebe zumutet. *Von Gott her:* Gottes unendliche »Geduld« (vgl. Röm 2,4; 3,25, Hebr 12,3; 2 Petr 3,15) – will heißen: seine nicht endende Bereitschaft, den Menschen auszuhalten und seinen Widerwillen gegen Gott zu ertragen. Jesus Christus ist die Offenbarung des menschlichen Widerwillens gegen Gott, nicht weil er ihn selbst geteilt hätte, sondern weil dieser Widerwillen sich gegen ihn richtete, da er Gottes Willen bezeugte und erfahrbar machte. Und er ist die Offenbarung der aushaltenden und ertragenden Solidarität Gottes mit denen, die nur aufgrund dieser Solidarität von ihrem Widerwillen lassen, auf Gott sich verlassen können.[51] Nur die bis zum Letzten durchgehaltene Solidarität läßt herauskommen, was im Menschen ist an Gegnerschaft und Widerwillen gegen Gott[52]; und nur in der Erfahrung der bis zum Letzten durchgehaltenen Solidarität des Versöhners können die Gegnerschaft und der Widerwille der Unversöhnten von sich lassen. So erscheint der Tod Jesu als das Opfer, das die Versöhnung fordert und möglich macht, als der »Lösepreis« – als Preis für die Aus-Lösung der in ihrem Widerspruch

[50] *W. Dantine*, Versöhnung, 51.
[51] Vgl. *H.-G. Geyer*, Anfänge zum Begriff der Versöhnung, in: Evangelische Theologie 38 (1978), 235–251, besonders 244 f.
[52] Davon handelt überzeugend und umfassend *E. Drewermann* in seinem Markus-Kommentar: Das Markusevangelium. Bilder von Erlösung, Zweiter Teil, Olten 1988, 450–670.

und Widerwillen Gefangenen. Dieses Moment der Versöhnungssymbolik fand in der Erlösungslehre von Anfang an seine Ausdeutung im Kontext des Sühnegedankens bzw. der Sühnesymbolik.

5.9   Geschichte des Streites und der Versöhnung

Im Unterschied zur Logik des Kampfes und des Besiegens geht es der Versöhnung nicht um die Niederwerfung, sondern um die Versöhnung des Feindes. Die Versöhnung gilt dem Feind, der gewonnen werden soll – dem Sünder; der Sieg soll errungen werden über den Feind, dessen Macht gebrochen werden muß – über die »Mächte« und ihren Anführer, den Teufel. Die Perspektive des Kampfes ist die der *Negierung* dessen, was nicht dazusein oder wenigstens keine Macht zu haben verdient; die Perspektive des auf Versöhnung hinführenden Konflikts ist die der *Bejahung* des Konfliktgegners *trotz* seines Widerstandes und seiner Entfremdung, seiner Gegnerschaft zum Versöhnenden.[53] Der Sieg symbolisiert die endzeitliche Geltung des göttlichen »Nein« über die Mächte und über die Macht der Sünde, in der sie herrschen; die Versöhnung symbolisiert das göttliche »Ja« zu denen, die von der Macht der Sünde ebenso beherrscht werden, wie sie sich ihr unterwerfen. Müssen nicht beide Symboliken zusammengenommen werden; muß nicht in der Soteriologie neben dem »Ja« Gottes zum Sünder auch sein »Nein« zur Sünde Beachtung finden?

Vor allem in der Volksfrömmigkeit hat man das »Nein« Gottes zur Sünde innerhalb der Logik der Versöhnung dadurch zur Geltung zu bringen versucht, daß man Jesu Kreuzesopfer die Wirkung zuschrieb, den zürnenden und die Sünder mit Vernichtung bedrohenden Vater zu versöhnen, ihm ein bedingtes Ja zum Sünder »trotz« dessen todeswürdiger Verfehlung abzuringen. Vor allem das Corpus Paulinum wurde zur Begründung dieser Sicht herangezogen; und noch *A. Jülicher* (1857–1938) meinte, es sei bei Paulus »unentschieden gelassen, ob der zürnende Gott der Versöhnung bedurft

---

[53] Vgl. *P. Tillich*, Systematische Theologie, Bd. 2,57: Versöhnung »hat den Charakter des ›trotzdem‹.«

hat oder die Gott hassenden Menschen mit Gott ausgesöhnt worden sind«.[54] Den Konsens gegenwärtiger Exegese formuliert E. Käsemann, wenn er feststellt, daß nach Paulus »nirgendwo wir Gott mit uns versöhnen… Stets ist Gott das alleinige Subjekt des versöhnenden Handelns.«[55] Versöhnung ist für Paulus »der Liebeserweis Gottes an die sich gegen ihn empörenden Menschen. Sie ist die Herstellung des Friedens durch die grenzenlose Feindesliebe Gottes (Röm 5,8–10).«[56]

Auch unter Dogmatikern herrscht Übereinstimmung darüber, daß das Versöhnungswerk Jesu Christi »nicht mythologisch als umstimmende Einwirkung auf Gott«, als »›Umstimmung‹ eines zürnenden Gottes« verstanden werden darf.[57] Ist daraus nicht zu folgern, daß Gottes »Ja« – seine Selbstzusage – dem Menschen immer schon gilt; daß man Gott – wie H. U. von Balthasar *Karl Rahner* (1904–1984) interpretiert[58] – als den »je-schon-Versöhnte(n)« ansehen darf? Und kann man sich deshalb nicht auf eine *Soteriologie von unten* beschränken, die das Werk Jesu Christi allein aus der Relation zu seinen Menschenschwestern und Menschenbrüdern begreift: als *Erschließung* dessen, was immer schon gilt – Gottes »Ja«, seiner vorbehaltlos solidarischen Verläßlichkeit? Die Geschichte Gottes mit den Menschen wäre dann – und die Aufklärung hat diesen Schluß ja gezogen – nicht eigentlich die Geschichte *Gottes*, sondern eine Geschichte des Entdeckens, des Begreifens Gottes durch die Menschen; allenfalls begleitet von Gottes Erziehungshandeln, das die Menschen auf dem Weg zum vernünftigen Gottesglauben vorankommen läßt. Unter dieser Voraussetzung könnte dann auch nicht mehr von einer Geschichte des Konflikts zwischen Gott und den Menschen gesprochen werden, die in Jesus Christus ihren Höhepunkt erreicht und zur Versöhnung der »Kontrahenten« geführt habe.

---

[54] Vgl. *A. Jülicher*, Der Brief an die Römer (in: Die Schriften des Neuen Testaments II), Göttingen 1908, 251.

[55] Erwägungen zum Stichwort »Versöhnungslehre im Neuen Testament«, a. a. O., 50.

[56] *G. Friedrich*, Die Verkündigung des Todes Jesu im Neuen Testament, Neukirchen-Vluyn 1982, 102 f.

[57] So *K. Rahner*, Grundkurs des Glaubens, Freiburg/Br. 1976, 210 bzw. 251.

[58] Vgl. Theodramatik III, 255.

Auch nach *Eugen Drewermann* kann es in der Geschichte – zumal in der Geschichte Jesu Christi – nur darum gehen, daß die in angstvoller Selbstverkrümmung ihr Leben Fristenden und Zerstörenden dahin gebracht werden, sich auf das ewig Gültige, auf Gottes »Ja« einzulassen: »Alles, was Jesus lehrte, war einzig dies, daß wir festen Sinnes Vertrauen haben könnten in die Grundlagen unseres Daseins. Wir brauchten uns nicht länger wie verzweifelt an die Äußerlichkeiten des Lebens zu klammern, sondern wir könnten in jedem Augenblick eine wie selbstverständliche Weitherzigkeit des Glücks zu leben beginnen.« So war es »gerade das *nicht* ambivalente, vertrauenswürdige Bild eines väterlichen Gottes, mit dessen Hilfe Jesus die Grundangst der menschlichen Existenz besänftigen wollte. *Das* war seine Art, die Nähe des ›Gottesreiches‹ zu leben; gerade dadurch aber enthüllte sich die menschliche Geschichte in ihrer vollendeten Sinnlosigkeit und Unmenschlichkeit – in ihrer fundamentalen Gnadenlosigkeit im Feld der Gottferne.«[59] Mit dieser Enthüllung provozierte Jesus »den geballten Widerstand aller Kräfte und geistigen Einstellungen, die seit jeher im Menschen unterdrücken, was an Freiheit und Entfaltung in uns leben möchte«; die die elementaren Lebens- und Liebeskräfte unterdrücken um eines mühsam aufrechterhaltenen, die elementare Existenzangst abwehrenden Lebensarrangements willen. Jesus provoziert den Zusammenbruch dieser Lebensarrangements, indem er das falsche Leben der Angstbesessenen ad absurdum führt; und er hält die Aggressionen derer aus, die sich gegen diese Infragestellung mit letzter Entschlossenheit wehren. Sein Ertragen, seine im Vertrauen auf den Vater ausgehaltene Angst vor der todbringenden Gewalt derer, die er herausgefordert hat, läßt die hilflos-gewaltsame Abwehrreaktion der zutiefst Herausgeforderten an ein heilsames Ende kommen. An ein Ende, jenseits dessen Gott für uns der ist, der er in sich immer schon ist: der bedingungslos Bejahende und Verläßliche; jenseits dessen wir – mit Jesus, dem Gekreuzigten ... »unser Geschick in dieselben Hände zurückgeben (können; J. W.), von denen wir glauben dürfen, daß wir ihnen unser Dasein verdanken.«[60]

Die Geschichte des Konflikts und der Versöhnung bringt den mit sich selbst zerfallenen Menschen zur Versöhnung mit sich selbst, erschließt ihm ein Ur-Vertrauen zum Ur-Grund unseres Daseins; Jesus Christus vermittelt dieses Ur-Vertrauen, da er sich selbst rückhaltlos-vertrauend auf diesen Ur-Grund – seinen Vater – einläßt und in seinem Vertrauen auch davor nicht zurückweicht, die hilflos-aggressive Angst seiner Mitmenschen vor der Angst am eigenen Leib auszuhalten, um sie so »aufzufangen« und zu verwandeln. Drewermanns Konzept begreift die Geschichte der Versöhnung ausschließlich als eine Geschichte der durch Jesu Vertrauen möglich gewordenen Verwandlung der menschlichen Ur-Angst in Ur-Vertrauen; er wendet sich mit Bestimmtheit gegen jeden Versuch, »den Prozeß der Erlö-

[59] *E. Drewermann*, Das Markusevangelium. Zweiter Teil, 664 bzw. 675.
[60] *Ders.*, Das Markusevangelium. Erster Teil, Olten 1987, 40.

sung von Gott her (statt von den Bedingtheiten des menschlichen Erlebens her) zu begründen«.[61] Damit steht er in der Tradition der Soteriologie von unten: Die Geschichte Jesu ist die Geschichte eines *Menschen*, an dessen vertrauend-solidarisch durchgehaltener Liebe die Sünder ihre mißtrauische Angst durcharbeiten und zum Ur-Vertrauen gegenüber dem Grund ihres Daseins zurückfinden konnten und können; die Geschichte eines rückhaltlos Vertrauenden, die gerade dadurch für seine Mitmenschen bedeutsam wurde, daß sie ihnen an den »Bildern der Erlösung«, die sie an sich zog, das ewig Gültige erschloß. Gewiß wird man fragen, warum die Menschen sich mit bedrückender Konsequenz, von Anfang an und offenbar bis auf Jesus Christus ausnahmslos dem immer schon gültigen »Ja« Gottes verschlossen; warum sie die Schöpfung und ihr Leben nicht als Geschenk des guten Gottes, als Ausdruck seiner bedingungslos wohlwollenden Zustimmung zu ihrem Dasein wahrgenommen haben, sondern sich von ihrem Leben eher zum Widerspruch und zum Mißtrauen gegen den Grund ihres Daseins herausgefordert sahen. War Gottes Schöpfer-Ja nicht deutlich oder eindeutig genug? Oder haben die Menschen sich ihm verweigert, weil es zugleich die Herausforderung bedeutete, im Vertrauen auf Gott und die Macht der Liebe ihr Dasein als endliches und kontingentes zu wagen; die Herausforderung, im Vertrauen darauf, daß die Schöpfung immer mehr Gottes Wille – seiner kreativen Liebe – entsprechen kann, diesen Willen zu tun und zu seinem Mitschöpfer zu werden? Und warum haben sich die Menschen immer schon dieser Herausforderung verweigert? Für Drewermann ist die ursprüngliche Verweigerung des Menschen Ausdruck mangelnden Vertrauens in Gott als den Grund unseres Daseins, Konsequenz der Angst angesichts der Bodenlosigkeit und Kontingenz endlich – menschlichen Daseins.[62] Damit ist gewiß nicht »erklärt«, warum der Mensch immer schon und ausnahmslos Gottes Herausforderung zum Vertrauen und zur Liebe sich verweigert; diese Ur-Verweigerung ist nicht erklärbar, sie ist – als Freiheitsentscheidung – allenfalls verstehbar. Und sie ist verstehbar nur als das, was sie im Kern immer schon und immer wieder ist: Verweigerung gegenüber der Herausforderung zum Vertrauen und zur Liebe. Aber Drewermann gewinnt mit seinem Ansatz eine Perspektive, in der sich das Dasein des Sünders als das der Angst und ihrer Dynamik ausgelieferte Dasein begreifen läßt; in der Erlösung deshalb auch als das heilvolle Zu-Ende-Kommen dieser zerstörerischen Dynamik und als ihre Überwindung im rückhaltlos solidarischen Vertrauen des Menschen- und Gottessohnes auf den göttlichen Vater verstanden werden kann.

---

[61] Vgl. ebd. 70.

[62] Vgl. *E. Drewermann*, Strukturen des Bösen. Die jahwistische Urgeschichte in exegetischer, psychoanalytischer und philosophischer Sicht, Teil III: Die jahwistische Urgeschichte in philosophischer Sicht, Paderborn ³1982, XXVI bzw. 203 f.

Die Geschichte der Versöhnung ist für Drewermann das *Drama des Menschen* in der selbstgewählten *Gottferne*, das durch die Zurückgewinnung des Ur-Vertrauens zum Grund des Daseins sein heilvolles Ende findet. *Hans Urs von Balthasar* versteht demgegenüber das Drama von Sünde, Entfremdung und Versöhnung *als Drama* – als Konfliktgeschichte – *zwischen Gott und den Menschen*; als eine Konfliktgeschichte, die erst mit der Austragung des zugrundeliegenden Konflikts zur Versöhnung zwischen Gott und den Sündern führen kann. Die Dynamik dieser »agonalen« Konfliktgeschichte ist gekennzeichnet vom »theodramatischen Grundgesetz der Weltgeschichte, daß das Je-mehr der Offenbarung göttlicher (grundloser) Liebe ein neues Je-mehr (grundlosen, Joh 15,25) menschlichen Hasses hervortreibt.«[63] Ein Ende dieser Eskalation wäre nicht abzusehen, wenn nicht Gott selbst ihr das Ende setzte: mit dem letzten Einsatz seiner Liebe, der den letzten Einsatz menschlichen Hasses hervorruft – im Kreuz Jesu Christi. Wie kommt die Konfliktgeschichte zwischen Gott und den Sündern im Kreuz zu ihrem Ende? Gerade so, daß am Kreuz nicht nur die göttliche Liebe bis auf ihren Grund hin sich offenbart, sondern auch *Gottes Zorn* sich mit letzter Schärfe manifestiert – »die absolute Entschiedenheit seines Widerstandes allem gegenüber, was sie (die Liebe; J.W.) verletzt.«[64] Das Kreuz Christi steht für die äußerste Konsequenz der göttlichen Liebe – seines »Ja« auch zum Sünder – wie auch für die äußerste Konsequenz des göttlichen Zornes – seines entschiedenen »Neins« zur Sünde. Ja, man muß – so Balthasar – »ernstlich von einer Entladung des Zornes Gottes über den am Ölberg Ringenden, dann Gekreuzigten sprechen«. Und man »muß es, eben weil Jesus schon in seinem Leben der Offenbarer des ganzen Pathos Gottes – seiner Liebe wie seiner Empörung über die Verhöhnung seiner Liebe gewesen war und nun die letzten Folgen seiner mehr-als-prophetischen Vermittlung zu tragen hat«.[65] Die letzten Folgen: Gott selbst bürdet dem Sohn die Reali-

[63] Theodramatik III, 314f.
[64] Vgl. ebd. 317.
[65] Ebd. 322.

tät »Sünde der Welt« auf[66]; ihn trifft der Zorn des Vaters »anstelle der Unzähligen« wie ein »Blitzstrahl«, der ihn in die Unzähligen hinein »zerspaltet«.[67]

H. U. von Balthasar deutet die Versöhnung gewiß nicht so, als hätte der Sohn durch sein stellvertretendes Opfer den Zorn des Vaters besänftigen, ihn zum Wohlwollen umstimmen müssen; aber doch so, daß Gottes »Pathos« – seine Liebe wie sein Zorn – sich an Jesus Christus bis zur letzten Konsequenz auswirken mußte. Das Kreuz ist Offenbarung entschiedenster und zum Letzten entschlossener Liebe; aber es ist auch Offenbarung des Zornes. Und Gottes Zorn kann am Kreuz nur so offenbar werden, daß er – stellvertretend für die, denen er eigentlich gilt – den Sohn trifft und tötet, so daß dieser Tod die tiefste und definitive Auswirkung des unduldsamen Engagements Gottes gegen die Sünde ist. Gott versöhnt die Sünder mit sich; aber er versöhnt sich nicht mit der Sünde. Dem Sünder gilt das Pathos seiner Liebe, der Sünde das Pathos seines Zornes. Und der Sohn lebt und erleidet dieses Pathos, in dem die Liebe »eifersüchtig« sich selbst will, bis zur letzten Konsequenz. Muß man Hans Urs von Balthasar bis in diese letzte Konsequenz des Sterbens Jesu Christi am Zorn des Vaters folgen? Die synoptische Redeweise von der Dahingabe des Sohnes durch den Vater, die paulinische Sühnetodlehre scheint dafür zu sprechen (vgl. unten Kap. 6). Im Kontext einer Logik der Versöhnung ist Balthasars Konsequenz indes nicht zwingend, ja nicht einmal nachvollziehbar. Gottes »Pathos« darf gewiß als das »Eifern« der Liebe für sich selbst und damit auch als Zorn über die Verletzung der Liebe beschrieben werden. Aber muß dieser Zorn anders zur »Entladung« kommen als in der *Leidenschaft der Veränderung*, mit der Gott die Umkehr der Sünder einfordert und ermöglicht? Muß sich Gottes Zorn destruktiv – in der Vernichtung von Leben – auswirken? Diese Frage behält ihre Schärfe, auch wenn das Erlösungswerk Jesu Christi – so Balthasar – gerade darin seinen Sinn

---

[66] Vgl. *ders.*, Herrlichkeit. Eine theologische Ästhetik, Bd. 3/2,2 Einsiedeln 1969, 193f.
[67] Vgl. Theodramatik III, 324f.

hätte, daß die Destruktivität des göttlichen Zornes von der Kreativität seiner versöhnenden Liebe aufgefangen und überholt wird.

5.10 Im »Pathos Gottes« leben

Im Kontext einer Logik der Versöhnung kann Gottes »Pathos« nur die Versöhnung und um der Versöhnung willen die Umkehr des Sünders – die Entmächtigung der Sünde – wollen. Gottes Leidenschaft der Veränderung wurde erfahrbar in der »mehr-als-prophetischen Vermittlung« des Sohnes, der der Versöhnung gerade nicht durch Kompromisse mit den Mächten und Agenten der Verneinung dienen wollte und ihnen deshalb zum Opfer fiel; sie wird erfahrbar in der Leidenschaft der Metanoia, in der die Glaubenden bei sich selbst und in ihrer Lebenswelt den Widerwillen gegen die Versöhnung zu überwinden versuchen. Gottes Pathos ist sein um des Eifers für die Versöhnung willen gesprochenes leidenschaftliches Nein über alles, was zur Sünde treibt und aus der Sünde hervorgeht. Gott versöhnt sich nicht mit Haß, Unterdrückung und Elend.[68] Glaubende, die »im Pathos Gottes leben« wollen, werden sich nicht zufriedengeben mit den faulen Kompromissen, in denen man sich letztlich doch nur mit der Herrschaft des scheinbar Unvermeidlichen abfindet; sie werden nicht hinnehmen, daß Widersprüche zu Lasten der Macht- und Sprachlosen verewigt und verdrängt werden. Sie werden in die (An-)Klage all derer einstimmen, die nur im Widerspruch zu Elend und Unterdrückung das »Ja« zu sich selbst und zum Ur-Grund der Wirklichkeit ihres Daseins sagen können. Glaubende, die von der in Jesus Christus Ereignis gewordenen und von ihm ausgehenden Versöhnung wissen, werden sich mit weniger als Versöhnung nicht zufriedengeben; und sie werden der endzeitlichen Versöhnung vorarbeiten, indem sie ihr hier und jetzt – in individueller und politischer Umkehrpraxis – auf der Spur bleiben. Die »Spur der Versöhnung« aber, die von Jesus Christus

---

[68] Vgl. *U. Hedingers* Buch: Wider die Versöhnung Gottes mit dem Elend, Zürich 1972, dessen Grundimpuls die Soteriologie aufzunehmen hätte, auch wenn sie seiner Ausarbeitung womöglich nicht bis in jede Konsequenz folgen kann.

her auf uns zuführt – oft genug »zugeweht« und unkenntlich gemacht –, die an und durch uns sichtbar bleiben soll und doch über uns hinausweist auf ein Ziel, das die Menschen nicht von sich aus erreichen können, diese Spur wird sichtbar, wo immer es gelingt, *Verläßlichkeit* erfahrbar zu machen: in einer Rechtsordnung, die mehr ist als die oberflächliche Bändigung der Egoismen – wo sich der Schwache darauf verlassen kann, daß der Übermächtige auch ihm Gerechtigkeit widerfahren läßt; in partnerschaftlicher Solidarität, in der einer des anderen Lasten mitträgt und einer dem anderen Anteil gibt an dem, was ihn selbst leben läßt.

Die *Geschichte der Versöhnung* soll eine Geschichte *der Menschen* werden, die sich von Gottes Versöhnungswerk ergreifen und dem endzeitlichen Shalom der Gottesherrschaft entgegenführen lassen; »Gottes Solidarität mit dem Menschen in Jesus Christus« soll und will der »Grund innermenschlicher Solidarität« sein.[69] Aber diese Geschichte der Versöhnung ist zuvor und in allem, was Versöhnung gelingen läßt, *Gottes Geschichte* mit den Menschen – eine Geschichte, in der Gott nicht nur »handelt«, sondern sich selbst einbringt und erschließt. Gegen das auf bloße Soteriologie von unten festgelegte Vorurteil der Aufklärung wäre geltend zu machen, daß es in der Geschichte »zwischen« Gott und Menschheit eben nicht nur darum geht, daß der Mensch Gott als den unzweideutig Liebenden entdeckt, sondern wesentlich darum, daß in ihr Gottes unzweideutige Liebe – Gottes entschiedener Heils- und Gemeinschaftswille – *geschieht*. Die Entdeckung des sich selbst mitteilenden, des liebend-kommunizierenden Gottes ist zugleich Ereignis der Selbstmitteilung, der Kommunikation Gottes mit den Menschen. Das Zurückfinden der Sünder zum vorbehaltlosen Vertrauen auf den Ur-Grund ihres Daseins (E. Drewermann) ist zugleich das Zurückgeholt-, das Eingeholtwerden des Menschen in die rettende communio des schlechthin beziehungswilligen und beziehungsmächtigen Gottes. Die Soteriologie von oben beschreibt das in bzw. mit dem Menschen Jesus Geschehende – die Entdeckung des liebend-kommunizierenden, solidarischen Gottes – als

---

[69] Vgl. *E. Käsemann*, Erwägungen zum Stichwort »Versöhnungslehre im Neuen Testament«, a. a. O. 59.

Kommunikationsereignis, als das Ereignis der Kommunikation Gottes (mit den Menschen), worin Gott als liebend kommunizierender entdeckt *und erfahren* wird. Die Soteriologie von unten bleibt abstrakt: Sie redet von Gottes Liebe und Solidarität als von Gottes vernünftig einsehbarem Wesen, als von seiner unendlichen *Möglichkeit*; die Soteriologie von oben redet von Gottes Liebe und Solidarität als von der in Jesus Christus und im Heiligen Geist sich realisierenden *Wirklichkeit*.[70] Die Soteriologie von unten mag so weit kommen, daß sie den Begriff des solidarisch-liebenden Gottes als der Vernunft bzw. den Existenzbedingungen der Menschen zutiefst entsprechend herausarbeitet. Die Soteriologie von oben versteht eine bestimmte Ereignisfolge als den Selbsterweis der göttlichen Liebe; und die göttliche Liebe erweist sich in der Geschichte als sie selbst, da sie die rettende und versöhnende Beziehung stiftet, da sie geschieht[71].

Das heißt gewiß nicht, daß Gott durch seine »Liebes-Geschichte« mit den Menschen zu etwas würde, was er nicht immer schon ist: zum Liebenden. Die Lehre von der immanenten Liebestrinität etwa bei *Richard von St. Viktor* (gest. 1173) wehrt dieses Mißverständnis ab. Gott wird mit der Inkarnation und mit dem Erlösungswerk Jesu Christi nicht zu einem »anderen«; der Logos ist ja »ewig« vom Vater »gezeugt«. Aber weil Gott ist, »was« er ist, deshalb wendet er sich den Menschen in Liebe und Solidarität zu; weil er kommunizierende, sich mitteilende Liebe ist, deshalb kommuniziert er und teilt er sich in Liebe auch so mit, daß seine Liebe und Selbstmitteilung das andere seiner selbst setzt und ihm eine heil-

---

[70] Diese Differenz schärft vor allem Schellings Philosophie der Offenbarung ein; vgl. seine Unterscheidung in negative und positive Philosophie (sechste, achte und vierundzwanzigste Vorlesung).

[71] Karl Rahner nennt das Geschehen der göttlichen Liebe in Leben, Leiden und Sterben Jesu Christi ihr *Realsymbol*, insofern sie darin sich realisierend erscheint. Symbol ist für Rahner *Real*-Symbol, wenn in der Setzung des Symbols »das Symbolisierende sich selber setzt und selber im Symbol anwest« (*K. Rahner*, Das christliche Verständnis der Erlösung, in: A. Bsteh (Hrsg.), Erlösung in Christentum und Buddhismus, Mödling 1982, 112–127, hier 123). Versteht man die liebende Kommunikation Gottes als das sich Symbolisierende und im Symbol Anwesende, so trifft man im Begriff des Realsymbols auf die bei Rahner so häufig vermißte geschichtlich-kommunikative Ausrichtung seiner Theologie (vgl. dazu *Th. Pröpper*, Erlösungsglaube und Freiheitsgeschichte, 246 ff.).

volle Beziehung zu sich eröffnet. Die Menschen mögen den Gottesbegriff »Gott ist die Liebe« als Entdeckung ihrer Vernunft, als Implikat vernünftiger Selbstreflexion »konstruieren«; als Glaubende wissen sie sich in eine Geschichte der Liebe hineingenommen, in der sich ihnen von Jesus Christus – dem Ereignis der göttlichen Liebe – her durch den Heiligen Geist erschließt, wie die Liebe ist, da Gott die Liebe ist und wie Gott ist, da er die Liebe ist.

Aber kann man denn tatsächlich von einer Geschichte liebender Kommunikation Gottes mit den Menschen sprechen? Diese Redeweise ist nur dann nicht mythologisch, wenn die Geschichte des Handelns und Kommunizierens Gottes als jene Geschichte verstanden wird, in der sein Wille – sein Wesenswort: der Logos – zur Geltung und zur Sprache kommt, in der er gegen alle Widerstände und sie überwindend geschieht; in der der Logos einen Menschen ergreift (»annimmt«) und unter den Menschen Wohnung nimmt; in der der Geist Jesu Christi das Angesicht ihrer Welt verwandelt – durch Menschen, die sich von ihm »inspirieren« lassen. Gott kommuniziert, wo Menschen seine Selbstzusage und Herausforderung »hören« und auf sie antworten, auf sie sich einlassen; er kommuniziert in unüberholbarer Deutlichkeit und Verbindlichkeit durch den Menschen, dessen ganzes Leben Geschehenlassen des Gotteswillens war: in Jesus Christus, dem Zur-Sprache-Kommen des göttlichen Logos in Person.

Literatur

Bader, G., Symbolik des Todes Jesu, Tübingen 1988

Breytenbach, C., Versöhnung. Eine Studie zur paulinischen Soteriologie, Neukirchen-Vluyn 1989

Dantine, W., Versöhnung. Ein Grundmotiv christlichen Glaubens und Handelns, Gütersloh 1978

Friedrich, G., Die Verkündigung des Todes Jesu im Neuen Testament, Neukirchen-Vluyn 1982

Greshake, G. Erlöst in einer unerlösten Welt? Mainz 1987

Hedinger, U., Wider die Versöhnung Gottes mit dem Elend. Eine Kritik des christlichen Theismus und A-Theismus, Zürich 1972

Hillenbrand, K., Heil in Jesus Christus. Der christologische Begründungszusammenhang im Erlösungsverständnis und die Rückfrage nach Jesus, Würzburg 1982

Jüngel, E., Tod (Themen der Theologie, Bd. 8), Stuttgart 1971

Schwager, R., Der wunderbare Tausch. Zur Geschichte und Deutung der Erlösungslehre, München 1986

Theobald, M., Die Fleischwerdung des Logos. Studien zum Verhältnis des Johannesprologs zum Corpus des Evangeliums und zu 1 Joh, Münster 1988

Wengst, K., Christologische Formeln und Lieder des Urchristentums, Gütersloh 1972

Wiederkehr, D., Glaube an Erlösung. Konzepte der Soteriologie vom Neuen Testament bis heute, Freiburg/Br. 1976

Willems, B. A., Erlösung in Kirche und Welt (Quaestiones disputatae 35), Freiburg/Br. 1968.

6   Jesus Christus: Für uns gestorben – das Metaphernfeld der Sühne

6.1   »Für uns«

Am Anfang der neutestamentlichen Soteriologie steht zweifellos die bedrängende Frage, was Jesu Tod am Kreuz für seine messianische Sendung zu bedeuten hatte. Die Ostererfahrungen der Urzeugen ließen Jesu Tod als »Erhöhung« (so ausdrücklich erst in Joh), als Selbstübergabe in die Hand des treuen Vaters (vgl. Lk 23,46) erscheinen; der Tod am Kreuz bedeutete nicht das Scheitern, sondern das Zum-Ziel-Kommen seiner Mission. Aber warum »mußte« ihn seine Mission in diesen schrecklichen Martertod hineinführen (vgl. Lk 24,26)? Wie konnte man verstehen, daß dieser Tod kein blindes, sinnloses Schicksal war, sondern Gottes Willen entsprach, ja, daß »der gekreuzigte und auferstandene Christus der Heilswille Gottes in Person ist«[1]? Paulus versucht in immer neuen Anläufen zu zeigen, daß der Tod Jesu ein Tod »für uns« (hyper hemon) war; und so verkündigt er ihn als bleibende Grundlage, ja als Grundvollzug unserer Erlösung. Nimmt man die paulinischen »hyper-Formeln« mit dem Bild zusammen, das die Synoptiker von Jesu Lebenspraxis zeichnen, so kann man Jesu Sterben als das rückhaltlose, konsequente Durchhalten seiner Pro-Existenz verstehen[2] und im paulinischen »Für uns« »die innere Achse aller soteriologischen Aussagen« des Neuen Testaments sehen.[3]

Bei näherem Zusehen zeigt sich freilich, daß die paulinischen »hyper-Formeln« in unterschiedlichen Zusammenhängen unterschiedliche Akzente

[1] Vgl. *P. Stuhlmacher*, Die Gerechtigkeitsanschauung des Apostels Paulus, in: ders., Versöhnung, Gesetz und Gerechtigkeit, 7–16, hier 9.

[2] Vgl. *H. Schürmann*, Jesu ureigener Tod, 121–155 bzw. *W. Breuning*, Aktive Pro-Existenz. Die Vermittlung Jesu durch Jesus selbst, in: Trierer Theologische Zeitschrift 83 (1974), 193–213.

[3] So *K. Lehmann*, »Er wurde für uns gekreuzigt«. Eine Skizze zur Neubesinnung in der Soteriologie, in: Theologische Quartalschrift 162 (1982), 298–317.

setzen. Häufig konkretisiert Paulus das »für uns« im Sinne des Bekenntnissatzes: »gestorben für unsere Sünden« (1 Kor 15,3; vgl. Röm 5,6). Zusätzlich kann akzentuiert sein, daß Jesus Christus sich selbst für unsere Sünden dahingegeben bzw. daß der Vater ihn für uns dahingegeben hat (Gal 1,4 bzw. Röm 8,32). Gal 3,13 spricht im Zusammenhang mit dem Kreuz davon, daß Christus uns freigekauft habe vom Fluch des Gesetzes, da er für uns zum Fluch wurde (vgl. 2 Kor 5,21); 1 Thess 5,10 sieht den Sinn des Sterbens Christi für uns darin, daß wir durch seinen Tod vor Gottes Zorngericht errettet sind. 2 Kor 5,14f. und Gal 2,20 beziehen sich auf Jesu Sterben für uns, um die Größe seiner »selbstlosen« Liebe zu uns herauszustellen und als »Maßstab« für die Christusnachfolge in der Liebe geltend zu machen. Der jeweilige Zusammenhang aktualisiert jeweils andere semantische Ausschnitte aus dem Bedeutungsfeld des griechischen »hyper«: Während etwa in 2 Kor 5,14f. und Gal 2,20 »hyper« eher »zugunsten von«, »um unsretwillen« bzw. »uns zugute« meint, steht bei den Dahingabeformeln wie auch bei den Aussagen, Christus sei für uns zum Fluch (zur Sünde) geworden, und besonders deutlich im Zusammenhang der Aussage von der Errettung vor dem Zorngericht Gottes die Bedeutung »an unserer Stelle, stellvertretend für uns« im Vordergrund; wo vom Sterben für unsere Sünden die Rede ist, kann das heißen: »wegen« (ursächlich), aber auch »zur Fortschaffung, zur Sühnung unserer Sünden« (final).

Heutigem Verständnis erschließen sich ohne größere Schwierigkeit die hyper-Aussagen, insofern sie Jesu Sterben als »uns zugute«, um der Solidarität Jesu Christi mit den Sündern und Kleinen willen geschehen bzw. als Erweis seiner rückhaltlosen Liebe mit dem in Sünde und Gesetz verfangenen Menschengeschlecht zur Sprache bringen. Gleichwohl muß auch hier deutlich werden, weshalb Jesu Christi Solidarität ihn in den Tod führen »mußte«. Fundamentale Verstehensprobleme werfen die hyper-Formeln auf, wo sie auf den Gedanken der stellvertretenden Sühne bzw. der stellvertretenden Übernahme des göttlichen Zorngerichts hinführen.

6.2 Zur Sühne für unsere Sünde

Von Jesu stellvertretender Sühneleistung ist außerhalb des Corpus Paulinum ausdrücklich die Rede im 1. Johannesbrief (2,2; 4,10) und im Hebräerbrief (2,17); bei Paulus selbst nur in Röm 3,25. Heranzuziehen sind freilich auch andere Stellen, in denen von seinem Sterben *um der Sünde willen* (peri) bzw. für die Sünde (hyper) gesprochen wird, da solche Formulierungen (besonders die peri-Formeln) von der Septuaginta her regelmäßig im Kontext des Sühnegedankens bzw. Sühnerituals vorkommen.[4] Nur die peri-Stellen des Hebräerbriefs nehmen indes ausdrücklich Bezug auf kultisch-rituelle Abläufe (5,3; 10,6.8.10.18.26; in 10,12 steht hyper). Röm 8,3; 1 Joh 2,2 und 4,10; 1 Petr 3,18 sprechen von stellvertretend erwirkter Sühne, ohne deshalb in Jesu Tod einen formell kultischen Vollzug zu sehen.[5] Von den hyper-Stellen sind – neben den genannten paulinischen – vor allem *die Becherworte der Abendmahlstraditionen* zu nennen (1 Kor 11,24 f.; Mk 14,25 sowie die von diesen beiden Traditionsformen abhängigen Stellen). In den Kontext der Sühnevorstellung gehören schließlich auch noch *die Lösegeld- bzw. Loskaufformeln* (1 Kor 6,20; 7,23; Gal 3,13; Mk 10,45; Tit 2,14; 1 Petr 1,18), die aber meist eher einen paränetischen als einen soteriologischen Akzent haben.

Die paulinische peri-Stelle Röm 8,3 erschließt den gedanklichen Zusammenhang, in dem die Vorstellung des stellvertretenden Sühneleidens Christi ihren Ort hat. Das Gesetz hatte nicht die Kraft, die Herrschaft der Sünde im Bereich des »Fleisches« aufzuheben. Der Bereich des Fleisches ist ja dadurch gekennzeichnet, daß in ihm das Gesetz nur als unerfüllbare, stets sich erneuernde Forderung gehört werden kann; das Gesetz – und mit ihm der dem Gesetz gehorchende Kult – »töten«, weil sie zu nichts führen und damit alles Leben als sinnlose Anstrengung erscheinen lassen, eine unendliche Forderung zu erfüllen, deren Nichterfüllung Sünde und Verworfenheit bedeutet. Erlösung kann nun nicht bedeuten, daß Gott die unendliche Forderung gleichsam aufs »Menschenmögliche« reduziert, vielmehr nur dies, daß die Forderung den Menschen nicht mehr »tötet«, sein Leben nicht länger sinnlos macht. Die Forderung tötet den Menschen, solange er nach dem »Fleisch« ist (8,5) und die »Begierde« in ihm herrscht: solange sein Leben von der Selbstbehauptung beherrscht ist. Wer sich selbst behaupten will, muß jede Infragestellung »hinwegarbeiten«; der muß sich

[4] Vgl. *U. Wilckens*, Der Brief an die Römer (EKK VI), Bd. 2, Zürich u. a. 1980, 127; vgl. *G. Friedrich*, Die Verkündigung des Todes Jesu im Neuen Testament, 68.

[5] In Joh 8,46; 15,22; 16,8.9 verraten die peri-Formulierungen keine terminologische Prägung.

behaupten gegen die Forderung, die ihm sein eigenes Ungenügen offenbart. Und so gewinnt die Forderung ihre tötende, bei aller Erfüllung sich erneuernde Macht über den Menschen, die sich im Tod des Menschen vollends bemächtigt. Das »Fleisch« ist dazu bestimmt, zu sterben; erst im Tod kommt die tötende Macht der unendlichen Forderung zu ihrem Ziel; die unendliche Forderung bringt den nach dem Fleisch lebenden Menschen um sein Leben. Die hoffnungslose Diastase von Fleisch und Gesetz kann nur tödlich enden; leben kann nur, wer diesen Tod *hinter sich hat* (vgl. Gal 2,19; Röm 7,4–6; 6,10), so daß das tötende Gesetz bekommen hat, was es wollte: das »Fleisch«, das an ihm zugrunde gehen muß; so daß es aber damit auch seine Dynamik in den Tod hinein verloren hat. Wer nicht mehr nach dem Fleisch und nicht mehr »der Selbstbehauptung lebt«, für den ist das Gesetz fruchtbare Herausforderung zur Annahme dessen, was ihm geschenkt ist. Wie aber kann man den Tod, in welchem das Gesetz das Fleisch tötet, »hinter sich haben«? Der Glaubende kann diesen Tod hinter sich haben, weil er zutiefst mit dem verbunden ist, der ihn *für alle* starb. Die tötende Macht der Sünde über unser Leben ist dadurch zunichte geworden, daß unser alter Mensch in und mit Christus gekreuzigt wurde (Röm 6,6), so daß das Gesetz an den Menschen keine Forderung mehr haben kann. Was es forderte – den Tod des dem »Fleische« nach existierenden Sünders –, das ist abgegolten: da Jesus Christus »um der Sünde willen« starb und die Sünder mit ihm sterben, um mit ihm aufzuerstehen. Die mit ihm Gekreuzigten gehören nicht mehr dem Gesetz, sondern sie gehören zu ihrem Bruder Jesus Christus; und kraft dieser im Geist sich auswirkenden Zugehörigkeit können sie »Gott Frucht bringen« (Röm 7,4).

Nach Röm 8,3 ist »der Sohn« gesandt, unser von der Sünde – von der heillosen Diastase von Fleisch und Gesetz – bestimmtes Dasein mitzutragen (auf sich zu nehmen), auszuleiden und dem tötenden Gesetz zu geben, wonach es verlangt: den Tod, worin die Sünde sich auszahlt. Jesu Stellvertretung läßt ihn tragen, was die Sünder zu tragen haben: das sündenverfallene Leben. Da er es bis zur letzten Konsequenz »trägt« und auch den Fluchtod noch erleidet, wird sein Tod zur Quelle des Lebens: Für die Sünder ist der Fluchtod nicht mehr die unausweichliche letzte Konsequenz ihres

Lebens; sie können ihn »hinter sich haben«, wenn sie sich mit Jesus Christus kreuzigen lassen – sein Kreuz sich zugute kommen lassen. Und das heißt konkret: wenn sie umkehren und das in Jesus Christus möglich gewordene neue Menschsein ergreifen. Das Um-unserer-Sünden-willen-Gestorbensein des Sohnes bedeutet das Zu-Ende-Kommen der Todesdynamik des Gesetzes und die Eröffnung eines Neubeginns jenseits dieses Endes. Die Todesdynamik des Gesetzes (der Sünde) muß – nach Paulus – ertragen und ausgelitten werden, wenn es jenseits ihrer zu neuem Leben soll kommen können. Sie muß vom Sohn stellvertretend ertragen werden, weil für die von Gott alleingelassenen Sünder der Fluchtod das Letzte wäre und es für sie keinen Neuanfang jenseits dieses Endes gäbe. Das Kreuz macht den Fluchtod zum Vorletzten, jenseits dessen der Mensch eine »Neuschöpfung« im Geist werden kann, jenseits dessen »das Alte« vergangen und schlechthin Neues möglich ist (vgl. 2 Kor 5,14–17). Die Sühnevorstellung ist für Paulus ein »Modell« dafür, wie es geschehen kann, daß das Alte – die Todesdynamik des Gesetzes – zu Ende kommt und das schlechthin Neue möglich wird. Röm 3,25 spricht von der im Kreuz Jesu erwirkten Sühne, indem er Jesus Christus das hilastérion (hebräisch: die Kapporät) nennt: Gott hat ihn als hilastérion »aufgestellt – durch Glauben – in seinem Blut, zum Erweis seiner Gerechtigkeit um der Vergebung der zuvor – in der Zeit der Geduld Gottes – geschehenen Sünden, zum Erweis seiner Gerechtigkeit in der Jetzt-Zeit, so daß er gerecht ist und gerecht macht den aufgrund von Glauben an Jesus (Gerechten).« Hilastérion meint vom Septuaginta-Sprachgebrauch her den als Thron Gottes (bzw. als dessen Fußschemel) vorgestellten Deckel der Bundeslade, auf dem – freilich nur in der kultischen Fiktion, da die Bundeslade ja bereits verloren war – beim nachexilischen Großen Versöhnungstag das Blut des geschlachteten »Sündenbockes« versprengt wurde. Zwischen den Exegeten ist strittig, ob Paulus diese formell kultische Bedeutung aufgreift und das Kreuz – dem Hebräerbrief vorgreifend – als Ablösung bzw. als eschatologische Überbietung der kultischen Entsühnungspraxis im Jerusalemer Tempel auslegen oder ob er ohne unmittelbar kultischen Bezug Jesus Christus wegen seines blutigen Kreuzesleidens als das Geschehen endgültiger Entsühnung herausstellen will.[6] Trotz aller Gegenargumente darf man doch wohl davon ausgehen, daß Paulus auf die Kapporät zumindest anspielen wollte als auf die »Stätte der Sühne gewährenden Gegenwart Gottes«. Gott, der seinen Sohn als Kapporät aufstellte, hat damit »den Gekreuzigten zum Ort erlösender Sühne für alle Glaubenden gemacht, an dem er selbst gegenwärtig ist.«[7] Gottes Gerechtigkeit erweist sich gerade darin, daß er die Sünder »umsonst« gerecht macht und ihnen vergibt. Die Offenbarung und das Geschehen dieser gerechtmachenden Gerechtigkeit ist das Kreuz Jesu Christi, dessen über die neue Kapporät vergossenes Blut die Sünder »reinigt«, sie in die gnädige Gottesgegenwart hineinnimmt. Die Behauptung, für Paulus sei das Kreuz Jesu Christi deshalb Offenbarung göttlicher Gerechtigkeit, weil er in der Gottesgerechtigkeit eine Sühne fordernde Strafmacht und in Jesu Leiden die den Sünder von der verdienten Strafe freistellende, an seiner Stelle erlittene Todesstrafe sehe[8], läßt sich aus Röm 3,24–26 kaum begründen.[9] Vielmehr erweist Gott, der gerechte Richter, »seine Gerechtigkeit dadurch, daß er den Sündern im Gericht zum Leben durch Christus verhilft«; seine Gerechtigkeit ist mehr und will mehr »als den bloßen Strafvollzug; sie will neues Leben gewähren und schaffen.«[10]

Gleichwohl läßt sich der Gedanke, daß sich am Gekreuzigten der Zorn des strafenden göttlichen Richters ausgewirkt habe, damit wir von ihm verschont bleiben, nicht völlig ausblenden. Jesus Christus ist für uns zur Sünde, zum Fluch gemacht worden (2 Kor 5,21; Gal 3,13); der Vater hat ihn nicht geschont, sondern für uns alle – um unserer Übertretungen willen – dahingegeben (Röm 8,31 und 4,25). Wovor hat er ihn nicht geschont? Vor dem Fluch, der ihn statt uns traf. Durch sein Blut gerecht geworden, werden wir vor

---

[6] Gegen die (kultische) Deutung des hilastérion von der Kapporät her spricht sich u. a. *G. Friedrich* aus (Die Verkündigung des Todes Jesu, 63 f.). Entgegengesetzter Meinung ist *P. Stuhlmacher*, Zur neueren Exegese von Röm 3,24–26, in: ders., Versöhnung, Gesetz und Gerechtigkeit, 117–135.

[7] *U. Wilckens*, Der Brief an die Römer, Bd. 1, Zürich u. a. 1978, 192.

[8] So *H. Thyen*, Studien zur Sündenvergebung im NT und seiner alttestamentlichen und jüdischen Voraussetzungen, Göttingen 1970, 165.

[9] So zu Recht *P. Stuhlmacher*, Zur neueren Exegese von Röm 3,24–26, a. a. O. 133.

[10] *Ders.*, Die Gerechtigkeitsanschauung des Apostels Paulus, a. a. O. 103 f.

Gottes Zorn gerettet werden (Röm 5,9, vgl. 1 Thess 5,10). Wir entgehen dem Zorngericht Gottes, weil der Vater *ihn* nicht geschont hat. So ist der Vater – nach Paulus – »beim Sterben Jesu das handelnde Subjekt«; er hat seinen Tod »selbst intendiert und initiiert«.[11] Dennoch wird man die Formel »Die erste Person der Trinität verstößt und vernichtet die zweite« nicht einfach als Konsequenz des bei Paulus Angedeuteten ausgeben dürfen.[12]

Der »gerechte Zorn« Gottes wird bei Paulus offenbar zusammengedacht mit der Todesdynamik der Sünde und des Gesetzes, die zu Ende kommen »muß«, damit die in ihr gefangenen Menschen »erlöst« – aus ihrer Zwangsläufigkeit herausgelöst – werden können. Auf diese »Herauslösung« spielen die *Lösegeldformeln* an. Mk 10,45 sieht den Heilssinn der Sendung Jesu bis in den Tod in der den Sünder aus dem Sündenverhängnis herauslösenden Existenzstellvertretung: »Indem er sein Leben stellvertretend für die Vielen in den Tod gibt, bewahrt Jesus sie vor dem Tod des Gerichts und schenkt ihnen eine neue Existenz vor Gott. In seiner Existenzstellvertretung für die Vielen ist Jesus das Opfer, das Gott selbst aussieht, aber auch selbst auf sich nimmt und darbringt, um die Sünder vor der Vernichtung zu bewahren.«[13] Freilich sagt Mk 10,45 nicht, weshalb ein Lösegled darzubringen ist und wem es darzubringen wäre; spätere Ausdeutungen, die im Teufel bzw. im göttlichen Vater den Empfänger sehen, verfehlen den Skopus des Logions. *Auslösung* geschieht nicht durch eine quasi-dingliche Ersatzleistung, sondern durch »Existenzstellvertretung«: durch den »*Dienst*«, der den »Knecht« (V. 44) sein Leben einsetzen läßt für die Herauslösung der Gefangenen aus ihrer Gefangenschaft.

Die Stelle sagt nicht ausdrücklich, was die Menschen, denen Jesu Dienst zugute kommen soll, gefangenhält. Nach Gal 3,13 ist es der Fluch des Gesetzes, aus dem Jesus Christus uns durch seine Existenzstellvertretung freigekauft hat. Und der Loskauf geschah dadurch, daß Jesus Christus mit seinem Leben »bezahlte«, damit wir

---

[11] So *G. Friedrich*, Die Verkündigung des Todes Jesu, 75.

[12] Gegen *W. Popkes*, Christus traditus. Eine Untersuchung zum Begriff der Dahingabe im Neuen Testament, Zürich 1967, 286f.

[13] *P. Stuhlmacher*, Existenzstellvertretung für die Vielen: Mk 10,45 (Mt 20,28), in: ders., Versöhnung, Gesetz und Gerechtigkeit, 27–42, hier 41.

freikämen, daß er an unserer Stelle auf sich nahm, was uns gefangenhielt. Die anderen paulinischen Lösegeld-Stellen akzentuieren eher den Befreiungsaspekt des Loskaufs: Wer losgekauft ist, gehorcht nicht mehr den alten Herren; er gehört einem neuen Herrn, aber dieses Eigentumsverhältnis ist ein Freiheitsverhältnis (vgl. 1 Kor 6,20; 7,23). Ein engerer Zusammenhang mit kultischen Sühnevorstellungen ist in Tit 2,14 sichtbar, wo Loskauf zugleich Reinigung und Heiligung zum Eigentumsvolk Gottes bedeutet (vgl. Dtn 14,2). 1 Petr 1,18 f. verbindet das Loskaufmotiv schließlich explizit mit dem Blut des »Schlachtopfers« Jesus Christus, das die Sünder aus der »Vergeblichkeit« ihres alten Lebens erlöst habe.

Blut- und Bundesmotiv verweisen über den Sühnekontext hinaus auf das alttestamentliche Bundes-(Erneuerungs-)Opfer (vgl. Ex 24,4 ff.); der Übergang von der Entsühnungs- zur Bundesthematik ist in der frühen Soteriologie offenbar assoziativ-fließend. So legen die Abendmahlstraditionen den Akzent auf die Errichtung des Neuen Bundes im Blut Jesu Christi (so 1 Kor 11,25), wenn sie nicht beim Becherwort – in Parallelisierung zum Brotwort – direkt vom Blut des Bundes (Ex 24,8) sprechen, ohne deshalb die Entsühnungsfunktion des Blutvergießens zu übergehen (»vergossen für die Vielen«; Mk 14,24): Es ist das Blut – der Tod – Christi, der den Neuen Bund besiegelt, »und die Teilnehmer der Becherhandlung erhalten an diesem durch Christi Tod gestifteten Bund realen Anteil. Sie werden hineingestellt in die neue, eschatologische Heilsordnung Gottes und damit in eine neue Existenz.«[14]

Sühne-, Reinigungs-, Loskauf- und Bundes-(Erneuerungs-)Thematik lassen den alttestamentlichen und zeitgenössisch-jüdischen Kontext greifbar werden, innerhalb dessen die Heilsbedeutung des Todes Christi zur Sprache gebracht werden mußte. Welche »Logik«, welche Plausibilitäten bestimmten die Traditionen, an die die frühe Soteriologie anknüpfen konnte?

---

[14] Vgl. *H. Kessler*, Die theologische Bedeutung des Todes Jesu, 280.

6.3 Der leidende Gerechte

Die expliziten Sühneaussagen weisen zurück auf die offenbar schon sehr früh in die Passionstraditionen eingearbeiteten Motive des *gewaltsamen Prophetengeschicks* (Mt 23,34ff., 37ff.; vgl. Lk 11,49ff.; 13,34; Mt 5,12; Apg 7,52 und 1 Thess 2,15) und des *leidenden Gerechten*. Beide Motive geben eine erste Antwort auf die Frage, warum Jesus leiden mußte: Propheten scheitern mit ihrer Botschaft an der »Widerspenstigkeit« des Volkes (vgl. Neh 9,26; 2 Chr 36,14–16). Der Gerechte »muß viel leiden« (Mk 8,31), da er wehrlos den Nachstellungen der »Frevler« ausgeliefert ist. Er setzt seine Hoffnung allein auf Gott; der aber wird ihn retten (vgl. Mk 15,43 in Anlehnung an Ps 22,9). Besonders die individuellen Klagelieder der Psalmen zeichnen das Bild des zu Unrecht Verfolgten und wegen seiner Gerechtigkeit von Gott Geretteten.[15]

In der Passionsgeschichte des Mk-Evangeliums – aber auch der anderen Evangelien – finden sich vielfach Anspielungen auf solche Klagelied-Motive. Vor allem Ps 22 wird wiederholt zitiert (V. 2 in Mk 15,34: der Ruf des sterbenden Jesus; V. 8 in Mk 15,29: das Lästern und Kopfschütteln der Vorübergehenden; V. 16 in Joh 19,28: das Motiv des Durstes; V. 19 in Joh 19,24: die Verteilung und Verlosung der Gewänder). Weitere Anspielungen finden sich etwa in Mk 14,1 (Ps 37,32: Verfolgung des Gerechten durch den Gottlosen), Mk 14,18.66ff. (Ps 41,10; 55,13–15: der Verräter ißt mit dem Verratenen; der Verrat durch die Freunde), Mk 14,60 (Ps 38,14–16; 39,10: der ungerecht Angeklagte bleibt stumm), Mk 15,36 (Ps 69,22: die Essiggabe für den Sterbenden), Lk 23,34 (Ps 109,4: Gebet für die Quäler) sowie Joh 19,37 (Ps 34,20f.: dem Gerechten werden die Glieder nicht zerbrochen[16]). So kann man sagen, »daß das ganze Passionsgeschehen dem Bild des leidenden, nach Recht und Hilfe schreienden alttestamentlichen Gerechten entspricht«, dem Gott gegen seine Peiniger Recht geben wird, ja – wie Jesu Auferweckung zeigt – recht gegeben hat.[17]

---

[15] Zur Geschichte des Motivs vgl. *L. Ruppert*, Jesus als der leidende Gerechte, Stuttgart 1972.

[16] Als Bezugsstelle kommt hier auch Ex 12,46 in Frage; in diesem Falle wäre – was der Theologie des Johannesevangeliums entspräche – eine Anspielung auf das Passahlamm enthalten.

[17] Vgl. *U. Wilckens*, Auferstehung, Stuttgart 1979, 60.

Voll ausgearbeitet ist das Motiv des leidenden Gerechten im Buch der Weisheit (2,12–20; 5,1–7), wobei die Verurteilung zu »schmachvollem Tod« durch die Gottlosen (2,20) und die Rettung des Gerechten – des Sohnes Gottes«[18] – durch den »Vater« den Akzent tragen (2,16–18). Noch einen Schritt weiter gehen die viel früher entstandenen Gottesknechtslieder des Jesajabuches: Durch sein Martyrium schafft der Gerechte – der Gottesknecht – seinem Volk Sühne; ihm wird in einem »eschatologischen Sühneritus«[19] die Sünde des Volkes aufgeladen, damit er sie durch sein Leiden von ihm weg- und in seinen Tod hineinnehme. »Züchtigung für unser Heil lag auf ihm, durch seine Wunde ward uns Heilung zuteil« (53,5); der Herr aber »fand Gefallen an seinem Zerschlagenen; er heilte ihn, der sein Leben als Sühnopfer hingab« (53,10). Jahwe ist bei diesem »eschatologischen Sühneritus« der eigentlich Handelnde; er entsühnt, er nimmt die »Knechtsarbeit« auf sich, die Sünden des Volkes wegzuschaffen (vgl. Jes 43,25); der Gottesknecht ist gleichsam »Instrument« für dieses sein Wegschaffen.

Deutero-Jesaja greift hier auf das kultische Sühneritual zurück, wie es in Lev 16 und 17 auf Jahwes Anordnung zurückgeführt wird; er nimmt es als theologisches Interpretament für Gottes Handeln am und im leidenden Gerechten. Die kultische Entsühnung ist freilich im Zusammenhang zu sehen mit dem profanen Brauch der Kopaer-Gabe, die bei einem tiefgreifenden sozialen Konflikt die todbringende Vergeltungsdynamik unterbrechen und zur friedlichen Schlichtung führen soll. Sühnung ist hier – von seiten des Übeltäters – das Angebot einer Wiedergutmachungsleistung, mit dem zugleich die Verantwortung für das begangene Unrecht und das Recht des Geschädigten auf Bestrafung und Rache anerkannt werden. Von seiten des Geschädigten bedeutet Sühnung den freien Entschluß zum »Verzicht auf das Vollmaß von Strafe und Rache, an dessen Stelle durch Vergleichsverhandlungen ein milderes Maß zu beiderseitigem Nutzen und Vorteil abge-

---

[18] Weish nennt den Gerechten fast stereotyp Kind (Sohn) Gottes (vgl. 5,5; 9,4; 18,4.13).

[19] K. Koch, Sühne und Sündenvergebung um die Wende von der exilischen zur nachexilischen Zeit, in: Evangelische Theologie 26 (1966), 217–239, hier 235.

sprochen wird«. Sühnung »geht aus versöhnlicher, großmütiger, Gewalt nach Möglichkeit umgehender Gesinnung hervor. Sie verrät einen maßvollen Geist ohne Haß und Rachsucht.«[20] Das »Lösegeld« *löst* die Konfliktgegner *heraus* aus der scheinbaren Zwangsläufigkeit der Vergeltungssysteme, in denen das Böse fortwährend Böses erzeugen muß. Die Kopaer-Gabe bewirkt »die Lösung des verwirkten Lebens aus einem den Schuldigen existentiell gefährdenden Unheilsgeschehen«[21], die Lösung eines Verhängnisses, das schließlich alle Beteiligten ins Unglück bringen würde. In Jes 43,3b wird Jahwe selbst als der sein Volk Auslösende vorgestellt: Er gibt Ägypten, Kusch und Saba für Israel als kopaer; er läßt dem Verhängnis nicht seinen Lauf, weil er die Seinen liebt (V. 4).[22] Der Lösegeldspruch Mk 10,45 greift dieses Motiv auf und vertieft es entscheidend: Jesus selbst, sein Leben für die im Verhängnis der Sünde Gefangenen sind die kopaer-Gabe, die die Sünder aus ihrer Gerichtsverfallenheit auslöst. Da er sein Leben für die Vielen hingibt, ist er selbst »die Verkörperung jener neuschaffenden und aufopfernden Liebe Gottes, die sich in Jes 43,3f. klassischen Ausdruck verschafft.«[23]

Die neutestamentlichen Sühneaussagen beziehen sich gewiß – ausdrücklich und im Einzelnen (so der Hebräerbrief) oder eher im Allgemeinen (so Paulus) – auf den alttestamentlichen Sühne-*Kult*. Auch in der kultischen Entsühnung geht es um Herauslösung – um Herauslösung des Sünders aus einer auf seinen Tod hinwirkenden Unheilsdynamik. Und auch im Sühnekult ist Jahwe der eigentlich und primär Handelnde: Er wird als der Geschädigte vorgestellt, der seine Versöhnlichkeit nicht nur darin erweist, daß er – statt auf Vergeltung zu bestehen – den friedlichen

---

[20] A. *Schenker*, Versöhnung und Sühne. Wege gewaltfreier Konfliktlösung im Alten Testament. Mit einem Ausblick auf das Neue Testament, Freiburg (Schweiz) 1981, 79; vgl. dazu im griechischen Bereich die Eidesis-Praxis (erwähnt schon in der Ilias 18,498 ff.).

[21] Vgl. B. *Janowski*, Auslösung des verwirkten Lebens. Zur Geschichte und Struktur der biblischen Lösegeldvorstellung, in: Zeitschrift für Theologie und Kirche 79 (1982), 25–59, hier 50.

[22] Weitere Belege dieser theologischen »Übertragung« des kopaer-Begriffs bei B. *Janowski*, a. a. O. 50 ff.

[23] Vgl. P. *Stuhlmacher*, Existenzstellvertretung für die Vielen, a. a. O. 41.

236

Vergleich akzeptiert, sondern darüber hinaus auch noch das Sühnemittel – das ihm als dem Herrn des Lebens gehörende Blut des Opfertiers – zur Verfügung stellt. Herauslösung ist notwendig, weil der Übeltäter sich in dem Bösen verfangen hat, das von ihm und seiner Übeltat ausgeht. Die Geltung eines umfassenden, letztlich von Jahwe selbst gewährleisteten Tun-Ergehens-Zusammenhanges, die Gewißheit, böses Tun werde in einem schlimmen Ergehen auf den Täter, seine Verwandten und Volksgenossen zurückschlagen, gehört ja zu den selbstverständlichen Grundüberzeugungen des alttestamentlichen Wirklichkeitsverständnisses. Da die böse Tat sich immer auch gegen den Bundesherrn Jahwe richtet und seine Reaktion – seinen Zorn – herausfordert, wird der Sünde-Unheils-Zusammenhang mit zunehmender Deutlichkeit als von Jahwe selbst verhängt – als Auswirkung seines Zornes – erfahren und gedeutet.[24] Aber Jahwe erweist sich – obwohl Bosheit und Versagen ihn zuinnerst treffen – immer wieder und immer neu als der Versöhnliche. Er sucht die Aussöhnung im Guten und eröffnet den Übeltätern einen Weg, dem Teufelskreis des Sünde-Unheils-Verhängnisses, der Auswirkung seines strafenden Zornes zu entrinnen. Der Sühneritus am Heiligtum macht es »möglich, kraft göttlicher Heiligkeit die Sündensphäre abzuwälzen auf ein Tier, das statt des Sünders verdirbt«.[25] Gleichwohl war hier vermutlich nicht der Gedanke dominant, daß Jahwes Zorn sich ein Ersatzopfer sucht, auf das die Sünder – als dem Sündenbock – ihre Schuld geladen haben. Vielmehr ist die Sühneliturgie »zwischen Gott und Sünder, was der Ausgleich im Guten zwischen zwei Feinden ist: eine Versöhnung, das heißt die Ersetzung des gefährlichen Streitens durch einen von beiden Seiten gewollten Frieden, bei dem der Schuldige dem Verletzten einen Versöhnungspreis oder ein Versöhnungsgeschenk... bringt, das dieser

[24] Zum Thema »Jahwes Zorn« vgl. R. Oberforcher, Verkündet das Alte Testament einen gewalttätigen Gott?, in: J. Niewiadomski (Hrsg.), Eindeutige Antworten? Fundamentalistische Versuchung in Religion und Gesellschaft, Thaur 1988, 133–158 bzw. C. Westermann, Boten des Zornes. Der Begriff des Zornes Gottes in der Prophetie, in: J. Jeremias (Hrsg.), Die Botschaft und die Boten (Festschrift für H. W. Wolff), Neukirchen 1981, 147–156.
[25] Vgl. K. Koch, a. a. O. 239.

annimmt zum Zeichen dafür, daß der Zwist endgültig beigelegt ist.«[26]

Die Initiative geht von Jahwe aus: Er gewährt den Weg der Sühne und das »Sühnemittel«. Aber der Sünder muß auf sein Angebot eingehen. Er muß sich zur Einsicht in seine Schuld führen lassen und die Verantwortung für sie übernehmen. Aus solcher Einsicht in selbstverursachtes oder zu verantwortendes Unrecht »folgt sofort und notwendig der Wille, das Unrecht und den Schaden wettzumachen«. So gibt der Sünder ein von Jahwe Empfangenes und ihm bleibend Gehörendes aus seinem »Besitz« zum Zeichen seiner Umkehr und seines Versöhnungswillens als »Opfer« zurück. Wer die Versöhnung von Jahwe annehmen will, »der ist bereit zu geben, um *in seinem Geben* die Versöhnung zu empfangen«. So ist die Sühneliturgie nicht etwa Verdrängungs- und Abschieberitual, sondern zutiefst *Umkehrritus*.[27] Der Umkehrende identifiziert sich selbst mit dem Opfertier: Die am Opfertier vollzogene Übereignung an Jahwe durch Tötung bezeichnet die eigene, nun von neuem vollzogene Hingabe – die vorbehaltlose Besitzübergabe des eigenen Lebens – an Jahwe, den Herrn. In dieser Übergabe liegt die Verheißung, ja die Gewißheit – sie wird im Blutritus ausgedrückt: das Blut eröffnet einen Zugang zum Allerheiligsten, zum Thron Jahwes –, daß der Sühnende zur göttlichen Majestät Zugang finden, ja in das Heilige »inkorporiert« werden kann. So ist der Grundgedanke des nachexilischen Kultes der, »daß Israel zum Heiligen hinzugebracht wird. Der Kult ist zeichenhaft Sühne; denn er ist der Weg zum Heiligen, der nur durch unseren Tod« – unsere rückhaltlose Hingabe an Jahwe – »hindurchführen kann«.[28]

---

26 *A. Schenker*, Sühne statt Strafe und Strafe statt Sühne! Zum biblischen Sühnebegriff, in: J. Blank / J. Werbick (Hrsg.), Sühne und Versöhnung, 10–20, hier 15.

27 Vgl. *A. Schenker*, Versöhnung und Sühne, Zitate 117f. Das weisheitliche Denken kann geradezu gegenläufig formulieren: »Ein Sühnopfer ist die Abkehr von dem Unrecht« (Sir 35,5).

28 So *H. Gese*, Die Sühne, in: ders., Zur biblischen Theologie. Alttestamentliche Vorträge, München 1977, 85–106, hier 99. Geses Position wird gestützt durch *B. Janowski*, Sühne als Heilsgeschehen. Studien zur Sühnetheologie der Priesterschrift und zur Wurzel KPR im Alten Orient und im AT, Neukirchen-Vluyn 1982.

Auf dieser Linie liegt die Inanspruchnahme der Sühne-Kategorie für das Erlösungswerk Christi im Neuen Testament. So variiert der Hebräerbrief den Gedanken des Zugangs zum Allerheiligsten im bzw. durch das Blut des Geopferten (9,12; 10,19) und verdichtet ihn – in der Linie der Abendmahlstraditionen – zum Theologumenon des *Neuen Bundes* im Blut Christi, des Hohenpriesters, der sich selbst geopfert hat (13,20 vgl. 9,18; 10,29). Paulus akzentuiert gelegentlich die *Besitzübergabe* an den Vater Jesu Christi, die all jene vollziehen, die sich von Jesus Christus loskaufen lassen und sich mit ihm – dem Geopferten – identifizieren (mitkreuzigen lassen). Aber vor allem das »Opfer« Jesu Christi selbst konnte nach Analogie der tötenden Dahingabe des Opfertieres verstanden werden, wobei nach dem eben Ausgeführten festzuhalten wäre, daß der Tod des Messias gerade nicht als stellvertretend erlittene, auf ihn abgewälzte Todesstrafe verstanden werden muß. Der Sühnevollzug bedeutet ja »Verzicht auf Ahndung und Bestrafung«[29]; das im Sühnegeschehen eingeschlossene Sterben ist nicht stellvertretend erlittene Vergeltung des Beleidigten, sondern jene »Dahingabe« an den Vater, in der und durch die die »Vertretenen« Zugang zum Vater finden: »Sakrament« der in der Selbsthingabe bis in den Tod eröffneten Gottesgemeinschaft. Der den Sohn auferweckende Vater »transsubstantiiert« gleichsam dessen Verwerfung (Mk 8,31; Lk 9,22; 17,25 1 Petr 2,7), seine Opferung als »Sündenbock« für sein Volk (Joh 11,50) zum »Sühnemittel«, durch das die ihm Verbundenen aus der Zwangsläufigkeit ihres falschen Lebens herausgelöst werden und zur rettenden Gottesgemeinschaft gelangen können; er macht aus dem »Resultat« und Inbegriff menschlicher Sünde und Gewalttätigkeit das Zeichen der Versöhnung (Röm 3,25), das all denen zum Heil wird, die in ihm den versöhnenden Gott sich offenbaren sehen.

[29] Vgl. *A. Schenker*, Versöhnung und Sühne, 143.

6.4 Das stellvertretende Sühneleiden Jesu auf dem Hintergrund alttestamentlicher und jüdischer Vorstellungen

Nur Jes 53 spricht ausdrücklich von einem stellvertretenden Sühneleiden mit universaler Wirkung (»für die Vielen«; vgl. V. 11). Die theologische Zuspitzung, mit der hier das Sühneritual weitergedacht wird, hat im Alten Testament keine Parallele.[30] Dem hellenistischen wie auch dem palästinischen Judentum zur Zeit Jesu ist freilich der Gedanke durchaus vertraut, das Martyrium des Gerechten tilge stellvertretend die Sünde des Volkes. Der letzte der Makkabäerbrüder sagt von sich, er gebe »Leib und Leben für die väterlichen Gesetze hin«; und er fleht zu Jahwe, »daß er dem Volk bald wieder gnädig werde. Bei mir« – so endet er sein Gebet – »möge der Zorn des Allmächtigen zum Stillstand kommen, der mit Recht über unser ganzes Geschlecht hereingebrochen ist!« (2 Makk 7,37 f.).

Das stärker hellenistisch geprägte, vor der Mitte des 1. nachchristlichen Jahrhunderts entstandene 4. Makkabäerbuch geht noch über die Vorstellung des stellvertretend erlittenen Zornes Jahwes hinaus und entwickelt den Gedanken der Reinigungskraft des Märtyrerleidens. Der sterbende Greis Eleazar betet: »Laß dir die Strafe genügen, die wir für sie erdulden. Zu ihrer Läuterung laß ihnen mein Blut dienen, und als Ersatz für ihr Leben nimm mein Leben hin« (6,27–29). Die Märtyrer »sind gleichsam Ersatz geworden für die Sünden des Volkes. Durch das Blut jener Frommen und ihren Sühnetod hat die göttliche Vorsehung das vorher schlimm bedrängte Israel gerettet« (17,22). Eine ähnliche Vorstellung steht hinter dem nur im Septuagintatext überlieferten Gebet des Asarja Dan 3,26–45. Asarja und seine Freunde wollen ihr Leben als quasi-kultisches Versöhnungsopfer für das Volk darbringen: »Wie Brandopfer von Widdern und Stieren, wie Myriaden fetter Lämmer, so soll unser Opfer vor dir heute sein und dich versöhnen« (3,39 f.).

Die Belege für diese Vorstellung aus dem Bereich des palästinensisch-rabbinischen Judentums stammen aus später Zeit; aber es ist durchaus wahrscheinlich, daß hinter ihnen eine ältere Tradition steht.[31] So vertritt um 150 n. Chr. Rabbi Simon ben Jochai als Auslegung von 1 Kön 20,37 die Lehre: »Jener Tropfen (Blut), der aus jenem Gerechten kam, hat für ganz Israel gesühnt.«[32] In Palästina kam man offenbar erst nach dem Erlöschen des Tempelkultes zu einer vom Kult losgelösten Vorstellung des stellvertreten-

---

[30] K. Koch, a. a. O. 237.
[31] Vgl. G. Friedrich, Die Verkündigung des Todes Jesu, 41.
[32] H. L. Strack / P. Billerbeck, Kommentar zum Neuen Testament aus Talmud und Midrasch, Bd. 2, München [8]1983, 279.

den Sühneleidens[33], obwohl der Glaube an die entsühnende Wirkung des stellvertretenden Eintretens für die Sünde der anderen im Alten Testament – wenn auch nicht im Sinne der formellen Sühneleistung – genügend Anknüpfungspunkte hatte (vgl. etwa im Blick auf Mose: Ps 106,23; Ex 32,32; Dtn 1,37. 4,21). Jedenfalls gibt es »*keinen* einzigen Beleg dafür, daß das vorchristliche Judentum einen *leidenden* Messias nach Jes 53 gekannt hätte, noch dafür, daß es irgendeine Erlösergestalt mit Leidensprädikaten versehen hätte, und vollends nicht dafür, daß es im vorchristlichen Judentum die Vorstellung eines stellvertretenden Sühnetodes des Messias gegeben hätte«.[34] Wo aber die Idee eines stellvertretenden Sühneleidens im 1. Jahrhundert immer ausdrücklicher formuliert wird, da soll – im Unterschied zu Jes 53 – die sühnende Kraft dieses Leidens ausschließlich Israel zugute kommen: »Für die Völker gibt es kein Lösegeld.«[35]

Die Originalität der neutestamentlichen Aussagen zum Sühnetod Jesu läßt sich vor diesem Hintergrund deutlich greifen: Jesus Christus ist *der leidende Messias*, der *für die Vielen* – für alle, die sich seiner Sendung öffnen – zur Sühne wird. Seine Lebenshingabe bietet dem zornigen Gott nicht einfach ein »Ersatzopfer« dar, damit er seinen Zorn an ihm auslasse. Vielmehr ist Jesus Christus durch sein Leiden für alle, die sich »mitkreuzigen« lassen und umkehren, der Weg durch den Tod hindurch zum Vater, die Offenbarung des »versöhnlichen« Vaters, der Stifter des Neuen Bundes in seinem Blut. Hier greift das Neue Testament ebenso auf die authentische Sühnetheologie des Alten Testaments zurück, wie es den Gedanken der stellvertretenden Sühne auf das Thema des eschatologisch erneuerten Bundes (vgl. Jer 31, 31–34) – der schlechthin heilsamen Zugehörigkeit zum Gott der Liebe und der Versöhnung – hin öffnet. Die »polemische« Seite der neutestamentlichen Sühne-Soteriologie darf freilich nicht verschwiegen werden: Da Jesus Christus zum Ereignis der eschatologischen Entsühnung wurde, ist der Tempelkult mit seiner Heilsvermittlung außer Geltung gesetzt. So spitzt vor allem der Hebräerbrief die Tempelkritik Jesu unerhört zu: Der Sühnekult am Tempel ist nicht mehr möglich, der Tempel ist ja

---

[33] Vgl. E. *Lohse*, Märtyrer und Gottesknecht. Untersuchungen zur urchristlichen Verkündigung vom Sühnetod Jesu, Göttingen ²1963, 71.

[34] H. *Kessler*, Die theologische Bedeutung des Todes Jesu, 259.

[35] H. L. *Strack / P. Billerbeck*, Kommentar zum Neuen Testament aus Talmud und Midrasch, Bd. 3, München ⁸1985, 644.

untergegangen. Aber er ist auch gar nicht mehr nötig, weil Gott in Jesus Christus ein für allemal Sühne geschaffen hat.

Die Sühne-Soteriologie des Neuen Testaments hat in der Alten Kirche und in der mittelalterlichen Theologie eine zutiefst ambivalente Wirkungsgeschichte. Der im zeitgenössischen Judentum bereits dominante Aspekt »Besänftigung des Zornes Gottes durch stellvertretend erlittene Todesstrafe« tritt immer mehr in den Vordergrund und fordert in der lateinischen Theologie eine »juristische Rationalisierung« der ursprünglich vorrechtlichen (im Sinne eines gerade nicht erzwingbaren Verhaltensrepertoires kreativer Konfliktlösung) bzw. kultischen Verhaltensschemata geradezu heraus.

6.5   Stellvertretend erlittene Todesstrafe?

Paradigmatisch für die »juristische Rationalisierung« der Beziehung zwischen Gott und Mensch ist *die Theologie Tertullians* (um 150–220). Anders als *Marcion* (2. Jh.), der die erlösende Güte und die vergeltende Gerechtigkeit in zwei einander gegenüberstehenden göttlichen Wirklichkeiten realisiert sah, ist für Tertullian der gütige Gott zugleich der sein Recht Wahrende und Durchsetzende. Von ihm gilt: »Wenn er beleidigt (sein Recht verletzt) wird, muß er zürnen; wenn er zürnt, muß er sich rächen.« Um der Gerechtigkeit willen muß Gott auf sein Recht bedacht sein [36] – auch gegenüber dem, dem er in der Taufe verziehen hat. Sündigt der Getaufte von neuem, so muß er den darüber erzürnten Gott besänftigen, indem er ihm durch freiwillige Bußleistungen *Genugtuung* (satisfactio) verschafft. Gottes Güte besteht darin, daß er dem Sünder den Weg der satisfactio ein zweites Mal eröffnet (paenitentia secunda)[37]. Die Satisfaktionsleistung »hat die Kraft, den erzürnten Gott zu versöhnen«. Sie stellt »in gewisser Hinsicht eine Art freiwilliger Selbstbestrafung dar, die sich der büßende Sünder auferlegt, um sich von den ewigen Strafen freizukaufen. Dabei müssen sich Sünde und Buße, Größe der Vergehen und Maß der Leistungen an Gott entsprechen.« [38]

[36] Vgl. Adversus Marcionem I 26,3 bzw. II 12,1.

[37] Vgl. De paenitentia 9,2: »Paenitentia deus mitigatur«.

[38] *H. Kessler*, Die theologische Bedeutung des Todes Jesu, 64 (mit Verweis auf De paenitentia 9).

Jesu Erlösungstat versteht Tertullian gleichwohl noch nicht ausdrücklich als stellvertretende satisfaktorische Tat.

Augustin sieht die Beziehung der Menschen zu Gott zwar ebenfalls als – vom Menschengeschlecht – verletztes Rechtsverhältnis: Die Menschen anerkennen nicht Gottes Eigentumsrecht. Aber er vermeidet peinlich jeden Anschein, als sei auch die Gnadenordnung noch einmal ein Rechtsverhältnis, in dem der Mensch verdienen könne, was ihm geschenkt ist. Die »juristische Rationalisierung« der Erlösungstat Christi gilt hier vor allem dem Nachweis, daß mit dem Tod des Erlösers auch dem Teufel, der ein Besitzrecht auf das sündige Menschengeschlecht hatte, Recht geschehen sei. Freilich spielt auch der Gedanke eine Rolle, Jesu Tod sei ein *Opfer* für die Sünde gewesen: »Indem er durch seinen Tod ein einmaliges, ganz wahrhaftiges Opfer für uns darbrachte, hat er alles, was Schuld hieß, um dessentwillen uns die Mächte und Gewalten mit Recht zur Verbüßung unserer Strafe gefesselt hielten, getilgt, fortgewischt, ausgelöscht.«[39] Christus hat die wegen der Sünde Adams für alle Menschen verdiente Todesstrafe auf sich und vom Menschengeschlecht weggenommen.[40] Zwar ist die Notwendigkeit der Strafe, die der Erlöser stellvertretend – als Opfer – erduldet, hier zunächst im Recht der Mächte über die Menschen begründet; aber sie kann auch im Zusammenhang gesehen werden mit Gottes Zorn.[41] Auf dem Menschengeschlecht lastete eine gerechte Verurteilung und »alle waren Söhne des Zornes«; so »war ein Mittler notwendig, d. h. ein Versöhner, der diesen Zorn versöhnte durch die Darbringung eines einzigartigen Opfers, das alle Opfer des Gesetzes und der Propheten nur schattenhaft darstellten.« Freilich weiß Augustin, daß das Wort »Zorn« von »menschlichen Gemütsbewegungen› übertragen wird »auf die durchaus gerechte Strafe, die hier den Namen ›Zorn‹ erhält«.[42]

Der Gedanke der stellvertretend erlittenen Todesstrafe ist bei Hilarius und Ambrosius vorbereitet und wird von Leo I. und Gregor I. zugespitzt.[43] Er findet seine klassische »juristische« Durchgestaltung erst bei *Anselm von Canterbury* (1033/34–1109), dessen *Satisfaktionslehre* für die Soteriologie der westlichen Kirchen weithin bestimmend blieb. Die Notwendigkeit einer stellvertretenden Sühneleistung – der Satisfaktion – wird hier im Kontext einer juristi-

[39] De trinitate IV 13.
[40] Vgl. De peccatorum meritis et remissione I 32,61.
[41] Vgl. ebd. I 28,56 bzw. De gratia Christi et de peccato originali 232,37.
[42] Enchiridion 33; vgl. ebd. 41. Schwagers Behauptung, Augustin habe die Vorstellung eines den erzürnten Vater versöhnenden Opfers nicht geteilt (op. cit., 114), ist im Blick auf die zitierte Stelle nicht haltbar.
[43] Vgl. H. *Kessler*, Die theologische Bedeutung des Todes Jesu, 79.

schen Logik der »Rückzahlung« plausibel zu machen versucht. Die Sünde erscheint als Raub – Gott wird durch die Sünde seiner göttlichen Ehre beraubt; und in der Strafe muß »zurückbezahlt« werden, was der Mensch geraubt hat. An dieses »Muß« ist auch der gerechte Gott zwingend gebunden; er kann nicht zulassen, daß der Raub seiner Ehre ungesühnt bleibt. Er muß die Sünde durch das Auferlegen einer angemessenen Genugtuung »ordnungsgemäß regeln«.[44] Entweder »zahlt der Sünder freiwillig, was er schuldet, oder Gott erhält es von ihm gegen seinen Willen. Entweder nämlich erzeigt der Mensch aus freiem Willen Gott die gebührende Unterwerfung – sei es, daß er nicht sündigt, sei es, daß er die Sünde wiedergutmacht –, oder Gott unterwirft ihn sich gegen seinen Willen, indem er ihn foltert, und zeigt so, daß er sein Herr ist, was der Mensch selber aus eigenem Willen zuzugeben sich widersetzt.«[45] Der Mensch kann nur gerechtfertigt werden, wenn er Gott – freiwillig oder durch die Strafe dazu gezwungen – zurückgibt, was er ihm in der Sünde geraubt hat.

Nun ist der Mensch aber unfähig, Gott von sich aus angemessene Sühne zu leisten; er verfügt ja über nichts, worauf Gott nicht sowieso schon Anspruch hätte. Hinzu kommt, daß der Ungehorsam des Menschen gegen Gottes Majestät so schwer wiegt, daß nichts Menschliches diese Schuld aufwiegen könnte. So vermag nur Gott selbst die verwirkte Sühne zu leisten und Gott zurückzugeben, was ihm gebührt; nur ein »göttliches« Verdienst reicht hin, den Ungehorsam der Menschen aufzuwiegen. Freilich: das Verdienst muß dennoch von einem Menschen erworben werden, damit es den Menschen angerechnet werden kann. Gott muß Mensch werden, um die Strafe, die den Menschen treffen müßte, auf sich zu nehmen und die sündige Menschheit zu rechtfertigen.

Gott – ein unbarmherziger Gläubiger, der auf einem *Ausgleich* für die vom Menschengeschlecht zu verantwortende Schädigung seiner *Ehre* bestehen muß; die Sünde der Menschen verglichen mit einer »Geld-Schuld«, die von Gott mit letzter Grausamkeit wenn nicht vom Schuldner, so doch von dessen Stellvertreter eingetrie-

---

[44] Cur deus Homo I 11 bzw. 13.
[45] Ebd. I 14.

ben wird? Warum »muß« Gott sich für die Verletzung seiner Ehre so grausam schadlos halten? Eine genauere Analyse zeigt schnell, daß der honor Dei bei Anselm nicht ein privatrechtlich verstandenes »Persönlichkeitsrecht Gottes« gegenüber den Menschen meint, sondern die Verpflichtung der Menschen zur *Wahrung der göttlichen Schöpfungsordnung*:

Wenn »ein jegliches Geschöpf seine eigene und ihm gleichsam vorgeschriebene Ordnung – sei es von Natur oder aus Vernunft – wahrt, so sagt man, daß es Gott gehorcht und *ihn ehre*, und das vornehmlich bei der vernünftigen Natur, der es gegeben ist zu verstehen, was sie soll. Will sie, was sie soll, ehrt sie Gott; nicht nur weil sie ihm etwas schenkt, sondern weil sie sich freiwillig seinem Willen und seiner Anordnung unterwirft und ihren Platz in der Dinge All und die Schönheit dieses Alls, soweit es an ihr liegt, wahrt. Will sie aber nicht, was sie soll, so entehrt sie Gott, soweit es an ihr liegt, weil sie sich nicht freiwillig seiner Anordnung unterwirft, wenn sie auch die Macht und die Würde Gottes nicht im geringsten verletzt oder entstellt.« Der Ungehorsam des Menschen entehrt Gott, indem er seine Schöpfungsordnung aus dem Gleichgewicht bringt und damit die heilsamen Lebenszusammenhänge verdirbt, die der Schöpfer in ihr angelegt hat. Diese Entehrung fordert notwendig die *Strafe* Gottes heraus: »Wenn die göttliche Weisheit sie, wo die Verkehrtheit die rechte Ordnung zu stören trachtet, nicht einfügte, entstünde in diesem All, das Gott ordnen muß, eine gewisse Verunstaltung, die aus der verletzten Schönheit der Ordnung käme, und es schiene, als ob Gott in seiner Leitung versagte. Da beides ebenso unmöglich wie ungeziemend ist, ist es notwendig, daß jeder Sünde Genugtuung oder Strafe folge.«[46]

Gott muß also nicht um seiner »privaten« Selbstachtung, sondern um seiner in der Schöpfungsordnung gleichsam vergegenständlichten Ehre willen auf Sühne bestehen; nicht seine persönliche Ehre, sondern »die verunstaltete, aus den Fugen geratene Welt erfordert Wiederherstellung«[47]. Sühne soll ersetzen und wiederherstellen, was der Schöpfungs*ordnung* durch die Bosheit der Menschen verlorengegangen ist. Sie soll wieder in Ordnung bringen, was durch das ungeordnete, wesenswidrige Verhalten der Menschen seinem heilsamen Schöpfungssinn entfremdet wurde. Die Frage ist für uns

---

[46] Ebd. I 15.
[47] Vgl. *G. Greshake*, Erlösung und Freiheit. Zur Neuinterpretation der Erlösungslehre Anselms von Canterbury, in: Theologische Quartalschrift 153 (1973), 323–345, hier 329.

Heutige freilich: Wie können (stellvertretende) Sühne und von Gott verhängte Strafe der Schöpfung so zugute kommen, daß durch Sühne »wiedergutgemacht« wird, was die Sünde der Menschen verdorben hat? Anselms Satisfaktionslehre verdeckt dieses Problem, indem sie es in privatrechtlichen Kategorien darstellt: Der Sünder bleibt der (Rechts-)Ordnung etwas schuldig; und diese Schuld muß von ihm oder von seinem Stellvertreter äquivalent *ersetzt* werden durch eine Sühneleistung, die in der »Währung« des Strafleidens zurückzahlt, was der Sünder sich frevelnd angeeignet hat. Die sühnende Ersatzleistung steht dann zu dem angerichteten Übel in keinem anderen sachlichen Verhältnis als dem der *quantitativen Äquivalenz*. Nur bei Streitfällen, die durch Rückgabe eines unrechtmäßig angeeigneten Gutes bzw. durch Satisfaktion für ein tangiertes »ideelles Gut« bereinigt werden können, heilt eine so verstandene äquivalente Sühneleistung geschehenes Unrecht; nur hier versetzt eine angemessene Ersatzleistung den Geschädigten wieder in den vorigen Stand (in die vorherige Ordnung).[48] Alle anderen Konfliktsituationen verlangen nach »Wiederherstellung« der gestörten oder zerstörten Lebenszusammenhänge in einem ganz anderen Sinn. Unrecht läßt sich hier nicht durch die Begleichung offengebliebener Rechnungen aus der Welt schaffen, sondern nur durch die Überwindung dessen, was die Menschen entzweit und einander Unrecht antun läßt.

Anselm bleibt – wie vor ihm Tertullian – der »juristischen« Logik des »Bezahlenmüssens« verhaftet; und so versteht er stellvertretende Sühne als freiwillige Übernahme der vom Menschengeschlecht nicht zu tilgenden Verbindlichkeit Gott gegenüber. Dieses Verständnis hat vom späten Mittelalter an – bei den Sozinianern, bei Hugo Grotius und den Arminianern, schließlich bei Reimarus – heftigen Widerspruch erfahren.[49] Kant bringt das immer wieder vorgebrachte Gegenargument auf den Punkt: Die Urschuld des Menschen kann, »so viel wir nach unserem Vernunftrecht einsehen, nicht von einem anderen getilgt werden; denn sie ist keine *transmissi-*

---

[48] Vgl. *P. Ricoeur,* Interpretation des Strafmythos, in: ders., Hermeneutik und Psychoanalyse, dt. München 1974, 239–265, hier 249.

[49] Vgl. die Darstellung bei *G. Wenz,* Geschichte der Versöhnungslehre in der evangelischen Theologie der Neuzeit, Bd. 1, München 1984; zur Kritik des »Fragmentisten« Hermann Samuel Reimarus an der Satisfaktionslehre vgl. mein Buch: Schulderfahrung und Bußsakrament, Mainz 1985, 103f.

ble Verbindlichkeit..., sondern die *allerpersönlichste*, nämlich eine Sündenschuld, die nur der Strafbare, nicht der Unschuldige, er mag auch noch so großmütig sein, sie für jenen übernehmen zu wollen, tragen kann.«[50] *Friedrich Nietzsche* führt die Sühnopferlehre auf die ressentimentgeladene, zutiefst »unevangelische« Gottesvorstellung des paulinischen Christentums zurück: »›er gab seinen Sohn zur Vergebung der Sünden, als Opfer‹. Wie war alles mißverstanden!!! Nichts ist unevangelischer als das Schuldopfer und gar das des Unschuldigen für die Sünden des Schuldigen«.[51] Das Ressentiment der Elenden und Zu-kurz-Gekommenen projiziert einen Gott, der sich mit seinem Racheverlangen wenigstens am Stellvertreter des sündigen Menschengeschlechts schadlos hält. Das Christentum ist für Nietzsche deshalb Metaphysik der Strafe und der Rache, »eine Metaphysik des Henkers«.[52]

Die Sühne-Soteriologie sprach – so sieht es die Kritik seit Reimarus – nicht von einem versöhnlichen, sondern von einem auf seine Ehre und auf Vergeltung bedachten Gott. Sie spricht offenbar von einer unendlich grausamen Strafe, mit der Gott auf die Sünde der Menschen reagieren »muß«; von der die Menschen nur verschont bleiben können, wenn sie sich hier und jetzt schon mit Christus kreuzigen lassen und ihr Leben zu einer einzigen Bußübung machen. Der strafende Gott und der nichtswürdige Mensch – zwischen diesen »Kontrahenten« soll ein »Mittler« vermitteln, der gerade durch die Vollzugsform seiner Vermittlung Gott zu seiner Rache kommen läßt und die Nichtswürdigkeit des Menschen bestätigt; der den rächenden Gott definitiv ins Recht und den Sünder ins Unrecht setzt, damit endlich doch noch Gnade vor Recht ergehen kann. Dieses soteriologische Syndrom schien den christlichen Erlösungsglauben ab absurdum zu führen.

Es ist nicht allzu schwer einzusehen, daß das skizzierte soteriologische Syndrom – sosehr es Verkündigung, Katechese und Theologie seit dem Spätmittelalter bestimmt haben mag – mit dem biblischen Sühnegedanken wenig zu tun hat und nicht einmal den Intentionen der Anselmschen Satisfaktionslehre entspricht. Schon sehr viel schwieriger ist es zu erläutern, weshalb die kirchliche Rede von

---

[50] Die Religion innerhalb der Grenzen der bloßen Vernunft, Akademieausgabe Bd. 6, 72.

[51] Nachgelassene Fragmente November 1887 – März 1888, KSA 13,177; vgl. der Antichrist, Aph. 41, KSA 6,212f.

[52] Götzen-Dämmerung. Die vier grossen Irrtümer, Aph. 7, KSA 6,96.

Erlösung über Jahrhunderte hinweg von ihm bestimmt blieb und wie die biblische Lehre vom stellvertretenden Sühneleiden Jesu heute erhellend zur Sprache kommen kann. Eine Neuformulierung der Sühne-Soteriologie setzt jedenfalls die ehrliche Rechenschaft über die Motive ihres Mißverstehens voraus.

6.6   Ein Opfer zur Versöhnung der zürnenden Gottheit?

Das Opfer gehört sicher zu den tief zwiespältigen religiösen Grundvollzügen; und von dieser Zwiespältigkeit ist auch das biblische Sühnedenken nicht frei, insofern ja auch hier die Gott übereignete Gabe im Mittelpunkt der Deutungen und Vollzüge steht. Die römische Meßopferlehre rückte den Gedanken des Kreuzes-Opfers liturgisch so sehr in den Vordergrund, daß sich die Soteriologie-Kritik seit dem 19. Jahrhundert wie selbstverständlich am Opfer-Motiv entzündete. War nicht auch das Christentum katholischer Prägung auf einen »neidischen Gott« fixiert, vor dem man nur sicher sein konnte, wenn man ihm Tribut zahlte für die kleinen und größeren Freuden, die man sich unter seinen wachsamen Augen herausnahm? *Ludwig Feuerbach* (1804–1872) sah den Grund des religiösen Opfers in der naturreligiösen Anschauung, die Natur müsse für den Gebrauch der ihr entrissenen Gaben wenigstens symbolisch entschädigt werden:

»Die Aneignung der Natur erscheint... dem (archaischen; J. W.) Menschen gleichsam als eine Rechtsverletzung, als eine Aneignung fremden Eigentums, als eine Freveltat. Um daher sein Gewissen und den in seiner Vorstellung beleidigten Gegenstand zu beschwichtigen, um ihm zu zeigen, daß er aus Not, nicht aus Übermut ihn beraubt hat, schmälert er sich den Genuß, gibt er dem Gegenstand etwas von seinem entwendeten Eigentum wieder zurück.«[53]

Friedrich Nietzsche führt diesen Gedanken weiter. In archaischen Gesellschaften »herrscht die Überzeugung, dass das Geschlecht durchaus nur durch die Opfer und Leistungen der Vorfahren be-

---

[53] *L. Feuerbach*, Das Wesen der Religion, § 28, Theorie Werkausgabe Bd. 4, Frankfurt/M. 1975, 108.

steht, und daß man ihnen diese durch Opfer und Leistungen *zurück-zuzahlen* hat«. Die Vorfahren werden aber als fortexistierend, als mächtige, die Alltagswelt der Nachkommen bestimmende Mächte, schließlich als Götter vorgestellt. Und so entsteht das »Bewusstsein, Schulden gegen die Gottheit zu haben«, ein Bewußtsein, daß sich »dermaassen festsetzt, einfrisst, ausbreitet und polypenhaft in jede Breite und Tiefe wächst, bis endlich mit der Unlösbarkeit der Schuld auch... der Gedanke ihrer Unbezahlbarkeit (der ›*ewigen* Strafe‹) concipiert ist«. Unter diesem unermeßlichen Schulddruck habe – so Nietzsche – die »gemarterte Menschheit eine zeitweilige Erleichterung gefunden« mit dem genial-verheerenden Grundgedanken der christlichen Soteriologie: »Gott selbst sich für die Schuld des Menschen opfernd, Gott selbst sich an sich selbst bezahlt machend, Gott als der Einzige, der vom Menschen ablösen kann, was für den Menschen selbst unablösbar geworden ist – der Gläubiger sich für seinen Schuldner opfernd, aus *Liebe* (sollte man's glauben? –) ›aus der Liebe zu seinem Schuldner‹...«[54]

Sigmund Freud (1856–1939) führt das Bewußtsein, Schuldner zu sein, auf den prähistorischen Mord der Brüder am Hordenvater zurück. Das christliche Erlösungsdogma sei der Versuch, diese Ur-Bluttat, mit der sich die Menschengeschwister von der unterdrükkenden Übermacht des Ur-Vaters zu befreien versuchten, dem göttlichen Ur-Vater gegenüber als gesühnt zu verstehen und zugleich den übermächtig gebliebenen Vatergott endgültig zu entthronen: an seine Stelle den vergöttlichten Bruder des Menschengeschlechts zu setzen.[55] Damit bestätigt Freud überraschenderweise den *identifikatorischen Grundvollzug*, der sich schon am alttestamentlichen Sühneritual greifen ließ. Während dort aber die »Inkorporation« in das Göttliche Gottes Geschenk an den umkehrenden und seine Umkehr im Sühneritual darstellenden Sünder ist, hat man sie – nach Freud – als die endgültige Beseitigung des Vaters über den Umweg der definitiven Abgeltung all seiner Strafansprüche zu verstehen. Der Soziopsychoanalytiker *Gérard Mendel*

---

[54] Zur Genealogie der Moral. Zweite Abhandlung, Aph. 19–21, KSA 5,327–331.
[55] Vgl. *S. Freud*, Totem und Tabu, in: Studienausgabe des S. Fischer Verlages, Bd. IX, Frankfurt/M. 1974, 287–444, hier 437.

entkleidet Freuds Rekonstruktion ihrer mythologischen Elemente und greift zugleich für die individuelle psychische Entwicklung während des ödipalen Konflikts Nietzsches Überlegungen zur Entstehung des Opfers auf. Der Wunsch des Kindes, »sich zu vervollkommnen, so zu werden wie seine Beschützer«, wird von ihm »in unbewußten Phantasien als aggressive Aneignung der Macht des anderen erlebt, wodurch dieser zugleich verstümmelt oder vernichtet wird. Sein eigenes Wachstum, die Entfaltung seiner Kräfte und Fähigkeiten erlebt das Kind unbewußt so, als ob sich alles dies auf Kosten seiner Eltern, des anderen, des Objekts vollzöge. Daher die Furcht vor Vergeltung und ein tief verwurzeltes Schuldgefühl.«[56] Das Bewußtsein, Strafe zu verdienen und die Angst, in allem, was mir widerfährt, die Rache eines übermächtigen, von mir herausgeforderten, »beraubten« Über-Vaters gewärtigen zu müssen, kann die religiöse Einstellung gewiß prägen, kann sicher dazu antreiben, diese Bedrohung durch Opfer abzuwenden. Fundamentaler aber scheint Mendels Beobachtung, daß alles Leben und Wachsen als identifikatorischer Akt erlebt wird: als Beraubung und Verdrängung des »Herrn des Lebens«. Leben blüht immer »auf Kosten von«; und der Mensch ist bei denen in Schuld, die sich für sein Lebenkönnen hingeben. Das ist ein in der Religionsgeschichte immer wieder begegnender Topos. So etwa in den altindischen Veden, für die die Schöpfung aus dem Selbstopfer Purushas hervorging und immer wieder hervorgeht; die Opfer der Priester sind gleichsam die dankbare Rückerstattung des Geschenkten, die die Gottheit dazu motivieren und in die Lage versetzen, ihr lebensspendendes Selbstopfer fortzusetzen.[57] Hinzuweisen wäre gewiß auch auf die christliche Eucharistiefrömmigkeit: Die Grunderfahrung, daß Lebenkönnen im ganz elementaren Sinne, daß Essen Sterben voraussetzt – das Sterben der zum Verzehr bereiteten Tiere und Pflanzen –,

---

[56] G. Mendel, Die Revolte gegen den Vater. Eine Einführung in die Soziopsychoanalyse, dt. Frankfurt/M. 1972, 40.

[57] In diesem Sinne weist M. Eliade auf den regenerativen Sinn des Opfers hin: Das (Menschen-)Opfer wiederholt das Ur-Opfer des Ur-Riesen, dessen Hingabe die Schöpfung begründet; es ist rituelle Wiederholung – Sicherung, Regeneration – der Schöpfung (Die Religionen und das Heilige, dt. Neuausgabe Darmstadt 1976, 395ff.).

diese Grunderfahrung wird etwa im Johannesevangelium auf den Tod des Weizenkorns Jesus Christus übertragen, der sich mit seinem Tod zur Nahrung für das »ewige Leben« bereitet.[58] Der menschgewordene Logos, der Sohn Gottes stirbt, damit die Menschen das Leben, damit sie Anteil am göttlichen Leben haben. Die Menschen leben von diesem Tod; und sie sind gefordert, mit dem »Selbstopfer« ihrer Umkehr auf dieses Opfer zu antworten.

Die *Logik des Opfers* ist die der Rückerstattung und der Identifikation. Die Rückerstattung soll die Schuld abtragen, in der jeder sich weiß, da er vom anderen – zuletzt eben »von Gott« – lebt. Der Akt der Rückerstattung ist aber zugleich Vollzug der Identifikation mit dem Lebensspendenden: Ich darf von ihm leben, da ich ihm angehöre, ihm gehöre, so daß es in mir lebt und ich in ihm. Dieser Sinnzusammenhang wird indes – Nietzsche und die Psychoanalyse sprechen davon – weithin verzerrt wahrgenommen und gelebt: Der Mensch erfährt sich durch seine Existenz in Schuld, als »Gottesräuber«, der durch den Ur-Raub (der »Ehre Gottes«) sein Leben verwirkt hat und – auch wenn der Gottessohn stellvertretend für ihn sühnt – rettungslos dazu verurteilt ist, mitgekreuzigt zu werden, sein Leben Gott »aufzuopfern«. Nur mit der Selbstaufgabe, der Hingabe seiner Lebenskräfte an den Gott Moloch meint er der verdienten Strafe entgehen und einen Zugang zum Göttlichen finden zu können. Dieser »*depressiven Identifikation*« mit dem Göttlichen unmittelbar entgegengesetzt ist die *usurpative Identifikation*: Die Verdanktheit der eigenen Existenz, ihr Angewiesensein auf das unverfügbare Geschenk, von dem ich leben darf, wird durch Selbstvergöttlichung »überholt«; der Usurpator nimmt in Besitz, wovon er lebt; und er setzt sich selbst an die Stelle dessen, der leben – und sterben – läßt. Gewiß, auch seine Identifikation mit dem Göttlichen ist durch Opfer vermittelt. Aber nicht durch die Opfer, die er selbst bringt, sondern durch die Opfer, die er anderen auferlegt. Sein Allmachtswahn realisiert sich auf Kosten derer, die sich nicht wehren können – auf Kosten derer, die »schuld« sind. Der Usurpator verdrängt die Unheilswirkungen seiner Tat, seines Lebensentwurfs, indem er die ihm Ausgelieferten zu Sündenböcken macht und

---

[58] Vgl. dazu: *G. Bachl*, Eucharistie – Essen als Symbol? Zürich 1983, 45 ff.

»bezahlen« läßt. Er weiß sich auch darin »allmächtig«, daß er für die Sünde leiden läßt; daß er die Sünde an denen heimsucht, die sich nach seinem »souveränen« – in Wahrheit projektiven – Urteil ihrer schuldig gemacht haben und alle ins Unheil zu ziehen drohen.[59] Die Logik des Opfers wird zur juristisch rationalisierten »Logik des Bezahlenmüssens«, wo *die Angst* ins Spiel kommt: die Angst vor der Rache des beleidigten – »beraubten« – Gottes, die man durch rechtzeitiges Bezahlen abwenden muß; die Angst vor der Unverfügbarkeit des Schicksals – dessen, was mich leben läßt –, die dazu antreibt, sich den Herrn des Schicksals geneigt zu machen oder dazu verführt, die Angst erzeugende Ohnmacht in einem Allmachtswahn zu kompensieren, der die anderen bezahlen läßt; die Angst vor dem Unheil, das die Usurpation der Gottgleichheit auf uns ziehen muß, die uns bei der »Opferung« von Sündenböcken unsere Zuflucht suchen läßt. Es ist offenkundig die Angst, die Opfer fordert – die Angst, die ich abwehren, die zur Ruhe kommen muß in der Zuversicht, es gäbe für mich keinen Grund zur Angst, weil es keinen Grund gibt, mich zur Rechenschaft zu ziehen. Zur Angstabwehr wird jedes Opfer gebracht, wenn es nur die Zuversicht scheint begründen zu können, daß mich kein unbefriedigter »Rechts«-Anspruch mehr bedroht.

Die traditionellen Ausdeutungen der Sühnopfer-Soteriologie folgen dieser »Logik des Bezahlenmüssens« – freilich eher auf der Linie der »depressiven Identifikation«: Jesu Sühneleiden stellt die Glaubenden frei von dem »Rechts«-Anspruch Gottes, seine durch die Erbsünde des Menschengeschlechts beleidigte Ehre müsse in der ewigen Verdammnis aller Sünder wiederhergestellt werden. Aber diese Freistellung tritt doch nur in Kraft, wenn der von Jesu

---

[59] Zur Dynamik des Sündenbocksyndroms vgl. *R. Schwager*, Brauchen wir einen Sündenbock? Gewalt und Erlösung in den biblischen Schriften, München 1978. Schwager beruft sich auf die Theorie *René Girards*; vgl. von ihm: Das Ende der Gewalt. Analyse eines Menschheitsverhängnisses, dt. Freiburg/Br. 1983. Den Funktionszusammenhang von depressiver – sich zum Opfer bringender – und usurpativer – den anderen opfernder – Identifikation demonstriert *Ernst Jünger*. Die höchste Verwirklichung des Menschseins ist die Macht, und das heißt für E. Jünger: die Fähigkeit und Entschlossenheit, andere als Mittel zu jenem Zweck einzusetzen, für den es sich lohnen soll, sich zu opfern. Dementsprechend ist es das »tiefste Glück des Menschen...«, daß er geopfert wird« – geopfert für den Zweck, den der Mächtige ihm verordnet (*E. Jünger*, Der Arbeiter, Hamburg 1921, 71).

Sühneleiden Gerechtfertigte seine »persönlichen Sünden« selbst abbüßt – wenn er sich mit seinem Erlöser mitkreuzigen läßt, um so den Zorn des göttlichen Vaters über die »Vergeblichkeit« der Gnade zu besänftigen. Das Mitgekreuzigtwerden mit dem göttlichen Erlöser ist dann der einzige Weg, zum Göttlichen Zugang zu finden. Zwingt diese Rekonstruktion der Sühne-Soteriologie nicht dazu, in Nietzsches Fluch auf das Christentum einzustimmen, in seinen Fluch auf eine Lebens- und Weltanschauung, die das Leben verneint und durchkreuzt?

Es widerspräche der Gotteserfahrung und der Lebenspraxis Jesu zutiefst, sähe man im Opfer – schließlich im Kreuz – den Preis, den die Menschen oder der »Menschensohn« für Gottes gnädige Zuwendung zu zahlen haben. In der Religionsgeschichte – wie auch in der Christentumsgeschichte – mag die »depressive Identifikation« immer wieder eine wichtige Rolle gespielt haben gemäß der Devise: »es mögen wohl die Götter ungnädig wegen des Glücks und gnädig wegen unseres Leidens auf uns sehen«.[60] Der Gott Jesu Christi will das Leiden der Menschen nicht. Er sucht seine »Ehre« nicht auf Kosten der Menschen; er will sie vielmehr darin gewahrt sehen, daß die Menschen leben können. »Gloria Dei vivens homo« – diese Sentenz des *Irenäus von Lyon*[61] bringt die Erfahrung eines Gottes auf den Begriff, der die Menschen nicht leiden und sterben, sondern leben sehen möchte; eines Gottes, der Partei ergreift für unverkürztes, erfülltes Leben. Dieser Gott – der Gott Jesu Christi – fordert dazu heraus, den »eschatologischen Befreiungsprozeß« mitzutragen, »in dem der Mensch sich wieder als Gottes Geschöpf erfahren kann, dem die Erde als Gottes gute Schöpfung anvertraut ist.«[62] Man ehrt den Gott Jesu Christi nicht, man lästert ihn, wenn man ihn zum Empfänger menschlicher Opfer herabwürdigt, zum Empfänger von Rückzahlungen in der »Währung« menschlichen Leidens. Man lästert ihn, wenn man in seinem Namen andere zum Opfer erniedrigt, als Sündenbock »opfert«. Diesen Gott für die

---

[60] *F. Nietzsche*, Morgenröthe, Erstes Buch, Aph. 17, KSA 3,30.

[61] Adversus haereses IV, 20,7 bzw. III, 20,2.

[62] *P. Hoffmann*, Zukunftserwartung und Schöpfungsglauben in der Basileia-Verkündigung Jesu, in: Religionsunterricht an höheren Schulen 31 (1988), 374–384, hier 383.

Menschen lebt Jesus, da er auf seiten der Opfer zu finden ist und schließlich selbst geopfert wird: als »Sündenbock«, als der endzeitliche Verführer – mit ihm sucht man die tödliche Gefahr zu beseitigen, die er dem Volk zu Bewußtsein bringen will. Nicht Gott fordert dieses Opfer; die Sünde der Menschen fordert es, ihr fällt der Menschensohn zum Opfer. An ihm offenbart sie sich in ihrer tötenden Macht – als die Sünde der Menschen, deren zufälliges Instrument die den Tod Jesu betreibenden Juden und Heiden wurden.

Jesus fällt dem Widerspruch derer zum Opfer, die ihrem falschen Leben nicht widersprechen lassen wollen: Als der Gott-Logos ist er Gottes Widerspruch gegen die Unwahrheit des sündigen Lebens, gegen all die Operationen und Manipulationen, mit denen die Menschen die Wahrheit ihres Lebens niederhalten; Gottes Widerspruch gegen die Götzen und Mächte, denen die Sünder zur Macht verhelfen, weil sie ihnen die Bestätigung ihres unwahren Lebens zutrauen. Der Gott-Logos ist Widerspruch, weil Gottes Wahrheit nur zur Geltung kommen kann, indem sie die Unwahrheit der Sünde aufdeckt. Der Gott-Logos »wohnt« unter den Menschen; aber er wohnt unter ihnen als das Wort, das sie mit seiner Zusage, Gott werde seinem Heilswillen Geltung verschaffen und mit seiner Einladung, sich auf diesen Heilswillen einzulassen, zutiefst in Frage stellt und herausfordert. Der Gott-Logos stellt die Angesprochenen vor die äußerste Alternative ihres Selbst-, Welt- und Gottesverständnisses, vor die Frage, wer die ihre »Welt« bestimmende Wirklichkeit und wer der sein soll, auf den sie sich zuletzt und zutiefst verlassen. Und diese Frage offenbart den Widerspruch zwischen ihren offiziellen Bekenntnissen und ihrem tatsächlichen Lebensmittelpunkt. Wo Gottes Wahrheit offenbar wird, da muß auch die Unwahrheit der Menschen offenbar werden. Der Gott-Logos Jesus Christus ist als die Selbstzusage Gottes zugleich der Widerspruch Gottes in Person gegen diese Unwahrheit; und er muß es sein, weil er nur so *Lösegeld* sein, weil er nur so die Menschen aus ihrer Unwahrheit herausführen und ihnen Zugang zum Vater sein kann. Das Logos-Sein führt den Menschensohn in den Tod; bereitet von denen, die ihn nicht als Gott-Logos annehmen, weil *dieser* Logos ihnen zutiefst – wenn auch, was sie nicht wahrnehmen, zutiefst heilsam – widerspricht. Der Menschensohn lebt die Präsenz des Gott-Logos im Machtbereich der Sünde und der Lüge. Er läßt sich eher ums Leben bringen, als seine Sendung zu verraten. Er stirbt, damit der Gott-Logos als Zusage und als heilsamer Widerspruch dieser Welt eingestiftet bleibe; und der Vater erweckt ihn zu neuem Leben; das heißt heilsökonomisch: er bringt den Gott-Logos, der Jesus Christus ist, im Geist neu zum Sprechen. So ist die Art, wie Jesus Christus der Gott-Logos war und im Geist bleibend ist – sein Standhalten als der heilsame Widerspruch, dem mit tödlicher Entschlossenheit widersprochen wird – der *Grund unseres Heils*, unseres Ergriffenwerdenkönnens von der Selbstzusage Gottes, unseres Herausgelöstwerdenkönnens aus der Lüge, die unser Leben bestimmt, aus der Herrschaft der Sünde, die es pervertiert.

Jesus Christus wurde vom Vater »dahingegeben«, weil er nicht anders der Gott-Logos unter den Sündern sein und bleiben konnte. Sein Kreuz ist der durchgehaltene Widerspruch Gottes gegen die Sünde; und es ist durch die Auferweckung des Gekreuzigten Zeichen der gegen den Widerspruch der Sünder durchgehaltenen Selbstzusage Gottes – es ist in letzter Konsequenz Offenbarung des Gott-Logos als Zusage und Widerspruch. Jesus gibt sich an sein Logos-Sein – an das Geschehen des Gotteswillens – hin; und diese Selbsthingabe kommt den Sündern zugute, weil ihnen der Logos zugesprochen bleibt, weil sie auf ihn sich einlassen, ja mit ihm sich identifizieren und so zum Vater kommen können. Das Kreuz des Menschensohnes ist die Stiftung und das Realsymbol des *Neuen Bundes*: Im Kreuz geschieht Gottes heilsamer Beziehungswille, sein Logos, in dem er sich dem Sünder zusagt und ihm zugleich widerspricht, damit er dieser Zusage entspreche und von Gottes Beziehungswillen sich ergreifen lasse. Gottes Logos wird gekreuzigt, weil er sich als der heilsame Widerspruch dem heillos vernichtenden, absurden Widerspruch der Sünder schutzlos auslieferte, um ihn als solchen offenbar zu machen und zu überwinden. Im Kreuz geschieht aber auch dies, daß ein Mensch sich als der Logos erweist – als der ganz und gar dem Geschehen des Gotteswillens Hingegebene. Sein »Bundesopfer« ist die vollkommene Hingabe an den Gotteswillen, sein Instrument-Werden für den Vater und für das Ankommen seiner Herrschaft. Diese Hingabe ist »zuvor«

und zutiefst *Selbsthingabe Gottes*, der Selbsteinsatz Gottes, mit dem er die Sünder für das Geschehen seines Heilswillens gewinnen will. Und weil in Jesus Christus eines Menschen Selbsthingabe an den Gotteswillen und Gottes Selbsthingabe um der Menschen willen miteinander zum Ziel kommen, ja noch mehr: weil *eine* Selbsthingabe in der *anderen* zum Ziel kommt; weil also das Göttliche im Menschlichen und das Menschliche im Göttlichen zum Ziel kommt, deshalb sind Gott und Mensch hier ein für allemal und zum Heil der Menschen einander hingegeben, einander verbunden. Das »Bundes-Opfer« ist Realsymbol der Selbsthingabe – einer Selbsthingabe, die den an Gottes Heilswillen sich hingebenden Menschen Jesus das Leben kostet, weil er dem Widerwillen der Sünder zum Opfer fiel; einer Selbsthingabe Gottes, die die Selbsthingabe des Menschen nicht vergeblich sein läßt, die das Schandmal seines Scheiterns zum Versöhnungszeichen macht, zum Zeichen dafür, daß sein Beziehungswille den Menschen zur Rettung wird.

Opfer kann seitdem nur noch Mit- und Nachvollzug der (Selbst-)Hingabe des Menschensohnes an das Geschehen des heilsamen Gotteswillens bedeuten. Diese Selbsthingabe vollzieht sich für den Sünder als Umkehr – als Mitgekreuzigtwerden mit Christus: Der Sünder kann zum Instrument des geschehenden Gotteswillens, der Gottesherrschaft nur werden, wenn er auf den Gott-Logos – auf Gottes Selbstzusage wie auch auf seinen Widerspruch gegen den sündigen Widerwillen des Menschen – sich einläßt. Wer sich dem Widerspruch des Gott-Logos nicht entzieht, der muß bereit sein, das Leben, das ihm bisher ein und alles war, zu verlieren, um das wahre Leben zu gewinnen, der muß bereit sein, vieles aufzugeben, was ihm liebgeworden sein mag wie ein Glied seines Leibes, um – »verstümmelt« zwar und dennoch »heil« – in die Gottesherrschaft einzugehen (vgl. Mk 8,35; 9,43). Die Umkehr bringt Opfer, nicht um Gottes willen, der ihrer nicht bedarf (so schon Ps 40,7), sondern um des Lebens, um der Gottesherrschaft willen, in die man anders nicht »eingehen« kann. Wo sich im Opfer die Umkehr zum wahren Leben symbolisiert, da ist es Nachvollzug des Opfers Jesu Christi, Zur-Geltung-Kommen des Logos in meinem Leben. Wo das Opfer die Umkehr ersetzen und damit Gottes Willen außer Kraft setzen soll, wo es zu Gott einen Zugang schaffen will an der Umkehr des Sünders vorbei, da ist es Gotteslästerung.

Jesu Opfer ist – etwa für Hebr – »Sakrament« des Zugangs zum Vater; so ist *er* der Tempel Gottes, mehr als der aus Stein erbaute Tempel (vgl. Mt 12,6). Gott gefiel es, mit seinem Pleroma in ihm zu wohnen und (so) durch ihn das

All zu versöhnen auf ihn hin – Frieden zu stiften (Kol 1,19f.). Von ihm geht der Friede aus, da mit ihm ein Mensch wirklich zu Gottes Tempel, zum Ereignis der Anwesenheit Gottes wurde, Gottes (Heils-)Willen sich öffnete: nicht das Seine suchte, sondern Gottes Shalom für alle. Die *mittelalterliche Mystik* hat hierin die Mitte des christlichen »Erlösungs«-Glaubens gesehen; und so hat sie die mystische Erfahrung zur Sprache bringen können als jene »Gottesgeburt« in der Seele, die den Mystiker – in der Nachfolge Christi, des eingeborenen Sohnes, und in der Verbundenheit mit ihm – zum Ort göttlichen Friedens macht. *Meister Eckhart* (ca. 1260–1328) weiß Gott am Werk, wo der Mensch seines Eigenwillens (seines Begehrens) »ledig«, wo er »zunichte« und gerade so zu Gottes Tempel wird. Der Zunichtegewordene läßt sich nicht mehr von dem »Seinen« bestimmen; und so wird er Gott ähnlich: »Seht, der Mensch, der weder sich noch irgend etwas außer Gott allein und Gottes Ehre im Auge hat, der ist wahrhaft frei und ledig aller Kaufmannschaft (allen besorgten Handels und Wandels; J. W.) in allen seinen Werken und sucht das Seine nicht, so wie Gott ledig und frei ist in allen seinen Werken und das Seine nicht sucht.« Freiwerden, das »Seine« nicht suchen, das Gebundensein an das Begehren – die Besessenheit durch die Besorgnis um das Seine – überwinden, das eigene Wollen und die eigenen Interessen zum Opfer bringen: erst dieses Opfer macht den Menschen zum »leeren Tempel«, in dem Gott wohnen und Frieden stiften kann. »Hierum will Gott diesen Tempel leer haben, auf daß denn auch nichts weiter darin sei als er allein. Das ist deshalb so, weil ihm dieser Tempel so wohl gefällt, da er ihm so recht gleicht und es ihm selber so wohl behagt in diesem Tempel, wenn immer er allein darin ist.«[63] Das »Opfer« Jesu Christi ist hier jenes Zunichtewerden, das »Leerwerden« von aller Besorgnis um das Eigene, welches den Menschensohn mit dem Vater eins und seinem Willen ohne jeden Eigenwillen gehorsam sein läßt. Die Fülle Gottes, des Vaters, wohnt in ihm, da er der Tempel ist, in dem der Vater allein Wohnrecht hat. Er ist der ganz aus Gott Geborene, in dem Gott wahrhaft im Menschen geboren, Mensch geworden ist; er ist der dem Eigenwillen Gestorbene und deshalb aus Gott – in Gott – Lebendige. Er offenbart den nicht das Seine suchenden Gott; ja er steht für ihn, er bringt ihn zur Erfahrung.

Die Ansätze der mittelalterlichen Mystik sind bislang in der Soteriologie kaum aufgegriffen worden. Vielleicht böten sie die Chance, mit den fernöstlichen religiösen Traditionen in ein wirklich substantielles Gespräch zu kommen. Zu meiden wäre freilich das moralisierende Mißverständnis der Leitbegriffe »Gehorsam«, »Leerwerden«, »Zunichtewerden«, »Aufgabe des Eigenwillens«, »Selbstlosigkeit«.

---

[63] *Meister Eckehart*, Deutsche Predigten und Traktate, hrsg. und übersetzt von J. Quint, München 1963, 153–158 (Predigt I: Intravit Jesus in templum et coepit eicere vendentes ementes; Mt 21,12).

Jesu gehorsames, dem Willen des Vaters hingegebenes Leben, sein Sterben am Kreuz ein Opfer? Dargebracht von denen, die den Gott-Logos nicht aufnehmen, Gottes Wahrheit nicht an sich geschehen lassen wollten? Dargebracht vom Geopferten selbst, da er nicht »das Seine« suchte, sondern sich ganz dem Geschehen des Gotteswillens hingab? Die religionsgeschichtlich-strukturalen Beobachtungen zur »Logik« des Opfers und die Hinweise zum alttestamentlichen Sühnopferritual lassen den menschgewordenen Logos im mehrfachen und umfassenderen Sinn als Aufhebung des Opfers verstehen. Die Opfergabe, der Opferritus soll die (gestörte) Einheit mit dem göttlichen Empfänger des Opfers (wieder-)herstellen und seine gnädige Gegenwart auf die Opfernden herabrufen. In interaktionspsychologischer Perspektive: Mit den Gaben – der Frucht ihrer Arbeit und Mühe – bieten die Opfernden sich selbst Gott an; sie strecken ihre Hände nach ihm aus (»offerunt«), von ihm angenommen zu werden, ihm angehören zu dürfen. So ist das Opfer eher ein expressiver als ein manipulativer Akt. Und der das Opfer *annehmende* Gott nimmt mit ihrer Gabe die Opfernden an; er bejaht sie und heißt sie gut trotz all der Verfehlungen, trotz ihrer Endlichkeit und Begrenztheit, deren sie sich opfernd bewußt sind. Auf den expressiv-identifikatorischen Akt des Opfers antwortet der Empfänger seinerseits mit Identifikation. Er ist denen hilfreich nahe, die sich opfernd nach ihm ausstrecken; er bestätigt sie in ihrem endlichen, bedrohten Dasein.

Vor diesem Hintergrund erscheint der Menschensohn Jesus als das Opfer der Menschheit: als die Bitte um Annahme, um Gottes Zuwendung *in Person*. Aber seine Bitte um Ankunft der Gottesherrschaft, sein Sich-Ausstrecken nach ihr bezeugt schon ihre verborgene Gegenwart. Gott kommt der Bitte zuvor, und der menschgewordene Logos ist Gottes zuvorkommendes Ja *in Person* (2 Kor 1,19f.), das Ereignis der Identifikation Gottes mit den Menschen. In ihm streckt Gott sich nach den ihm Widerstrebenden aus; in ihm sucht er die in ihrer Angst und Schuld Verlorenen. Die von ihm Gefundenen strecken sich im Menschensohn und mit ihm nach ihrem »Vater« aus – in der Hingabe an sein Werk und zum Heil der Menschen, nicht um ihn in die Hand bekommen und magisch auf ihre Seite ziehen zu wollen. Diese Hingabe ist das Sich-Ausstrekken der Glaubenden nach Gott und seiner Herrschaft, ihr »Mitopfern« mit dem Menschensohn: Sie suchen nicht zuerst »das Ihre«, sondern Gottes Herrschaft (Lk 12,31), weil sie daran glauben, daß Gott sie mit seiner Herrschaft zu ihrem Heil »heimsucht«.

6.7   Er-Lösung, Herauslösung durch Sühne?

Der alttestamentliche Sühneritus ließ sich verstehen als im Symboldrama dargestellte und vollzogene Umkehr im Vertrauen auf den »lösenden« Gott – im Vertrauen darauf, daß Jahwe den Umkehrenden herauslösen wird aus den Sünde-Unheils- und Sünde-Gerichts-Zusammenhängen, in denen sein verwirktes Leben zum Tod verurteilt ist. Das Leben des Sünders wird hier – lange vor der dämonologischen Reformulierung dieser Erfahrung – als *Gefangenschaft* zur Sprache gebracht: Die Sünder sind gefangen im Unheil, das sie selbst in die Welt gebracht haben, gefangen im Verhängnis und in der Sünde, die sie immer tiefer in dieses Verhängnis verstrickt. Jahwe wird von Dt.-Jes. verstanden als der »Erlösende«, der selbst das Lösegeld bezahlt, um sein Volk aus dieser Gefangenschaft freizukaufen, der ihm durch das Leiden des Gottesknechts Sühne schafft. Die Übertragung dieses Motivs auf den Erlöser Jesus Christus, wie sie ja schon im Neuen Testament greifbar ist, geschah in der Tradition der westlichen Soteriologie meist so, daß man Jesu freiwilliges Todesleiden als die Bereitstellung des Lösegeldes verstand, mit dem das sündige Menschengeschlecht aus dem Verhängnis des göttlichen Zorngerichtes bzw. der durch die Sünde zugezogenen Teufelsherrschaft freigekauft wurde. Diese Vorstellungen lassen sich mit Jesu Gotteserfahrung, mit seiner Reich-Gottes-Verkündigung und Reich-Gottes-Praxis nicht vereinbaren. Sie nehmen in der Regel auch kaum Rücksicht auf Jesu Leben; für sie »war er Mensch, daß er stürbe«.[64]

Will man demgegenüber die Intentionen des biblischen Sühnedenkens wieder stärker zur Geltung bringen, so wird man erklären müssen, weshalb die Situation des Menschen in der Sünde als *Gefangenschaft* zu beschreiben ist und wie Christi Sendung und Heils-

---

[64] Vgl. *Anselm von Canterbury*, Cur Deus Homo II, 16.

tod als *Herauslösung* aus dieser Gefangenschaft verstanden werden kann. Die Metapher der Gefangenschaft, in der das nachexilische Israel an die Erfahrung des Exils in Ägypten und in Babylon erinnert und sie zur Artikulation seiner Sündenerfahrung heranzieht, stellt den »Entfremdungscharakter« der Sünde heraus: »der Sünder ist ›in‹ der Sünde, wie der Hebräer ›in‹ der Knechtschaft ist; so ist die Sünde ein Übel, ›darin‹ der Mensch gefangen ist. Daher kann sie zugleich personal und gemeinschaftlich sein, das Bewußtsein transzendierend, Gott allein bekannt in ihrer Wirklichkeit und Wahrheit; daher auch ist sie eine Macht, die den Menschen bindet, ihn verstockt und ihn gefangenhält«[65]; eine Macht, die fortwährend Unheil über die Sünder bringt und sie dem Gericht verfallen sein läßt. Zur Sünde gehört gleichsam das Unheil, das sie wirkt; ihre Macht bringt sich vollends zur Erfahrung im Sünde-Unheils-Zusammenhang, in dem die Sünder rettungslos gefangen sind.

Diese Erfahrungswirklichkeit »Gefangenschaft in der Macht der Sünde« ist offenbar auch heute keineswegs unzugänglich. Gefangen erfahren wir uns – individuell und als Gemeinschaft – in *falschen, unheilwirkenden Lebensentwürfen*; in Lebenseinstellungen, in denen wir uns selbst, unseren Mitmenschen und unserer Welt Gewalt antun, die uns in fatalen, geradezu gesetzmäßig Unglück heraufbeschwörenden Verhaltensmechanismen festhalten. Der Lebensentwurf eines Menschen ist ja jene alle Verhaltensweisen und Einstellungen prägende Ausrichtung seines Lebens an einem letzten »Worum-willen«, jene »option fondamentale«, die immer schon darüber entscheidet, worauf(hin) man sich letztlich verläßt und wovon man sich zutiefst in Anspruch genommen weiß: woran man wirklich *glaubt*. Woran ich mein Herz hänge und worauf ich mich verlasse, bei wem ich meine Zuflucht suche in allen meinen Nöten, das ist – so Luther – eigentlich mein Gott. So ist jeder Lebensentwurf an einem Gott (oder Götzen) festgemacht, der über die »Richtung« meines Lebens, über seine »Wertehierarchie« bestimmt. Unheilwirkend sind all jene Lebensentwürfe – all jene »Vergötzungen« –, die die Menschen zu Haß und Ungerechtigkeit verführen; all jene Lebensentwürfe, in denen sie sich gegenseitig

---

[65] *P. Ricoeur*, Symbolik des Bösen, dt. Freiburg–München 1971, 110.

negieren und zum verfügbaren Objekt herabwürdigen; all jene Lebensentwürfe, in denen sie sich und anderen das Gerechtwerden verweigern.

Aber warum ist der Sünder in solchen unheilwirkenden Lebensentwürfen hilflos gefangen; warum kann er sie nicht einfach hinter sich lassen, da sie doch offenkundig sein Leben zerstören? Die Soteriologie muß immer wieder neu zu verstehen suchen, warum sich der Mensch an selbstzerstörerische Lebensentwürfe und an unheilbringende Götzen klammert, warum er nicht abläßt von einem Leben, das ihn ins Unglück bringen »muß«. *Eugen Drewermann* rekonstruiert die unheilwirkenden Lebensentwürfe, in denen die Sünde die Menschen gefangenhält, als *Systeme der Angstabwehr*, an die sich der Mensch klammern muß, solange er nicht in einer vertrauensvollen Gottesbeziehung lebt, in der seine Angst zur Ruhe kommen kann. Der Angstabwehr dienen die oben beschriebenen Identifikationsformen mit dem Absoluten: die von Nietzsche als Grundmuster des Christlichen kritisierte »depressive Identifikation« wie die von Nietzsche selbst vollzogene »usurpative Identifikation«. Wer die eigene Kontingenz nicht wahrnehmen und sich selbst als unverlierbar wichtig, ja notwendig begründen will, der muß ein Absolutes erschaffen, das ihn »rechtfertigt« und bejaht; der muß »sich selbst oder den anderen in Liebe oder Haß zu einem Absoluten hochstilisieren, das ihm eine Berechtigung zum Sein verschaffen könnte; das gesamte menschliche Dasein verformt sich daher im Zirkel der Selbstheit zu einer vergeblichen Kraftanstrengung, zu einer endlosen Qual, die den Wert einer Krankheit, den Charakter einer Neurose besitzt«: eines (quasi-) neurotischen Lebensentwurfs, der mich »dem Anderen nur in der Weise tödlicher Konkurrenz, Feindschaft und sadomasochistischer Herrschaft oder Unterwerfung begegnen« läßt[66]; der sich auch noch eine Gottesprojektion erzwingt, die diesen Lebensentwurf im Absoluten »verankert« und legitimiert. Wer sich selbst (und den anderen) in dieser Weise Gewalt antut, der provoziert die Wiederkehr des gewaltsam Verdrängten, seine Wiederkehr in Gestalt entfremdender »Mächte« und »Besessenheiten«.

---

[66] *E. Drewermann*, Strukturen des Bösen III, 571 f.

Die Kontingenzangst ist zuletzt und zutiefst die Angst davor, in letzter Instanz verneint zu sein, das »Nein« zu meiner Existenz als Urteil der »letzten Instanz« hören zu müssen. Im sündigen Lebensentwurf wird die latent oder offen gewalttätige Reaktion auf diese Angst zur alles bestimmenden Lebens-Form, zum alles andere dominierenden Motiv – zum »Gesetz« – des Handelns und Verhaltens. Wie ist *Herauslösung* aus solchen unheilvollen, angst- und gewaltförmigen Lebensentwürfen denkbar? Wie ist *Umkehr* möglich? Die Herauslösung aus einem unheilvollen und unheilwirkenden Lebensentwurf gelingt nur, wenn und insoweit die unheilvolle Lebensorientierung ihre Macht über den Menschen verliert; das setzt voraus, daß der Sünder das Unheilvolle seines Lebensentwurfs unverstellt im Lichte einer verheißungsvollen Alternative wahrnimmt und zuvor noch: daß die unheilvolle Dynamik (der Angst; so Drewermann), die ihn in den unheilvollen Lebensentwurf hineintreibt und ihn als Abwehrsystem »notwendig« macht, zur Ruhe kommen kann. Die göttliche Wahrheit – der Gott-Logos – muß die Unwahrheit, die Fatalität des sündigen Lebensentwurfs aufdecken und diesen Lebensentwurf erschüttern. Erst die »erschütternde« Einsicht in das, was ich tatsächlich bin und wirke, öffnet Ohr und Herz für die Wahrheit, die mich heil machen kann. Aber auf die Erschütterung des unheilvollen Angstabwehrsystems kann sich der Sünder nur einlassen, wenn der ihn erschütternde Widerspruch von bedingungsloser Zusage getragen ist, wenn der Loslassende sich in der Hand dessen wissen darf, der ihn retten und vollenden kann und will – in der Gemeinschaft mit dem, dessen heilender Beziehungswille an ihm und durch ihn zur Geltung kommen soll. Drewermanns Hinweise machen deutlich, daß nur das Ereignis des Gott-Logos als Zuspruch und Widerspruch er-lösend sein kann. Sie können hilfreich sein, wenn man neu zu sagen versucht, weshalb die Christen den Menschensohn und Kyrios Jesus ihren Erlöser nennen. Christen haben die ihr Leben prägende Erfahrung gemacht und machen sie immer wieder neu, daß die Begegnung mit Jesus Christus sie erlöst: Der Bruder ist ihnen gleichsam ein *lebendiger Spiegel*; in seiner vorbehaltlos liebenden und gerechtwerdenden Solidarität spiegelt sich die angstvolle Egozentrik des Sünders und wird als solche – in ihrer unheilwirkenden

Dynamik – kenntlich. Der Menschensohn ist *der brüderliche Richter*, der mir durch sein Gutsein zeigt, daß ich böse bin, der sich zum Stellvertreter meiner Opfer macht und mich mit ihnen konfrontiert (vgl. Mt 25,31 ff.). Weil es aber seine brüderliche Zuneigung ist, in der er mich mit meinen Opfern zusammenführt, weil er mir die Wahrheit meines Lebens in Liebe zumutet, deshalb »muß« ich mich gegen diese Wahrheit nicht mit Gewalt sperren, deshalb muß ich mich gegen sie und ihre Konsequenzen nicht hinter einem Angstabwehrsystem verschanzen.

Die übermächtige Angst, den eigenen Irrweg einzugestehen, ist die Angst davor, das Selbstbild einstürzen zu sehen und das bisherige Leben als sinnlos, ja als schädlich ansehen zu müssen, vor dem existentiellen Nichts zu stehen und zutiefst strafwürdig zu sein. Sie provoziert den Sünder zum Auf- und Ausbau von realitätsverleugnenden Legitimationssystemen, die sein Verhalten als gerechtfertigt erscheinen lassen. In der Begegnung mit dem Kyrios Jesus kann diese kollektive wie individuelle »Unfähigkeit zu trauern« (A. u. M. Mitscherlich) bzw. zu bereuen, überwunden werden, weil er uns die Wahrheit unseres Lebens so zumutet, daß er uns in seiner brüderlich-richtenden Solidarität die Solidarität Gottes mit den Sündern bezeugt. Das ist ja die Grundüberzeugung der Christen: Sie glauben dem Anspruch Jesu, in seiner Solidarisierung mit den Sündern, den Armen und Verachteten das Nahekommen Gottes, das Angebrochensein seiner Herrschaft zu bezeugen; sie glauben ihm, daß Gottes Herrschaft so ist, wie er sie bezeugt und vergegenwärtigt – daß sie die Herrschaft versöhnender und gerechtwerdender Liebe ist. Und sie glauben ihm, daß Gott in der Liebe die Herrschaft über Haß, Sünde und Tod antreten wird, daß die Liebe – und Gott in ihr – die zuletzt alles bestimmende Wirklichkeit sein wird, so wahr er sich jetzt schon im Kyrios Jesus unwiderruflich mit der sündigen Menschheit verbunden hat. Wer sich also von Jesus Christus die Wahrheit seines Lebens zumuten läßt, der läßt sie sich *in Liebe* zumuten: da ihm an dieser Wahrheit zugleich Gottes Wahrheit aufgeht; da Jesu brüderliches Gericht ihm zugleich den brüderlichen Gott verbürgt, bei dem alle Angst zur Ruhe kommen darf. Wer sich auf diesen Gott verläßt, der kann den Exodus aus allen Angstabwehrsystemen wagen; der kann sich von unheil-

vollen, das eigene oder ein fremdes Ich absolut setzenden Lebensentwürfen lösen, da ihm in Gottes Vorhaben – an dem er mitwirken
darf – die wahrhaft heilbringende Alternative aufgegangen ist; der
kann all den Götzen die Loyalität aufkündigen, die seine Angst
doch nur in Aggressivität und Destruktivität verwandeln, statt sie
zur Ruhe kommen zu lassen.

Im Menschensohn und Kyrios Jesu begegnet der *Exodusgott*, der
Gott, der sein Jahwe-Sein verifiziert, indem er Freiheit und Leben
schenkt.[67] Weil aber Leben und Freiheit – wie seit der Rückkehr
aus dem Exil immer deutlicher erfahren wurde – nicht so sehr
durch politische Fremdherrschaft, sondern viel mehr durch die entfremdende Herrschaft der Sünde bedroht sind, deshalb erweist
sich der Exodusgott als Befreier von der Sünde, als der die Menschen aus der Gewaltherrschaft der Sünde Herauslösende und sie
zu neuem Leben in der Gottesherrschaft Berufende. Jesus Christus
kann als der stellvertretend Sühnende verstanden werden, weil in
ihm »Auslösung« geschieht und möglich wird, weil sein Leben,
sein Leiden, Sterben und Auferstehen Realsymbol des göttlichen
Beziehungswillens sind. Er ist das neue Osterlamm (1 Kor 5.7), das
dem endzeitlichen Exodus aus der Sündenherrschaft eröffnet.

6.8   »Durch« Jesu Tod erlöst?

Der Menschensohn und Kyrios Jesus stirbt, weil er der Logos – das
»Zeichen« – war, dem widersprochen wird (vgl. Lk 2,34), dem die
Sünder widersprechen »mußten«. Jesus fällt der Sünde und in ihr
der Angst zum Opfer, zu deren Überwindung er sich gesandt
wußte; er fällt ihr zum Opfer, weil die Infragestellung von Angstabwehrsystemen Angst freisetzt, Angst, die auf den zurückschlägt,
von dem die Infragestellung ausgeht. Seine gewaltsame Beseitigung sollte zumindest auch der Angstabwehr dienen und war von
der Angst derer geboten, die nicht loslassen wollten, was ihnen
bisher trügerische Sicherheit versprach; die den vernichten wollten, der das Trügerische ihrer Sicherheit offenlegte. Jesus aber

---

[67] Vgl. *E. Zenger*, Die Mitte der alttestamentlichen Glaubensgeschichte, in: Katechetische Blätter 101 (1976), 3–16, hier 6f.; vgl. auch unten 6.10.

»konnte« nicht anders, als diese trügerische Sicherheit zu erschüttern und Angst freizusetzen, wenn er seine Mitmenschen für den lebendigen Gott und sein heilbringendes Vorhaben gewinnen wollte. So wurde sein Tod zur Offenbarung dessen, was den Sünder zutiefst antreibt: der lebensfeindlichen Dynamik verzweifelter Angstabwehr, die auch das Gottesverhältnis noch mit Angst und Mißtrauen ansteckt. Zur Offenbarung aber auch eines Gottes, der alles einsetzt – eben seinen Sohn –, um die Menschen für seinen guten Willen zu gewinnen, und seine Erwählung gegen die angsterfüllte Verweigerung der Sünder aufrechterhält. Jesu Tod ist eben nicht das Ende. Gott macht diesen Schmachtod in seiner unbegreiflichen Liebe zum Zeichen der Versöhnung, zur Bewahrheitung seiner unauflöslichen Solidarität mit den Sündern. Was nach dem Willen der Opferer das Ende sein sollte, wird um Gottes Willen zum Anfang: In der Auferweckung des Gekreuzigten beginnt er – mit all denen, die sich für die Liebe schließlich doch noch gewinnen lassen, ob sie sich Christen nennen oder nicht – mitten in dieser Geschichte der Angst, des Hasses und der Zerstörung eine *Geschichte des Heils*, eine Geschichte, in der die Verlorenen und unter die Räder Geratenen zu ihrem Recht kommen; eine Geschichte, in der zur Erfüllung kommt, was von der Angst und vom Haß der Menschen niedergehalten und ums Leben gebracht wird; eine Geschichte, deren Ziel nicht die unvermeidliche Niederlage aller, sondern er selbst sein wird – die Lebensgemeinschaft der Erlösten mit ihrem Gott in der Liebe, die stärker ist als der Tod.

Aber ist mit diesem Entwurf *das Kreuz* als Sühneereignis noch ausreichend gewürdigt? Stellvertretende Sühneleistung hieße nach dem Gesagten: die Sendung des Menschensohnes bis in den Tod hinein ist das Geschehen des Gott-Logos, der verzeihenden und versöhnenden Selbstzusage wie des die Sünder zur Umkehr bewegenden Widerspruchs Gottes gegen die Sünde und eben darin: für die Sünder Sühne – Herauslösung aus der Zwangsherrschaft der Sünde, Stiftung der »Familie Gottes«, in der die Sünder zu Söhnen und Töchtern des göttlichen Vaters, zu Brüdern und Schwestern des Menschensohnes angenommen und im Heiligen Geist zu göttlichem Leben auferweckt sind. Muß man deshalb nicht – mit *Christian Duquoc*[68] – differenzieren, Jesus sei wegen und »aufgrund der Sünden der Menschen« gestor-

[68] Ch. *Duquoc*, Christologie II, Paris 1972, 203; zur Kritik an Duquoc vgl. *H. U. von Balthasar*, Theodramatik III, 250.

ben und nicht eigentlich »für die Vergebung der Sünden«? *Norbert Hoffmann* nimmt diese Differenzierung – wie vor ihm H. U. von Balthasar – als Indiz für eine folgenschwere soteriologische Entleerung des Kreuzes: »Das Kreuz *erwirkt* nicht Vergebung; es offenbart dieselbe als endgültig geschehene; es offenbart damit aber auch einen Gott, der immer schon vergeben *hat*. Dies ist die dem Kreuz zugestandene theologische Funktion.«[69]

Nach Hoffmann muß man offenbar daran festhalten, daß das Kreuz Jesu Christi die Vergebung »erwirkt« habe. Wie ist das vorzustellen? Hoffmann geht von einer Deutung des alttestamentlichen Sühnegeschehens aus, das in der Sühne Jahwes Selbstdurchsetzung gegen die Sünde sieht. Jahwe setzt sich gegen die Sünde durch, indem er im Sünder die Umkehr wirkt. Sühnende Umkehr aber hat die Gestalt des Ertragens und Wegtragens: Die Sünden, die Sündenstrafen – Jahwes Abwendung vom Sünder: sie müssen erlitten werden; in diesem Leiden wird die Sünde selbst umgewandelt und »weggetragen«. So ist Sühne hier »die ins Leiden an der Ferne Jahwes umgewandelte Sünde«. Jahwe vergibt, »indem er dem Sünder gibt, sie zu sühnen«[70], indem er ihm die Möglichkeit zur »Verwandlung« der Sünde, zur Umkehr schenkt. So »erzeugt« Gottes Vergebung »im Sünder (seinem Stellvertreter) die korrelative Entsprechung ihrer selbst, die Sühne«.[71]

Auch vom Kreuz – und gerade von ihm – muß gesagt werden, es sei »Vergebung in Form von Sühne«[72]. Am Kreuz setzt sich der göttliche Vater gegen die Sünde des Menschengeschlechts durch, und er setzt sich durch im Leiden des Sohnes, worin die Sünde der von Gott abgewandten Söhne »umgeglüht« wird, bis sie »nurmehr das Leid *des* Sohnes ist, also jene Form von Liebe, die als exakter Wider-spruch zur sündigen Erhebung diese umkehrt und nichtet, sie sühnt und erschütternd bezeugt, daß der Sünder zu einer ›Herzensangelegenheit Gottes‹ und zwar des Vaters geworden ist.« Der Gekreuzigte hält, indem er die Sünder aushält, die »Gewalt der Vaterliebe Gottes aus«[73]; er wird zur Sünde und erleidet des Vaters Selbstdurchsetzung gegen die Sünde, um diese sühnend zu verwandeln und den abgefallenen Söhnen von neuem die Stelle zu eröffnen, an der sie die erwählten Söhne des göttlichen Vaters sein können.

Was hat der Sohn – so wäre zurückzufragen – sühnend »ertragen«? Die Sünder oder die »Gewalt der Vaterliebe Gottes«? Gewiß: das Ertragen und Wegtragen gehört für das Alte Testament zur Symbolik der Sühne: Der Azazel-Bock trägt die Sünde des Volkes weg, hinaus in die Wüste, wo sie kein Unheil mehr anrichten kann (Lev 16,8.26). Und dieses befreiende (Weg-)Tragen wird zum stehenden Bild für die mit-tragende, das Volk ret-

[69] *N. Hoffmann*, Kreuz und Trinität. Zur Theologie der Sühne, Einsiedeln 1982, 38.

[70] *Ders.*, Sühne. Zur Theologie der Stellvertretung, Einsiedeln 1981, 31 bzw. 35.

[71] Vgl. *ders.*, Kreuz und Trinität, 68.

[72] Vgl. ebd. 30.

[73] *N. Hoffmann*, Sühne, 62f. Auf den höchst problematischen trinitätstheologischen Hintergrund dieser Formulierungen kann hier nicht eingegangen werden.

tende Solidarität Jahwes selbst: Das Haus Jakob ist ihm »aufgeladen vom Mutterleib an«, von ihm »getragen vom Mutterschoß her«. Und Jahwe kündet durch seinen Propheten: »Bis zu eurem Alter bin ich der Gleiche, bis zu eurem Ergrauen will ich euch tragen; ich habe es getan und ich werde tragen, ich werde schleppen und retten« (Jes 46,3f.; vgl. auch Ps 68,20). Aber dieses Tragen gilt doch der Last, die das Volk sich durch seine Sünde auflädt. Wenn der Gottesknecht sie auf sich nimmt (Jes 53,4.12), so gilt von ihm, daß er ausleidet, was gelitten werden muß, was eben nicht wieder auf andere abgeladen werden darf, wenn das Böse endlich »aufgefangen« statt bloß weitergegeben werden soll. Gewiß steht hier die Vorstellung des Tun-Ergehens-Zusammenhangs im Hintergrund: Einer muß erleiden, was das Volk an Bösem »in Gang gesetzt« hat, damit das Volk gerettet sei; einer muß tragen, damit nicht alle von der Last erdrückt werden.[74] Was sagt diese Metapher ohne den Hintergrund des Tun-Ergehens-Zusammenhangs? Spricht sie nicht gerade von der »Pro-Existenz«, die den Menschensohn das neue Gesetz erfüllen, rückhaltlos und bis ans Ende erfüllen läßt: die Last des anderen zu tragen (Gal 6,2)? »Er hat unsere Sünden mit seinem Leib auf das Holz des Kreuzes getragen« (1 Petr 2,24) – er hat die Sünder bis in seinen Tod hinein ertragen, er hat sie ausgehalten und zu ihnen gehalten, damit sie an ihm ihre Ferne vom wahren Leben und zugleich Gottes Nahekommen wahrnehmen, damit sie ihn als Unterpfand der entschlossenen »Selbstdurchsetzung« Gottes gegen das Unheil, der Durchsetzung der Gottesherrschaft gegen die Herrschaft der Sünde erfahren konnten; damit sie Brüder und Schwestern dessen werden konnten, der sein Brudersein mit dem Kreuz »bezahlte«. Das Kreuz ist Konsequenz und Realsymbol des Logos-Seins Jesu Christi, des Selbsteinsatzes Gottes zur Herauslösung der Sünder aus ihrem falschen Leben; Realsymbol und Ereignis der Versöhnungsmacht Gottes, die in ihm endgültig auf die unversöhnte Menschenwelt übergreift. So ist das Kreuz eben nicht Ursache (»Erwirkung«), sondern eschatologische Realität der Erlösung, nicht das Leiden an der »Gewalt der Vaterliebe«, sondern das um dieser Vaterliebe willen notwendige Leiden an der Sünde der Menschen.

Wie also ist die *Heilsbedeutsamkeit des Kreuzes* genauer zu bestimmen? Sind wir »wegen« oder »trotz« des Todes Jesu, oder sind wir vielleicht – was immer das heißen mag – »im« Tod Jesu erlöst? Läßt man sich auf diese Alternative ein, so gilt gewiß Thomas Pröppers Feststellung: »Allerdings sind wir nicht ›wegen‹ seines Todes in dem Sinne erlöst, als sei er vorgängige Bedingung für Gottes Vergebung gewesen; aber wir sind auch keineswegs nur ›trotz‹ dieses

---

[74] Vgl. hierzu *M. Limbeck*, Die Sühne der Sünden. Eine verhängnisvoll vernachlässigte Möglichkeit, in: Bibel und Kirche 33 (1978), 15–19.

Todes erlöst: denn er wurde ja – obwohl zunächst durchaus ›äußeres‹, von den Gegnern bereitetes Schicksal Jesu – durch Jesus selbst und Gottes Bekenntnis zu ihm zur definitiven Gestalt der sich offenbarenden Liebe Gottes. Diesem Sinn dürfte noch am ehesten die Redeweise entsprechen, daß die Erlösung ›in‹ oder ›durch‹ den Tod Jesu (in Einheit mit seiner Verkündigung und Auferweckung) geschah.«[75]

Der Tod Jesu ist – soteriologisch gesehen – nicht einfach kontingente Zufügung durch die Sünder; auch und gerade in ihm realisiert sich das Logos-Sein des Menschensohnes. Das Kreuz Jesu offenbart das innerste Wesen der Sünde: Sie »muß« sich auszahlen in Opfern, im Tod der Geopferten, da sie zuinnerst dies eine will: die Nichtung der lebensspendenden Verhältnisse, ihre Vernichtung durch Verachtung meiner selbst und meines Nächsten, die Verachtung Gottes in der Selbstverachtung und in der Mißachtung der anderen. Das Kreuz Jesu offenbart aber auch, daß Gott selbst sich in seinem Sohn dieser tödlichen Verachtung – dem Tod durch Verachtung – aussetzt und ihn mit seiner leidenden, grenzenlos beziehungsmächtigen Liebe durchdringt. Jesus Christus starb für unsere Sünden, weil er unter den Bedingungen eines von Menschen- und Gottesverachtung vergifteten Lebens, in einer von Sünde und Tod bestimmten Geschichte, Ort und Ereignis der Selbstoffenbarung Gottes war; weil er der Logos war, der sich zu Gehör bringen mußte, indem er die »Sünder-Identität« seiner Zuhörer zutiefst erschütterte und ihre wütenden Aggressionen auf sich zog. Nur in diesem Einsatz seines Lebens konnte sich der Logos – die befreiende, schlechthin erlösende Gottesoffenbarung und Selbstmitteilung Gottes – gegen die Gottesprojektionen, gegen das Wirklichkeits- und Selbstverständnis der Sünder durchsetzen. Aber Gott läßt sich die Notwendigkeit des Kreuzes nicht einfach »von außen« – von den Sündern – auferlegen. Er macht diesen Tod von sich aus zur Offenbarung seines innersten Wesens: Am Tod Jesu zeigt sich, daß die Liebe um Gottes willen, der die Liebe ist, nicht getötet werden kann von der Verachtung und vom Tod, worin die Verachtung zu ihrem Ziel kommt. Das Kreuz Jesu wird zum Heils-

---

[75] Erlösungsglaube und Freiheitsgeschichte, 64.

ereignis schlechthin, weil in ihm Gottes Beziehungsmacht die Letztgültigkeit der Sünde und des Todes widerlegt; weil der Vater das Kreuz nicht das Letzte sein läßt, sondern zum Versöhnungsmal – zum Ursprung der »Familie Gottes« – umdefiniert. Das Kreuz widerlegt nicht Jesu Logos-Sein, gerade in ihm erweist sich der Menschensohn vielmehr als der Sohn, dem »Gottes Wesen sich eingeprägt hat« (Hebr 1,3). Weil auch das Kreuz Offenbarung ist, weil auch in ihm der Logos Fleisch wird (Joh 1,14), deshalb ist es Heilsereignis – deshalb sind wir »in ihm« erlöst.

Die Erlösung wird aber an den Sündern Wirklichkeit durch ihren *Glauben*: Glaubend verlassen sie sich auf den in Jesu Leben und Sterben und in seiner Auferweckung sich offenbarenden Heilswillen Gottes; glaubend identifizieren sie sich mit der Übereignung des »Opferlamms« Jesus Christus an den Vater und an das Geschehen seines Willens; glaubend lassen sie ihn die ihr Leben zutiefst und zuletzt bestimmende Wirklichkeit sein; glaubend lassen sie sich aus ihren unheilwirkenden Lebensentwürfen herauslösen. Durch Glauben wird die *Umkehr* des Sünders Wirklichkeit: die Abwendung von den Götzen und Gottesprojektionen des sündigen »Aber-Glaubens«, die Übereignung an den Vater Jesu Christi – Gottes und Christi *Herrschaft* im Glaubenden.

6.9 Reformulierung des Sühnedenkens

Die hier skizzierte »Übersetzung« des biblischen Sühnedenkens und der Sühne-Soteriologie versucht, der radikalen weltanschaulichen Horizontveränderung zur Neuzeit hin gerecht zu werden, ohne die zentrale theologische und soteriologische Glaubensüberzeugung des Opferdenkens aufzugeben. An die Stelle der für das Alte wie für das Neue Testament weithin selbstverständlichen und doch auch immer wieder problematisierten Überzeugung eines quasi-automatischen Tun-Ergehens – bzw. des von Gott verhängten Sünde-Gerichts-Zusammenhangs, worin die unheilwirkende Tatsphäre sich auszeitigt, ist die *Erfahrung unheilwirkender Lebensentwürfe* getreten. Die Erfahrung der geradezu zwangsläufig eintretenden bösen Tatfolge ist geblieben, ja sie hat sich zugespitzt: Die böse Tatfolge ist nicht mehr das von überirdischen

Mächten zugefügte Verhängnis, sondern die dem bösen Handeln immanente, unmittelbar von ihm ausgehende Folgelast unheilwirkender Lebensentwürfe. Da diese immanente Konsequenz nicht auf einer göttlichen Strafverfügung beruht, auf einer dem menschlichen Tun äußerlichen, auf es reagierenden nachträglichen Sanktion, kann auch die Herauslösung – die Sühne – nicht länger als ein auf den Vollzug des Sühnerituals bzw. auf die stellvertretende Sühneleistung Jesu Christi hin gewährter Verzicht auf Strafe gedacht werden. Herauslösung muß sich als Herauslösung aus unheilwirkenden Lebenseinstellungen, als Exodus aus leidbringenden und Opfer fordernden Angstabwehrsystemen realisieren – als Umkehr des Subjekts / der (Kollektiv-)Subjekte, die mit ihrer falschen Lebenseinstellung, mit ihren Projektionen die leidvollen Folgelasten unmittelbar und nicht nur mittelbar verursachen; unmittelbar, das heißt konkret: nicht vermittelt durch die strafende Reaktion Gottes, sondern als mit dem bösen Tun unmittelbar gesetzte, aus der unheilwirkenden Lebenseinstellung resultierende Tatfolge. Diese unmittelbare Tatfolge ist eben nur zu vermeiden oder aufzufangen durch Herauslösung der (potentiellen) Täter aus ihren unheilwirkenden Lebensentwürfen, durch Umkehr und Identifikation mit dem in Jesus Christus und von ihm her sich durchsetzenden Heilswillen Gottes.

Gleichwohl kann, ja muß daran festgehalten werden, daß Gott – mit der Sendung des »Sohnes« Jesus Christus, seiner vorbehaltlos liebenden Zuwendung zu den Menschen in Person – die Herauslösung ermöglicht; gleichwohl kann gedacht werden, daß Jesu bis in den Tod durchgehaltene Sendung Heil wirkte und wirkt, da sie dem Sünder die Möglichkeit der Umkehr begründet, da sie ihm in diesem Sinne zur herauslösenden Sühne wird. Umkehr wird möglich, wenn mir im Lichte einer verheißungsvollen Alternative die eigene Verstrickung in unheilwirkende Lebenseinstellungen aufgeht; wenn ich meine leidschaffenden Angstabwehrsysteme verlassen kann, weil ich mich auf den verlassen darf, bei dem alle Angst zur Ruhe kommt. Diesen schlechthin verläßlichen Gott hat Christus bezeugt, ja gelebt; um die Menschen für ihn und sein Vorhaben zu gewinnen, war und ist er ihnen der »Spiegel«, der ihnen in Liebe ihre Sünde spiegelt; war und ist er ihnen die menschgewordene Solidarität Gottes mit den Sündern, aus der die Gottesherr-schaft wachsen soll und wachsen wird. Weil er den Sündern den schlechthin verheißungsvollen Weg eröffnet – die Mitwirkung an Gottes Vorhaben, das ja mit seiner Sendung die Menschheit er-greift –, deshalb kann der in unheilwirkende Lebensentwürfe ver-strickte Mensch ablassen von der angstbestimmten Absolutsetzung falscher Götter, von der entfremdenden Loyalität zu Verführern, die ihn auf den Irrweg aggressiver Selbstbehauptung locken. Stell-vertretende Sühne begründet für den, der sich in das Sühnegesche-hen hineinnehmen läßt, die Möglichkeit der Herauslösung aus der Gefangenschaft im Machtbereich der Sünde. Die Herauslösung selbst geschieht in der Umkehr des einzelnen und ganzer Men-schengruppen; sie geschieht im *glaubenden Sich-Verlassen* auf den lebendigen und lebenschaffenden Gott, auf seine schlechthin heil-same und machtvolle Solidarität. *Der Glaube allein rechtfertigt*; er allein läßt Herauslösung wirklichkeit werden, er allein läßt ja die Erwählung zur Lebens- und Willensgemeinschaft mit dem lebendi-gen Gott zum Ziel kommen.

Aber die im Glauben zugelassene Herauslösung wird allzuoft überholt von einer neuen – von der alten, überwunden geglaubten – Gefangenschaft; das glaubende Sich-Verlassen bleibt halbherzig; es traut Gottes Herrschaft ein-fach nicht zu, daß sie uns hier und jetzt ergreifen, umwandeln, heilmachen und retten kann; der Exodus aus lebensfeindlichen Angstabwehrsystemen bleibt stecken im Kleinmut derer, die sich allzusehr beeindrucken und äng-stigen lassen von dem, was man sehen kann, mitansehen muß. Luthers Grundsatz »simul iustus et peccator« erfaßt diese Situation: erlöst – da Gott in Jesus Christus mein Bruder wurde, auf den ich mich rückhaltlos und angstfrei verlassen darf – und doch noch als Sünder gebunden, gebunden in unheilvollen Lebensentwürfen, die ich nicht entschlossen genug hinter mir lasse, in gesellschaftlichen Wertsetzungen und Institutionen, in denen sich unheilwirkende Angstabwehr und Verneinung institutionalisiert haben. Der *Sünder* ist gerechtfertigt, ihm hat der göttliche Vater vergeben, ihm ist er nahegekommen in seinem Sohn, der dem Sünder Bruder ist, der ihm der Immanuel ist: Auch das Scheitern des Exodus – wo scheitert er nicht? –, auch das Auf-der-Strecke-Bleiben trennt die nicht mehr von Gottes mäch-tiger und verwandelnder Liebe, die sich nach ihr ausstrecken. Erlösung als *Vergebung*: Gott vergibt, er ist von sich aus denen nahe, die seine Nähe suchen, wohin sie sich auch immer verirren auf dieser Suche, wie sehr sie sich auch immer verlieren auf der Suche nach dem, was ihnen gut tun könnte (vgl. Lk 15,1–7).

Mit dieser Reformulierung der Lehre von Jesu stellvertretender Sühneleistung ist Abschied genommen von dem, was Nietzsche »moralische Weltanschauung« nennt: Von der »Erklärung« des Geschichtsablaufs mit der falschen Kausalität »Sünde – von Gott verhängte Strafe«. Nicht abgetan aber ist die theo-logische Interpretation der Wirklichkeit, die die unheilvollen Folgelasten der an falschen Absolutheiten festgemachten Lebensentwürfen aufdeckt; die von *Sünde* redet – von der unheilschaffenden Perversion der lebenschaffenden Beziehungen zu Ausbeutungsverhältnissen – und von *Sühne* – von der Notwendigkeit und der im Glauben an den lebenschaffenden, solidarischen Gott möglichen Herauslösung aus unheilwirkenden Lebensentwürfen.

6.10   Jesus Christus, der »Anführer zum Leben«

Das Neue Testament kennt eine soteriologische Deutung der Sendung, des Lebens, Sterbens und der Auferweckung Jesu Christi, in der die hier ausgelegten Erlösungsmetaphern ihre Zusammenfassung und Zentrierung finden könnten: Jesus Christus ist der Archegos, der Anführer wie der Vorangehende, der den Weg bahnt und die ihm Folgenden »mitnimmt«, sie zum Ziel bringt.[76] Der Petrus der Apostelgeschichte sieht Tod und Verherrlichung Jesu in Zusammenhang mit dem Archegos-Titel: Die Israeliten haben »den Anführer zum Leben« getötet; »Gott aber hat ihn auferweckt« (3,15). Ähnlich Apg 5,30f.: »Der Gott unserer Väter hat Jesus auferweckt, den ihr umgebracht und ans Kreuz gehängt habt. Doch Gott hat ihn als Anführer und Retter (soter) zu seiner Rechten erhöht, um Israel Umkehr (metanoia) und Vergebung der Sünden zu gewähren.« Der Anführer ist der Soter, seine Sendung, sein Vorangehen ermöglichen die Umkehr, öffnen den Weg zum Leben.
Diese soteriologische Leitidee begegnet noch weiter entfaltet im Hebräerbrief. Gott, der »viele Söhne zur Herrlichkeit führen wollte«, hat »ihren Anführer zum Heil durch Leiden zur Vollendung gelangen lassen« (2,10). Jesus Christus ist gleichsam das

---

[76] Zum Hintergrund des archegos-Titels vgl. *G. Friedrich*, Die Verkündigung des Todes Jesu, 160ff.

Instrument, durch das der Vater die vielen Söhne und Töchter den Weg zum Heil finden und zum Ziel gelangen läßt. Dieser Weg ist *der Weg des Glaubens*. Jesus ist der Anführer auf diesem Weg des Glaubens, und er hat ihn schon vollendet, so daß wir im Aufblick zu ihm den Weg gehen können, den er uns vorangegangen ist (und vorangeht; 12,2). Jesu Sendung, sein Weg bis in den Tod galt der Herausführung der Menschen aus der Herrschaft des Todes; sein Werk war es, »die zu befreien, die ihr Leben lang der Todesfurcht versklavt waren« (2,15). Dieses Motiv stellt einen Zusammenhang her, den gegenwärtig etwa Eugen Drewermann geltend macht: den Zusammenhang der »Mächte-Herrschaft« mit dem Beherrschtwerden von der Todesangst. Jesus Christus ist der Anführer zum Heil, da er den Glauben bringt, der die Umklammerung von der Todesangst aufsprengt und so die Herrschaft der Sünde vergangen sein läßt.

Der Gedanke der errettenden Führung der in Fremdherrschaft Gefangenen, in »Wüste« und Ausweglosigkeit hilflos Verirrten, hat im Alten Testament eine zentrale Bedeutung: Gott führt Israel aus dem Sklavenhaus Ägypten, aus dem babylonischen Exil heraus (Jer 16,14f.; Ez 34,13); er schreitet als sein König an der Spitze des Zuges (Mich 2,12f.; vgl. Jes 52,12). In seinem Auftrag führen auserwählte Menschen das Volk den Weg der Errettung – Mose darf als ihr Typos gelten. Für das Neue Testament wird der Exodus zum Vorbild des Auszugs aus der schlechthin und radikal entfremdenden Herrschaft der Sünde und des Todes; Jesus Christus ist der Mose des neuen (das alte ja nicht ausschließenden) Gottesvolkes. Sein Tod hat einen Weg durch den Tod hindurch gebahnt; er ist der Archegos, in dem Gott selbst sein Volk »heraus« – und durch die »Fluten des Todes« hindurchführt; die Osterliturgie sieht in diesem Sinne den Durchgang Jesu durch die Abgründe des Todes im Durchzug durch das Rote Meer vorgebildet. Christus folgend können auch die Glaubenden den Transitus wagen.[77]

G. Friedrich hat gezeigt, daß sich die »Anführer-Christologie« in

---

[77] Zur Typologie des von Jahwe angeführten rettenden Transitus vgl. Jes 51,10 und vor allem Jes 43,1–8.14–21; nicht unerwähnt soll bleiben, daß das Transitus-(Exodus-)Motiv hier mit dem Gedanken der Auslösung verbunden ist.

narrativer Gestalt etwa auch bei Johannes greifen läßt: Jesus Christus ist hier der »gute Hirt«, der seiner Herde vorangeht, sie – wie Jahwe selbst nach Ps 23 – an Orte des Lebens und durch alles Unheil hindurchführt; sein Tod ist ein Tod für die Schafe, da er sie vor dem bösen Feind rettet (Joh 10,11 ff.). »Wer dem guten Hirten folgt, ist frei von der Todesverfallenheit; denn der Hirt schenkt den Seinen das ewige Leben (10,10.28)«[78]; die ihm nachfolgen, werden »das Licht des Lebens haben« (8,12). Der gute Hirt ist zutiefst für das Heil und Wohlergehen der Schafe engagiert; sie sind sein Eigentum, für sie gibt er alles (Joh 10,4). Durch ihre Zugehörigkeit zum guten Hirten finden sie ihr Heil.

Gewiß: Auch das Archegos-(bzw. Hirten-)Motiv spricht *metaphorisch*; als Metapher gibt es zu denken, wer Jesus Christus für die Glaubenden ist. Es ersetzt nicht die anderen Metaphernfelder; aber es könnte womöglich als ihre Sinnmitte verstanden werden. Der Archegos zum Leben ist der Gott mit uns und für uns, dessen Solidarität (dessen Hirtensorge) uns auch im Scheitern, in Sünde und Tod niemals verläßt; seine Hingabe ist Ereignis der Selbsthingabe, des Selbsteinsatzes Gottes, durch den die Glaubenden aus der Herrschaft der Sünde herausgelöst werden; Jesu in der Auferweckung bestätigte Abba-Gewißheit verbürgt den Glaubenden die Gewißheit des Zieles, die Gewißheit, im Exodus aus lebenszerstörenden, unheilwirkenden Lebensentwürfen mit dem Archegos – im Heiligen Geist – unterwegs zu sein zur Teilhabe an der Lebensgemeinschaft des göttlichen Vaters mit seinen Söhnen und Töchtern im Heiligen Geist. Im Alten Testament begegnet der König Jahwe, der sein Königtum gerade im Anführer- und Hirtesein erweist. So konnte auch das Neue Testament die Königsherrschaft Gottes im Archegos des Lebens, des Glaubens und des Heiles nahegekommen sehen: Er nimmt die Glaubenden mit sich – *heraus* aus der ihr Leben zerstörenden Gefangenschaft; durch die Abgründe der Sünde und des Todes *hindurch; hinein* in jenes »ewige« Beziehungsgeschehen, in dem die Liebe allein und Gott in der Liebe herrscht.

[78] *G. Friedrich*, Die Verkündigung des Todes Jesu, 171.

Literatur

Gäde, G., »Eine andere Barmherzigkeit«. Zum Verständnis der Erlösungslehre Anselms von Canterbury, Würzburg 1989

Heuser, A., Die Erlösungslehre in der katholischen deutschen Dogmatik von B. P. Zimmer bis M. Schmaus, Essen 1963

Hoffmann, N., Sühne. Zur Theologie der Stellvertretung, Einsiedeln 1981

Ders., Kreuz und Trinität. Zur Theologie der Sühne, Einsiedeln 1982

Hünermann, P., Offenbarung Gottes in der Zeit. Prolegomena zur Christologie, Münster 1989

Janowski, B., Sühne als Heilsgeschehen. Studien zur Sühnetheologie der Priesterschrift und zur Wurzel KPR im Alten Orient und im AT, Neukirchen-Vluyn 1982

Lohse, E., Märtyrer und Gottesknecht. Untersuchungen zur urchristlichen Verkündigung vom Sühnetod Jesu, Göttingen [2]1963

Popkes, W., Christus traditus. Eine Untersuchung zum Begriff der Dahingabe im Neuen Testament, Zürich 1967

Ricoeur, P., Symbolik des Bösen, dt. Freiburg–München 1971

Ders., Hermeneutik und Psychoanalyse, dt. München 1974

Ruppert, L., Jesus als der leidende Gerechte (SBS 59), Stuttgart 1972

Schenker, A., Versöhnung und Sühne. Wege gewaltfreier Konfliktlösung im Alten Testament. Mit einem Ausblick auf das Neue Testament, Freiburg (Schweiz) 1981

Schoonenberg, P., Theologie der Sünde. Ein theologischer Versuch, Einsiedeln 1966

Schwager, R. Brauchen wir einen Sündenbock? Gewalt und Erlösung in den biblischen Schriften, München 1978

Steindl, H., Genugtuung. Biblisches Versöhnungsdenken – eine Quelle für Anselms Satisfaktionstheorie? Freiburg (Schweiz) 1989

Thyen, H., Studien zur Sündenvergebung im NT und seiner alttestamentlichen und jüdischen Voraussetzungen, Göttingen 1970

Wilckens, U., Auferstehung (Themen der Theologie, Bd. 8), Stuttgart – Berlin 1979.

Personenregister

Ambrosius 149, 243
Anselm von Canterbury 13, 150, 243, 244, 246, 247, 259
Athanasius 191
Augustin 150, 170, 172, 192, 243
Aulén, G. 148, 173

Bachl, G. 251
Bader, G. 192, 224
Balthasar, H. U. von 167, 171, 173, 191 f., 207, 216, 219, 220, 265
Barth, K. 89, 210
Basilius 149, 190
Becker, J. 68, 79, 92, 103, 107 f.
Bermann, M. 165
Beskow, P. 150, 173
Bizer, E. 130
Blank, J. 103, 109, 130
Blumenberg, H. 13
Boff, L. 103
Breuning, W. 226
Breytenbach, C. 224
Broer, I. 103, 118, 130, 183
Brunner, G. 195
Buber, M. 11
Büchner, G. 9
Bultmann, R. 46–49, 56 f., 99, 103, 106, 130

Calvin, J. 153
Camponovo, O. 60
Cancik, H. 150
Capra, F. 196
Clemens von Alexandrien 91
Conzelmann, H. 99
Cyprian von Karthago 151, 190, 191

Cyrill von Alexandrien 189
Cyrill von Jerusalem 152

Dahl, N. A. 100
Daley, B. 136, 173
Daniélou, J. 147
Dantine, W. 195, 214, 224
Delumeau, J. 153, 173
Descartes, R. 164
Dietrich, W. 60
Dinkler, E. 100
Dodds, E. R. 147, 173
Dostojewski, F. 112
Drewermann, E. 83–86, 103 f., 161, 214, 217 f.–219, 222, 261 f., 273
Duquoc, Ch. 265 f.

Ebeling, G. 95
Eliade, M. 250
Eusebius von Cäsarea 150, 151, 154

Feuerbach, L. 17, 248
Fichte, J. G. 39
Fiedler, P. 105, 107
Freud, S. 249 f.
Friedrich, G. 216, 224, 228, 231 f., 240, 272, 273 f.
Fuchs, G. 162

Gäde, G. 275
Gese, H. 238
Geyer, H.-G. 214
Girard, R. 252
Gregor I. 243
Gregor von Nazianz 150, 187, 191